复旦卓越·21世纪管理学系列

销售管理
——理论与实训

（第二版）

于 洁 主 编
王思慧 仪根红 副主编

MANAGEMENT

复旦大学出版社

内 容 提 要

本书并不是定位为一本"大而全"的销售理论教材，而是将"人员销售"和"销售管理"纳入现代营销管理框架体系之下，运用大量案例以及实训环节，重点关注销售理论与实践的结合，具有实践的可操作性。本书内容新颖、简明通俗、实用性强，附有大量案例，并提供网络教学支持，及时更新相关教案、教学参考及阅读资料。本书可作为高等院校经济、管理专业教材，也适合相关从业人员参考使用。

前言

在瞬息万变的市场经济环境中，销售的重要性不言而喻。从企业需求角度，销售正成为企业实现其利润目标的最重要环节之一，因此优秀的销售人员和销售经理成为企业的迫切需要。从学生困惑角度，一般毕业生找到一份销售类的工作并不困难，但销售职业生涯起步非常艰难，面临巨大的销售业绩压力、客户的不理解甚至拒绝、社会对销售工作的误解和不认同等。从课程定位角度，"销售管理"是市场营销专业主干课程，在市场营销专业的教学计划中占有重要的地位。

销售管理的理论似乎很简单，它与营销管理的相关理论并无本质性差别，但销售管理者在实践中却并非易事。当一个组织的营销战略确定后，销售管理者通过计划、人员配备、培训、领导及对组织资源的控制，以一种高效的方式完成组织的销售目标。这其中的实践难点在于：如何构造适应现代营销观念的销售管理系统？中国企业在销售管理方面仍然存在一些困境，比如：企业销售管理系统抵御市场风险能力不强，寿命较短；销售人员缺乏专业培训，销售技巧单一；销售队伍缺乏团队精神，人员流失率高；企业内部员工评估手段及奖励不科学，片面追求业绩等。这些问题将制约企业的健康发展，而解决问题的关键在于：企业必须科学掌握销售管理的理论与经验，全面提升企业的销售管理水平。

本书并不是定位为一本"大而全"的销售理论教材，而是将"人员销售"和"销售管理"纳入现代营销管理框架体系之下，运用大量案例以及实训环节，重点关注销售理论与实践的结合，具有实践的可操作性。

本书在体系结构上，既突出销售管理的广泛实用性，又体现了理论的持续发展性。本书共分四篇，第一篇"人员推销和销售管理基础"从认识人员推销和销售管理谈起，探讨了组织战略与销售职能的关系，沟通在销售中的地位，以及销售中道德和法律等问题，即第1至第4章的主要内容。第二篇"人员推销过程与技巧"从推销过程角度，详细分析了销售过程中每个环节的注意要点，即第5至第8章的主要内容。第三篇"销售团队的建设与管理"，销售团队是企业占领市场的先头部队，但目前许多销售团队中存在着各种各样的病症，针对种种现状，本篇系统阐述如何打造建立高效销售团队，帮助销售经理顺利实现系统化与规范化管理，即第9至第11章的主要内容。第四篇"销售控制"，为保证销售业务有效进行，降低运营风险，本篇将探讨销售预测与预算，以及销售人员的绩效考核，即第12至第13章的主要内容。

本书在第一版的基础上进行了全面改版，引入了互联网思维，利用二维码技术及微信平台，实现与学生的交流互动。每章开篇，以"视频案例"代替传统教材的文字案例，设计"视频案例扫一扫"环节。本书配套光盘将有2~3分钟视频内容，学生只需扫描二维码，链接到相应的网站就可观看完整的视频。本书可作为高校专业教材，也适合从业人员参考使用。

　　本书反映了编者对于销售管理的理解和教学体会，从计划编写到最后交稿，汇聚了整个团队的智慧和心血。本书由于洁担任主编，王思慧和仪根红担任副主编，参加编写的人员及分工为于洁（第1、2、5、6章及实训环节）、仪根红（第3、4、12章）、王思慧（第9、10、11、13章）、张晓艳（第7、8章）。在编写和成稿过程中，得到了江小林教授的鼎力相助，全书由于洁总定稿。

编　者
2017年12月

第Ⅰ篇 人员推销和销售管理基础

第1章 销售管理概述 3
1.1 对人员推销的正确理解 5
1.2 销售管理的基本原理 11
1.3 销售管理的新趋势 18
本章小结 21
关键术语（中英对照） 21
思考题与应用 22
营销实战案例：销售新人林兔兔的烦恼 22
参考文献 24

第2章 组织战略和销售职能 26
2.1 销售职能在战略管理中的地位 28
2.2 销售与营销计划 35
2.3 销售战略框架 39
本章小结 46
关键术语（中英对照） 47
思考题与应用 47
营销实战案例：格力的困局：多元化之殇 48
参考文献 50

第3章 沟通在销售中的地位 51
3.1 沟通的基本方法 52
3.2 典型的沟通模型 59
3.3 销售沟通的要素 63

　　3.4　避免销售沟通障碍 ……………………………………………………… 66
　　本章小结 …………………………………………………………………………… 71
　　关键术语（中英对照） …………………………………………………………… 71
　　思考题与应用 ……………………………………………………………………… 72
　　营销实战案例：电话销售技巧——有效提问 …………………………………… 72
　　参考文献 …………………………………………………………………………… 74

第 4 章　销售中道德和法律 ……………………………………………………… 75
　　4.1　企业的社会责任 ……………………………………………………… 76
　　4.2　销售人员所面临的伦理道德问题及处理 …………………………… 81
　　4.3　销售人员所面临的法律问题 ………………………………………… 86
　　本章小结 …………………………………………………………………………… 91
　　关键术语（中英对照） …………………………………………………………… 92
　　思考题与应用 ……………………………………………………………………… 92
　　营销实战案例：马吉的销售方法 ………………………………………………… 92
　　参考文献 …………………………………………………………………………… 95

第Ⅰ篇实训环节 ………………………………………………………………………… 96

第Ⅱ篇　人员推销过程与技巧

第 5 章　人员推销的基本理论 …………………………………………………… 101
　　5.1　销售方格理论 ………………………………………………………… 102
　　5.2　销售三角理论 ………………………………………………………… 108
　　5.3　销售模式 ……………………………………………………………… 110
　　本章小结 ………………………………………………………………………… 119
　　关键术语（中英对照） ………………………………………………………… 119
　　思考题与应用 …………………………………………………………………… 119
　　营销实战案例：安全玻璃销售 ………………………………………………… 120
　　参考文献 ………………………………………………………………………… 122

第 6 章　销售准备 ………………………………………………………………… 123
　　6.1　寻找潜在顾客 ………………………………………………………… 125

6.2 顾客资格审查 ··· 133
6.3 接近顾客的准备 ··· 137
6.4 约见顾客 ··· 141
本章小结 ··· 145
关键术语（中英对照）·· 146
思考题与应用 ··· 146
营销实战案例：飞鸟健身 ·· 147
参考文献 ··· 148

第 7 章 接近顾客与销售展示 ·· 150
7.1 接近顾客 ··· 151
7.2 销售展示概述与基本步骤 ··· 162
7.3 销售展示组合 ··· 166
本章小结 ··· 173
关键术语（中英对照）·· 174
思考题与应用 ··· 174
营销实战案例
  案例一 电动车销售 ·· 175
  案例二 销售汰渍洗衣粉 ·· 176
参考文献 ··· 177

第 8 章 处理顾客异议与促进成交 ··· 178
8.1 顾客异议与销售过程 ··· 179
8.2 顾客异议产生的原因与类型 ·· 182
8.3 顾客异议的处理 ··· 188
8.4 促进成交 ··· 193
本章小结 ··· 205
关键术语（中英对照）·· 205
思考题与应用 ··· 206
营销实战案例：销售灯泡 ·· 206
参考文献 ··· 208

第 Ⅱ 篇 实训环节 ··· 209

第Ⅲ篇　销售团队的建设与管理

第9章　招聘与甄选 ········· 215
　9.1　销售人员特征及销售队伍配备过程 ········· 216
　9.2　招聘准备及实施 ········· 221
　9.3　甄选设计及决策 ········· 227
　本章小结 ········· 235
　关键术语（中英对照）········· 235
　思考题与应用 ········· 236
　营销实战案例：瑞士山道制药公司的医药代表招聘 ········· 236
　参考文献 ········· 238

第10章　销售组织的建立与培训 ········· 240
　10.1　组织设计存在的问题 ········· 242
　10.2　销售组织的类型 ········· 245
　10.3　销售组织的改进与团队建设 ········· 250
　10.4　销售培训的程序与方法 ········· 256
　10.5　销售培训效果分析 ········· 260
　本章小结 ········· 263
　关键术语（中英对照）········· 263
　思考题与应用 ········· 263
　营销实战案例：上海贝尔的高级销售管理培训 ········· 264
　参考文献 ········· 266

第11章　销售人员的激励与薪酬 ········· 267
　11.1　激励的一般原理 ········· 268
　11.2　销售的激励组合 ········· 273
　11.3　销售人员的薪酬类型 ········· 276
　11.4　销售人员薪酬制度的实施与改进 ········· 280
　本章小结 ········· 286
　关键术语（中英对照）········· 287
　思考题与应用 ········· 287
　营销实战案例：汽车行业销售人员的激励机制 ········· 288

参考文献 …… 290

第Ⅲ篇实训环节 …… 291

第Ⅳ篇 销 售 控 制

第12章 销售预测与预算 …… 297
12.1 销售目标管理 …… 298
12.2 销售预测 …… 303
12.3 销售配额与预算 …… 311
本章小结 …… 318
关键术语（中英对照） …… 318
思考题与应用 …… 318
营销实战案例：橘子需求试验 …… 319
参考文献 …… 320

第13章 销售人员的绩效考核 …… 321
13.1 销售评价 …… 322
13.2 销售绩效考评方法 …… 329
13.3 销售控制 …… 335
本章小结 …… 343
关键术语（中英对照） …… 343
思考题与应用 …… 343
营销实战案例：销售人员绩效考核误区 …… 344
参考文献 …… 346

第Ⅳ篇实训环节 …… 348

第Ⅰ篇 人员推销和销售管理基础

第1章 销售管理概述

本章知识结构图

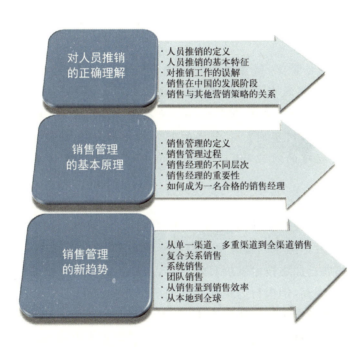

对人员推销的正确理解
- 人员推销的定义
- 人员推销的基本特征
- 对推销工作的误解
- 销售在中国的发展阶段
- 销售与其他营销策略的关系

销售管理的基本原理
- 销售管理的定义
- 销售管理过程
- 销售经理的不同层次
- 销售经理的重要性
- 如何成为一名合格的销售经理

销售管理的新趋势
- 从单一渠道、多重渠道到全渠道销售
- 复合关系销售
- 系统销售
- 团队销售
- 从销售量到销售效率
- 从本地到全球

学习目标

本章学习要点：
1. 了解人员推销的定义
2. 了解人员推销的基本特征
3. 掌握销售、促销、销售管理、营销组合的关系
4. 理解销售管理过程的具体职能
5. 理解如何成为一名合格的销售经理
6. 了解销售管理的新趋势

 引导案例　　　企业销售管理的"黑"与"白"

（扫一扫观看视频）
视频案例名称：企业销售管理的"黑"与"白"
网址：http://www.56.com/u96/v_NjUxODgxMDk.html

　　如果国家足球队总是输球，第一个要换掉的一定是球队的教练。教练要选拔优秀的球员组建球队，平时要经常训练，比赛时要制定适当的战略战术，临场要排兵布阵、指挥若定。哪怕是由于个别球员状态低迷导致球队失利，教练也要承担用人不当的责任，为失败负全责。优秀的教练是一支优秀球队的前提，同样，优秀的销售管理者，也是一支优秀销售队伍的保证。

　　销售团队的建设与管理，销售经理的重要程度就相当于群龙之首。如果缺乏管理，销售团队会出现做事没有工作效率，团队之间也不协调不团结，业绩也难以提高。作为销售经理，Black（黑）先生与 White（白）先生在计划、招聘、培训、激励、评估的各项销售管理职能上有何不同？不合格的销售经理将给企业带来哪些风险？通过对视频中两位销售经理的对比，你认为一名优秀的销售经理需要具备哪些素质与能力？

　　随着全球金融危机、欧元区财政危机等全球性经济不景气的长期持续，贸易保护主义重新抬头，尤其是发达国家的贸易保护措施不断增多，这些环境变化都不利于我国商品在国际市场的拓展。加之技术发展日新月异，产品生命周期急剧缩短，市场边界愈加模糊，客户期望迅速提高，销售行为正在发生前所未有的变化。

　　企业只有成功地进行销售才能生存下去，并获得持续发展。企业经营活动的一切投资都只有通过销售活动才能收回，因此，销售对于企业而言是至关重要的。与此同时，许许多多的人也都直接或间接与"销售"发生关联，有些人直接或间接地通过销售谋生，有些人则作为消费者参与了销售的过程。或许是因为人们过于"熟悉"销售，因熟知滋生鄙视，社会上对"销售"存在相当多的误解和争议，甚至这些误解来自长期投身于销售工作的人。

　　从本章起，我们将开始探讨推销和销售管理在现代企业中的本质与功能，以及这其中经常出现的误解。关于推销（selling）和销售（sales），中外学者未给出令人信服的严格界定，且经常混合、交换使用。因此，我们基本上将它们理解为同义词，只不过人们在特定场合更习惯用某一词，如：推销员、销售代表，用"销售管理"而不是"推销管理"。

1.1 对人员推销的正确理解

 什么是人员推销？大家对推销存在哪些误解？

销售是一种历史非常悠久的职业。《易·系辞下》记载："日中为市，致天下之民，聚天下之货，交易而退，各得其所。"在农业已有一定的发展而城乡还尚未分离的氏族社会时期，各氏族部落之间就有物物交换的习俗。《诗经·卫风·氓》也提到"抱布贸丝"，记载了早在原始社会末期，我国就有了以物易物的原始推销形式。

经营的全球化帮助企业开拓了新市场，构建企业核心能力的焦点已经由产品、信息、技术、品牌转向了人才队伍。毋庸置疑，在观念、制度、计划、考核以及招募、培训、薪酬、激励和业绩评估等各个领域，销售队伍的建设及其管理模式的创新，构成了人才队伍的核心要素。在所有的促销战略中，只有人员推销才是企业与客户开展直接双向交流。对于企业来说，将顾客视为上帝，而频繁接触"上帝"的非销售队伍莫属。人员推销和销售管理是不可分割的，从某种意义上说，销售管理是人员推销的延伸。

1.1.1 人员推销的定义

人员推销是一种集合了金钱、时间、智慧的综合性的商业活动。从不同的角度出发，人员推销的定义形式可以不同，但包含的关键内容和要素是相同的。根据美国市场营销协会的定义，人员推销（personal selling），是指企业通过派出推销人员与一个或一个以上可能成为购买者的人交谈，作口头陈述，以推销商品，促进和扩大销售。更通俗的定义则是指通过推销人员深入中间商或消费者进行直接的宣传介绍活动，使中间商或消费者采取购买行为的促销方式。人员推销是人类最古老的促销方式。在商品经济高度发达的现代社会，人员推销仍起着重要的作用，也是现代社会最重要的一种促销形式。

企业通过销售实现盈利，在这一活动中，企业既可以采取人员推销等"推"的方式，也可采取广告、营业推广等"拉"的方式。企业通过各种营销方式寻找买主，创造市场需求，实现企业价值。

从广义来理解销售这一定义时，它涉及一个人要帮助另一个人。销售人员通常要与可能的或已在身边的顾客打交道，发现他们的需要，为之提供信息，建议他们购买满足其需要的产品，销售人员还要为顾客提供售后服务以确保顾客对其产品保持的满意。这个定义也涉及销售者和购买者之间的信息沟通，买卖双方讨论的内容包括：顾客的需求情况，如何使产品满足他的要求等。如果产品确实是顾客需要的，销售人员就应尽力说服其购买。

如果仔细想一下,其实人人都在从事销售。年轻时为了谋生,你会尽力提高沟通技巧。在努力说服别人做某件事情的时候,你就在进行着某种销售活动。例如,向老板请假、申请加薪、去商店退货、申请一份工作等。在做这些活动时,你就在运用个人沟通技巧,试图说服别人来按你的意图行动。销售技巧并非只是销售人员才需要,从销售课程中获得的知识和技能,其实可以应用于任何领域。

许多人并不打算以销售为职业,但仍在学习销售方面的课程,这也反映推销对取得商业活动成功的重要性。每个人在每天的工作中都会遇到一些推销,如产品经理向销售人员讲解新的营销计划;会计人员说服管理层接受新的成本控制系统;人力资源经理向工会代表提出新的工资方案等。

【资料小链接1-1】　　　销售职业的产生与发展

"推销"一词来源于古希腊,"销售人员"一词最早出现在柏拉图的著作中。但是,通过推销来维持生计的真正销售人员直到18世纪中叶英国工业革命时期才出现,而且主要是以小贩的形式,小贩们将当地农产品收购上来,然后再卖到城市,同时将在城市收购的工业品运送农村地区销售,这在当时社会经济的发展中起到了重要作用。一名代表生产者并携带着产品的销售人员可能会吸引大量潜在顾客的注意。人们或者为自己消费而购买,或者为销售而购买,或者为自己生产需要而购买。没有销售人员的来访,人们就不知道产品的存在。即使销售人员没有成功获得订单,他们也常常会带回来有关市场的有价值的信息,有时甚至是产品遭受拒绝的原因,这些信息对生产者来说可能是非常有用的。

19世纪初,人员推销在英国已经成熟,但在美国才刚刚开始。到了19世纪末20世纪初,随着美国工业革命的开展,销售人员的销售逐渐成为美国企业销售活动的重要组成部分。这时,富有冒险精神、有强烈进取心的销售人员成为一个有价值的群体,独立的、四处叫卖的小商小贩逐渐消失。销售人员为企业工作,企业为销售人员提供服务,以较少的行动分销大量的产品成为企业管理者的追求目标。

19世纪40年代中期,人员推销开始变成一种职业。购买者开始对销售人员要求更多,他们也不再容忍高压强卖型的、滔滔不绝的销售人员,他们更喜欢精通专业知识和了解顾客需求的销售人员。销售职业化是指销售人员利用诚实的、非操纵性的战术来满足顾客和企业双方的长期需求。销售人员已经不仅仅是一个信息的传递者,而且还必须准备好售前、售中和售后的各种各样的顾客需求,必须能够在组织内与他人协调,以达到或超越顾客的期望。转变顾客的需求以适应企业的产品或服务已经是"昨天的推销方式",新的推销方式要求具备"询问、聆听和理解产品需求背后的问题"的能力,销售人员的工作不是告诉顾客为什么你的产品比其他人的产品都好,而是要去理解顾客的思路与诉求,否则就不会成为一名成功的销售人员。

资料来源:《销售管理》,张晓娟、李桂陵主编,2013年11月

营销思考:在互联网的高度发达的今天,推销的形式与内容发生了哪些变化?请列举你身边的例子说明。

1.1.2 人员推销的基本特征

与其他活动相比,销售活动具有以下几个主要特征,了解这些特征,不仅有助于理解销售活动的内涵,而且有助于更好地掌握销售活动的基本规律。

1. 销售的中心是说服

销售是指一切以说服销售对象接受某种观点或采取某种行动为主要特征的活动过程。所谓销售就是说服顾客接受你的观点、产品、劳务。说服的含义说明,顾客仅仅口头上同意是不够的,必须让顾客购买企业产品,也就是说要有行动。说服是销售的重点手段,也是销售的核心。

2. 销售活动具有双重目的

销售活动要同时满足销售主体双方即销售人员和购买人员的需要,但双方的目的是不同的。销售人员总是希望以尽可能有利于卖方的条件销售商品,实现商品的价值;顾客则需要获得商品的使用价值或现实利益。所谓双重目的,主要表现在以下几个方面:

(1) 销售活动是一种互惠互利的活动。现代销售是必须同时满足销售人员双方的不同需要,解决各自不同的问题,而不能片面地销售,不能只考虑其中任何一方的利益,只有双方的利益都能得到满足,销售活动才会顺利进行。

(2) 销售活动是一种买卖双方均达目的的活动。在整体销售过程中,销售人员要尽量把买卖双方的目的统一起来。买卖双方总是首先考虑自己的利益,在维持己方利益的前提下,才会考虑对方的利益。优秀的销售人员在考虑自己销售任务的同时,也要注意考虑购买人员的购买目的和购买动机,并能在适当的时机以适当的方式做一些妥协,使交易在互相妥协中达成,从而把销售活动引向成功。

(3) 销售主体目的的双重性。销售目的双重性来源于商品交换本身所固有的矛盾;销售人员要实现商品的价值,就必须出让使用价值;购买者要获得商品的使用价值,就必须支付相应的价值。由此可见,参加商品交换活动的双方有着不同的目的。销售活动的双重性决定了销售人员要营利,顾客要获得商品的使用价值。

3. 销售活动的三要素

销售者(或推销人员)、销售对象、销售品是任何销售活动不可短缺的三个基本要素。

(1) 销售者(或推销人员)。

销售者是主动向顾客销售产品的销售主体,包括各类销售人员。销售人员是销售

活动的主体,是企业与顾客之间的桥梁和纽带,其行为是否合理、有效,决定着销售过程的最终结果。

(2) 销售对象(顾客)。

销售对象是销售活动的主体,即接受销售人员的主体,包括消费者、中间商、生产者三种身份的顾客。销售对象既包括各种年龄、各种受教育水平、各种收入水平和各种性格的个人购买者,也包括不同规模、不同经营范围的中间商,它们为转卖或加工后转卖而购买商品;还包括各种各样的生产企业,它们为生产或管理的需要而购买生产设备、原材料和辅助材料。此外,各种非营利组织,如政府机关、学校、社团等,也属于销售对象。

(3) 销售品。

销售品是被销售员推销,且被销售对象接受的标的,包括各种有形商品和无形商品。销售品是销售活动的客体。销售品成为销售客体的唯一条件,是它必须符合购买者的需要。所谓符合需要,是指商品不仅在品种、规格、花色、款式、性能等内在特征方面与顾客的要求一致,而且在品牌价值、包装、价格、数量、服务等外在特征方面基本上适应顾客的要求。只有这样的商品才能真正构成销售的物质基础,保证销售过程的顺利完成。

(4) 三者的关系。

销售者、销售对象、销售品三者之间既相互依赖、相互联系,又相互制约,共同构成销售活动过程和销售矛盾统一体。从销售活动的三要素来看,销售是销售主体和销售客体之间的运动。如果没有销售主体,销售客体就无法运动,如果没有销售客体,销售主体就无物可推。

图1-1 销售者、销售品与销售对象的关系

由图可见,销售既是一个销售客体转移的过程,又是一个销售主体联系的过程;既是一个"卖"的过程,又是一个"买"的过程。销售过程与销售目的一样具有双重性,销售者要善于利用,将销售品的销售与顾客的需要满足联系起来,把销售过程看成是顾客的购买过程。这样有利于增加销售人员的自信。

1.1.3　对推销工作的误解

提到推销这个词,会引发许多不同的反应,其中大部分是负面的,甚至是敌对的反应,下面就是一些主要的误区:

(1) 推销不是一个值得出力的职业。很多人都有这样的观念,最常见的就是认为如果一个人有才能,这种才能会在销售行业被埋没。这种观点将对年轻人选择职业产生影响,很多优秀毕业生没有被吸收进入这个行业。

(2) 好的产品自然会畅销,销售过程等于增加了无谓的开支。这一观点实际就是认为如果企业生产了一流的产品,就自然会有买主出现。如果一个公司能生产出技术超群的产品,那么这种情况倒还有可能发生。而如果算上研发的话,附加的成本就会增加,公司为了保持技术上的优势,就必须不断进行研发的投入。另外,推销不仅仅只有卖的功能,还可以向公司反馈顾客信息,特别是产品性能方面的信息,这又可以直接被应用于新一轮的研发当中。

(3) 销售人员会为了更多地获取自身利益而欺骗客户。这种误解影响最广,对推销的形象损害最大,这使销售人员必须克服横在他们与客户之间的这道不信任的障碍。

在销售工作中还有一些消极因素容易对工作产生不利影响,比如:

(1) 因为销售人员普遍被认为地位不高,所以他们经常会遭到拒绝,或受到"自我惩罚",比如客户经常会让他们等着,直到约见开始前不久才得到取消会面的通知,或者被客户推给一些无法做出购买决定的人。

(2) 销售人员经常面临在陌生地区工作,或者面对陌生客户,这种不可控的陌生环境将增加销售人员的紧张压力感。

(3) 销售人员的工作独立较强,经常出差在外,也可能因"独来独往"而缺少组织归属感。

这样看来,推销并不是一项简单的工作,既有来自自身压力的"内忧",又有来自外部环境不理解的"外患"。这种情况下,我们需要重新审视"销售",为其正名。

(1) 推销并没有任何不道德的或不择手段的地方,一些不道德的公司或个人试图利用某些顾客的无知和轻信而获取不正当的盈利,这并非是销售的本质,他们也只是唯利是图的奸商。销售人员的工作是创造一个值得信任的环境,通过充分挖掘顾客的需求,向顾客提供有帮助的产品而实现获利。

(2) 销售是值得从事的职业。许多长期做销售的人发现销售很考验人,是很需要责任感而报酬又丰厚的职业。以销售为职业意味着要不断与人交往,这样也就面临更多的机会;另外,工作的挑战性很强,但也有较大的自由度,相对企业其他职位存在更多的晋升机会。

(3) 没有销售人员的努力,产品不会自动畅销。尽管著名管理学家德鲁克提出"市场营销的目的是使推销成为多余",理想的营销会产生一个已经准备来购买的顾客,因为产品或服务完全适合顾客的需要,从而实现了自我销售。但这个论断基于一种最为理想的情况,在企业尚未完全充分了解每位顾客的具体需求时,企业必须通过销售人员与顾客的沟通,挖掘顾客的具体需求。销售人员会根据这些需求以及自己对产品的了解产品,将产品与顾客的需求匹配起来,最后向顾客提供购买建议。如果不将功能和特性向顾客解释清楚,再优秀的产品也会无人问津。那些看似一流的产品,可能根本不符合特定顾客的需要。

1.1.4 销售在新中国的发展阶段

从销售的形式和技术的发展来分,新中国的销售大致经历了如下五个阶段。

1. 第一阶段：供销

供销为计划经济条件下的销售，是指企业在生产、经营过程中采购（供应）原材料，推销（销售）商品的行为。在计划经济体制下，销售人员习惯统称"供销员"，企业的供销员负责两方面的工作：一是采购；二是推销。其特点是按国家规划进行销售，主要由国家调拨，只有少数计划外产品可以进行销售，这时候的销售人员基本没有自主权，也无技巧可言。

所有的供销员都是企业的正式干部职工，一些大中型企业把人事、劳动部门分开，干部由人事部门管理，职工由劳动部门管理，一些小型企业把人事、劳动部门合并为统一科室进行管理，那时个体经商人员被称为个体商贩。

2. 第二阶段：粗放型销售

粗放型销售是在20世纪80年代到90年代，我国正处在商品经济的转型阶段，经济改革的重点由农村转向城市，国有企业改革进一步深入，非国有经济蓬勃发展，形成了竞争主体多元化的市场竞争格局。与此同时，中国的市场由卖方市场向买方市场转变，企业间的竞争日益激烈，消费者需求向多样化发展。随着外资品牌的大举进入，将其先进的管理理念和管理方式带到了中国，这些促使一部分企业开始"走出去"，主动开展一些市场拓展工作，但在销售问题上，主要表现为粗放型，使得企业的销售效率、产品质量和服务都无法提高。

3. 第三阶段：深度分销

深度分销指从20世纪90年代，这一时期的销售特点是销售网络开发和管理的精耕细作。生产厂商不再是将产品卖给代理商或经销商了事，而是帮助其进一步分销。生产厂商与代理商融为一体，尤其是他们的利益紧紧地结合在一起。全部销售环节的每个成员被共同的利益链连在一起，厂商不仅对代理商或经销商进行管理、培训，而且派出大量的人员帮助其开拓市场，以夯实区域市场内的主导地位。

4. 第四阶段：精益化销售

精益化销售发生于21世纪初，由于第三阶段深度分销需要大量人力物力支撑，使很多企业不堪渠道成本快速上升的重负。于是，销售开始向追求"精细"与"效益"平衡的方向发展。表现为对代理商、经销商和销售人员的管理越来越严格，考核指标越来越细、越来越科学；现代管理技术、方法和手段被大量采用，市场管理趋向精细，销售效益和效率成为主要的管理指标。

5. 第五阶段：互联网销售

随着互联网的迅猛发展，网络销售已经成为传统销售模式的有益补充或者说是最大的竞争对手。互联网销售，狭义来说即网店销售，也叫售前客服，主要是通过即时聊天工具与客户在线交流或者电话沟通，达成客户消费的一种工作，跟传统商店售货员的工作类似。广义来说，包括一切以互联网为工具进行的销售活动，比如：网络品牌推广、网址推广、信息发布、销售促进、销售渠道、顾客服务、顾客信息管理、顾客关系维护、网上调研等。

1.1.5 销售与其他营销策略的关系

现代市场营销理论强调整体营销,即各个营销策略、各种营销手段之间的协调一致,所以任何一种策略或营销手段都不是孤立存在的,而应该是相互联系、协调一致的。销售与其他营销策略的关系见下图:

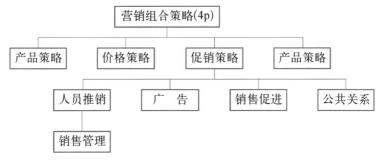

图 1-2 销售、促销、销售管理、营销组合的关系

销售活动会影响企业营销组合各个方面的决策,同时反过来又受其影响,而企业营销组合又影响其总体营销活动的成果。因此,销售和其他营销组合必须完整地结合起来。

1.2 销售管理的基本原理

什么是销售管理?销售管理过程包括哪些具体职能?

管理被描述为一种"通过他人完成本职工作的艺术",著名的管理学家迈克尔·哈默(Michael Hammer)和詹姆斯·钱匹(James Champy)共同创作了具有划时代意义的《再造企业》一书,他们认为,管理者的责任在于确定如何使用组织所拥有的资源、向组织发出指令以及领导组织完成某一特定的使命。

1.2.1 销售管理的定义

销售管理是企业营销战略管理的重要组成部分,对于销售管理的含义,国内外专家有许多不同的认识。菲利普·科特勒认为,销售管理(sales management)是指通过计划、人员配备、培训、领导以及对组织资源的控制,以一种高效的方式完成组织的销售目标。可见,销售管理是从市场营销计划的制定开始的,是市场营销战略计划中的一个组成部分,其管理目的是执行企业的市场营销战略计划,其工作的重点是制定和执行企业的销售策略，对销售活动进行管理。

1.2.2 销售管理过程

销售经理有责任为组织完成销售和创造利润以及提高顾客的满意度，从而实现组织的目标。销售管理的定义包含两个重要思想（1）计划、人员配备、培训、领导和控制等五项基本功能；（2）以高效的方式完成组织的销售目标。图1-3阐述了通过组织资源的利用实现组织目标的销售管理过程。

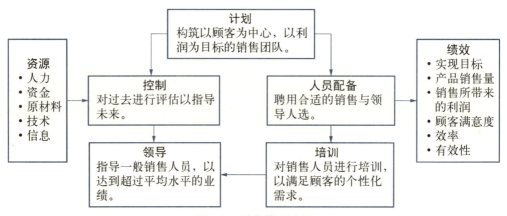

图1-3　销售管理过程

在推销变得越来越职业化的同时，销售管理的性质和作用也日益专业化，后者更强调"管理"二字。众所周知，所有经理的最主要的职责就是进行计划、组织和控制。现在，越来越多地要求这些管理人员在行使职责时做到职业。而在以往，更多的时候强调的是销售业绩，人们认为优秀的销售经理要有合格的人品，其职责主要是保证手下的销售人员创造足够好的业绩。尽管创造更好的销售业绩对公司而言非常重要，但现代企业中销售经理的职责范围显然已经扩大了很多，而且其职责重点也有了很大的变化。

销售经理在公司中起到更加重要的战略作用，同时在公司制定计划也常常要出谋划策，发挥关键作用。销售经理必须熟悉市场营销的观念，以确保销售和营销活动能够融为一体。在很多企业里，主要强调的是利润，而不是销量，因此销售经理们必须懂得对手下销售人员的活动进行分析和指导，从而使他们创造出更大的利润。在管理销售团队时，销售经理们必须懂得现代人力资源管理技巧。

如果用上面提到的几个方面来衡量的话，销售经理这个角色看起来似乎是令人望而生畏的，从某种程度上，他们是全能的管理人员。因为他可以是公司的规划者、战略家、组织者、人力资源专家、培训专家、沟通者、激励者、领导者、数据分析专家、销售人员等。但是总体来说，销售经理的主要职责还是确保销售职能在实现整个公司的目标时做出最有效的贡献。为了完成这一任务，销售经理们必须承担以下具体的职责：

（1）为实现销售目标需要建立的战略；

（2）根据市场的具体情况，合理设计并组织的销售人员；

（3）了解每一项销售活动的角色及其所特有的活动；

（4）对组织的销售活动加以规划；

（5）了解公司的市场、发展前景和预算；

（6）根据销售活动的具体情况配备适当的销售人员；

（7）以销售人员进行培训；

（8）通过有效的激励、奖惩和领导，对销售人员的活动加以控制；

（9）分析和评估企业的销售活动。

在这里，我们不应该把销售管理简单地视为彼此孤立的职能和活动（如人员配备、培训和激励）；相反，销售管理所包含的各种职能之间存在着一种系统化的关联。例如，通过培训可以为销售人员提供激励。所有的职能和活动都应该视为一种动态的过程，每一项职能和活动都包含着为数众多的、相互关联的组成部分，而每一个部分的最终目标都是帮助这个组织实现自己的销售目标。

1.2.3　销售经理的不同层次

组织，尤其是规模较大的组织通常可以划分为若干个层次，每一个层次必须承担相应的销售管理职能。决定销售经理工作内容的一个重要因素是组织的层次结构，主要分为三个不同的层次。

1. 战略管理者（strategic manager），或者说是最高管理者（top manager）处于这个结构的最顶层，他们需要对整个组织的行为负责。通常他们被称为总裁、执行董事、执行总裁、销售副总裁、全国销售经理等。最高管理层的责任是制定组织的总体目标，为实现这些目标制定相应的战略，对外部环境进行监测和解释，并对影响组织整体结构的事项进行决策。他们需要关注组织的长期发展状况、市场的一般发展趋势以及组织的整体发展前景。

2. 策略管理者（tactical manager），或者说中层管理者（middle manager）是组织结构的中间层次，他们负责管理组织的各主要职能部门。例如，区域和地区销售经理就属于中层管理者。他们负责实施由最高管理者制定的总体战略和政策。中层管理者需要关注企业的近期未来，因此他们应该与组织内部的各部门建立良好的合作关系，鼓励团队精神，解决组织内部产生的冲突。

最近一段时期，企业的重组和减员导致中层管理者的工作难度不断增加，许多公司通过裁减中层管理者和减少中层管理层次以达到提高组织绩效的目的。传统的金字塔组织结构趋于扁平化发展，从而有利于信息更快地从组织顶层传播到底层。这种管理层次的减少同时也增加了其他管理者的工作负荷，导致管理工作不确定性的增加和晋升机会的减少。但是这种方式也可以通过改善组织对顾客意见的反应速度提高公司的工作效率和绩效,实现公司销售额和利润的增长。

3. 运营管理者(operational manager),或者说一线管理者(first-line manager)直接负责产品和服务的销售。他们是对组织进行管理的第一个层次,一般被称为地区销售经理(主管)或地区销售经理(主管)助理。他们的主要任务是实施组织的规定和程序,为组织实现销售和利润,为顾客提供服务,以及对下属提供激励。在这个层次上,不同管理人员之间的差异很小,他们的工作核心在于实现组织的日常运营目标。

图1-4说明了五项职能活动在这三个管理层次中的差异,每个层次的管理者都需要执行这五项职能,但不同层次管理者的侧重点有所不同。制定组织计划是最高管理者的主要任务,而对于中层和一线管理者来说,他们在这项上所耗费的时间逐渐递减。相比之下,培训则是一线管理者的最主要职责,而对于中层和高层管理者来说,他们基本不承担这项职能。领导和控制对三个层次的重要性基本类似,但中层和高层管理者对这项功能投入的时间相对较多。

最高管理者	计划35%	人员配备10%	培训5%	领导30%	控制20%
中层管理者	计划28%	人员配备10%	培训10%	领导30%	控制22%
一线管理者	计划15%	人员配备20%	培训25%	领导25%	控制15%

图1-4　组织中不同层次在各项职能方面耗用时间的百分比

【案例小链接1-2】　销售经理的职位真的适合我吗?

晚上六点,李菲阳仍在办公室中忙着处理工作。李菲阳是李宁(中国)体育用品有限公司在上海地区的销售主管(中层管理者),李宁公司拥有品牌营销、研发、设计、制造、经销及零售能力,产品主要包括自有李宁品牌生产的运动及休闲鞋类、服装、器材和配件产品。主要采用外包生产和特许分销商模式,在中国已经建立庞大的供应链管理体系以及分销和零售网络。李菲阳不知道这个职位是否适合自己,并为此而烦恼。和现在的这份工作相比,她更喜欢推销产品、旅行及同客户见面。

今天就很典型,李菲阳早早就来到办公室,为的是打电话给上海周边区域的销售主管王博,讨论一下他们正在准备一个联合销售预测。和王博一起干活可不轻松,他不会同任何人妥协。

她还要给公司在华东地区工厂的生产经理打电话,弄清楚为什么新的产品系列迟迟未到。那些负责生产的人好像不懂得要有大量的库存才能保持住销售额。

在上午已过去在一半的时候,李菲阳终于能够着手来办她计划好今天要做的重要事情了。

经过几天仔细翻阅前几年的销售报告,她得出这样的结论:如果重新划分区域,并调整每个销售员的辖区,那么每个销售员的工作效率和总销售额都能得到提高。她必须在明天下午的每月例会上,把调整计划交给她的分区销售经理们。吃过午餐,回来时她看到六个电话留言,其中有一个是公司人事副总经理李天伟打来的紧急电话,告之明天的销售会议上将讨论公司新产品推广计划,她马上开始处理相关事宜。

她刚好在下午三点处理完,就到了接待一名分区销售经理应聘者的时间,李菲阳和这名应聘者面谈了一个多小时,然后又马上回了几个电话。李菲阳看了看手表,意识到她没有时间打完所有计划好的电话,一天好像就要过去了。她必须想出一个办法,来激励那些销售经理干出更好的业绩。重新设计辖区只是解决办法的一部分。李菲阳不知道自己还能做什么?

李菲阳不得不取消了今晚的约会,她已经有三周除了工作就没有业余时间了!

资料来源:本书作者整理

营销思考:1. 把李菲阳目前的工作和从前做销售员的工作做比较,你认为它们有何不同之处?

2. 李菲阳作为一名销售经理,在案例当中,她具体执行了销售管理过程的哪些职能?请描述这些职能。

1.2.4 销售经理的重要性

在一个组织中,不同的领导会使组织的发展有着截然不同的结果。拿破仑曾经说过:"一头狮子带领一群绵羊肯定能够打败一只绵羊带领的一群狮子。"销售活动自身的特点决定了在一个企业当中有一个优秀的销售经理是非常重要的。首先,在一个企业中,销售活动表现出了极强的独立性,这种独立性为企业销售活动设置了业务门槛,其他部门很难对其进行监管。其次,销售活动具有极强的系统性,各业务项目之间相互影响、相互制约。因此必须由专门的管理者对其进行管理,避免业务之间的冲突。最后,销售活动具有实践性强的特点,各项结果必须在具体实践后才能显示出来,"计划赶不上变化"的事情时有发生,因此,必须有专门的管理者时时注意内外部环境的变化,并及时对营销活动进行调整。

美国卡利伯公司(Caliper Inc.)的创始人格林勃(Herbert Greenberg)认为:"当今全球竞争异常激烈,产品大同小异,你的成功或失败98%掌握在你的员工手上。"该公司研究了172位销售经理的特性,"销售队伍的人员素质归根结底在于其领导的素质,一般销售经理仅仅确保系统运行正常,而优秀的销售经理则能推动事态发展"。

在中国尽管销售队伍有了长足的发展,尽管高素质的销售经理成为企业的迫切需要,但是能称得上优秀的销售经理的在中国企业却屈指可数,原因在于:中国人很多观念上并没有把销售看成一种职业,如果在观念上仍然把销售仅仅看成是"卖东西",就很难有出色的销售领袖。一方面,长期以来销售人员形象不佳,销售工作不受重视甚至存在许多误解;另外一方面,很多企业对销售的重视似乎更多停留在对某个侧面、局部、视角的强调,比如过分关注销售人员技能的提升、销售人员业绩评估标准单一等,而较少将销售职能纳入公司整体战略的考虑之中,从而出现战略与具体战术运用脱节的现象,这些问题都制约了优秀销售经理的产生。

一些顶尖销售机构的研究表明:有效的销售经理有着以顾客为核心的战略视角,能够吸引、保持和培养销售人才,并提高销售组织的整体销售技术。首先,优秀的销售经理需要有战略眼光,在制订组织战略和销售战略时以顾客为中心,通过一种赢利模式满足不同顾客的需求。其次,优秀的销售经理所要完成的重要任务就是雇佣最好的销售人才,确保他们留在销售机构中,并帮助他们以最高的水平工作。最后,信息通信技术的合理使用能够帮助销售人员和销售经理高效地完成工作,优秀的销售经理应用技术来增加其销售组织的收益。

1.2.5 如何成为一名合格的销售经理

尽管没有销售经验的人员也有可能担任销售管理这一职位,而这种情况一般来说很少见。大多数情况下,有销售经验的人员担任更高层次的管理工作会更具说服力,同时风险也会更小。从一名普通的销售人员起步进入销售管理这一领域,一个人可能得到更多的机遇,比如:

(1) 了解公司销售人员对销售所持有的态度以及销售过程;
(2) 了解顾客对公司、产品及其销售人员所持有的态度;
(3) 了解公司的竞争对手;
(4) 了解有关产品及其应用的基本知识;
(5) 了解市场。

与大公司的销售人员相比,小公司销售员的晋升速度可能会更快。但是无论规模大小,处于成长期中的公司一般都需配有更多的销售人员,因而也为职务的晋升提供了更多的机遇。许多人认为跳槽可以获得更多的晋升机会,但是一些公司更愿意提拔公司内部的员工,这就增加了跳槽获得职位晋升的难度。

一名合格销售经理所需要的品质和能力与普通销售人员有很大的不同,尤其是他们对工作和责任所持有的不同态度。在某些情况下,与这种变化随之而来的很可能是地位上的显著变化,从下属很可能会变成老板。原有工作与新工作之间的差异越大,这种变化可能会越大,而需要适应的时间可能也会更长。对于这一变化的适应能力也就是我们所说的"经理人思维"。以下是销售人员在成为销售经理之后可能发生的主要变化。

（1）观念的变化。普通销售人员需要把精力主要集中于本职工作,他们的目标是如何做好现有的工作。但是对一名管理人员来说,他必须在自己的头脑中建立一个总体性的概念,认识到计划和决策对组织的目标、特定群体(销售区域)的利益以及组织总体的影响。

（2）目标的变化。管理人员主要应该考虑的问题是如何实现组织的目标。相比之下,销售人员的工作重点则是实现自己的销售目标。

（3）责任的变化。管理者除了需要完成一般性的行政管理工作之外,还需要对自己的下属加以管理,并为他们的工作创造条件。在普通销售人员进入管理层之后,更多的工作则是引导和协调他人的销售活动以实现本部门的销售目标。

（4）满意度的变化。由于管理人员基本上已经不再从事实际的销售活动,与客户的实际接触也很少,因此对于他们来说,更多的满意是来自他人的成功,而不是自身的销售活动。

（5）技能要求方面的变化。对管理人员来说,技术是相当重要的,但是拥有其他方面的能力同样是成功所必不可少的要素。管理者必须拥有良好的沟通、领导、规划、管理时间、指挥、激励和培训他人的能力。

（6）工作关系的变化。管理者必须和以前的同行、其他管理者以及新的上级领导建立良好的工作关系。销售人员需要马上转变他们对新管理者的态度,而不管这位经理是否已经改变自己对同行的行为方式。

对于大多数新的管理者来说,最大的问题是他们对这份工作缺乏足够的准备,其中有很多原因,比如：

（1）很多销售人员是由于他们的出色业绩而走上管理岗位,但作为成功的销售人员所具有的技能和能力与作为管理者所需要的技能有着天壤之别。因此,新的管理者为了成功地管理他人必须掌握新的态度、行为和技能。

（2）公司往往希望他们能够马上进入角色,像一名合格的管理者那样有条不紊地工作。尽管很多组织并没有提供任何帮助和支持,他们仍然可能会提出这样的要求。因此,即使是在新的管理者上任几个月之后,很多组织也仍然为他们提供正规的培训计划,帮助他们掌握新的技能和管理经验。

（3）作为一名新的管理者,他不可能马上会找到能够与之交流的群体。以前的同事也不再把他看成"我们中的一员",在他向别人完全展示作为一名管理者所具有的思维和行为能力之前,其他经理也不可能马上接受他的到来。在这种情况下,正是他最需要帮助和支持的时候,却总是发现找不到自己的位置。

此时对新的管理者,要成功地接受一个新的管理岗位,最关键的是具有一种学习态度(learning attitude)：逐步学习,调整自己,适应新的环境,并在必要的情况下寻求他人的帮助。与那些期望一成不变的人相比,一个拥有学习态度的管理者会发现自己的工作可能会更顺利。新的管理者必须把原有的工作习惯完全抛在脑后,了解新的岗位即将赋予他们的新责任,而不仅仅是原有工作的持续和延伸。

1.3 销售管理的新趋势

互联网时代,销售管理的发展呈现出什么样的新趋势?各有什么特点?

销售管理是一个复杂的、不断发展的领域,它也正呈现出一些新的特点。第一,增加新的分销渠道以扩大市场覆盖率和降低成本;第二,更加重视购买整套产品体系,而不仅仅是解决问题的单个产品;第三,针对不同的客户使用不同的关系战略,以建立不同的客户关系;第四,从个人推销到团队推销;第五,从重视销售量到注重销售效率;第六,从本地到全球。

1.3.1 从单一渠道、多重渠道到全渠道销售

过去在实体店铺时代,企业采用单一渠道销售(single-channel distribution),通过分销、代销、直销等,将产品和服务从某一销售者手中转移到顾客或者消费者手中。单一渠道策略优势是低成本,企业可以方便快捷地进行部署,易于评估效果;而劣势也是显而易见的,它严重限制了潜在客户的规模和多样性。

企业逐渐开始尝试通过不同类型的可触及消费者的渠道,在每一个单一平台中和消费者进行互动。多重渠道销售(multi-channel distribution)重构了销售运作方式,通过官方网上商城、平台商城专卖店、社区商城等多渠道覆盖,它帮助品牌开发市场,使其在营销活动中能够触及更广泛、更多样化的受众,并可以在不同渠道利用不同的营销活动策略抓取潜在的消费者需求。但是这些多样的渠道并不能流通以及实现连接,必然会导致运营效果低下,效果分析不清晰。新销售渠道的增加需要改变销售组织的政策。通常,这些改变会遇到现有销售人员一定程度的抵制。销售经理必须处理好这些冲突,并协调好销售渠道内外的关系,必须制定明确的划分多重销售系统中销售人员责任和任务的指导方针。毫无疑问,使用多重销售渠道使销售经理的工作更加复杂。

全渠道(omni-channel distribution)是多重渠道的一种提升和完善。企业为了满足消费者任何时候、任何地点、任何方式购买的需求,采取实体渠道、电子商务渠道和移动电子商务渠道整合的方式销售商品或服务,提供给顾客无差别的购买体验。

比如一家水果连锁超市,在单一渠道销售下,顾客只能在实体店铺购买;在多重渠道销售下,顾客既可以这家实体店超市进行购买,也可以在他们的网上超市购买,但是二者是相互独立的。而在全渠道下,顾客可以在超市的网站上查看离你最近的几所实体超市的库存量还有价格,然后可以选择在网上下订单,然后到实体店或者最近的取货点去取货,或者是直接到实体店去购买。如果是在实体店内,顾客可以订购已经没有库

存的商品，然后选择让有库存的商店，或者直接从配送中心快递到家中。

1.3.2 复合关系销售

由于使用多重分销渠道，许多公司在现有(或潜在)客户关系的基础上细分市场。这种关系可以是一次性交易，也可以是公司与客户发展密切的长远关系(关系销售)，甚至是合伙关系(合作式销售)。与顾客建立不同性质关系的销售战略，我们称为复合关系销售。

交易销售(transaction selling)中，销售人员强调产品、质量和价格。通常，这种销售涉及不复杂且每次交易额低的产品。在关系销售(relationship selling)中，销售人员深入了解客户的公司和业务，帮助客户识别问题，与客户一起合作找双方互利的解决方法。在合作式销售(partnership selling)中，公司形成战略联盟。销售人员负责监督合作双方协调和整合努力。这些关系因对顾客承诺(commitment to the customer)及服务成本(service cost)的不同而不同。交易销售的承诺和推销成本最小，而合作式销售的承诺和成本则最高。因此，许多公司采用不同的关系战略为不同的客户服务。

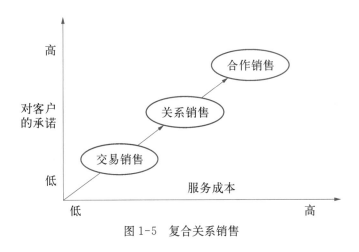

图1-5 复合关系销售

1.3.3 系统销售

由于全球竞争的加剧，大多数客户面临巨大的成本压力。为降低成本，公司采用新的采购方法。目前，客户需要的是解决问题的供应商，而不仅仅是提供产品的供应商。

系统销售(system selling)是公司回应客户需要解决方法而采用的一种销售战略，它包括销售解决客户问题的产品、服务和相关专门技术的一揽子方案，即一个系统。

许多公司也纷纷开始设立系统工程部，该观念认为系统销售比销售单个产品更能有效地满足客户需求。销售商不但能提供通过高附加值来使其供给差异化,而且可以增加客户转换至新供应商的障碍。

1.3.4 团队销售

"单枪匹马、超级明星式"的销售人员重要性正在下降,特别是当销售重点从仅仅销售产品转向解决顾客问题时。客户开始寻求问题的整合解决方案,这使得整个购买过程变得更加复杂。这使许多客户都成立购买中心,所以购买决策不再由个人决定,而是由从战略角度考虑的采购专家组来决定。销售人员是企业系统的燃气和油料,但企业还需要轮胎等各种汽车零配件,并沿着一定线路到达任何有意义的目的地。

采购组成员代表了多种技术和管理职能,这样,单个销售人员很难满足所有成员的要求。因此,许多销售商采用团队销售(team selling)战略以满足采购团队的专业要求。销售队伍由一个或多个销售人员及其他专家组成,如设计工程师、财务专家、客户服务代表、质量控制工程师——每人都能为解决特定的客户问题提出最好的方案。团队销售法特别适合采用系统销售战略的公司。

1.3.5 从销售量到销售效率

一个销售组织的基本任务就是销售,销售人员和销售经理的评估与奖励通常要依据一定时间内完成的销售量。尽管销售量很重要,但许多企业发现所有"销售"的效果并不一样,有些销售比其他销售获得更多的利润。因此许多销售组织不再只关注"为销售而销售",而是关注销售利润,这就使关注点从单纯的销售量转向了销售效率。

销售效率包括与一定的销售量和服务的客户密切相关的成本。销售效率导向强调更有效地或效率更高地做事,即在成本水平一定的条件下能够完成更多的销售量。销售经理应该不断努力,做到"少投入多产出"。

1.3.6 从本地到全球

现在的市场是全球性的市场,产品和服务都是世界性的生产与销售。绝大多数企业目前都以某种方式进入了国际市场,将来可能会更加国际化。这种朝着全球化发展的趋势是指在国际市场中的经营而不是仅超越某个地理范围。即使那些只在一个国家或地区进行商务活动的公司,也可能要与来自其他国家的企业竞争。企业需要利用国际供应商,与国际伙伴合作,为来自不同国家的客户服务,同时还需要雇佣来自不同国家和文化背景的职员,所有这些情况都要求一个销售组织要实现从本地化到全球化的扩展。

在一个销售组织的国际市场,其全球化导向的许多方面都要求效率。销售经理要考虑到与国际竞争者之间的竞争，必须服务于来自不同国家和文化背景的顾客，同时管理着各种各样的销售团队。没有几个市场或销售组织是完全相同的，相反它们中的绝大多数存在越来越明显的差异化和多样化。

本章小结

所谓人员推销，是指企业通过派出推销人员与一个或一个以上可能成为购买者的人交谈，作口头陈述，以推销商品，促进和扩大销售。许多人并不打算以销售为职业，但仍在学习销售方面的课程，这也反映推销对取得商业活动成功的重要性。每个人在每天的工作中都会用到一些推销准则，提到推销这个词，会引发许多不同的反应，其中大部分是负面的，甚至是敌对的反应，下面就是一些主要的误区：(1) 推销不是一个值得出力的职业；(2) 好的产品自然会畅销，销售过程等于增加了无谓的开支；(3) 销售人员会为了更多地获取自身利益而欺骗客户。这些误解影响最广，对推销的形象损害最大，这使销售人员必须克服横在他们与客户之间的这道不信任的障碍。

销售管理是指通过计划、人员配备、培训、领导以及对组织资源的控制，以一种高效的方式完成组织的销售目标。销售经理有责任为组织创造销售和利润以及提高顾客的满意度，从而实现组织的目标。销售管理的定义包含两个重要思想：(1) 计划、人员配备、培训、领导和控制等五项基本功能；(2) 以高效的方式完成组织的销售目标。

销售管理是一个复杂的、不断发展的领域，它也正呈现出一些新的特点。第一，增加新的分销渠道以扩大市场覆盖率和降低成本；第二，更加重视购买整套产品体系，而不仅仅是解决问题的单个产品；第三，针对不同的客户使用不同的关系战略，以建立不同的客户关系；第四，从个人推销到团队推销；第五，从重视销售量到注重销售效率；第六，从本地到全球。

关键术语（中英对照）

人员推销（personal selling）　　　　销售管理（sales management）
战略管理者（strategic manager）　　最高管理者（top manager）
策略管理者（tactical manager）　　　中层管理者（middle manager）
运营管理者（operational manager）　一线管理者（first-line manager）
学习态度（learning attitude）　　　　单一渠道销售（single-channel distribution）
多重渠道销售（multi-channel distribution）　全渠道（omni-channel distribution）
交易销售（transaction selling）　　　关系销售（relationship selling）
合作式销售（partnership selling）　　顾客承诺（commitment to the customer）
服务成本（service cost）　　　　　　系统销售（system selling）
团队销售（team selling）

思考题与应用

1. 对下述有关推销的言论进行评价：

（1）因为我不可能试着要别人购买其不需要的产品，所以我不会成为优秀的推销员。

（2）我无法推销自己不相信的产品。

（3）我不是性格外向的人，因而我不能成为优秀的推销员。

（4）销售仅对卖主有利。

2. 你室友告诉你："我根本用不着学习推销，我毕业后将去会计师事务所做一个注册会计师。"你如何回答？

3. 分析你自己，你是否认为你可以在推销方面获得成功？

4. 为何某些杰出的推销员却当不好销售经理？比较作为一个成功的推销员和销售经理所需要的技巧？

5. 一个人从普通销售人员成为一名销售经理的过程中会经历哪些变化？

6. 采访一名销售经理，了解这项工作的目标以及实现这些对销售目标所必须进行的主要工作，向他请教这项工作的优点和缺点各是什么？

7. 什么是团队销售？它是在什么背景之下产生的？

 营销实战案例

销售新人林兔兔的烦恼
——销售课上所学不到的东西

林兔兔今天沮丧极了，她全身又湿又冷地从雨中跑回她停在食品世界超级市场停车场中的货车上，她刚才给好时刻食品公司的销售主管办公室秘书海伦打了电话。林兔兔问她："超市刚刚回复我，他们最近不会考虑增加新的供应商。这个星期一直在下雨，我冒着雨已经去了六七家超市了，回答都是一样。而且现在雨越来越大了，我该怎么办？"林兔兔通过电话能够听得见海伦正在把这个问题重复给此时恰好在场的销售经理布朗先生。林兔兔听见经理对海伦说："告诉她，让她自己去买雨伞，她负责的销售区域还有其他超市没有去。"当海伦向林兔兔重复了经理的这个回答之后，林兔兔用略带窘迫的语调对海伦说："好吧，我再试试吧。"她挂断了电话，坐在车上心里想："谋生实在太不容易了！"

作为销售业内的一个新手，林兔兔明白她有很多东西需要学习。她只在这个工作岗位上工作了一个月而已，但她已经可以为这份工作下个结论：它绝对不是一件非常容易的事。在为期两周的上岗培训时间内，林兔兔看到布朗先生在给客户打电话的情况,当时情况显得就是那么简单。但现在轮到自己打电话,却是截然不同的情况,竟然会是如此的困难。去年林兔兔在大学里上市场营销课时,老师讲了许多从事销售工作的道理,但却从来没有提及这项工作的难点,现在算是了解了这些方面的第一手资料了。

林兔兔在高中时,学校成绩一般,那时她实际上是体育特长生,而且是学校的啦啦队队长。在高中毕业时,她收到大学所提供的体育半额奖学金。她在大学的成绩大致上也是一般,但她的数学成绩却总是很低。她选择商业作为自己主修课程的一个主要原因就是,它不需要太多的算术知识,之后继续攻读市场营销学硕士学位。毕业时林兔兔可以得到三个工作机会,都是销售方面的。但她最终还是决定到好时刻食品公司工作,这是因为好时刻食品公司是一家效益极好的大公司,而且她很尊敬当时公司的招聘人——销售经理布朗先生。

林兔兔从9月1日开始工作,工作的第一周主要是学习培训材料,并完成工作方面的一些文本工作。同时,她也将自己的新货车装满了产品、广告资料以及展示品等。在随后的两周内,她和布朗先生一起进行销售工作,在这段时间里,林兔兔需要进行周密观察,学习如何进行销售拜访。在这一阶段快要结束时,林兔兔开始在布朗先生的监督下进行销售陈述。从第四周开始,林兔兔开始独立工作。那一周她过得非常艰难……因为有许多东西她还不知道。这周又是天天下雨,真是没有办法。在两点的时候,她给公司的销售主管办公室打电话询问该怎么办,却被告知"自己买把雨伞"……

当林兔兔坐在货车里等待雨停的时候,她开始考虑自己现在的处境。她感觉极其郁闷,下雨并非造成她情绪低落的唯一原因。她想起了她的父母,想起了他们是如何告诉朋友们关于自己的情况的。他们告诉朋友们说,林兔兔是做办公室文员的,而不是在做销售工作。她自己也不喜欢"推销员"这个称呼。在林兔兔的记忆深处总有这样的一个念头:销售人员的社会地位极低。可能这种想法来自她的父亲吧,具体原因她也说不出来。这份工作令人厌烦的另外一个方面,就是一些客户对待所有销售人员的那种不礼貌的态度,另一些人则是尽量躲避你,并极力避免和你走在一起。林兔兔暗暗地想:这份工作确实不能让人建立起自尊心。

销售也还有许多其他的消极方面,其中的一个就是它需要你有非常好的体力。你需要背着推销包进行所有的销售拜访。林兔兔的办公包很沉,其中装有广告资料、货样以及销售用的纸夹等。除此之外,在许多销售拜访中,销售人员必须将货箱从仓库转移到货架上,经常性地弯腰然后直立只不过是日常工作中的一部分。在每天工作结束后,林兔兔的衣服总是被汗弄得又湿又皱,昨天她的新裤子还被刮了一个洞。

每天结束工作时,林兔兔必须起草当天的工作报告,并把它们发邮件给公司的销售办公室。还有很多的必做工作,比如说为了明天的工作重新整理货车和备货等,有时还必须打一些电话。等所有这些零碎的工作完成之后,基本上也就到了该睡觉的时间了。这样也就没有时间来陪她的家人,父母已经有几次提出这个问题,他们不明白她每天都在忙些什么,天天这么晚回家。

最后令人讨厌的事情就是,很多事情根本不在自己的掌控之中。比如,本周就有几次销售拜访出了问题。好时刻食品公司的一个竞争对手劝说零售商减少为好时刻食品公司提供的货架空间,这个零售商对林兔兔说:"你们的竞争对手正在进行着一次特殊的推销活动,并且这笔交易非常划算,我不能拒绝它。"在这些销售访谈中,林兔兔无法要回那些她所失去的货架空间。在销售人员每天的销售报告当中出现这些内容,确实是难以令人满意的。

雨仍然在不停地下着,林兔兔感到十分孤独,布朗先生也没有提供任何的帮助和答复。对林兔兔来说,体力上的和情感上的障碍似乎达到了难以克服的地步。现在唯一能够解脱的办法似乎只能是辞去这份工作,去尝试另一份并没有这些郁闷的工作。林兔兔心里想着:可能我可以在银行找到一份工作,那里对顾客的态度和蔼,而且工作简单。林兔兔想着想着就发动了货车朝公司方向开去,她有一种无比轻松的感觉,很快就能从那种无法推却的责任中解放出来了。

资料来源:本书作者整理

讨论题

1. 林兔兔目前主要的困惑有哪些?她有哪些不足之处?她应该辞职吗?为什么?
2. 如果你是布朗先生,你会怎样处理这种情况?会对林兔兔说些什么?
3. 公司如何采取措施,在新进销售人员中减少这种很高的人员流动率?

案例点评

很多销售新人虽然学习过营销的理论知识,由于没有销售经验,在一开始做销售的时候经常被客户拒绝,甚至被客户刁难,于是心里就很不是滋味,想着退缩,不知道如何是好。对于这些困惑,销售新人需要理性分析出现的原因,一味回避并不能解决根本问题。

(扫一扫)

从销售经理角度来看,我们可以把大型销售团队主管比作"牧羊人",他主要通过层层授权的阶层式管理实现管理目标;而小型销售团队的主管我们可以比作"领头羊",他主要通过对每个成员的领导和直接管理实现管理目标的达成。无论是哪种类型的管理者,简单粗暴的管理方式,对于激励销售团队已经不再适用。

参考文献

1. 欧阳小珍主编,《销售管理》,武汉大学出版社,2003年
2. 查尔斯·M·弗特勒著,殷戬弘等译,《销售 ABC(第 6 版)》,企业管理出版社,2005年
3. 罗纳德·B·马克斯著,郭毅、江林、徐蔚琴等译,《人员推销(第 6 版)》,中国人民大学出版社,2002年

4. 熊银解主编,《销售管理》,高等教育出版社,2002年
5. 科特勒等著,卢泰宏、高辉译,《营销管理(第13版)》,中国人民大学出版社,2009年
6. 乔布·兰开斯特著,俞利军译,《推销与销售管理(第7版)》,中国人民大学出版社,2007年
7. 托马斯·英格拉姆、雷蒙德·拉福格著,李桂华译,《销售管理分析与决策(第6版)》,电子工业出版社,2009年
8. 查尔斯·M·福特雷尔著,刘寅龙译,《销售管理团队、领导与方法(第6版)》,机械工业出版社,2004年
9. 拉尔夫·W·杰克逊、罗伯特·D·希里奇著,《销售管理》,中国人民大学出版社,2001年
10. 张晓娟、李桂陵主编,《销售管理》,华东师范大学出版社,2013年

第 2 章 组织战略和销售职能

 本章知识结构图

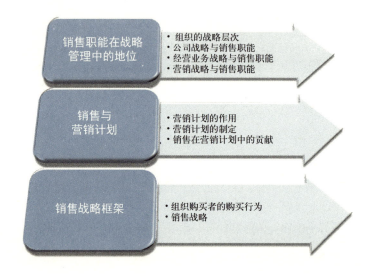

销售职能在战略管理中的地位
- 组织的战略层次
- 公司战略与销售职能
- 经营业务战略与销售职能
- 营销战略与销售职能

销售与营销计划
- 营销计划的作用
- 营销计划的制定
- 销售在营销计划中的贡献

销售战略框架
- 组织购买者的购买行为
- 销售战略

 学习目标

本章学习要点：

1. 正确认识组织的战略层次
2. 理解公司战略、经营业务战略、营销战略与销售职能的关系
3. 了解营销计划的制定具体步骤
4. 掌握销售在营销计划中的贡献
5. 掌握销售战略框架

 **引导案例　　摩拜单车的竞争战略**

（扫一扫观看视频）
视频案例名称：摩拜单车联合创始人兼CEO——王晓峰
网址：http://video.tudou.com/v/XMjU3OTEwMzI0OA==.html

摩拜单车，英文名Mobike，是由胡玮炜创办的北京摩拜科技有限公司研发的互联网短途出行解决方案，是无桩借还车模式的智能硬件。人们通过智能手机就能快速租用和归还一辆摩拜单车，用可负担的价格来完成一次几公里的市内骑行。

摩拜单车做过详细的市场调研，发现校园之外的骑车人，除了骑的是昂贵的赛车之外，就是蓝领工人和老人，骑着叮当响的自行车穿梭于大街小巷。而如果让年轻人或者小白领们骑着这种自行车出行，会让人觉得很没有面子。所以，王晓峰重新设计并自己生产提供Mobike。亮丽的橙色，加上实心轮胎和齿轮驱动，大大降低了故障率和维修率。但是，最早的Mobike很多人反映太重，骑行体验不是那么好，于是Mobike很快推出了Mobike Lite，这款车是采用链条驱动，同时在前面加上了车筐，整体重量降低了不少。但是实心胎在减震上确实和普通的充气胎还是有一定的体验差别。另外，Mobike定义自己是短途出行解决方案，所以，即便你骑着摩拜骑行十公里，大家也会以为不是没有车，而是用摩拜短途出行而已，从里到外照顾了用户的面子。

2017年3月，摩拜单车携手健康餐饮品牌Wagas，在北京、上海等城市隆重推出"摩拜单车主题餐厅"。据媒体报道，这次跨界合作旨在共同传递"'摩'力轻生活，'骑'食很简单"的轻生活时尚态度，也确实捕捉到很多焦点目光。

在这些多产品、多业务的公司中，战略的规划非常复杂。组织的不同层次要制定不同的战略，然而，各种战略之间要相互保持稳定一致，并为公司的良好业绩而进行整合。让人眼前一亮的摩拜单车，在共享单车这一细分领域，很多时候都充当着"探路者"的角色，它在迅速扩张期的竞争战略和营销战略有何特点？它的销售职能与传统产业有何不同？

销售活动要达到效果，就必须在营销规划的整体战略中进行，只有这样才能保证我们的销售活动与其他营销活动相得益彰，而不是相互竞争。在竞争日益激烈的今天，企业销售职能被赋予了一个更加全局性的视角，而且往往会涉及整个企业的各个方面。因此，只有在企业范围的总体目标和战略规划过程这一大框架下，才能达成、执行并评估销售战略与战术。本章节将分析组织战略的层次，探讨销售职能在企业战略管理中的地位。

2.1 销售职能在战略管理中的地位

 销售职能在企业各层次战略中的重要地位是怎样的？

企业能否在开放的市场中求得生存与发展,很大程度上取决于企业的营销活动,能否适应外部环境的变化并做出积极正确的反应,而联结着企业与环境的则是企业战略。战略确定了企业营销活动的方向与重心,结合企业的资源情况,规划出企业较长期的发展趋势,制定出一个具有远见且又切实可行的发展战略,关系到企业未来营销活动的成败。

战略一词源于希腊语 strategos,原意"将军",引申为指挥军队的艺术和科学。在现代社会和经济生活中,这一术语广泛用于描述一个组织打算如何实其目标和使命。在中国,战略一词历史久远,"战"指战争,"略"指谋略。

2.1.1 组织的战略层次

企业发展战略或称企业战略(business strategy),是企业根据当前和未来市场环境变化所提供的市场机会和出现的限制因素,考虑如何更有效地利用自身现有的以及潜在的资源能力,去满足目标市场的需求,从而实现企业既定的发展目标。有效的企业战略是目标与手段的有机统一体,没有目标,就无从制定战略;没有手段,目标就无法实现,也就无所谓战略。所以,企业战略既要规定企业的任务和目标,更要着重围绕既定的任务和目标,综观全局地确定所要解决的重点问题、经过阶段、力量部署以及相应的重大政策措施。

有效的企业战略应能适应不断变化的环境,并对变化的环境做出正确、系统、配套的反应,充分利用环境变化所带来的新的市场机会,以保证企业的有效经营和发展。因此,企业战略应当具有很强的应变能力。企业战略的实质是:预计和评价市场营销环境中即将来临的发展,并预先决定怎样最好地去迎接这种发展以及从这种发展中获得尽可能多的利益。具体分为:

(1) 总体战略:又称公司战略,是企业最高层次的战略。大企业(特别是多业务经营的企业)需要根据企业使命选择参与竞争的业务领域,合理配置资源,使各项业务经营相互支持、协调。总体战略的任务主要是回答企业应该在哪些领域活动,经营范围的选择和资源如何合理配置。通常,总体战略是企业高层负责制定、落实的基本战略。

(2) 经营战略:又称经营单位战略、竞争战略。大企业往往从组织形态上把一些具有共同战略因素的二级单位(事业部、子公司等)或其中的某些部分组合成一个战略经营单位。在一般企业,如果二级单位的产品和市场具有特殊性,也可视为独立的战略经营单位。因此,经营战略是战略经营单位或者有关事业部、子公司的战略。

（3）职能战略：又称职能层战略，是企业各个职能部门的战略。职能战略帮助职能部门及管理人员更加清楚地认识本部门在总体战略、经营战略中的任务、责任和要求，有效运用有关管理职能，保证企业目标的实现。

中国很多企业，在战略规划上常常表现为"有战无略"。这一方面是由于好多企业创办人忙于人事拉关系和营销，不能静下心来思考；但更多的原因却出在对战略管理的认识不够或错误认知，存在着很多的误区。

现在，很多企业都把策略当成了战略，就是把做什么、怎么做当成战略了，把具体的操作步骤、流程当作了战略。我们的企业经常是先确定要做什么事情，在这个既定的前提下，将怎么组织人力、怎么组织财力、怎么来打市场作为企业的战略。这么做，实际上意味着企业没有战略，而是直接到了策略层面。还有一些企业，比如已经投资布局了几个行业，他们的战略观就是把这几个领域做大做强。这都不是战略，而是将目标替代为战略。

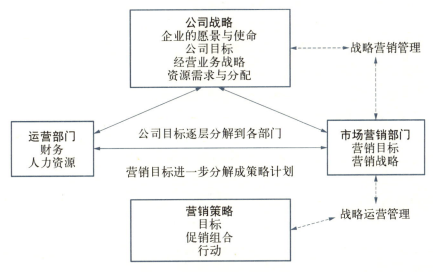

图 2-1　企业的战略计划体系

公司战略、事业部战略和营销战略代表公司内部不同层次对战略的认识，尽管销售管理层对各个层次的决策有一定的影响力，关键的决策者却来自销售职能之外的更高的管理层，销售管理者却在制订销售战略时发挥重要作用。

表 2-1　组织的战略层次

战略层次	主要决策区域	关键决策者
公司战略	公司使命 战略业务单位	公司战略
经营业务战略 （事业部战略）	战略种类 战略实施	事业部管理层

(续表)

战略层次	主要决策区域	关键决策者
营销战略	目标市场选择 确定营销组合 整合营销传播	营销管理层
销售战略	确定目标顾客 复合关系销售 销售方式的选择 销售渠道的选择	销售管理层

2.1.2 公司战略与销售职能

多产品、多业务公司最高层次的战略决策决定着公司战略,对公司所有组织层次的活动提供指导。制订公司战略要遵循以下步骤:

(1) 分析公司业绩并辨别未来的机会和威胁;

(2) 确定公司使命和目标;

(3) 确定业务单位;

(4) 为每个业务单位制订目标。

一旦公司战略制订后,管理层就要关注公司战略计划的实施、评估和控制。虽然公司战略直接影响的是公司业务层次的经营,但每个部分却又影响着销售职能的发挥。

1. 公司使命

所谓企业使命是指企业在社会经济发展中所应担当的角色和责任,是指企业的根本性质和存在的理由,说明企业的经营领域、经营思想,为企业目标的确立与战略的制定提供依据。

企业在制定战略之前,必须先确定企业使命。简单地理解,企业使命应该包含以下的含义:

(1) 企业的使命实际上就是企业存在的原因或者理由,也就是说,是企业生存的目的定位。不论这种原因或者理由是"提供某种产品或者服务",还是"满足某种需要"或者"承担某个不可或缺的责任",如果一个企业找不到合理存在的原因,或者连自己都不能有效说服,企业的经营问题就大了,也许可以说这个企业"已经没有存在的必要了"。就像人一样,经常问问自己"我为什么活着"的道理一样,企业的经营者们更应该了然于胸。

(2) 企业使命是企业生产经营的哲学定位,也就是经营观念。企业确定的使命为企业确立了一个经营的基本指导思想、原则、方向、经营哲学等,它不是企业具体的战略目标,或者是抽象地存在,不一定表述为文字,但影响经营者的决策和思维。这中间包含了企业经营的哲学定位、价值观凸显以及企业的形象定位：我们经营的指导思想是什么？我们如何认识我们的事业？我们如何看待和评价市场、顾客、员工、伙伴和对手？

（3）企业使命是企业生产经营的形象定位。它反映了企业试图为自己树立的形象，诸如"我们是一个愿意承担责任的企业""我们是一个健康成长的企业""我们是一个在技术上卓有成就的企业"等，在明确的形象定位指导下，企业的经营活动就会始终向公众昭示这一点，而不会"朝三暮四"。

2. 战略业务单位

一般管理着相当多的不同的业务范围，它的每项业务都要有自己的战略。战略业务单元（亦称战略性事业单位、策略性事业单位。即 SBU，strategic business units），它是以企业所服务的独立的产品、行业或市场为基础，由企业若干事业部或事业部的某些部分组成的战略组织。战略业务单位必须在公司总体目标和战略的约束下，执行自己的战略管理过程。在这个执行过程中其经营能力不是持续稳定的，而是在不断变化的，可能会得到加强，也可能会被削弱，这取决于公司的资源分配状况。

3. 战略业务单位的目标

一旦战略业务单位确定，公司管理层就要为每个业务制订适当的战略目标，许多公司视集合在一起的战略业务单位为业务单位组合。每个业务单位面临不同的竞争环境，并在整个业务单位组合（business unit portfolio）中发挥不同的作用。因此，应明确每个战略业务单位的战略目标。公司管理者对每个战略业务单位目标的建立负有最大的责任。战略业务单位的目标与销售组织如表 2-2 所示，分配到一个业务单位的战略目标对人员推销和销售管理活动有直接的影响。

表 2-2　战略业务单位的目标与销售组织目标

市场份额目标	销售组织目标	主要销售任务
发展	• 完成一定的销售量 • 确保分销	• 拜访潜在顾客和新的顾客 • 提供高层次的服务 • 产品/市场反馈
维持	• 保持一定的销售量 • 通过对目标细分市场的集中化销售，巩固市场位置 • 获得额外的销售渠道	• 拜访目标市场现有顾客 • 增加对现有顾客的服务层次 • 访问新客户
收割	• 降低销售成本 • 以创造利润的顾客作为目标	• 只拜访和服务于最能创造利润的顾客
放弃	• 推销成本最小化及清理存货	• 抛售存货 • 减少服务

确定每个战略业务单位的战略目标是公司战略的一个重要方面。这些战略目标影响销售组织目标的确立、销售人员的销售任务和销售的各项活动。所有的销售组织政

第 2 章　组织战略和销售职能

策的制订都要有利于销售人员完成业务单元的战略目标。

多业务公司最高层次的战略决策,将为所有较低层次的战略制订提供指导。即使销售职能与公司层次相距甚远,公司战略仍对人员销售和销售管理有直接或间接影响。公司使命、战略的制订和业务单位目标的确定都将影响销售组织的运作,但是公司的战略决策对业务单位战略的影响最为直接。

2.1.3　经营业务战略与销售职能

经营业务战略(事业部战略、竞争战略)是在总体战略基础上,特别是在共同的企业使命前提下,根据各个事业部门所面临的机会和挑战、自身条件等做出的战略决策。事业部门一般拥有自己的职能部门,要有效实施事业部战略,还需要将事业战略分解到各自的职能部门。所以职能部门也可以理解为是战略执行部门。经营业务的本质在于竞争优势:每个战略业务如何成功地与对手的产品/服务展开竞争?每个事业部在市场上能获得什么不同的竞争优势?每个事业部能在什么方面比竞争对手做得更好?这些问题的答案为经营业务战略的制订提供了基础。

每类基本竞争战略都强调不同类型的竞争优势、销售组织不同的实施过程。销售职能在一个特定战略的实施过程中发挥着重要作用。由于组织采用不同的低成本战略、差异化、集聚战略,销售经理和销售人员的活动也有所不同。

表 2-3　经营业务战略与销售人员的作用

战　略　类　型	销售人员的作用
低成本战略: 积极进行有效规模的设施建设,依据经验强有力地降低成本,严格控制成本与管理费用,通常伴随高度相关的市场份额。	服务现有的大客户,寻找大的潜在客户,使成本最小化,以价格为基础进行推销,通常假定具有获取订单的重要责任。
差异化战略: 创造在行业范围内被认为具有独特性的事物,与竞争对手相区别,通常顾客的品牌忠诚高,对价格的敏感度低。	推销并非是由价格优势而产生的订单、提供高质量的顾客服务和快速反应。如果是在高速增长行业,尽可能寻求一定范围认知,以低价格敏感度为基础选择顾客,通常对销售队伍的素质要求较高。
集聚战略: 服务于一个特定的目标市场,每项职能政策的制定都要考虑到这个目标。在行业内某个细分市场具有主导地位。	在与目标市场相随的经营机会把握上成为专家,使顾客的注意力在非价格优势上,并且为目标市场分配足够的推销时间。

经营业务战略决定每个战略业务单位在市场上如何竞争,每种战略对销售职能提出了不同的要求,销售职能作用的发挥取决于事业部在市场上如何竞争,而销售经理和销售人员的活动对于业务战略的成功实施非常重要。

【案例 2-1】 小米新零售开启战略突破,5 年销售额力争破 700 亿

"新零售就是指通过线上线下互动融合的运营方式,将电商的经验和优势发挥到实体零售中。让消费者既能得到线下看得见摸得着的体验优势,又能享受电商一样的价格。"雷军在此前接受采访时就表示,这是新零售魅力所在。

小米以电商起步,突破了传统零售层层代理的冗长环节,免去了从全国代理到省级代理,再到城市代理到店面层层加价,中间渠道成本很低。用互联网方式做线下实体,同样采用直营的方式,省去了那些中间环节,能够将直营店成本做到接近电商成本,产品网上网下一个价。线上线下一个价之外,新零售还要做到线下线上同效率。实现新零售,不能只将互联网和实体的零售渠道简单融合,也要进行研发设计环节的创新、生产制造环节的优化、供应链的改造、基于大数据能力的消费需求分析,使实体零售达到与电商销售同等的运营效率,从而降低消费者的决策成本,提升消费与供给的匹配程度,让消费者理性消费、放心消费,并带动二次消费。"小米之家收入 5 年内力争破 700 亿。"在此次发布会上,雷军也首次透露小米新零售代表的小米之家战略目标。在公布战略目标的背后,小米线下零售渠道正在实现战略突破。

2017 年 4 月 8 日,小米在北京的第四家门店在世贸天阶开业,这也是小米第一次挺进北京核心商圈,小米线下店的数量已经达到 72 家,而开到这一数字仅仅用了一年时间,令人惊奇的不仅是线下店数量,据相关数据显示,目前小米之家的坪效已经达到 26 万元,在全球零售行业,这仅次于苹果的 40 万元,甚至高于奢侈品牌蒂凡尼的 20 万元。

备注:坪效是指每坪的面积可以产出多少营业额(营业额÷专柜所占总坪数)。

资料来源: http://news.xinhuanet.com/local/2017-04-20/c_129554663.htm

营销思考:伴随着互联网的推进,中低端国产智能机愈来愈多,手机市场的高端化与专业化趋势愈加明显,小米却在最佳发展时机忽视了产品提升,从而造成发展困境。试分析小米新零售将该企业带来怎样的战略转型? 它所制定的销售目标是否可行?

2.1.4 营销战略与销售职能

市场营销战略是企业市场营销部门根据战略规划,在综合考虑外部市场机会及内部资源状况等因素的基础上,确定目标市场,选择相应的市场营销策略组合,并予以有效实施和控制的过程。

1. **市场营销战略的制定和实施**

市场营销战略的制定和实施程序:市场细分—选定目标市场—市场营销组合—实

施计划—组织实施—检测评估。

(1) 市场细分。市场不是单一、拥有同质需求的顾客,而是多样、异质的团体,所以市场细分能发现新的市场机会,也能更好地满足市场需求;既能更充分地发挥企业优势,又能为企业选定目标市场提供条件,奠定基础。

市场细分要按照一定的标准(人口、地理、心理、购买行为等因素)进行,细分后的市场还要按一定的原则(如可测定性、可接近性、可盈利性等)来检测是否有效。市场细分的好坏将决定着市场营销战略的命运。

(2) 目标市场的选定。目标市场的选定和市场营销的组合是市场营销战略的两个相互联系的核心部分。

选定目标市场就是在上述细分的市场中决定企业要进入的市场,回答顾客是谁,产品向谁诉求的问题。即使是一个规模巨大的企业也难以满足所有的市场,因此,企业必须:一要有明确的目标市场;二要对于一种产品必须有明确的诉求,有明确的消费群体;三是要抓住主要矛盾,突出重点,既不要向谁都诉求,也不要什么都诉求。

(3) 市场营销组合。目标市场一旦明确,就要考虑如何进入该市场,并满足其市场需求的问题,那就是有机地组合产品、价格、渠道、促销等组合因素,但千万不是几种组合因素的简单相加,企业在进行营销组合时必须考虑以下几点。

① 要通过调查国内外优秀企业等来了解它们一般进行的营销组合。

② 突出与竞争公司有差异的独特之处,充分发挥本公司优势的有利性。

③ 营销组合是企业可以控制的,企业可以通过控制各组合来控制整个营销组合。

④ 营销组合是一个系统工程,由多层分系统构成。

⑤ 营销组合因素必须相互协调,根据不同的产品,制定不同的价格,选择不同的渠道,采取不同的促销手段。

⑥ 营销组合不是静态的,而是动态的。产品生命周期分为四个阶段,当产品生命周期所处阶段发生变化时,其他组合因素也随之变化。就拿广告来说,导入期为通告广告;成长期为劝说广告;成熟期为提示广告。

(4) 实施计划。实施计划是为实施市场营销战略而制定的计划。战略制定好后要有组织、有计划、有步骤地进行实施。具体内容包括:

① 组织及人员配置;

② 运作方式;

③ 步骤及日程;

④ 费用预算。

2. 销售职能在营销战略中的作用

因为每个战略业务单位通常向不同的顾客群推销多种产品,所以一个战略业务单位通常要为每个目标市场制订独立的营销战略。这些营销战略必须与其业务战略一致。比如,当战略业务单位采取差异化战略时,营销战略的制订就不应强调低价格。每个目标市场的营销战略应强化战略业务单位寻求差异化竞争优势。

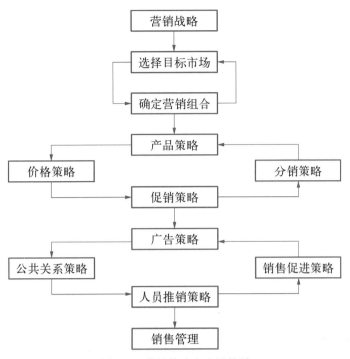

图 2-2　营销战略和人员推销

图 2-2 反映了营销战略与人员推销的关系,指明营销战略和人员推销所处的位置。营销战略中主要组成部分是目标市场的选择和营销组合(marketing mix)的确定。目标市场的选择要求对所服务的特定细分市场进行定义,营销组合由为满足所定义的目标市场的需求而设计的营销提供物组成。营销提供物(marketing offer)是产品、价格、分销和促销策略的综合。营销战略的主要任务是确定营销组合,提供比竞争对手更好的目标市场所需求的提供物。

在营销组合中,人员推销是营销传播的重要组成部分,促销策略包括人员推销、广告、促销和公共关系。大多数战略都把人员推销或广告作为主要工具,销售促进和公共关系通常视为补充工具。因此,一个主要的战略决策就是决定何时由人员推销或广告与消费者进行沟通。这个决策应该充分利用人员推销和广告在不同的目标市场和不同营销组合中的相关优势。

2.2　销售与营销计划

 销售在营销计划中的贡献有哪些?

战略性营销规划是企业总体战略规划的组成部分,企业中的其他战略性规划中也包含着一定程度的市场营销部分。事实上,一般规划都必须解答"到底我们预期能获得多少销售量才能获得利润"问题开始,而这个问题只能从市场营销分析及进行市场营销规划中找出答案。也就是说,销售活动要达到效果,就必须在营销规划的整体战略中进行,只有这样才能保证我们的销售活动与其他营销活动相互配合,形成合力。

2.2.1 营销计划的作用

企业营销计划是指在对企业市场营销环境进行调研分析的基础上,制订企业及各业务单位的对营销目标以及实现这一目标所应采取的策略、措施和步骤的明确规定和详细说明。营销计划是企业的战术计划,营销战略对企业而言是"做正确的事",而营销计划则是"正确地做事"。

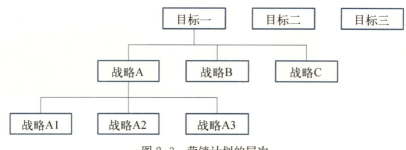

图 2-3　营销计划的层次

在企业的实际经营过程中,营销计划往往碰到无法有效执行的情况,一种情况是营销战略不正确,营销计划只能是"雪上加霜",加速企业的衰败;另一种情况则是营销计划无法贯彻落实,不能将营销战略转化为有效的战术。营销计划充分发挥作用的基础是正确的战略,一个完美的战略可以不必依靠完美的战术,而从另一个角度看,营销计划的正确执行可以创造完美的战术,而完美的战术则可以弥补战略的欠缺,还能在一定程度上转化为战略。

2.2.2 营销计划的制定

1. 计划概要

计划概要是对主要营销目标和措施的简短摘要,目的是使高层主管迅速了解该计划的主要内容,抓住计划的要点。例如,某零售商店年度营销计划的内容概要是:"本年度计划销售额为 5 000 万元,利润目标为 500 万元,比上年增加 10%。这个目标经过改进服务、灵活。定价、加强广告和努力促销,是能够实现的。为达到这个目标,今年的营销预算要达到 100 万元,占计划销售额的 2%,比上年提高 12%。"

2. 营销状况分析

这部分主要提供与市场、产品、竞争、分销以及宏观环境因素有关的背景资料。具体内容有以下几个方面。

（1）市场状况。列举目标市场的规模及其成长性的有关数据、顾客的需求状况等。如目标市场近年来的年销售量及其增长情况、在整个市场中所占的比例等。

（2）产品状况。列出企业产品组合中每一个品种的近年来的销售价格、市场占有率、成本、费用、利润率等方面的数据。

（3）竞争状况。识别出企业的主要竞争者，并列举竞争者的规模、目标、市场份额、产品质量、价格、营销战略及其他的有关特征，以了解竞争者的意图、行为，判断竞争者的变化趋势。

（4）分销状况。描述公司产品所选择的分销渠道的类型及其在各种分销渠道上的销售数量。如某产品在百货商店、专业商店、折扣商店、邮寄等各种渠道上的分配比例等。

（5）宏观环境状况。主要对宏观环境的状况及其主要发展趋势做出简要的介绍，包括人口环境、经济环境、技术环境、政治法律环境、社会文化环境，从中判断某种产品的命运。

3. 机会与风险分析

首先，对计划期内企业营销所面临的主要机会和风险进行分析。再对企业营销资源的优势和劣势进行系统分析。在机会与风险、优劣势分析基础上，企业可以确定在该计划中所必须注意的主要问题。

4. 拟定营销目标

拟定营销目标是企业营销计划的核心内容，在市场分析基础上对营销目标做出决策。计划应建立财务目标和营销目标，目标要用数量化指标表达出来，要注意目标的实际、合理，并应有一定的开拓性。

（1）财务目标。财务目标即确定每一个战略业务单位的财务报酬目标，包括投资报酬率、利润率、利润额等指标。

（2）营销目标。财务目标必须转化为营销目标。营销目标可以由以下指标构成，如销售收入、销售增长率、销售量、市场份额、品牌知名度、分销范围等。

5. 营销策略

拟定企业将采用的营销策略，包括目标市场选择和市场定位、营销组合策略等。明确企业营销的目标市场是什么市场，如何进行市场定位，确定何种市场形象；企业拟采用什么样的产品、渠道、定价和促销策略。

6. 行动方案

对各种营销策略的实施制订详细的行动方案，即阐述以下问题：做什么？何时开始？何时完成？谁来做？成本是多少？整个行动计划可以列表加以说明，表中具体说明每一时期应执行和完成的活动时间安排、任务要求和费用开支等。使整个营销战略落实于行动，并能循序渐进地贯彻执行。

7. 营销预算

营销预算即开列一张实质性的预计损益表。在收益的一方要说明预计的销售量及平均实现价格，预计出销售收入总额；在支出的一方说明生产成本、实体分销成本和营

销费用，以及再细分的明细支出，预计出支出总额。最后得出预计利润，即收入和支出的差额。企业的业务单位编制出营销预算后，送上层主管审批。经批准后，该预算就是材料采购、生产调度、劳动人事以及各项营销活动的依据。

8. 营销控制

对营销计划执行进行检查和控制，用以监督计划的进程。为便于监督检查，具体做法是将计划规定的营销目标和预算按月或季分别制定，营销主管每期都要审查营销各部门的业务实绩，检查是否完成实现了预期的营销目标。凡未完成计划的部门，应分析问题原因，并提出改进措施，以争取实现预期目标，使企业营销计划的目标任务都能落实。

2.2.3 销售在营销计划中的贡献

在整体营销计划中，企业应该确定可供选择的各种行动方案并从中选出最合适的，这就需要有准确及时的信息。销售职能在计划过程中的一个关键作用就是它能提供信息。

1. 分析当前市场状况（营销审计）

销售职能的执行与市场联系密切，这就使其在帮助企业分析当前面临的市场状况时非常重要。尤其是，通常销售对分析顾客需求及其购买行为趋势十分有益。销售经理也可以在了解竞争对手及其市场地位的过程中发挥重要作用。销售经理的这种信息收集功能不容忽视，因为通过销售队伍，他们可以提供最及时、最准确的顾客反馈信息。

2. 确定销售潜力——销售预测

销售经理的一个重要职责就是准备销售预测，以作为企业战略计划的出发点。销售经理进行的短期、中期、长期预测构成了企业分配资源以实现预期销售量的基础。

3. 制定并选择战略

尽管决定采用哪种营销战略比较合适取决于营销管理层，但是企业应先咨询销售经理，获取他们的意见；同样，销售职能是评估任何提议战略是否合适的最佳选择。

销售经理应该积极地鼓励销售人员对企业销售战略是否妥当进行评论。现场销售队伍处在战术营销的第一线，他们能更为实际地评估现有目标市场会如何应对企业的销售活动。

4. 预算、执行和控制

准备销售预测是制订详细的营销计划的一个必要前提，在准备销售预算时也要用到销售预测。在销售预测的基础上，销售经理必须决定实现预期销售规模所需的开支规模。销售预算是企业整个预算程序的基石。不仅销售部门的活动受到其影响，而且生产、人力资源管理、财务和研发等部门都受到其影响。在准备销售预算时，销售经理必须准备一份实现销售预算所要进行的销售活动提纲，以及这些销售活动的成本预测。不同企业制度销售预算的具体内容会有所不同，但一般都包括工资、直销费用、管理成本、资金等。

在本部门的销售预算通过之后,销售经理必须承担实施和控制的职责。在准备未来的计划时,需要考虑的一个很重要的因素就是过去预算完成的情况,特别是预算结果与实际结果间有何差距。对所谓的"预算偏差",不管是好的还是坏的,都应该进行分析,销售经理应将其看成是计划过程的一个重要因素。预算偏差的原因以及采取的任何补救措施和结果都应及时报告给管理层。

2.3 销售战略框架

互联网时代,人员推销驱动的销售战略有何新变化?

销售战略(marketing strategy)是为单个顾客设计的执行组织营销战略的特定战略。例如,营销战略由选择目标市场和建立营销组合构成。目标市场的定义通常很宽泛,如一个小企业的市场或大学的市场。营销组合也可以被宽泛地用对一般产品、分销、价格和促销进行定义。一个目标市场内的所有顾客(如所有的小企业或所有的大学)却在规模、购买方式、需求、存在问题及其他方面有所不同。销售战略的主要目的是为向同一目标市场内的单一顾客进行推销而设计特定战略的方法。一个销售战略应充分利用单一顾客之间或相似的顾客群之间重要的差异性。

拥有有效的销售战略并与其业务战略和营销战略结合,对一个企业来说至关重要。销售战略为实施业务战略和营销战略提供指导。销售战略的正确制订与实施,首先对公司的销售和利润业绩有主要影响;其次将影响许多其他销售管理决策,如销售队伍的招聘/选择、培训、薪酬和绩效评估等。

因为人员推销驱动的销售战略非常适用于产业市场的营销,所以我们的销售战略集中于组织顾客,因此销售战略必须建立在组织购买者的重要且独特的方面。整合的组织购买者行为和销售战略框架如图2-4所示。销售战略指导销售人员与不同的客户

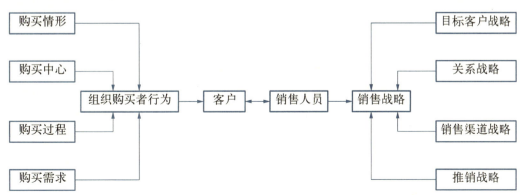

图2-4 组织购买者行为和销售战略框架

进行互动，规定了特定客户如何被管理，以及覆盖的销售战略必须建立在对顾客的购买情形、购买中心和购买需求正确理解的基础上。

2.3.1 组织购买者的购买行为

组织市场是指购买商品或服务以用于生产性消费，以及转卖、出租，或用于其他非生活性消费的企业或社会团体。组织购买者通常被描述成是"理性"的或"经济"的，然而仍然有很多因素影响组织决策，企业和其他组织也是由人组成的，正是这些个人而非抽象的组织在做出购买决策，因此了解组织购买行为需要运用很多了解个人消费者或家庭时所运用的技巧和概念。

1. 组织市场购买行为类型

（1）产业市场购买行为。产业市场的特点是：购买者数量少，但购买规模大；地理位置集中；需求具有较大波动性；买卖双方能够保持长期业务关系；可以直接交易等。在正常情况下，影响产业用户采购决策的主要因素包括：价格、性能、质量、服务、稳定性、品牌、宣传、关系等。此外，在对产业市场购买行为的分析过程中还应注意对其购买决策过程各个步骤的分析。

（2）中间商市场购买行为。中间商市场，亦称转卖者市场，是由以营利为目的从事转卖或租赁业务的个体和组织构成，包括批发商和零售商，其实质是顾客的采购代理。中间商购买行为同产业购买者行为有相似之处，其采购计划包括三个主要决策：经营范围和商品搭配；选择什么样的供应者；以什么样的价格和条件来采购。

（3）政府市场购买行为。政府市场是由需要采购货物和劳务的各级政府部门构成，它们采购的目的是为了执行政府机构的职能。所以，政府采购者的行为与一般民间采购者有所不同。在分析过程中应注意影响政府购买行为的因素与购买决策过程分析。

2. 购买情形

组织购买行为的一个重要决定因素是客户面临的购买情形。购买情形有三种类型，每种情形都表示了采购部门所面临的问题，并且每种情形对销售方而言都有不同的战略含义。

（1）新购（new task buying situation），即生产者市场的用户第一次采购某种产业用品。例如，购买大型的新机器设备。这是一种最复杂的采购任务，新购的金额越大，成本越高，风险越大，所需要了解的信息也越多，参与购买决策的人员相应也越多。而且要做的购买决策也很多，如产品规格、价格幅度、交货条件、交货期、服务条件、支付条件、订购数量、选择适合的供应商等。显然，这种购买给生产者市场的供应商提供了最大的机会，同时也提出了最有力的挑战。供方企业应派出专业的推销人员上门推销，尽量提供必要的信息，解答疑问，减少顾虑，促成交易，许多供方公司还设立专门的机构，负责对新客户的营销,以便建立长期的供应关系。

(2) 修订重购(modified rebuy buying situation),也称变更重购,即生产者市场的用户为了更好地完成采购任务,修订采购方案,适当改变产品的规格、型号、价格、数量和条款,或寻求更合适的供应者。在这种情况下,采购工作比较复杂,需要进行一些新的调查,收集一些新的信息,做一些新的决策,通常参与购买决策的人数也要增加。原来的供应商为了不失去顾客,必须采取有效措施改进工作。而对新的供应商则有了比较多的竞争机会,应不失良机,扩大销售。

(3) 直接再购(straight rebuy buying situation),所谓直接再购也称连续重购,是指企业采购部门按过去的订货目录直接向原来的供应商购货,内容不做变动,完全根据以往经验,按常规、惯例进行重复购买。

组织购买情况中最简单的是直接再购,也就是重复的采购决定,即根据采购决定,当前的客户再次购买此前表现令人满意的熟悉产品。当买方对产品及销售条款满意时,就会出现这种组织购买情况。因此,这种采购不需要新的信息。买方没有多少理由去对别的选择进行评估,因此一般遵循再购惯例。组织市场的直接再购就相当于消费者市场上常规化的反应行为。针对这种购买行为,营销者对老客户应尽力保证产品质量和服务质量,并采取方便其再购的措施,提高其满意度;对不属于自己的客户,应积极开拓机会,争取获得订货。

3. 组织采购中心

组织采购中心(organization buying center)是指组织中所参与购买决策过程的个人和集体。根据每次购买的具体情况,购买中心的每个角色会由不同的个人和、部门和不同层次的高级管理人员担当。组织购买中心不是组织结构中固定的一部分,其构成根据购买情况的不同而不同。例如,医师并不参与决定医院雇用哪一位地板清洁工,但是当考虑购买昂贵的诊断设备时,医师就会很积极地参与决策。

由于组织采购中心是由人构成的,影响消费者行为的因素(心理因素、社会因素和人类学因素)同样也影响组织中的个人。就像家庭中不同成员对于某些购买决策会有较大的影响力,购买中心的成员可能会使用不同的策略来影响最终结果,比如承诺或者威胁。但是由于组织在任务和情境环境方面与家庭不同,我们可以想到影响这两种不同群体的因素会有所不同。例如,在价格方面,组织购买就比消费者购买更多地使用到竞争,当家庭需要购买食油时,他们会到当地的百货店按照价目表选择一种品牌;而当麦当劳需要购买食油时,公司就会进行竞价,对商品提出详细的说明,并与供应商发展长期的伙伴关系,整个决策中会包括管理人员、研发人员和营养学家。

4. 购买过程

一般认为,组织购买者的采购决策过程可分为八个购买阶段:

(1) 提出需要。

当公司中有人认识到了某个问题或某种需要可以通过某一产品或服务得到解决

时,便开始了采购过程。提出需要是由两种刺激引起的。

① 内部刺激。如企业决定推出一种新产品,于是需要购置新设备或原材料来生产这种新产品;企业原有的设备发生故障,需要更新或需要购买新的零部件;或者已采购的原材料不能令人满意,企业正在物色新的供应商关系。

② 外部刺激。主要指采购人员在某个商品展销会引起新的采购主意,或者接受了广告宣传中的推荐,或者接受了某些推销员提出的可以供应质量更好、价格更低的产品的建议等。可见,组织市场的供应商应主动推销,经常开展广告宣传,派人访问用户,以发掘潜在需求。

(2) 确定总体需要。

提出了某种需要之后,采购者便着手确定所需项目的总特征和需要的数量。如果是简单的采购任务,这不是大问题;由采购人员直接决定。而对复杂的任务而言,采购表要会同其他部门人员,如工程师、使用者等共同来决定所需项目的总特征,并按照产品的可靠性、耐用性、价格及其他属性的重要程度来加以排列,在此阶段,组织营销者可通过向购买者描述产品特征的方式向他们提供某种帮助,协助他们确定其所属公司的需求。

(3) 详述产品规格。

采购组织按照确定产品的技术规格,可能要专门组建一个产品价值分析技术组来完成这一工作。小组要确定最佳产品的特征,并把它写进商品说明书中,它就成为采购人员拒绝那些不合标准的商品的根据。同样,供应商也可把产品价值分析作为打入市场的优势。供应商通过尽早地参与产品价值分析,可以影响采购者所确定的产品规格,以获得中选的机会。

(4) 寻找供应商。

采购者现在要开始寻找最佳供应商。为此,他们会从多处着手,可以咨询商业指导机构;查询电脑信息;打电话给其他公司,要求推荐好的供应商;或者观看商业广告;参加展览会。供应商此时应大做广告,并到各种商业指导或指南宣传机构中登记自己的公司名字,争取在市场上树立起良好的信誉。组织购买者通常是会拒绝那些生产能力不足、声誉不好的供应商;而对合格的供应商,则会登门拜访,察看他们的生产设备,了解其人员配置。最后,采购者会归纳出一份合格供应商的名单。

(5) 征求供应信息。

此时采购者会邀请合格的供应商提交申请书。有些供应商只寄送一份价目表或只派一名销售代表。但是,当所需产品复杂而昂贵时,采购者就会要求待选的供应商提交内容详尽的申请书。他们会再进行一轮筛选比较,选中最佳者,要求其提交正式的协议书。

因此组织营销人员必须善于调研、写作、精于申请书的展示内容。它不仅仅是技术文件,而且也是营销文件。在口头表示意见时,要能取信于人,他们必须始终强调公司的生产能力和资源优势,以在竞争中立于不败之地。

(6)供应商选择。

采购中心在做出最后选择之前,还可能与选中的供应商就价格或其他条款进行谈判营销人员可以从好几个方面来抵制对方的压价。如当他们所能提供的服务优于竞争对手时,营销人员可以坚持目前的价格;当他们的价格高于竞争对手的价格时,则可以强调使用其产品的生命周期成本比竞争对手的产品生命周期成本低。此外,还可以举出更多的花样来抵制价格竞争。

此外,采购中心还必须确定供应商的数目。许多采购者喜欢多种渠道进货,这样一方面可以避免自己过分地依赖一个供应商,另一方面也使自己可以对各供应商的价格和业绩进行比较。当然,在一般情况下,采购者会把大部分订单集中在一家供应商身上,而把少量订单安排给其他供应商。这样,主供应商会全力以赴保证自己的地位,而次要供应商会通过多种途径来争夺得立足之地,再以图自身的发展。

(7)发出正式订单。

采购者选定供应商之后,就会发出正式订货单,写明所需产品的规格、数目、预期交货时间退货政策、保修条件等项目。通常情况下,如果双方都有着良好信誉的话,一份长期有效的合同将建立一种长期的关系,而避免重复签约的麻烦。在这种合同关系下,供应商答应在特定的时间之内根据需要按协议的价格条件继续供应产品给买方。存货由卖方保存。因此,它也被称作"无存货采购计划"。这种长期有效合同导致买方更多地向一个来源采购,并从该来源购买更多的项目。这就使供应商和采购者的关系十分紧密,外界的供应商就很难介入。

(8)绩效评估。

在此阶段,采购者对各供应商的绩效进行评估。他们可以通过三种途径:直接接触最终用户,征求他们的意见,或者应用不同的标准加权计算来评价供应商;或者把绩效不理想的开支加总,以修正包括价格在内的采购成本。通过绩效评价,采购者将决定延续、修正或停止向该供应商采购。供应商则应该密切关注采购者使用的相同变量,以便确信为买主提供了预期的满足。

5. 购买需求

组织购买被视为满足特定购买需求(buying need)的目标指向行为。尽管组织购买过程是为满足组织需求而设计的,但购买中心的成员在组织采购过程中也尽力想满足个人的需求。下面举例说明了购买过程中个人和组织可能的重要需求。个人的需求与职业地位相关,组织的需求则反映了与产品相关的因素。

尽管组织采购常被客观理性行为,但人的主观需求对最终决策仍然很重要。例如,组织要购买一台计算机来满足数据处理需求,尽管许多供应商都能提供相似的产品,而且一些供应商比另外供应商提供的产品价格更低,但购买中心成员却可能选择最知名的品牌,以减少购买风险并保证自己工作的安全性。

考虑到不同购买中心成员的不同需求,组织购买行为的复杂性也就显而易见了。销售经理必须理解这种行为,并制订销售战略满足购买中心成员个人的需求和组织的需求。

表 2-4　个人和组织的需求

个　人　目　标	组　织　目　标
需要权力感	在产品使用中控制成本
追求个人愉悦	产品的缺陷很少
要求工作安全	对重复购买依赖送货服务
想被人喜欢	所供应产品的充足性
想得到别人的尊重	成本在预算限度内

2.3.2 销售战略

销售经理和销售人员通常要客户层次的战略决策负责。尽管公司的营销战略提供了基本的指导——总体的项目计划,但最终取胜却是建立在每个客户的基础上的。没有针对特定客户的有效销售战略的设计与实施,就不可能成功地实施营销战略。

屹龙公司(Hill-Rom)是全球领先患者护理产品和服务的供应商,为急症护理,长期护理和家庭护理环境提供各种产品和服务,它的成功表明制订有效销售战略的重要性。屹龙公司向医疗保健机构销售床和其他医疗设备。销售人员用相同的方式来对待所有的顾客,尽管大的机构会比小的机构得到更多的关注。公司进行广泛的客户细分并识别两种类型的客户:关键客户和一般客户。这两种客户在购买需求和流程上有差别,而不仅是数量上的差别。屹龙公司发现他们目标的方法对一般客户关注太多,而对关键客户关注不够。基于这个分析,公司为每个客户制订一种特殊的销售战略。关键客户由一位客户经理直接领导的多功能销售团队负责。一般客户由区域经理为其提供服务。新的销售战略提高了销售,使顾客更加满意,同时降低了成本。

销售战略在框架中有四个基本组成部分:目标客户战略、关系战略、推销战略和销售渠道战略。每个部分都有其独特性,但彼此又相互关联。

1. 目标客户战略

销售战略的第一步就是确定目标客户战略(account targeting strategy),一个目标市场中所有的客户并不相同,某些客户可能因为与公司竞争对手现存的业务关系而对公司所推销的产品没有好的期望。即使那些对公司产品有好的期望的客户或现有客户,在现在或将来的购买数量上也各有不同,他们与销售机构的合作方法也会不同,这就意味着不可能用同样的方法来对待所有的顾客。

销售战略就是在目标市场内部为了向每个顾客群推销产品而对客户进行分类的战略。目标客户战略为销售战略的其他部分的建立提供了基础,销售组织也要针对不同的顾客群采用不同的关系战略、推销战略、销售渠道战略。

2. 关系战略

关系战略(relationship strategy)决定于不同的顾客群建立相应的关系类型,特定的关系战略是为销售组织目标客户战略所确定的每个客户群服务的战略。

关系战略从以推销标准化为基础的交易关系到买卖双方为共同利益而合作的联盟关系。在这两端之间是中间类型的关系,解决问题关系强调解决顾客遇到的问题,而伙伴关系则表示在长期内占据一种较佳的供应商的位置。当销售组织从交易关系向联盟关系转变时,时间框架就变得更长了,双方关注的焦点从单纯的买卖转变到创造价值,所提供的产品/服务也从简单转为复杂的、定制化的。

	交易关系	解决问题关系	伙伴关系	联盟关系
目　标	推销产品	→	→	增加价值
时间框架	短　期	→	→	长期
提供物	标准化	→	→	定制化
客户数量	较　多	→	→	较少

图 2-5　关系战略的特征

3. 推销战略

成功地实施关系战略要有不同的推销方法作支持,推销战略(selling strategy)就是为每种关系战略计划的推销方式。以一种富有成效的方式来实现所期望的关系类型需要使用不同的推销策略,销售管理的一项重要任务就是使推销战略和关系战略相吻合。例如,刺激反应式和心理状态推销方法适用于交易关系战略;需求满足和解决问题推销法适用于解决问题关系战略。顾问式推销法是伙伴战略和联盟战略最有效的方法。有时,联盟关系战略要求完全适应特定销售情形的推销战略。

关系战略			
交易型	解决问题型	伙伴型	联盟型
刺激反应	需求满足	顾问式	顾客式
心理状态	解决问题		定制化

图 2-6　关系战略与相应的推销战略

4. 销售渠道战略

销售渠道战略(sales channel strategy)是指为了实现特定的销售渠道目标而制定的一整套系统化的指导方针。在当前竞争如此激烈的市场上,企业的销售渠道战略正确与否直接关系到企业的兴衰成败。越来越多的企业正在与其代理商、经销商甚至零售商等基本渠道成员形成更加紧密的伙伴关系,有的甚至结成了某种意义上的战略联盟。

影响企业营销渠道战略的因素有很多,归纳起来主要有如下三个方面。

(1) 外部因素。主要是企业自身无法控制的因素,属于一种宏观的影响因素,其中主要包括:

①外部环境。主要是指市场销售环境,市场销售环境的变化会直接影响到企业的营销渠道战略。比如,当整个市场经济低迷的时候,企业自然会选择最便宜最短的渠道。而另一方面,技术上的某种变革,则可能会对营销渠道战略产生较大的影响。

②市场特性。主要是指目标市场所表现出来的一种形态。市场特性影响着企业对营销渠道策略的选择。比如,分散的低密度的市场,渠道中间商的作用将更加突出;反过来,若是集中的高密度的市场,则企业将更加重视直接营销渠道的建设。

(2)内在因素。主要是企业自身的一种微观的因素或者是可以通过努力来改善或改进的可控因素。它在很大程度上直接影响到企业营销渠道战略的选择、实施和调整。其中主要包括:

①企业实力。企业的管理经验、企业的财务实力等影响着营销渠道战略的选择和实施。比如说,一家富有管理经验、财力雄厚的企业,则可以建立起完全属于自己的营销渠道,实施紧密的完全掌控;相反,而一家管理经验不足,财力十分有限的企业,则很可能必须依靠第三方渠道进行销售。

②产品特性。产品特性在大多数情况下左右着企业的营销渠道战略。贵重的、易腐烂的、危险性高的产品,一般是选择直接销售的渠道战略,比如像珠宝、首饰或大件商品等;相反的,属于标准化的、耐用的或日常消费用的产品,则一般选择尽可能广泛的中间商销售渠道,比如像PC、彩电以及软饮料等。

(3)第三方因素。主要是指介于可控和不可控之间的一种因素,或者可以说是一种半可控的因素,在某种程度上可以说,企业的营销渠道战略与其竞争对手和渠道中间商是一种"博弈"关系在某个层面达成的一种平衡。其中主要是竞争对手和中间渠道。

①竞争对手。在某些行业或产品市场,企业之间的竞争最好的办法就是选择相同或相近的营销渠道战略;而相反在另外一些行业或产品市场,企业之间的竞争则又可能选择完全不同的营销渠道战略,以出奇制胜的手法赢得市场。比如在个人电脑市场,联想选择了分销战略,而DELL从一开始就选择了与分销完全不同的直销战略,但它们均赢得了市场,成为市场的佼佼者。

②中间渠道。在某些产品市场上或某些区域产品市场上,某些中间商对该产品或该区域产品市场起着主导作用,则新的企业在进入该产品市场或该区域产品市场时,营销渠道战略的选择就十分有限,与当地中间渠道合作几乎是没有选择的选择,尤其是在进入市场的初期。

 本章小结

公司战略为组织内所有层次的战略提供方向。公司使命的阐述、战略业务单位的定义等内容为销售人员和销售经理提供了必须遵守的行为规则。公司战略的转变常常引起销售管理和人员推销活动的转变。业务战略决策决定每个战略业务单元如何开展竞争,不同的业务战略对销售组织有不同的要求。同时,也确定了人员推销在营销战略中的重要地位。

在整体营销计划中,企业应该确定可供选择的各种行动方案并从中选出最合适的,这就需要有准确及时的信息。销售职能在计划过程中的一个关键作用就是它能提供信息。公司战略、经营业务战略和营销战略都将顾客作为整个市场或多个细分市场,这些战略为销售职能提供了指导,但销售经理和销售人员必须把这些一般化的组织战略转化为适合单个顾客的特定战略,而销售战略就是为单个顾客设计的执行组织营销战略的特定战略。

关键术语(中英对照)

企业战略(business strategy)　　　战略业务单元(SBU,strategic business units)
业务单位组合(business unit portfolio)　　营销组合(marketing mix)
营销提供物(marketing offer)　　　销售战略(marketing strategy)
新购(new task buying situation)
修订重购(modified rebuy buying situation)
直接再购(straight rebuy buying situation)
购买需求(buying need)　　　　　目标客户战略(account targeting strategy)
关系战略(relationship strategy)　　推销战略(selling strategy)
销售渠道战略(sales channel strategy)

思考题与应用

1. 何为战略?战略的基本特征有哪些?战略的三个层次是指?
2. 何为战略业务单位?战略业务单位的目标与销售组织目标之间存在怎样的关系?
3. 经营业务战略包括哪些一般通用战略?销售人员在其中起到什么作用?
4. 请列举营销战略的制定步骤。销售职能在营销战略中的重要作用是什么?
5. 营销计划的制定具体步骤包括哪些?
6. 请解释组织购买者行为和销售战略框架图的含义。
7. 分别访问一个商业组织、政府机构的代表,分析每一个组织的购买中心有何不同?
8. 选择一家自己感兴趣的公司,查找年度报告等相关资料,描述该公司的公司战略、营销战略和销售战略。

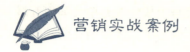

格力的困局：多元化之殇

"希望大家坐着格力造的车，打着格力的手机，控制家里的空调温度，享受格力给你们带来的美味佳肴。"这是格力电器董事长董明珠对外表述的个人梦想，她希望这四个业务成为格力电器2017年的方向，也由此兑现此前承诺的2018年2 000亿的目标。

董明珠的梦想能实现格力电器的目标吗？虽然2016年格力电器业绩尚未公布，但从2015年营收下滑29.04%至977.45亿元，2016年前三季度营收824亿元的业绩来看，两年内靠其主业空调增长1 000亿显然无法实现，格力需要拓展更多的新业务，这就不难解释董明珠为何要押宝手机和新能源汽车了。有内部消息称，董明珠投资的新能源汽车珠海银隆将谋划在2017年上市，与此同时，2018年的6月，格力电器将迎来董事会改选，作为珠海银隆的股东同样又有着上市公司董事长身份的董明珠，将面对着双重压力。

主业增速放缓，多元化一直未有成绩

从格力近5年业绩的轨迹来看，2012—2014年，格力曾连续三年营业总收入增长200亿元，这种增长态势也让董明珠将格力未来目标定格在了3年突破2 000亿元。但好景不长，随着家电市场近两年增速的放缓、节能补贴政策结束，格力电器在2015年的营收同比下滑了3成，从2014年的1 400亿元回落到2015年的977.45亿元。一位证券分析师向搜狐科技表示，2016年格力营收、利润都将实现同比增长，但不会超过2014年的业绩。

从近两年格力电器的发展来看，格力并没有跳出家电业务，目前85%以上收入仍然由空调所贡献，其他家电产品如格力晶弘冰箱、大松生活电器等虽然布局多年，但市场销量平平。

糟糕的是，空调市场从2015年开始整体表现低迷，销量急剧下滑。根据中怡康统计，全年销售跌幅两位数，空调库存数量剧增，到2016年初空调全行业库存超过4 000万套，而2015年全年销量不过4 100万台。占据50%份额，多年成为空调市场老大的格力电器受到不小的冲击和巨大的库存压力。

那么，董明珠期望的手机、新能源汽车业务是否拉动2017年格力整体业绩呢？从汽车业来看，珠海银隆成为董明珠个人投资的产业，虽然董明珠将银隆和格力电器绑在了一起，让格力电器成为银隆汽车空调的供应商，但按银隆2017年3万台汽车来计算，格力汽车空调也只有3万部汽车空调的量。格力电器除了给银隆提供汽车空调外，格力旗下智能装备公司以及格力模具公司将为银隆提供生产线以及模具。显然，后者为格力电器带来的贡献值目前远超汽车空调。

从手机来看,相比银隆为格力电器带来的既得实惠,未来发展尚且未知,反而需要格力电器反哺和输血,让更多投资者对手机业务并不看好。"手机一旦失手将拖累格力电器整体业绩。"上述证券分析师认为,虽然格力电器营收近两年有所回落,但利润一直保持10%~13%,格力股东并不希望多元化业务影响到格力整体利润。

银隆谋划上市,格力直接参与可能性小

自2016年3月,格力电器发布停牌公告开始筹划收购珠海银隆到收购议案被格力股东否决,再到12月董明珠拉拢包括王健林、刘强东等5位投资者,最终以30亿元的价格获得珠海银隆22.388%的股权。董明珠用了9个月的时间圆了造车梦。

这一结果并不是董明珠的最终意愿,而是让银隆成为格力旗下一子。在现实情况下,董明珠不得不通过多种方式让格力和银隆走得"更近"。董明珠对珠海银隆的执着是看好其拥有钛酸锂电池这一核心技术,这一技术与特斯拉的三元锂电池、比亚迪的磷酸铁锂电池将成为未来新能源汽车电池的三大类。但有专家认为,钛酸锂电池能量密度低、成本高等问题,更适合于一些特种电动汽车的用途而非长途驾驶的汽车,未来也难以发展成新能源汽车动力电池的主流技术路线。

据悉,董明珠寄望银隆的则是希望钛酸锂电池在空调上的使用,并扩展到智能家庭能源管理。董明珠表示,她看好的是银隆的未来,欲借新能源汽车、动力电池打造另一个千亿产业的格力。但一位业内人士认为,目前,银隆纯电动客车仅排名第七,截至2016年年底,银隆净利润10亿元,获得两轮融资,无论是钛酸锂电池的研发和商业化,还是银隆在新能源汽车市场的开拓,都需要时间和资金。

此外,"格力电器现阶段需要快速恢复业绩,短期在资本上与珠海银隆重新合作的可能性较小"。上述证券师认为,格力电器与银隆将在很长一段时间保持客户关系。

手机前途迷茫,靠线下专卖店渠道机会仍小

董明珠最近表示,格力手机经过2年的技术积累,今年要大规模销售。用格力品牌打造的格力手机在产品和品牌上有多少说服力,都被业界人士质疑。相比还处在发展初期的新能源汽车,发展成熟、品牌格局已定的手机市场,格力电器的机会又有多大?

在品牌营销上,凭借董明珠在各种公开场合对格力手机的曝光,确实让不少人知道了"只听雷响不见雨落"的格力手机,这与当年乐视进军互联网电视,一年前就通过各种信息进行品牌铺垫有着异曲同工之处。但两者却有着天然差别:乐视通过低价、颠覆传统电视卖硬件的商业模式,以及"砸钱"的方式,让乐视电视2016年规模完成了600万台目标,2017年将实现超过1000万台,有了与电视机前三名品牌抗衡的地位。但同样作为后来者的格力,无论是价格、产品,还是商业模式上,格力都很难通过创新和颠覆换市场。

董明珠做手机选择的仍是一条复制空调的传统思路。"3 599元的格力手机要想在今年大规模销售仍是董明珠的梦想。"一位手机分析师并不看好格力手机的未来。

据搜狐科技了解到,格力手机欲借最核心的销售渠道格力专卖店来销售产品,但格力各地经销商由于此前冰箱、小家电产品曾出现压货现象,对销售格力手机并没有兴趣。另外，VIVO、OPPO最近几年在三四级市场渠道的渗透，格力手机销售空间仍然有限。

资料来源：http：//it.sohu.com/20170219/n481095348.shtml

讨论题

1. 你如何看待格力电器的战略转型问题？
2. 如果你是董明珠，面对这样的市场经营环境，你将如何决策？
3. 分析格力电器公司战略变革的原因及转型的难点在哪？

案例点评

本案例以格力电器为背景，描述了在当前优势多变、竞争激烈、家电消费需求增长受到抑制的经营环境中，以专业化闻名的格力正在向多元化、智能化战略进行转型。通过打价格战，渠道变革，提速产品多元化等一系列措施进行战略转型与变革，并开始跨入多个行业，这意味着自成立以来格力电器一直坚持的空调制造单一主业格局被打破。但以格力发展的晶弘冰箱、小家电营收不理想为据，格力的多元化转型遭受到外界的质疑。另外，格力对于自动化设备、手机、智能家居等产品的投入，短时间都难见到成效。在对格力电器外部环境进行分析的基础上，结合对格力电器战略转型的了解探讨。这一方面可以启发人们认识到战略管理的重要性，对格力电器的转型之路持续关注；另一方面也可以为其他企业的战略发展提供参考经验。

(扫一扫)

 参考文献

1. 欧阳小珍主编，《销售管理》，武汉大学出版社，2003年
2. 戴维·乔布等著，俞利军译，《推销与销售管理》，中国人民大学出版社，2007年
3. 托马斯·英格拉姆等著，李桂华主译，《销售管理：分析与决策(第6版)》，电子工业出版社，2009年
4. 查尔斯·M·弗特勒著，殷戬弘等译，《销售ABC(第6版)》，企业管理出版社，2005
5. 德尔·I·霍金斯著，符国群等译，《消费者行为学(第10版)》，机械工业出版社，2009年
6. 熊银解主编，《销售管理》，高等教育出版社，2002年
7. 菲利普·科特勒、凯文·莱恩·凯勒著，《营销管理(第15版)》，格致出版社，2016年

第3章 沟通在销售中的地位

 本章知识结构图

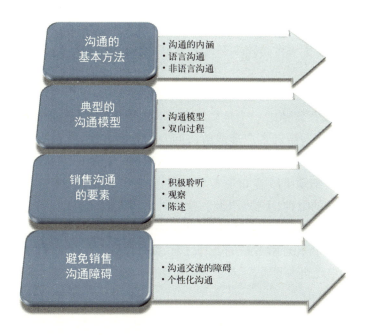

- 沟通的基本方法
  - 沟通的内涵
  - 语言沟通
  - 非语言沟通
- 典型的沟通模型
  - 沟通模型
  - 双向过程
- 销售沟通的要素
  - 积极聆听
  - 观察
  - 陈述
- 避免销售沟通障碍
  - 沟通交流的障碍
  - 个性化沟通

 学习目标

本章学习要点：
1. 理解沟通的内涵
2. 掌握沟通的方法（语言沟通和非语言沟通）
3. 理解销售沟通模型
4. 掌握销售沟通的要素
5. 理解如何避免沟通的障碍

 引导案例　　　　　职场沟通技巧

（扫一扫观看视频）
视频案例名称：在路上——孙路弘
网址：http：//chuangye.umiwi.com/2012/0313/64176.shtml

求职是每个人都会面临的问题，求职沟通是指在求职的过程中，实现和用人单位的双向沟通的过程。在这个过程中既要了解企业所需要的人才特性，也要让用人单位了解到自身的优势，达到双赢的目的。

职场是一个沟通非常重要的地方，比如：如何和老板沟通，如何打理好与同事之间的关系。求职沟通中恰当的方法会达到事半功倍的效果，反之则适得其反，会使沟通不欢而散，得不到录用。请思考：孙路弘老师在视频中讲到了哪些求职沟通技巧？对你未来的求职有何帮助？

良好的沟通是关系营销中一个重要的因素，沟通使销售人员得以了解客户的需求，发现任何掩盖着的问题，帮助客户形成解决问题的合适方案，并说服客户如何解决这个问题。更微妙的是，良好的沟通可以在销售人员和客户之间建立起信任的关系。

销售人员必须仔细倾听顾客非说不可的话，分析其用语，还要能够对他们的非语言行为明察秋毫。顾客的眼神、手势、语调和整个外表，都能在很大程度上暴露其内心的所思所想。销售人员必须是有效的沟通者，必须能够形成自己的思想、观点，使别人能够理解他们，而且必须精于分析和理解客户的言外之意、弦外之音。本章将介绍沟通的基本方法，分析销售人员与客户之间沟通模式，着重介绍了销售沟通的要素以及可能影响有效的障碍。

3.1　沟通的基本方法

 什么是沟通？它具体包括哪些层次？

3.1.1　沟通的内涵

《大英百科全书》指出，沟通是"若干人或者一群人互相交换信息的行为"。《牛津大辞典》指出，沟通是"借着语言、文学形象来传送或交换观念和知识"。《哥伦比亚百科全书》指出，沟通是"思想及信息的传递"。美国著名传播学者布农认为，沟通"是将观念或思想由一个人传送到另一个人的程序，或者是个人自身内的传递，其目的是使接受沟通的人获得思想上的了解"。英国著名传播学者丹尼斯奎尔指出,"沟通是人或团体主要通过符号向其他个人或团体传递信息、观念、态度或情感";"沟通可定义为通过信息进行的社会相互作用"。综上所述,沟通(communication)是人与人之间、人与群体之间思想与感情的传递和反馈的过程,以求思想达成一致和感情的通畅。

销售沟通(sales communication)指的是客户和卖主之间,语言或者非语言的信息传递与理解的过程。这个定义说明沟通是在客户和卖主之间进行的信息接收与发送,并希望能够得到某种类型响应的信息交换过程。

人们需要相互交流,这就意味着在一定程度上人们应该学会怎样准确地沟通,然而实际上要想准确地向别人表达,让其理解我们在说什么,是很困难的。从本质上讲,推销就是一个沟通过程,它是一个有目的提供信息、说服和提醒的沟通过程。人们通常认为一个成功的销售人员是一个能说会道的人,他们把讲故事发展成了一门艺术。虽然会"说"是帮助人们有效沟通的一种方法,但它可能并不是沟通中首要的技能,事实上,它可能不如"听"更重要。也就是说,有效的观察可从一个人注视的眼睛中获取真正的含义,这也是沟通一个重要的部分。

沟通分为语言沟通和非语言沟通两大类。语言沟通分为口头沟通和书面沟通,非语言沟通分为辅助语言和肢体语言。辅助语言主要指:声音音量、语气语调等。肢体语言主要指手势姿态、表情眼神、距离位置和服饰仪态等。人无法靠一句话来沟通,必须得靠整个人来沟通。怎么说比说什么更重要!

3.1.2 语言沟通

语言沟通(verbal communication)主要分为两大类。一是口头沟通,它借助语言进行的信息传递与交流。口头沟通的形式很多,如会谈、电话、会议、广播、对话等。二是书面沟通,它借助文字进行的信息传递与交流。书面沟通的形式也很多,如通知、文件、通信、布告、报刊、备忘录、书面总结、汇报等。

语言是人际沟通的主要手段。利用言语交流信息时,只要参与交流的各方对情境的理解高度一致,所交流的意义就损失得最少。特别是言语沟通伴随着合适的副言语和其他非言语手段时更能完美地传达信息。研究言语沟通的重点放在说者和听者是怎样合作以及对信息的理解是怎样依赖于沟通情境和社会背景的。

语言沟通要遵循一定的规则。这些规则通常是不成文的共同的默契。谈话规则在不同社会、不同文化、不同团体和不同职业之间有所差别。但也有一些普遍性的规则。例如,一方讲话时对方应注意倾听;不要轻易打断对方的谈话;一个时间只能有一个人讲话,一个人想讲话,必须等别人把话讲完;要注意用词文雅等。

在实际的言语沟通中,根据内容和情境的需要,谈话的双方还必须有一些特殊的交谈规则。例如,一个计算机专家给一个外行人介绍计算机知识时,要少用专业术语,而多用通俗性的语言,多打些比喻。至于谁先讲,什么时间讲,讲多长时间,怎么讲等,都要参与沟通的各方进行协调。交谈中还有一种更重要的协调,即说者的意思和听者所理解的意思之间的协调。如果说者所使用的某个词有好几种意义,而在这里指某一个意义,那么听者只能在这个特定的意义上去理解,否则沟通就会遇到困难。

另外要注意人际沟通时语言所表达的意义,即语义。语义依赖于文化背景和人的知识结构,不同文化背景的人所使用的词句的意义可能有所不同。即使在同一文化背景下,词句的意义也可能有差别。哲学家对"人"的理解和生理学家对"人"的理解往往有差异。

为了区分词义上的差别,心理学家把词义划分为基本意义和隐含意义两种。例如"戏子"和"演员",这两个词都是指从事表演活动的人(基本意义),但两者的隐含意义不同,戏子含有贬义,而演员则比较中性。词的隐含意义,主要是情绪性含义,在人际言语沟通中起着重要的作用,使用不当会破坏沟通的正常进行。

语义的理解还依赖于言语中的前后关系和交谈情境。研究表明,要理解脱离前后文孤立的词是很困难的。人们容易听清一个成语却不太能听清一个孤立的词。语义和情境的关系更为密切,"戏子"这个词如果在朋友间打趣时用,可能含有褒义。

3.1.3 非语言沟通

在非语言沟通(non-verbal communication)中,沟通双方相互作用的本质是十分明显的,没说一个字,你就能通过衣服的选择、面部表情、姿势或任何其他非语言信号来沟通。仅仅是走过校园这一种简单行为,你也在发出信号并从其他人甚至不相识的过路者那里得到信号。你在想:"多漂亮的大衣,不知道是在哪里买的?""她正在我们宿舍,真想多了解她!""他的个子真高,可能是一个运动员。"当别人看到你时,他们也可能同样在对你进行评价。

1. 辅助语言

辅助语言是由伴随着口头的有声暗示组成的,包括:说话速率、说话音调、说话音量和说话质量这些声音特点。当这些因素中任何一个或全部被加到词语中时,它们能修正其含义。我们表达方式所体现的含义与词语本身所体现的含义一样多。一个家长用一种温和的语气告诉孩子去打扫他的房间,而两个小时过去了,房间仍然保持原样时,这位家长严厉地说:"你要是不马上做,你就会有麻烦!"听到这样的口气,这个孩子赶紧行动。

每个人的声音是与众不同的,研究发现,当人们带上蒙眼布去听演讲者演讲时,听者能区分出演讲者的民族背景、教育水平、性别以及误差不超过5岁的年龄。

人们说话的音调、响度、速度、停顿、升调、降调的位置等都有一定的意义,可以成为人们理解言语表达内容的线索。例如,"你想到日本去"这句话,如果用一种平缓的语速说,可能只是陈述一种事实;如果加重"日本"这个词,则表示说者认为去日本不明智;如果加重"你"这个词,就可能表达对那个人是否能独走他乡的怀疑了。

（1）速率。人们说话的速率能对接收信息的方式产生影响，研究人员研究了人们每分钟120～261个字之间的说话速率。他们发现，当说话者使用较快的速率时，他被视为更有能力。当然，说得太快，人们跟不上，说话的清晰度也可能受到影响。

（2）音调。指声音的高低，音调可以决定一种声音听起来是否悦耳。如果音调低的人演说，能被人认为是没有把握，是害羞，如果音调高一点，并能够抑扬顿挫，就更能引起听众的注意。

（3）音量。信息的含义可以受到音量的影响，即说得响亮的程度。如果合乎于说话者的目的，且不是不分场合地任何时候都使用，声音响亮是美妙的。柔和的声音也有同样的效果。想要保持课堂安静，有经验的老师，知道什么时候增加或减少音量。

（4）声音补白。声音补白是在搜寻要用的词时，用于填充句子或做掩饰的声音。像"嗯、啊、呀"以及"你知道"这样的短语，都是表明暂时停顿以及搜寻正确词语的非语言方式。我们都使用声音补白，只是不停地使用或当它们分散听众注意力时，就会产生问题。

（5）质量。声音的总体质量是由所有其他声音特点构成的，即速度、回音、节奏和发音等。声音质量是非常重要的，因为研究人员发现，声音有吸引力的人被视为更有权力、能力和更为诚实。然而，声音不成熟的人可能被认为能力差和权力低，但更诚实和热情。

2. 区域空间

区域空间是指在某人的周围未经其许可，任何人不得进入的某一空间领域。一些实验表明：在一个群体中，处于较高地位的成员均享有较大的自由活动空间，而那些处于较低的成员获得的自由活动空间则较小。这一观点已由人们应用于特定的环境中，以保持人们在其社交活动中相互之间的空间距离，它仿佛是一个便携式的大气泡，无形地环绕着人们的身体。不管我们走到哪里，这个"气泡"以内的空间就是我们的个人空间。区域空间的概念可以很容易使人联想到销售领域的现象。

对于销售人员来说，考虑空间因素是很重要的。因为未经客户同意，而侵犯他们的区域空间，可能会触发客户的防御机制，从而使双方的沟通产生障碍。

我们将主要以西方文化背景下的中产阶级作为研究对象，比如在澳大利亚、新西兰、英国以及北美、北欧，或者是生活在比较"西化"的新加坡、关岛和冰岛等国家和地区的人们。每个人对个人空间的需求会和本书中所探讨的人群有所差别，但是无论如何，我们所提供的研究成果还是可以作为一个很好的参照物。当我们还是12岁的孩子时，对个人空间的需求就已经成型，而且这种需求能够鲜明地分为四种模式。在不同的个人空间里，我们会需要不同间距的"气泡"。

（1）私密空间。

私密空间的半径大小为0～0.46米，其语义为"亲切、热烈、亲密"，在这个距离内可以感受到对方的体热和气味，沟通更多依赖触摸。在所有不同模式的个人空间中，私密空间的间距是最为重要的，因为人们对于这个空间有着格外强烈的防护心理，就像对待自己的私有财产一样。在所有不同模式的个人空间中，私密空间的间距是最为重要的，因为人们对于这个空间有着格外强烈的防护心理，就像对待自己的私有财产一样。只有在感情上与我们特别亲近的人或者动物才会被允许进入这个空间,比如恋人、父母、配偶、孩子、密友、亲戚和宠物等。在这个空间里,还有更为私密的一个区域,那就是与我们的身体间距小于15厘米的区域。一般来说,只有在进行私密的身体接触时,我们才会允许他人进入这个区域。我们也可以将这个区域称为特别私密空间。

(2) 私人空间。

私人空间的半径大小为0.46~1.2米,又称为身体区域,其语义为"亲切、友好"。这种距离是朋友之间沟通的适当距离,我们在鸡尾酒会、公司聚餐以及其他友好的社交场合,通常会与他人保持这样的距离。

(3) 社交空间。

社交空间的半径大小为1.2~3.6米,其语义为"严肃、庄重"。这种距离的沟通不带有任何个人情感色彩,用于正式的社交场合,如同陌生人交往、官员会谈、贸易谈判等。在这个距离内沟通需要提高谈话的音量,需要更充分的目光接触。在跟不太熟悉的人打交道时,我们会跟他们保持这样的距离,例如初次见面的人、上门维修的水管工或木匠、邮递员、街边便利店的店主、新来的同事等。

(4) 公共空间。

公共空间的半径大小为3.6米以上,又称为大众界域,其语义为"自由、开放"。这是人们在较大的公共场所保持的距离,是一切人都可以自由出入的空间距离,常出现于大型报告会、演讲会、迎接旅客、小型活动等场合。当我们在一大群人面前发言时,我们往往会选择这个区域,因为大于3.6米的间距会让我们感觉比较舒服。

上述所有间距如果在女人和女人打交道时,可能会缩小;反之,如果是男人和男人打交道,间距则可能会扩大。如果你跟一个初次见面的人勾肩搭背,即使你表现得非常友好和善,对方也会觉得十分反感。尽管他们可能满面笑容,似乎相当喜欢你,但你得知道,这仅仅只是因为他们不想得罪你或者没有表现出来。

当客户允许销售人员进入个人或者私人空间时,他其实是在说:"来吧,到我这边来,让我们成为朋友吧!"在大多数的办公室里,销售人员通常可以隔着桌子、坐在客户的对面讲话。客户可以控制空间距离情况,这种自卫性的障碍物允许客户对谈话过程进行更大的控制,并且能够确保空间进入的安全。

另外,销售人员与客户的关系在空间上还可以通过位置来表现,双方空间位置的不同表现出人们的关系状态,不同位置安排所表达的语言信息是不同的,产生的效果也明显不同。包括:边角位置、合作位置、竞争或防御位置、独立位置。

① 边角位置。双方谈话气氛诚挚友好,交流的双方彼此具有较大的自由,销售人员不必顾忌会侵犯对方空间。双方的目光投射自由,便于销售人员观察客户的反应,同时还拥有较大的诸如手势等伴随语言的空间。

② 合作位置。销售人员和客户在地位上没有差别或有着共同的任务,通过这种空间位置,传递出双方彼此愿意合作的信息,双方的目标一致。

③ 竞争或防御位置。双方各持己见,桌面成为自然的防范屏障,"领域"划分比较

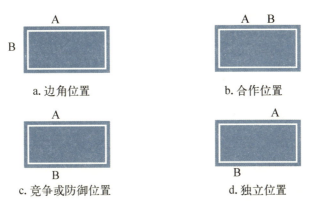

图 3-1 销售人员与客户的空间位置图

明确,这样容易使双方在心理上产生隔阂,销售人员在洽谈和讨论等商议性质会晤时要尽量避免这种位置。

④ 独立位置。这是陌生人之间或彼此不愿意打交道时所选择的位置,它表示双方心理上不愿意彼此靠近,都希望自己的独立性不受到干扰破坏。

3. 肢体语言

早在 20 世纪初,弗洛伊德就注意到一个现象:即使人们不说话,也隐藏不住某些秘密,人们的姿势和动作往往揭示出他们隐藏的对某些事情的感觉。

在向客户推销过程中,客户们一般不会直言告诉你他们对你的话能否听得进去,但他们的身体语言会这样做。通过观察人的五个身体语言表达渠道:脸、手臂、手、脚和身体角度,就能知道客户对你提供的信息的接受程度。

(1) 接受性信号。

接受性信号表明你的客户倾向于对你和你的销售陈述表示赞成。这些信息给你的销售陈述打开了绿灯信号,然而这并不代表销售过程的结束。不过这至少表示客户似乎在说:"我很乐意听你的表述。"你所讲的都能够接受,而且在他们看来很有趣。一些通常的接受性信号包括:

① 身体角度:向前倾斜或者直立,以表关注。

② 面部表情:微笑、表情爽朗,放松、目光专注地看着图示说明材料,视线同直接接触并以肯定的声音语调讲话。

③ 手:放松,通常是松开,可以在纸上进行计算,当你试图拿回产品或销售材料时,他会紧握不放,而且与你握手紧而有力。

④ 手臂:放松,一般性地打开。

⑤ 腿:交叉,或者不对着你,不会无礼地翘起二郎腿。

(2) 警告性信号。

警告性信号提醒你,你的客户对你所说的或者保持中立,或者表示怀疑。警告性信号通过以下几种方式来暗示:

① 身体角度：朝离你而去的方向倾斜。

② 面部表情：表现困惑，很少或者没有表情。客户转移视线，同你很少有视线接触，使用中立的或者充满怀疑的语调，说话很少，且提出的问题也很少。

③ 手臂：交叉而且绷得很紧。

④ 手：不停地移动，烦躁不安地摆弄着什么东西，在握手时显得软弱无力。

⑤ 腿：交叉着，朝远离你的方向移动。

警告性信号对促使你认识自己的销售陈述需要做出相应的调整，这里有两个主要原因：首先，它表明双方的沟通受到阻塞，客户对你的销售陈述的感觉、态度以及看法可能使他们对你的产品表示怀疑，持批判的态度，甚至对你的产品没有兴趣。他们可能认为并不需要你的产品，或者你的产品并不能给他们带来什么益处。即使你能够保持住他们的注意力，通过提问他们仍然对你的产品没有什么兴趣。他们可能认为并不需要你的产品，或者你的产品并不能给他们带来什么益处。即使你能够保持住他们的注意力，通过提问他们仍然对你的产品没有兴趣，或者说很少有购买你的产品的愿望。

其次，如果警告性信号处理不当，可能会演变反对性信号，这将会使双方的沟通中断，并导致销售变得更加困难。妥当处理警告性信号需要你能够做到以下几点：

① 通过放慢或者放弃你事先已经计划好的销售陈述，以适应目前不利形势。

② 通过提出开放性问题鼓励你的客户讨论，表达他们的观点和态度。

③ 仔细倾听客户所提出的以及他们做出的直接反应。

④ 对客户表现的接受性信号，应该保持一种肯定的、热心的态度，并以微笑答之。

销售人员必须要抵制住警告性信号，保持一种积极的形象，很有可能将其转变为绿灯信号，并继续进行销售陈述。

（3）反对性信号。

反对性信号告诉你立即停止你事先计划好的销售陈述，并迅速调整。客户开始对你的产品不再表现出兴趣，如果继续进行原先的销售陈述，可能会导致客户生气或者对你产生敌意。你的沟通使客户感到了不可接受的销售压力，从而导致了沟通的完全中断。反对性信号可能会通过以下手段来暗示：

① 身体角度：收缩肩膀，远离你而向后靠在座位上，向后移动整个身体或者急于走开。

② 面部表情：表现紧张、生气、皱眉、低沉着脸，与你的眼睛接触很少，声音语调消极或者沉默不语。

③ 手臂：紧张地交叉在胸前。

④ 手：表现出不赞成或者反对的移动，握紧双手，握手时表现有气无力。

⑤ 腿：交叉并远离你。

销售人员应该用处理警告性信号的同样方法来处理反对性信号，要快速采取行动去使客户平静下来，挽救局面，不要为自己辩护，先对客户的这种态度表示理解。重新部署谈话方式，通过开放式问题，了解客户的实际想法，不断地传达你自己开放和友好的积极信号，向客户表明自己来的目的是为了提供帮助，而不是为了不惜代价进行销售。

【案例小链接 3-1】　　　　非语言沟通

　　李达是应届毕业生,目前是蓝天办公用品公司的销售代表。徐力是一家公司的行政经理,大约 50 岁。李达身穿深蓝色的西装走进徐力的办公室,徐力正坐在一张很大的写字台后面,手臂交叉放在胸前,身体靠在椅子上。

　　李达:(伸出手)你好,徐经理,见到你真高兴,看起来您精神很好!

　　徐力:是的,你迟到了!

　　李达:没有办法,堵车。不过也才 5 分钟,请您见谅!

　　徐力:(用手指触摸式揉鼻子,然后手臂继续交叉着)嗯,请坐!

　　李达:我们曾经在电话里联系过,您对我们公司的一些新式的办公用品较感兴趣。这次我专程将样品送来请您过目。

　　徐力:不好意思!就在你来之前,我们刚与碧海公司签订了合同。

　　李达:(手臂交叉,语速和音量有所增加)太遗憾了。我们电话里都说好的。你应该等我来,我们公司定价比他们要低 15% 左右。

　　徐力:(手臂松开,手托下巴,身体向前倾)是吗?

　　李达:(站起来,眼睛盯着开花板)我想我来迟了,既然你们已经下了订单,我们下次再谈吧,好吗?

　　不等徐力回答,李达就礼貌地与其道别,径直走出了办公室。

资料来源:http://51gt.com/news/html/2005-01/3934.shtml

销售思考:
1. 李达是否识别出徐力身体语言的暗示?徐力通过身体语言传递了哪些信息?
2. 如果你是李达,将如何和徐力沟通?

3.2　典型的沟通模型

如何理解销售沟通是一个双向的过程?

3.2.1　沟通模型

　　国内外大都认可美国项目管理协会(PMI)提出的沟通模型(见图 3-2)。该沟通模型由八个要素组成:信息、信息发送者、信息接收者、干扰、个性滤网、理解力

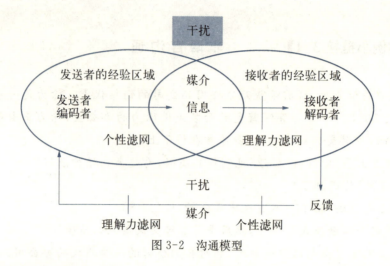

图 3-2 沟通模型

滤网、渠道媒介和反馈。

从图 3-2 可以看出：在影响沟通效果方面存在一些主要的因素，主要包括：个性化滤网、理解力滤网、外部干扰、沟通媒介的选择和经验区域差异。由于沟通是建立在经验区域之上的，沟通双方能正常沟通的一个重要影响因素是双方的经验区域存在交集，双方经验区域的吻合程度很大程度上决定了沟通的效果。假如沟通的双方在经验区域上存在差异极可能导致沟通失败。

3.2.2 双向过程

在销售沟通中，个人之间的信息交流涉及许多要素以及这些要素间的相互关系。按照营销理念，营销的目的是要满足顾客的需求和愿望。没有双向沟通，就无法知道这些需求和愿望。双向沟通提供了获得连续反馈的机会，它能使销售人员把握推销的进程，并得以确定地说明需要进一步强调或解释的地方，这样，传递者能够更好地确定信息是否会有效地到达接收者，沟通就变得更精确。如图 3-3 所示，有效的沟通涉及双向互动作用。

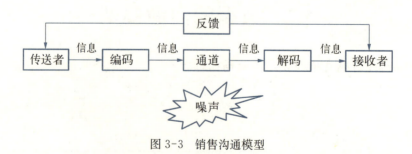

图 3-3 销售沟通模型

图 3-3 表明了要使信息交流得以发生所必需的要素和过程，描述了人员销售过程中信息交流的基本模型。它表明两个人或更多的人之间准确的信息交流，只有在双方

共享或分享经验、感知、思想、事实或感情时才会发生。个人内部和外部存在的某些因素,往往会产生不准确的感知,并导致不尽如人意的信息交流。但是,这并不一定需要双方个人之间的观点、意见完全一致,只要这些对立的观点是按照原来打算表达的含义被传递、接收和理解了,就会发生准确的个人之间的信息交流。信息交流过程涉及传送者与接收者、传送器与接收器、通道与噪声、编码与解码和反馈等要素。

1. 传送者与接收者

销售沟通显然需要有两个或两个以上的人参加。图3-2表示的是只有两个人参加的沟通过程。由于个人之间的信息交流往往包含人们相互间一系列的互换与互动,沟通与交流,所以把一个人定义为发信者,而把另一个定义为收信者,这只是相对而言。这两种身份的来回转换,取决于人们处于信息沟通模型中的哪一个位置。在关系销售过程中主要涉及销售人员与顾客。他们在整个销售沟通过程中的位置处于不断变化之中。

在关系销售过程中,传送者的首要功能是产生、提供用于交流的信息。传送者与接收者的特点,对于信息交流的过程有着重大影响。例如,传送者参与信息交流,一般目的明确,如表达观点、阐明情感、改变行为或强化与接收者的关系等。如果接收者对这些目的持对抗态度,那么发生曲解与误会的可能性就会很大。信息交流的目的与双方的感知、态度及价值观方面越一致,则个人之间信息交流便可能越准确。

2. 传送器与接收器

传送器与接收器仅指信息传递及接收时所使用的工具。在关系销售过程中,通常是指销售人员或顾客的感官,即视觉、听觉、触觉、嗅觉和味觉。传送是通过语言性的或非语言性的交往进行的。传送器一旦工作,则交往过程就移到传送者之外去了,而且不再受他的控制。信息一经传送,犹如"覆水难收"。

3. 编码与解码

编码是销售人员或者顾客把自己的思想、观点、情感等信息根据一定的规则翻译成可以传送的信号。编码是信息交流和人际沟通与交往极其关键的一环。若此环节出现脱节,整个信息交流过程就会变得混乱不堪。毫无疑问,人们所拥有的语言水平、表达能力和知识结构如产品知识与专业知识,对于人们把自己的思想、观点、情感等进行编码,起到至关重要的作用。在顾客导向的营销理念指导下,现在普遍的趋势是把合同拟写成顾客自己能看懂的形式。

信息经过通道到达接收者的接收器。接收器不外乎是接收者的感官,即视觉、听觉、触觉、嗅觉和味觉,当然也不排斥借助高新技术诸如计算机、电话、通信卫星、网络等人造器官来强化。人们通过自己的感官输入信息并改变它们的信号形式,使之具有一定的含义。解码就是把所接收到的信号翻译、还原为原来的含义。通过一种共同语言可以把许多信息加以解码,使所传送的含义与所接收到的含义适当接近。

4. 通道与噪声

通道是信息得以从发信者传递到接收者所凭借的手段。一般常用的信息通道有语言和非语言。例如，可以面对面地交谈，也可以由电话来传送，甚至借助网络等。销售人员与顾客往往采取多种通道包括书面。对于某些重要的信息如产品款式、功能、价格、交货期与数量等内容，销售人员与顾客往往采取多种通道包括书面报告、合同形式和展示演示等形式以免信息传递过程中的噪声干扰和信息"失真"。

噪声则是指通道中除了所要传递的那些信息之外的任何干扰。在关系销售过程中沟通要素产生的噪声会干扰信息的正常交流。传送者与接收者的情绪状态、环境情景，两者的个性特点、价值标准、认知水平、区域文化所造成的心理落差和沟通距离，编码和解码时采用的信息符号系统的差异，都会影响信息交流的正常进行。总之，噪声作为一种干扰源，无论产生于交流过程中的哪一层次、哪一环节；无论有意或无意为之，其本身也是一种信息。只不过这种信息通常增加信息编码和解码中的不确定性，导致信号传送和接收时的模糊与失真，并将进一步干扰个人之间的信息交流。一般可以借助重复传递信息或增加信息的强度（如音量）来克服。

5. 反馈

销售沟通模型中的最后一个要素就是反馈。反馈是指接收者对于传送者传来的信息所做出的反应。如果接受者能充分解码，并使信息真正融入信息交流过程中的话，则会产生反馈。反馈使得传送者可以发现信息是否被接收。通过反馈，销售沟通变成一种双向或多向的动态过程。反馈可以检验信息传递的程度、速度和质量。

一个沟通计划贯彻执行后，信息传播者必须衡量这个沟通计划对目标销售对象的影响。如图 3-4 提供了一个良好的信息沟通反馈实例。此例中，我们发现整个市场中 80% 的人对产品 A 有所了解，其中 60% 的人已经试用过它，但试用的人中仅有 20% 对它表示满意。这表明，信息沟通方案在创造知名度方面是有效的，但该产品未能满足消费者的期望。同时，整个市场中仅有 40% 的人知道 B 产品，其中 30% 的人试用过，但试用的人中有 80% 对该产品表示满意。这表明，信息沟通方案亟须加强对产品的宣传，对提高知名度和试用率，其潜在的购买者是不会令人失望的。

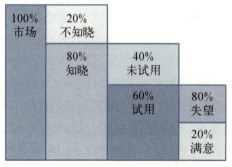
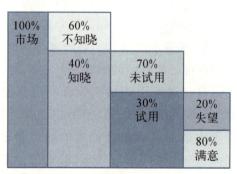

图 3-4　A、B 两种产品的消费者现状

3.3 销售沟通的要素

 销售沟通包括哪些要素？

销售沟通包括三个要素，每个要素在销售过程中都有自己的位置，它们都是非常重要的，然而，那些有助于销售人员更好地理解并联系客户的因素，往往最容易被忽略，这可能对销售成功最为关键。

3.3.1 积极聆听

倾听别人说话不仅仅是一种礼貌，而是表明销售人员愿意客观地考虑客户的看法，这会让说话的人觉得销售人员非常尊重他的意见。

沟通是一个双向过程，包括了发送和接受两个过程，在应用于销售的各种重要技巧中，研究一致公认"听"的能力排首位，它不只意味着要"全神贯注地听"才可以完全接受对方的信息所消耗的能量，还需要接收那些"言外之意"或分析讲者的真正意图，及有分析能力与大量的知识基础协助去得出结论。很多人包括中介业务员、主管，他们很容易忽略了聆听的困难度和重要性。具体来讲，听的行为有4种类型。

（1）一般的听：耳朵单纯接收声波并自动传到脑部，没有或不会产生注意、思维分析、记忆等过程；如一路驾车一路听音乐，这些内容都不会上心，因为司机当时专注的是路面情况。

（2）收集信息的听：听者会产生了注意，能吸收事实的内容，产生短期记忆，如看电视剧或听广播剧。

（3）专注的听：因一些被认为重要的信息内容，而全神贯注的听，其原因可能是因为提防危险，或正进行辩论，或社交上的礼貌地攻防。这时，接收的信息产生了注意，大脑进行了分析，大量利用记忆进行紧张的思维，同时组织句子，等待说话的机会。

（4）积极的听：听者以一种负责任的态度，全神贯注去获得说话者想要传达的完备信息的正确理解，经常要求重述或补充的询问并以微笑点头表示明白；这时，听者纯粹为彻底了解对方，包括了说话的表面意思，和背后的真正意图的分析，完全没有表态的意图。

积极聆听是不容易做好的事情，这时听者的代谢过程加快、心跳、体温与血压都有提升，听者的关注程度，连讲话的人也会感觉得到。受过训练的业务员通过积极聆听，可以实现一些目的：

① 客户感觉到自己被真诚地重视；
② 有效掌握到客户的需要或他真正的需要是什么的重要线索；

③ 客户在陈述他的需要时，你的积极聆听，会鼓励他更投入地讲，他在向你推理解释时，他正处于劝自己购买的状态；

④ 客户感觉到你的聆听状态，他就能敞开心扉，接受你更多的询问，信任的感觉开始生根；优秀的销售人员在这时刻，必须尽快掌握与客户产生共鸣、好感而非对立。

由于人脑对记忆片段有选择性与不同的持久性，大量的重要信息很快就会被遗忘，使聆听的作用大打折扣，所以积极聆听的结果，还要尽力边听边录，事后还要写下分析的结论。

积极聆听利用两个技巧去产生良好服务的感觉：

① 解述（确认或复述），对讲者的每一段表述进行小结，以询问的方式来复述对方说过的话，例如："你刚才提到……是吗？""你的意思是说……对吗？"

② 感觉检验，总结出讲者的需要、情绪或感觉，这是尝试性的，而非批评性的，例如："照你这样说，你认为现在是入市最佳时机了？""你是说这个盘减价就一定考虑，是吗？"

上述两个技巧不只起了信息确认的作用，而且把讲者对自己迟疑的真实感受，或不知如何表达的感受，提供了反馈，令沟通得到强化，更给予讲者以激励，使他们对听者更加开放。

太多业务员过于着重讲，或急于证明自己的辩才、见识，或急于推翻对方的谬误，而出现与客户争着说话的紧张状态，这时业务员的聆听接收能力迅速进入低潮，不但有可能听不进对方的话，疏忽了重要信息，更会迫使对方进入非自己能控制的心理状态，导致将来销售的失败。

3.3.2 观察

需要与"听"完美配合的是"看"的能力，它占着第二位，协助补足讲者所疏忽的，由身体语言所泄露出来的，更真实的信息，一个一闪即逝的狡猾微笑，可能否定了他滔滔不绝的大堆表面理由，就看你是否能观察并及时捕捉到。

一个优秀的业务员和销售主管能有效利用"听"与"看"去有效掌握对方的内心世界，从而确定出有针对性的推销策略，或推行公司制度；观察集中针对客户本身，以及观察他身边的人，收集的重要线索包括穿戴、小动作、气质、举止等，这些信息泄露出他的内心世界，也向你发出大量真伪信息，这种收集方式，倾向于艺术化而非科学化，需要总结大量经验。

3.3.3 陈述

聆听和观察客户、收集信息、分析客户的需要，最终目的就是要向他推销，这就有赖于表达陈述能力。

（1）表达能力的重要性排到最后，其难度却是第一。将复杂的概念在脑海中组织好，没有遗漏地依次用语言表述出来，还要照顾节奏、语气、声量、态度、身体语言的配合，这是推销工作最为艰巨的工作。

（2）能否以简洁精练的、有说服力的方式陈述，是销售的成功关键。销售人员需要事前仔细思考和准备，要预先设想各种情况，有可能哪些信息将对客户是重要的？是可以影响他的决定？同时，还要确定陈述的先后次序，设计一个切入这个话题的方式，将信息的要素有系统地铺陈出来。

（3）客户每天都被各种各样的销售人员包围着，他们似乎都陈述着相同的故事，如"我们公司的信誉最好、我介绍的房子最佳、我们的价钱最便宜"……销售人员想要脱颖而出，能正确地传达信息给客户是最重要。同时，这也是个人创造力（创意）的发挥时机，他们要认识到有多种方式来说明一件事，可以很新鲜和有趣，则可免于陷入陈腔滥调的模式。

（4）基于沟通障碍的存在，以及记忆力的不可靠性，精彩的陈述未必为客户完全接收，因此还要使用销售辅助手段，如产品的图片、书面证书、细述产品优点或与公司事务有关的图表。

【案例小链接3-2】　　　　三个小贩买水果

一天一位老太太拎着篮子去楼下的菜市场买水果。她来到第一个小贩的水果摊前问道："这李子怎么样？"

"我的李子又大又甜，特别好吃。"小贩回答。

老太太摇了摇头没有买。她向另外一个小贩走去问道："你的李子好吃吗？"

"我这里是李子专卖，各种各样的李子都有。您要什么样的李子？"

"我要买酸一点儿的。"

"我这篮李子酸得咬一口就流口水，您要多少？"

"来一斤吧。"老太太买完李子继续在市场中逛，又看到一个小贩的摊上也有李子，又大又圆非常抢眼，便问水果摊后的小贩："你的李子多少钱一斤？"

"您好，您问哪种李子？"

"我要酸一点儿的。"

"别人买李子都要又大又甜的，您为什么要酸的李子呢？"

"我儿媳妇要生孩子了，想吃酸的。"

"老太太，您对儿媳妇真体贴，她想吃酸的，说明她一定能给您生个大胖孙子。您要多少？"

"我再来一斤吧。"老太太被小贩说得很高兴，便又买了一斤。

小贩一边称李子一边继续问："您知道孕妇最需要什么营养吗？"

"不知道。"

"孕妇特别需要补充维生素。您知道哪种水果含维生素最多吗?"

"不清楚。"

"猕猴桃含有多种维生素,特别适合孕妇。您要给您儿媳妇天天吃猕猴桃,她一高兴,说不定能一下给您生出一对双胞胎。"

"是吗?好啊,那我就再来一斤猕猴桃。"

"您人真好,谁摊上您这样的婆婆,一定有福气。"小贩开始给老太太称猕猴桃,嘴里也不闲着:"我每天都在这儿摆摊,水果都是当天从批发市场找新鲜的批发来的,您媳妇要是吃好了,您再来。"

"行。"老太太被小贩说得高兴,提了水果边付账边应承着。

资料来源:http://www.xuexila.com/success/chenggonganli/525662.html

销售思考:三个小贩对着同样一个老太太,为什么销售的结果完全不一样呢?你认为如何在销售沟通中更好地发现消费者需求?

3.4 避免销售沟通障碍

在销售中,如何避免沟通障碍?

就像跨栏运动员,销售人员必须克服重重障碍,这些障碍被贴切地称为沟通障碍(communication barrier)。在现实的销售中存在很多的沟通障碍,导致最终销售失败,因而了解和认识沟通中可能存在的障碍是销售人员必须学习的内容。

3.4.1 沟通交流的障碍

销售人员乔·琼斯(Joe Jones)听说 ABC 公司的采购员杰克·杰克逊(Jack Jackson)对公司目前的供应商很不满意。琼斯分析了 ABC 公司的运作情况之后,了解到他们的产品有可能会使这家公司每年节省数千元。所以他就去 ABC 公司拜访杰克逊,在访问的过程中,杰克逊突然中断了琼斯的访谈,双方没有达成任何交易,而且杰克逊连再次约见的机会都没有给琼斯,琼斯觉得非常意外。

琼斯向销售主管诉说了会谈的整个过程,他说:"在我尽力向对方解释我们产品的特征、优点和效用的时候,杰克逊总是问我在哪里上学,以及我是否想喝咖啡,是否喜欢干销售等不着边际的问题。突然,杰克逊就结束了这次访谈。"琼斯问主管:"我到底哪里做错了?我知道他需要我们的产品!"

其实顾客发出这样的信息,他喜欢和他认识的人做生意,他想先了解一下,并不想马上做交易。杰克逊和琼斯之间并没有发生真正的沟通,这就使琼斯误解了顾客并错误判断了形势。在销售情境中,致使销售终止的原因主要包括以下几方面。

1. 过滤

过滤(filtration)指的是信息的传送者,根据自己的主观或目的选择性地传达资讯。在销售人员根据自身的品牌、产品、服务传达信息的同时,已经根据自身经验过滤掉许多可能客户会有兴趣的部分,要记住你的生活经验并不代表所有的客户生活经验,你喜欢的,客户不一定喜欢。如果作为销售,人为地过滤掉部分信息,可能会使客户得不到对产品或服务全面的认识,特别是如果销售人员过滤掉的是产品或服务的负面信息,更可能导致售后矛盾的出现。

2. 选择性知觉

选择性知觉(selective perception)是指信息的接受者基于自己的需求或喜好,会选择性看或听,从而造成接收的信息不正确。信息的接收者也就是一般客户,常常也会因为自己的喜好,对某些不感兴趣的图像文字视而不见,举个例子,你是否常常记得某个广告是由某个你喜欢的明星演出,却忘了那支广告在卖什么?选择性知觉会造成客户对销售人员所提供信息的人为过滤,同样可能会导致沟通障碍的出现。

3. 信息过载

信息过载(information overload)是指信息量超过接收者的处理能力。网络时代这个问题更是一个会常态性发生的问题,光是洗衣粉就有上百个品牌,通过网络搜索得到的查询结果高达数万笔,信息量过大会造成客户不愿意去了解这些信息,而直接用过往的经验去下判断,过多的信息等于没有信息。在销售过程中,单次提供给客户的信息量要适量,信息量过大会令客户难以接收全部的有效信息,信息的消化需要时间。

4. 情绪

销售人员发表陈述过程中,时刻注意客户的情绪状态,最佳的是平静的接收状态,如果对方亢奋多言、大喜或暴怒,均不适合传递重要信息,你以为已经讲过了,但对方并没有接收到。嘈杂的背景,干扰信息的传递,也影响听者的情绪。用电话沟通,要时刻注意对方的背景噪声,如发觉很吵,应通知他稍后再联络。

5. 销售人员自身的沟通能力

有时候销售人员表达能力差,词不达意,应说明的信息没有讲全,条理性不强。或者客户的专业知识有限,理解力较弱,但是销售人员不能根据客户自身的条件调整沟通内容。好的销售人员要能够根据客户自身的素质组织自己的语言和沟通内容,尽可能选择客户能够听懂、接受的语言,例如对于不同年龄的客户就要使用不同的语言,年轻人更能接受网络语言的表达方式,而年长的就要避免使用网络语。同时,销售人员在沟通过程中要善于抓住客户的注意力。听者的注意力分散,而讲者滔滔不绝,没有注意到,这在电话沟通,或讲话时没有目视对方时经常发生,所以每讲一段,要注意提反问,以接收回馈,确保对方明白。

此外,其中一方有某种心理障碍也会造成沟通障碍,例如,听者怕对方以为他不够水平,不懂装懂,不懂又不询问;或讲者怕对方以为他不够水平,故意加快讲话速度,或使用较难明白的词语或句子等,又不理会对方是否明白。

【销售小技巧 3-3】　　你有这些倾听的习惯吗?

人无完人,在与家人或朋友交谈时,我们大家都有某些应该戒除的坏习惯。在生意场合,我们同样需要练习认真倾听,不良倾听习惯包括:

1. 不容别人开口。
2. 打断别人讲话。
3. 别人讲话时,你从来不看对方或者表示你在听。
4. 在别人没有讲完时就挑起争论。
5. 别人讲的你都知道,因此按捺不住要岔开话题。
6. 如果别人停顿得太久,你会给他接上下句。
7. 交谈时目不转睛地盯着对方。
8. 对方和你谈话时,你不停地上下打量对方。
9. 反馈过头,过于频繁地点头和"嗯,嗯……"。

资料来源:查尔斯·M·弗特勒著,刘宝成、刘远译,《销售ABC(第11版)》,中国人民大学出版社,2013年

销售思考:以上这些普遍的不良倾听习惯,自己身上是否存在这些问题?

3.4.2　个性化沟通

客户需求是影响购买行为的一个重要因素,在消费者购买什么,为何购买以及如何面对销售人员的问题上,个性因素所施加的影响不容忽视。这里所说的个性(personality)是指个人对情境作出反应的独特方式。销售人员往往发现,有些顾客不像其他人那样容易相处,但既然销售人员的职责所在是赢得顾客的认同,所以只能调整自己以适应对方。根据人们在交际倾向与控制倾向方面的不同特征,划分为四种典型个性类型。

1. 分析型消费者

他们类似于技术专家,习惯以一种经久不变的方式处理问题,善于捕捉产品性能方面的每一个细节,并尽其所能收集详尽的产品信息,以排除在个人因素和感情因素之下做决策。由于分析型消费者全神贯注于自己的采购任务,故常被认为是沉默寡言、感情冷淡的消费者群体。他们更喜欢以书面协议和承诺的方式将各种细节确定下来,并希望有足够的时间仔细权衡其购买决策,他们的购买决策和购买行为通常极为谨慎迟缓。

当他们就某一问题提出异议时,亦希望销售人员能够依据事实给予答复,此时,他

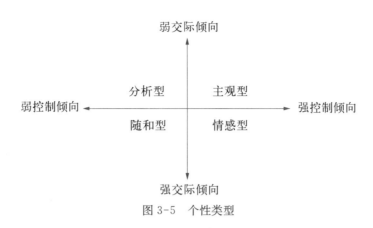

图 3-5　个性类型

们很乐于倾听销售人员就事实情况所做的解释。与产品的耐用性和可靠性相比,价格对分析型消费者而言是更重要的购买动因。在他们最终决定购买之后,仍需销售人员进一步给予适当的促销鼓动。当然,销售人员通过这种鼓动所施加的压力不宜太大。

2. 主观型消费者

他们以完成采购任务为目标,其行为特征可以用"高效"来概括。他们总是力图支配周围的人和事。他们很难对他人表现出热情、关切的态度,对旁人的思想情感也常常视而不见。与分析型消费者相似,主观消费者也十分注重事实。两者的区别在于,关注事情类型不同。主观型消费者关注产品能否满足其最低标准;他们无暇顾及产品的技术性能表现,他们更关注产品能否为其降低成本、增加收入、加快生产进度、缩短投资回报期。由于主观型消费者偏好独立工作,因而那些有助于他们加强对下属部门控制力的产品设备,往往对其独具吸引力。主观型消费者还有很强的升职愿望,如果某些产品能够帮助他们改善自己在公司的业绩表现,肯定备受其青睐。

在与主观型消费者开展业务时,销售人员的言辞务必言简意赅、切中要点。若要与他们闲聊,只能是事倍功半;同样,销售人员试图改变其意愿的努力也常常适得其反。当主观型消费者就某一个问题提出质疑时,他们期望立即得到答复,以便尽快作出购买决策。当销售人员向其推销产品时,主观型消费者希望销售人员能够提供一个简明扼要且条理清晰的购买方案,并在此基础上提供其他各种备选方案。

3. 情感型消费者

他们擅长与人交往,行为举止不拘小节,对人则常常直呼其名。即使与你相识不久,他们也会直截了当地向你倾诉自己的想法。情感型消费者与分析型消费者完全相反,他们对产品本身的特性丝毫不感兴趣,只把它们视作体现自己身份或地位的一种方式。一辆梅塞德斯奔驰汽车对情感型消费者而言,作为交通工具的意义远不及它作为成功象征的意义来得重要。

情感型消费者不太有兴趣了解产品的技术性介绍,他们更愿意接受以图形、影像和商业宣传形式出现的产品展示活动。另外,向他们列举一些已经选购该产品的客户企业也不失为一种良策。他们希望自己提出的所有问题都能尽快得到答复,而且答复尽可能同他们的购买愿望、观点和个人利益一致。通常,情感型消费者更喜欢销售人员以轻松愉快的方式对其开展促销。

4. 随和型消费者

他们待人接物极为温和亲切,并且颇具合作精神,极易与之相处。他们总是尽可能避免与人发生冲突,以致在言谈中常常掩饰自己的真实的想法而去竭力迎合对方。就购买行为而言,随和型消费者主要考虑人际交往方面,他们期望销售人员首先能够与自己建立起良好的个人关系;在产品方面他们则更关心新购设备给其雇员带来的种种影响,比如员工是否容易学会操作新设备等。

对销售人员来说,以个人担保的方式就产品品质作出承诺,并由此逐步开展促销,会更受到随和型消费者的欢迎。考虑到随和型消费者的购买决策较为迟缓且害怕承担风险,会给交易的最终达成带来一定难度,销售人员必须有耐心,并应尽可能降低产品风险给消费者造成的心理压力。

当我们理解区分消费者个性类型的重要性,那该如何识别顾客的特定个性类型呢?销售人员的确难以启齿:"你可否拿出笔填写一张个性测评问卷,好让我决定以何种销售手段对付你?"作为销售人员,必须首先注意观察顾客所在环境的布置,其次则应留意他们的言谈举止,表 3-1 列举了个性类型识别的方法。

表 3-1　个性类型的识别方法

	情 感 型	主 观 型	随 和 型	分 析 型
行为举止	活跃外向	坚决强硬	轻松随便	直截了当/目标明确
环境布置	杂乱无章/摆有大量私人物品	摆有奖状/荣誉证书	摆有个人历程的照片、纪念品	井然有序/摆有各种表格图示
工作方式	善于交际/社交甚广	关注结果/重视最低标准	顾全大局	注重真凭实据
性情气质	和蔼友善	焦躁不安	平静随和	冷漠严峻
对待他人意见	注意力不集中	缺乏耐心	全盘接受	抱有怀疑
谈论话题	人际交往奇闻轶事	成就荣誉	程序方法/组织体系	公司情况
处理问题	全神贯注专心致志	指挥命令他人	对别人言听计从	对别人品头论足
决策行为	效仿别人进行决策	决策果断/力求实用	决策迟缓/深思熟虑	信息齐全才定夺
时间安排	经常浪费时间延误耽搁	时间安排相当紧凑	遵守时间/但安排较为宽松	充分利用时间/计划周详
形体语言	丰富生动	使用频繁	精确而慎重	较为节制

(续表)

	情感型	主观型	随和型	分析型
衣着服饰	新潮时尚	剪裁讲究/无可挑剔	大众款式	传统保守/朴实无华
向往追求	与人坦诚交往	获得成就荣誉	得到他人的认可	保持言行正确
行为的检验标准	社会形象如何	事实结果	他人的评价	自我满意程度
对压力的反应	与情感对抗	与主观意志抗争	屈服顺从	放弃分析推理

 本章小结

本章讨论了沟通的重要性,沟通分为语言沟通和非语言沟通两大类。语言沟通分为口头沟通和书面沟通,非语言沟通分为辅助语言和肢体语言。辅助语言主要指:声音音量、语气语调等。肢体语言主要指手势姿态、表情眼神、距离位置和服饰仪态等。

在销售沟通中,个人之间的信息交流涉及许多要素以及这些要素间的相互关系。双向沟通提供了获得连续反馈的机会,传递者能够更好地确定信息是否会有效地到达接收者,沟通就变得更精确。信息交流过程涉及传送者与接收者、传送器与接收器、通道与噪声、编码与解码和反馈等要素。

销售沟通包括三个要素,每个要素在销售过程中都有自己的位置,它们都是非常重要的,然而,那些有助于销售人员更好地理解并联系客户的因素,往往最容易被忽略,这可能对销售成功最为关键。沟通有很多障碍,令沟通成效不佳或失败,这是业务员和销售主管所必须认识的。本章最后讨论了如何根据不同的消费者类型进行个性化沟通,人们的个性可以分为四种类型:分析型、主观型、情感型和随和型。

 关键术语(中英对照)

沟通(communication)
语言沟通(verbal communication)
积极聆听(active listening)
陈述(statement)
过滤(filtration)
信息过载(information overload)
分析型消费者(analyticals)
情感型消费者(expressives)

销售沟通(sales communication)
非语言沟通(non-verbal communication)
观察(observation)
沟通障碍(communication barrier)
选择性知觉(selective perception)
个性(personality)
主观型消费者(drivers)
随和型消费者(amiables)

 思考题与应用

1. 什么是沟通？它具体包括哪些形式？

2. 语言是沟通最精确的形式吗？为什么？

3. 给出一些形体动作的例子，并解释它们怎样影响沟通？

4. 请画出一张买卖双方沟通过程图，然后描述该过程中的每一步骤，在这个过程中为什么双向沟通很重要？

5. 观察一个电视节目，把声音关掉，从演员的非语言行为确定正在发生什么事，然后调高音量，看看你的判断是否正确？

6. 上课时老师是如何通过语言的强调表达其主要观点？他们的声音是如何传递他们对这个主题的态度？

7. 当你按时到达工业采购办公室，这是你们的第一次会面，在你等了五分钟之后，采购经理的秘书说："请随我来。"在进行了最初的相互致意之后，她让你坐下，然后请根据下列三种情况回答问题？

（1）她坐在自己的办公桌后面，坐姿端庄，双手紧扣在一起，面部毫无表情地问道："你这次来的主要目的是什么？"

（2）她坐桌子后面，轻微地向后移了一下椅子，双臂交叉，四处环顾，然后问道："你这次来的主要目的是什么？"

（3）她坐在桌子后面，轻微地向前移动了一下椅子，似乎很匆忙的样子，然而对你的出现，表现很轻松，她微笑地看着你问道："你这次来的主要目的是什么？"

a. 双方沟通的非语言信号是什么？
b. 你如何以非语言的形式回应？
c. 你将会对她说些什么？

 营销实战案例

电话销售技巧——有效提问

电话销售是以电话为主要沟通手段，借助网络、传真、短信、邮寄递送等辅助方式，通过专用电话营销号码，以公司名义与客户直接联系，并运用公司自动化信息管理技术和专业化运行平台，完成公司产品的推介、咨询、报价以及产品成交条件确认等主要营销过程的业务。电话销售人员，在进行提问时，必须要思考两个问题：一是我提问的目的是什么？也就是我问什么要提出这个问题，想得到什么样结果，不能毫无目的地对客户进行提问，浪费双方的时间。二是我采用什么样的方式进行提问，也就是如何表达问题,不同的表达方式,得到结果可能会是截然相反的。成功的销售人员,往往都会充分意识到这两点,把提问做到恰到好处,让结果得到满意答复。请对比分析两个电话销售案例:

【案例一】

电话销售人员:您好,李总,我是一家财务软件公司的小王,很高兴你能接听这个电话。

李总:有什么事吗?

电话销售员:是这样,我们公司最近新代理一种能够提高库存、财务方面的管理软件,听说你们公司目前还没有使用这方面的软件,是吧?

李总:你听谁说的,我们偌大的公司怎么可能不使用财务管理软件,你搞错了吧。

电话销售员:是吗,您使用的是什么品牌的财务软件呢?

嘟、嘟……对方已经挂断电话了。

在小王的销售过程中,我们能够清楚地看到小王说话的目的,但是很遗憾,他提问的方式没有把握好,让对方听着很不舒服,即使有需求,也不愿意继续了解下去了。

我们再来看看另外一位销售人员是如何处理的?同样的目的,不同的表达方式,最终效果完全不同。

【案例二】

电话销售人员:您好,李总,我是一家财务软件公司的小王,想请教您几个问题?

李总:什么问题?

电话销售员:是这样的,李总,经常有许多客户向我们打来电话,向我们公司咨询关于库存管理、产品分类管理以及账务管理方面的问题。李总,不知您在这方面有什么更好观点与意见?

李总:这个很简单,我们有专人负责仓库管理这块,产品分片分区管理,财务也有专人负责。只是,我也有些困惑,就是他们办事效率很低,我需要个什么报表,往往不能够及时统计出来,造成信息不顺畅。更麻烦的是,一旦人员流动或者调整的时候,往往一段时间内也是经常出现纰漏。不知道,你们有什么好的解决办法没有?

电话销售员:李总,我请问下,您目前使用是什么管理软件?

李总:管理软件?管理软件目前好像用不到吧?我们一直采用的人工做账。

电话销售员:是的,向我们打来咨询电话那些公司,也是喜欢采用人工做账,只是没有您分配得那么细致,有条理性。不过,他们现在这些问题都解决了,而且效率也提高了很多?

李总:是吗?怎么解决的?

电话销售员:他们使用一种叫做×××财务管理软件,不仅节省了人力,而且每天都能够了解今天的产品进、销、存,畅销产品、滞销产品比例、进出账情况、欠账、拖款情况等。

李总:是吗?有这样的软件?哪里能买到?

电话销售员：这样吧，李总，我下午两点到你们公司去下，您在吗？我把软件带过去，顺便给您的员工讲解如何使用这个软件，怎么样？

李总：好啊，非常感谢。

资料来源：http：//bschool.hexun.com/2014-04-18/164058959.html

讨论题

1. 两位销售人员的提问方式最大的区别是什么？
2. 电话销售与面对面销售相比，在沟通上有哪些相同和不同的地方？
3. 销售人员可以通过哪些询问方法才能赢得客户好感，并尽快进入主题呢？

案例点评

（扫一扫）

我们看到，两个电话销售人员目的虽然相同，都是希望李总能够认识到使用财务管理软件的重要性，以达到推销软件的目的。可是第二位销售人员通过不同方式的提问，让李总愿意接受问题，愿意回答问题，而且愿意提出自己的观点，表达出自己的想法。这样销售人员才能有效根据对方的回答，把握有理有据的对答方式，更好地了解顾客需求。对于电话销售人员来说，通过采取有效的询问方式，可以启发客户心智，引导客户积极参与到沟通中，最终达到销售目的。

 参考文献

1. 侯丽敏，《中国市场营销经理助理资格证书考试教材》，电子工业出版社，2008 年
2. 王方华，《市场营销学》，复旦大学出版社，2009 年
3. 《沟通技巧》，http：//www.pudongprint.org.cn/29143/29179/29925.html
4. 查尔斯·M·弗特勒著，殷戬弘等译，《销售 ABC（第 6 版）》，企业管理出版社，2005 年
5. 拉尔夫·W·杰克逊、罗伯特·D·希里奇著，《销售管理》，中国人民大学出版社，2001 年
6. 罗纳德·B·马克斯著，《人员推销（第 6 版）》，中国人民大学出版社，2002 年
7. 查尔斯·M·弗特勒著，刘宝成、刘远译，《销售 ABC（第 11 版）》，中国人民大学出版社，2013 年
8. 彭于寿主编，《商务沟通》，北京大学出版社，2016 年
9. 斯蒂芬·P·罗宾斯，《管理学》，中国人民大学出版社，2017 年

第4章 销售中道德和法律

本章知识结构图

学习目标

本章学习要点：

1. 了解企业社会责任的含义及企业社会责任的内容
2. 了解企业社会责任对销售的影响
3. 了解销售道德的含义、理解判断销售道德的标准
4. 掌握销售中道德问题的处理
5. 了解销售法律环境和法律体系、理解销售的法律原则
6. 理解企业销售中的法律问题
7. 掌握减少销售中法律冲突的策略

 引导案例　　　罗格朗的企业社会责任

（扫一扫观看视频）
视频案例名称：罗格朗的企业社会责任
网址：http://www.legrand.com.cn/node/5733

罗格朗公司是全球电气与智能建筑系统领导企业，总部位于法国，分支机构遍布80余个国家，罗格朗公司为商业、工业和住宅等不同市场提供全面的建筑电气解决方案。在中国，罗格朗拥有6 000名员工，设一个总部，七个分支机构，分别设在北京、无锡、上海、惠州、东莞、深圳和香港。2015年，罗格朗集团在中国管理着4个品牌，分别为罗格朗、TCL-罗格朗、视得安和卡博菲。

观看视频，了解罗朗格公司如何基于四个核心要点：员工、社会、环境、用户，体现对社会责任的承担？请继续查找相关资料，了解该公司如何为用户提供可持续发展的解决方案？该公司在控制环境影响方面，具体有何举措？

企业作为社会的一分子，不能独立于社会而存在，那么作为社会成员，企业在追逐利润的同时也需要承担其社会责任。目前依然有很多企业漠视社会责任，生产销售劣质产品、污染环境、触犯法律……特别是在销售环节，为了一味追求高销售额，隐瞒产品实情、忽略客户真实需求、价格欺诈等情况时有出现，这些都是企业社会责任缺失的表现。

销售人员时常也会遇到社会、伦理和法律问题，本章首先分析企业的社会责任，再重点分析销售人员所面临的伦理道德问题及处理，最后探讨销售人员所面临的法律问题。

4.1　企业的社会责任

 应该满足消费者所有的需求吗？追求利润是企业的唯一目的吗？

当一家企业集中力量努力满足某些消费者的需求并达成企业经营目标时，采取的措施对该企业和这些消费者有利，但对整个社会却可能产生负面影响。例如，许多消费者很喜欢一次性产品和包装精致的产品。但这些"方便"产品和过度包装常常导致环境污染和资源的低效率使用，结果是让我们的子孙后代为今天消费者的行为承担后果。企业单纯追求利益的最大化，忽略社会责任的重要性，导致缺少对消费者负责的态度、缺少对生态环境负责的态度、企业缺乏伦理感，欠薪、欺骗消费者、产品质量问题、劳动条件恶劣等时有发生。

例如,从2012年末至2015年6月,因虚假宣传、价格欺诈、不正当竞争等原因,北京京东世纪信息技术有限公司共被北京市工商局处以277次处罚,每次罚款金额3 000元到5万元不等,总罚款金额超过300万元。2015年位于山东的韩资企业突然撤资,留下了3 000名当地员工、所有的工厂设备和大笔的债务,一走了之。2017年3月西安地铁电缆线被曝存在质量问题,经国家权威检测部门检验,随机取样的五种陕西奥凯公司生产的电缆样本,全部不合格。

社会赋予企业使命,企业的终极目的、企业的价值就是为社会创造财富。但财富不仅仅是经济利益,经济利益只是企业创造财富效率的一种衡量。正如管理学大师彼得·德鲁克所言:"企业并不是为着自己的目的,而是为着实现某种特别的社会目的并满足社会、社区或个人的某种特别需要而存在的。"因此,企业不仅要重视资本、科技的发展,更要以人为本、以社会责任为己任,在获得经济利益的同时承担起对环境和利益相关者的责任。销售管理人员应该关心社会责任(social responsibility),这是指企业在增加对社会的正面影响并减少负面影响上的责任。

4.1.1 企业忽略社会责任的原因

1. 企业管理者社会责任意识淡薄

许多企业经营者和管理人员把利润看成唯一目的,没有认识到企业处在广泛的社会关系中,与利益相关者有一定的非契约性的关系(譬如保护环境、生产安全、慈善事业)。

2. 政府部门管理不到位

地方政府片面注重企业的利润和税收,以此作为衡量当地经济发展和政绩的标准。对企业应承担的社会责任没有要求或监督力度不够,纵容企业的违法行为。

3. 相关的法律法规不健全

相关的法律法规不健全是企业社会责任无从落实的重要原因。企业的违法成本低也是一个原因。

4. 劳动力市场供求不平衡

当劳动力严重地供大于求时,形成了经济发展中的"强资本"和"弱劳动"现象,劳动者处于明显弱势地位。

4.1.2 企业承担社会责任的缘由

企业的社会责任是一个管理过程,在这个过程中,企业所进行的活动,要对社会和公众有正面影响,促进公共利益。广义的企业社会责任包括对员工的责任、对投资者的责任、对顾客和用户的责任、对竞争对手的责任、对生态环境的责任、对社区的责任和对社会的责任等。企业之所以应承担社会责任，是因为以下四点。

1. 权责相符

社会进步要求政治、经济、文化的同步发展，作为社会一分子的企业也应为社会的进步尽责尽力。社会赋予了企业生存的权利，有权利就应有相应的责任，就应造福其所在的社会。

2. 企业的巨大影响力

现代企业对一些重大的社会问题有显著的影响力。例如，一个国家中所有（或多数）企业的集合行为基本上决定了该国的就业和经济环境状况。既然企业对社会的影响力是如此巨大，那么，社会有理由让企业为自身行为所产生的结果承担责任。

3. 企业的开放性

企业与包括顾客、供应者、竞争者、政府、社区、所有者、员工等在内的利益相关者有着密切的相互依存关系，为了维系和改善与利益相关者的关系，企业有必要在履行经济和法律责任的基础上，履行道德责任。企业从社会中获得投入，应该向公众披露其经济活动的信息。企业与社会之间持续的、真诚的、开放的沟通对于维护和改善全社会的福利必不可少。

4. 企业的"公民"性

企业也是"公民"。由于企业最终将从改善了的社会中得到好处，所以企业应该与所有公民一道履行改善社会的责任。企业有责任参与解决超过自身经营范围的社会问题，也就是说，如果一个企业拥有解决某个社会问题的专长，即使企业与该问题并无直接联系，那么它也有责任帮助社会加以解决。

4.1.3 企业社会责任的内容

企业社会责任包括对企业的利益相关者、对自然环境和对整个社会福利事业三个方面的社会责任。

1. 企业的利益相关者

企业的利益相关者（stakeholder）包括顾客、债权人、供应商、雇员、业主、投资者、当地政府等。企业对于不同的利益相关者承担的社会责任是不同的。例如，企业要对投资者负责，就必须按会计程序提供公司财务绩效的适当信息并且保护股东的权利与利益。企业要对顾客负责，这就要求企业向顾客提供质量合格的产品或服务；产品或服务的广告要实事求是、诚实可信等。

2. 自然环境

保护自然环境免遭污染，实现生态平衡是企业重要的社会责任。企业作为发达经济体中的主要经济部门，必须关心世界自然环境的现状和未来趋势，并以多种方式参与解决环境问题，如企业组成环境协会，举行环境会议，支持环保组织，推出污染防治和环境净化工程等;在业务活动中则应遵守使用再生自然资源、减少和处理废弃物、销售安全产品及服务、补偿损害、及时披露信息等原则。

3. 社会福利事业

企业应当促进社会的福利事业。例如,赞助慈善事业和非营利基金会或协会;赞助博物馆、乐团、公共无线电台和电视台;积极支持公共卫生和教育事业;反对世界上存在的政治不平等,如种族隔离和独裁极权。

4.1.4 企业社会责任对企业销售的影响

企业履行社会责任,对企业销售具有重要的长期利益,促使企业销售决策不仅以顾客需求为出发点,而且以社会责任为出发点,使企业的形象大大提升,企业经营目标能将企业利益、消费者利益与社会利益三者有机地结合,企业短期利益与长远利益更好地结合起来。许多企业通过销售实践逐渐认识到,企业要取得竞争优势,要生存和发展,以社会责任心从事企业经营活动带来的长期利益比无社会责任心带来近期利益更加重要。

近年来,西方国家某些大公司建立了调控系统对社会价值变化及发展趋势进行监测,并不断调整企业的社会责任观。例如,几十年前,香烟销售者宣传吸烟对身体健康有利,而多年研究发现,吸烟与癌症及其他疾病有关,随着社会对吸烟态度发生变化,企业销售者面临新的社会责任,如忠告吸烟有害健康,或为消费者提供无烟环境。如果企业销售者为了短期利益,不提醒广大消费者吸烟有害健康,必然会损害消费者的利益,最终会影响企业的形象及其长远利益。

企业履行社会责任也需要克服一些困难。由于社会存在各种不同的团体,各个团体具有不同的利益,企业要协调满足不同群体的需求并为此付出成本。例如,社会要求保护环境、野生动植物,对企业而言需要支出大量费用,从而使产品成本及价格提高,而消费者则要求低价高质产品。这种企业利益与消费者利益的矛盾,是企业履行社会责任面临的问题。

4.1.5 如何促进企业履行社会责任

促进企业履行社会责任主要有以下措施。

1. 处罚与引导

加快相关法律的立法进度,严格执法,提高企业违法成本,迫使企业关注环境和社会问题。同时,政府通过倡导、鼓励、奖励等措施来推进企业社会责任的发展。

2. 消费者运动

消费者"用脚投票"的购买行为,迫使企业遵从消费者的价值取向;消费者组织联合维权运动,促使企业履行社会责任。

3. 环境保护运动

政府加强环境立法、执法，防止企业生产中污染环境、防止销售那些可能带来环境问题的产品或服务。

4. 劳工运动

劳动者组建工会，通过集体谈判和平等协商来促使企业履行社会责任，保护自身利益。

5. 媒体监督和责任评价

新闻媒体以独立的监督者身份存在，是推进企业社会责任发展的重要力量；各类社会责任调查和评价也给企业履行社会责任施加了不小的压力。

6. 商业伙伴

商业伙伴包括供应商、采购商、战略合作伙伴等。商业伙伴通过供应链审查向上下游企业施加责任压力，迫使企业履行社会责任。对中国企业社会责任实践影响较大的是跨国公司验厂和产业链认证活动。

7. 制定劳工标准

借鉴 SA8000 国际标准，制定符合我国实际的科学的劳工标准，保护劳工基本权益，达到公平而体面的工作条件，从而确保各类劳动密集型产品的出口竞争力。

8. 建立披露信息机制

需要披露的信息不只是企业的财务状况，还应包括企业内员工权益的保护状况、商品质量及消费者投诉状况、环境污染状况等。

【案例小链接 4-1】　　　　　　　　耐克气垫门曝光
　　　　　　　　　　　　　　央视 3·15 曝光耐克气垫门

2017 年，央视 3·15 晚会不断出招，国际运动大牌耐克再次被曝出"气垫门"问题，而早在 2011 年，该品牌就曾出现过类似的问题，而且两次都是针对中国市场。

2016 年 4 月，耐克篮球官方微博发布消息称，NBA 球星科比布莱恩特在 2008 年北京奥运会夺冠时所穿的一双耐克篮球鞋，将限量发售复刻版。耐克同时在中文官网上宣称，这款鞋的后跟带有耐克拥有专利的 Zoom Air 气垫。但是消费者穿上这双鞋后，觉得硬得有点不对劲，并未感觉到气垫的存在。面对消费者的追问，耐克的客服人员承认了一个惊人的事实：这款鞋后跟确实没有气垫！

对此，耐克给出的回应只是，产品描述失误而已，可以全额退款，拒不承认虚假宣传，至今也没有召回通知。早在 2011 年，消费者就发现，在中国销售的 Hyperdunk 2011 篮球鞋，前脚掌比美国同款缺少了气垫。

央视评论："耐克的标识，看上去像是一个'对号'，但现在它的故伎重演，以及面对投诉的百般推诿，却很难让消费者在心中对它打勾，反而会打上一个大大的问号。"节目播出后，央视记者跟随执法人员赶往了位于上海市杨浦区的耐克中国商业有限公司的办公总部。

据执法人员表示：相关人员正在询问法务主管，一旦相关的证据材料核实准确，将第一时间进行立案调查，如果违法事实构成，将严肃查处！

资料来源：TechWeb，《耐克气垫门曝光 央视3·15曝光耐克气垫门》，2017年3月16日，http：//www.techweb.com.cn/internet/2017-03-16/2501187_3.shtml

销售思考：作为一家全球知名企业，耐克为何屡次在中国市场出现产品质量问题？你认为其在中国市场中社会责任缺失的主要原因是什么？

4.2 销售人员所面临的伦理道德问题及处理

 判断销售道德的标准是什么？销售中常见的不道德行为有哪些？

人类对道德的研究与实践已经有几千年的历史了，但对于销售道德的研究，自20世纪60年代才开始，至今仅50多年的历史。20世纪70年代，企业道德研究主要集中于市场销售的某一方面，如假冒伪劣产品、虚假广告等，并且开始探讨企业所带来的资源、环境及社会问题，并着重探讨企业市场销售的社会责任；80年代，商业道德开始引入工商管理，企业也开始设立相应的道德机构和制定相应的道德规章；90年代以来，销售道德研究开始国际化，内容越来越广泛，销售道德开始关注人们的健康和环境问题，如臭氧问题、全球气候变暖问题。销售道德成为企业道德研究的一个重点问题。

销售道德和社会责任两个概念有很紧密的联系，经常互换使用，但两者是存在区别的。销售道德与个人价值观念相联系，是在市场营销活动中判断是非的标准。而社会责任是针对企业对社会的整体影响应该承担的责任。

判断销售行为是否道德及负有社会责任，主要视企业的销售决策是否获得广大消费者的拥护、是否合法、是否符合行业的习惯、是否对社会有积极意义。企业销售道德是对现代企业销售决策的价值判断，是涉及现代企业经营活动的价值取向并贯穿于现代企业销售活动始终的重要问题。

4.2.1 销售道德的含义

任何市场销售活动，都应遵从伦理道德。"伦"即人伦，指人与人之间的关系，"理"即道德和规则。销售伦理，简单地说，就是处理销售过程中利益各方相互关系的准则。销售道德（sales ethics）是指销售活动中应该遵守的伦理规范，是判断和评价企业销售行为是否符合广大消费者及社会的利益,是否能给广大消费者带来最大幸福的标准。借助这些规范标准,我们可以分析什么销售行为是不道德的,什么行为是合乎道德的,这一含义上的销售道德与销售伦理的用法是一致的。在销售背景下,道德行为是个人和企业体现道德价值的具体行动。

4.2.2 判断销售道德的标准

判断销售道德的标准是什么?诸如发布虚假广告,贩卖假酒、假药、假种子等普遍为社会所痛恨的行为,其对道德的违背是一目了然的。然而,由于个人价值观及生活经历的不同,每个人对这些行为是否道德存在不同的见解,比如什么是欺骗性广告,在人员推销中哪些行为构成行贿等。因此对道德的评判标准也有所差异,由此形成了不同的理论流派,其中主要有以下三种。

1. 功利论

所谓功利论,是指判断某行为是否有道德,主要看其行为所引起的后果如何。当某行为能够为最大多数人带来最大幸福时便是道德的。反之,便是不道德的。功利论是一种讲究结果的理论,其弱点是过分强调结果而忽视了手段的正确性。结果好并不表明手段正确,反之,结果不好也不一定是手段不行。

2. 义务论

义务论也称道义论,认为某一行为的善恶性质并不由功利后果决定,而取决于该行为是否符合纯真善良的普遍道德规则,是否体现了一种绝对的义务性质。例如,企业之间签订经济合同,它们必须有履行合同的义务,否则经营活动会瘫痪。又如负债要有偿还义务,这些都是人们必须遵守的义务。

义务论从人们在生活中所应承担的责任与义务的角度出发,根据一些普遍接受的道德义务规则判断行为的正确性,是有现实意义的。

3. 相对主义论

相对主义论是指事物对与错或某行为恶与善的判断标准,因不同社会、不同国家而异,这是由于文化差异而引起的。对同一行为道德性的判断,不同的国家是有区别的,这说明了道德的相对性。每个国家具有不同的文化,因此,对经营活动的可接受及不可接受具有不同的观点。

这些理论各有长短,在对销售决策方案作评价时应根据具体情况灵活运用。

4.2.3 处理销售中的道德问题

在企业销售活动全过程销售道德问题贯穿始终,主要包括以下五方面。

1. 市场调研中的道德问题

企业销售活动始于市场销售调研。市场调研中的道德问题涉及三方面的关系,即调研人员与委托人、调研人员与受访者、调研人员与竞争者三方面的关系。

(1) 与委托人的道德问题。

调研人员与委托人之间存在一定程度的信息不对称,通常委托者处于信息相对劣势方。调研人员应当诚实、公平对待委托人和保守调研秘密问题,不得有意隐瞒信息、篡改数据、滥用统计结果、略去重要和相关部分信息、随意改变调研流程等;不得对某些委托人进行隐性加价、私自减少某些调研内容以减少调研成本;不得泄露调研信息等。

(2) 与受访者相关的道德问题。

与受访者相关的道德问题主要有替信息提供者保密、不泄漏参与者信息;不得强制调研、参与者有权退出调研过程或者是拒绝问答某些问题等;不得利用调研作为产品促销的手段;尊重参与者、不得为难参与者等。

(3) 与竞争者相关的道德问题。

销售决策制定要求企业适应市场需求,因此竞争者所提供的产品或服务信息非常重要。调研人员与竞争者之间的道德问题主要有贿赂、窃听等。

调研人员不得通过行贿手段影响信息提供者以达到获取竞争者信息的目的、不得有意雇用来自竞争对手公司的员工以获得竞争者的秘密信息。使用电子监控、窃听器等获取竞争者信息都是明显的不道德行为。

2. 产品策略中的道德问题

为广大消费者提供货真价实的优质产品及优质服务是企业最基本的社会责任,如果违背这一原则就会违背销售道德。然而,在现实中某些企业的产品策略往往同道德标准背道而驰。产品策略违背销售道德的问题主要有三方面。

(1) 产品安全。

在开发产品战略中,关键的道德决策是应考虑产品安全问题。所谓产品安全是指产品在使用过程中,各利益相关者的生命和利益不受威胁,产品没有危险、危害或损失。然而在现实中,任何消费品的使用都包含某种程度的风险或消费者受到产品伤害的可能性。对于工业品而言,各种各样的危险不仅表现在设计方面,而且还产生于信息不够充分,因而消费者不会注意到与使用这种产品相关的危险。

当然,要求所有产品在任何情况下都是绝对安全的也是不现实的。或者技术上做不到,或者经济上不可行。绝大部分国家都是制定保证产品的安全性达到一个合理的期望值的技术标准。生产企业应按照标准生产产品,并提供令人满意的说明书,明确说明产品风险。

(2) 有计划的淘汰。

有计划的淘汰通常是指生产厂商在生产产品时预先设定一个寿命,这个寿命比正常的寿命要短。这样就迫使消费者在较短的时间内再购买产品,而实际上合理的使用时间要比这个寿命长。有计划的淘汰是厂商常常采用的一种产品策略,厂商有时在设计时故意缩短产品寿命,一些环境保护主义者认为,厂商过早淘汰产品浪费了自然资源,很多产品的设计寿命很短,消费者不断淘汰这些旧产品换成新产品,这种行为毫无

疑问增加了消费者的经济负担,损害了消费者的利益,是不道德的。

(3) 虚假包装。

虚假包装情况表现为某些产品使用过大的包装。这样做让消费者觉得购买的比里面实际上装的要多。这就是所谓"松弛"包装,并且如果包装不透明,有可能欺骗消费者。虚假包装的另一种情况是贴有误导作用的标签。有的采用省略的方式,比如包装上并未说明该产品包含基因改造的大豆。这关系到消费者的"知情权"。其中包括要在标签上注明配料、营养成分以及原产地。

3. 价格策略中的道德问题

为广大消费者提供真实及合理的价格信息,是企业履行社会责任的重要组成部分。然而,在现实中,某些企业严重地违背了价格道德。

(1) 欺骗性定价。

企业提供的价格常会误导消费者,这就是欺骗性定价。令人迷惑的价格对比以及"诱饵和调包"就属于欺骗性定价。商店在短期内人为地制定高价,这样过一段时间就可以推出"降价销售"的措施,这样做是为了欺骗顾客,使他们相信自己买的是廉价商品。一些国家,例如,英国和德国的法律规定采用正常价格的最短时间,超过这个时间后,在减价销售中才可以把这个价格当作参考价格。诱饵和调包就是通过广告宣传产品价格低廉(诱饵),吸引顾客到零售店去购买,而商店里的销售人员则劝顾客买价格较高的产品(调包),告诉顾客低价的产品已售完或质量不好。

(2) 掠夺性定价。

掠夺性定价(predatory pricing)是指企业为将对手挤出或吓退意欲进入该市场的潜在对手,价格降至其成本以下,待对手退出市场后再提价。由于这种定价是以获得或增强"市场控制力"为目的的,所以企业并不在乎一时的损失,一旦消除了竞争,企业就可以重新制定高价,从中获得高额利润。因此,采取掠夺性定价的企业目标是为了将竞争对手挤出市场获得垄断地位,以获得长期的超额利润,这种利润在存在竞争对手的情况下是无法获得的。所以,掠夺性定价的不道德性还是在于其妨碍竞争的特性。

(3) 操纵价格。

竞争是降价的推动力之一,因此,从自身利益出发。生产者之间达成协议,不实行价格竞争。这是串通行为。串通的公司被称作卡特尔。这种方法限制了顾客选择的自由,妨碍了每家企业以最佳价格提供优质产品的利益,人为地垄断价格,从而造成价格信号扭曲,破坏价值规律的正常作用,阻碍了社会经济发展,因此是不道德的。

4. 分销策略中的道德问题

分销是指产品从生产者通过中间商销售给消费者。这时涉及生产者、中间商、消费者间的购销关系。各渠道成员根据各自的利益和条件相互选择,并以合约形式规定双方的权利和义务,如果违背合约有关规定,损害任一方的利益,都会产生道德问题。分销中的道德问题主要有货位津贴和灰色市场两个方面。在分销方面的道德准则还有:不为牟取暴利而操纵产品的供应;不在销售渠道中使用强迫手段;不对经销商在选择所经营的产品方面施加不适当的影响。

(1) 货位津贴。

在有包装的消费品领域,如果权力从生产商转移到零售商手中,零售商会向生产商索要津贴用来摆放商品。这笔钱是生产商给予零售商的,以便让零售商同意把他的产品放到零售商的货架上。批评者认为,这是滥用权力的表现,这种行为对那些拿不出这笔钱的小生产商造成了很多不利影响。而零售商认为,他们只是索要一种非常珍贵的东西——货位的租金。

(2) 灰色市场。

灰色市场(gray market)是指未经商标所有者授权,而在已获得授权的销售区域内销售正宗商品的行为。灰色市场的存在引起正规经销商的强烈不满,因为这样使得他们的价格失去了竞争优势。而且,在这种情况下,商品也会在黑市上出售,使它以昂贵的广告代价在消费者心目中建立的良好形象和信用。要减少灰色行为,关键在于改进分销渠道中各方利益关系,并主动采取措施减轻灰色市场行为的冲击,来保证合法渠道的完整性。

5. 促销策略中的道德问题

企业的促销活动从本质上讲是传播活动,直接涉及大量的人与人之间、组织与组织之间以及人与组织之间的密切接触。企业的责任在于将产品及企业自身的真实信息传递给广大用户。但在信息沟通过程中经常产生道德问题。这里主要阐述人员推销的道德性问题,它们主要发生在推销人员与顾客的关系中,常见的有以下三种。

(1) 欺骗。

多数推销人员常要面对这样一个窘境:是选择告诉顾客整个真相,这可能会失去销售机会;还是选择去误导顾客从而完成销售。欺骗的方法可能是夸张、撒谎或隐瞒那些会降低产品吸引力的重要信息。

(2) 硬性销售。

硬性销售是推销人员使用高压的销售战术来完成销售。例如,推销人员的一个惯用伎俩就是"限量销售"。通过这种方法,推销人员制造了一个产品紧俏的假象,即顾客只有限的机会可以购买,他们有时宣称产品即将出现短缺,有时宣称价格即将提升。如果事实的确如此,推销人员传递给顾客的信息就没有问题。但如果这种方法仅仅是为了给顾客施加压力,那么这种做法就是不道德的。

(3) 贿赂。

当其人或某组织为了获取一笔销售额或其他原因而采用付酬金、送礼或提供其他好处时,便产生贿赂问题,从而违背了道德标准。从表面看,贿赂似乎给个人或企业带来好处,但它会损害个人或组织的长远利益及根本利益。因此。西方国家某些著名公司为自律其员工的经营行为,制定了销售道德标准,其中也包括对贿赂行为的界定及限制。

**【案例小链接 4-2】　　京东再次被罚 50 万
　　　　　　　　　　同样还是涉嫌价格欺诈**

北京发改委周三发布价格监管公告,称北京京东世纪信息技术有限公司(下称京东)在 2015 年 7 月 28 日至 2016 年 4 月 8 日期间,发生 89 次存在利用虚假的或者使人误解的价格手段,诱骗消费者或者其他经营者与其进行交易的价格违法行为。

鉴于京东上述行为违反了《中华人民共和国价格法》,北京发改委对北京京东世纪信息技术有限公司作出警告和罚款 500 000 元的行政处罚。此次受罚已经不是京东第一次因涉嫌价格欺诈收到的处罚了,实际上,过去三年京东已经数百次被北京发改委和北京工商处罚,而处罚的原因亦多与价格有关。

据 6 月 1 日北京发改委的公告,2015 年 5 月 5 日,京东销售"飞利浦(PHILIPS)49PFL3445/T3 49 英寸全高清 LED 液晶电视(黑色)",商品编号 1247121,页面标示"秒抢价￥2 799,快抢价￥2 899,原价￥2 999"。经查,该商品本次促销活动的原价为 2 799.00 元。

由于中国电商行业竞争激烈,几乎每周都有被电商营造出来的"购物节"出现,而为了刺激销售,电商纷纷打出"促销""疯抢"的广告,并为同一产品,标出各种价格,而实际上,在这些价格中不少都是莫须有的。由于消费者通常对参考价、原价等并不理解,即容易被电商的宣传蒙骗,加之不少电商在促销时进行提价促销,甚至经常出现促销价实际高出非促销季价格的情况。除京东外,其竞争对手阿里巴巴亦是被处罚大户。

为了规范电商定价,国家发改委 2015 年 6 月 24 日正式发布《国家发展改革委关于〈禁止价格欺诈行为的规定〉有关条款解释的通知》的〔2015〕1382 号文件,此次《通知》详细解释"价格欺诈",重点提及商家利用"原价""原售价""成交价"等概念进行价格欺诈销售,而其中一项明示第三方网络交易平台将在此类行为中成为违法主体的细则被业界认为该通知主要针对电商平台日益猖狂的价格欺诈行为。

资料来源:联商资讯,《京东再次被罚 50 万　同样还是涉嫌价格欺诈》,http://www.linkshop.com.cn/web/archives/2016/350416.shtml,2016.6.4

销售思考:你认为京东价格欺诈为何屡禁不止?请提出一个你认为可行的根本性解决方案。

4.3　销售人员所面临的法律问题

如何预防和化解销售中的法律风险?

法律是最低限度的道德,有关劳动安全、污染控制、消费者保护、税收等方面的立法,是社会对企业的最低道德要求,也是强制性的法律义务。如企业违反,就必须承担相应的法律责任。与法律相比,道德是对企业行为更高要求的社会规范,法律应当保障和促进道德的实现。企业在开展销售活动过程中,法律环境对销售活动有着关键性影响作用。企业的销售活动受法律因素的制约和影响是显著的,销售行为从一开始就应当考虑相应的法律约束,法律因素对企业销售活动的影响是每一个企业都需要关心的问题。随着市场机制的不断完善,经营者越来越重视市场销售,与此同时,由于经营者缺乏必要的法律知识和法律意识,出现了一些损害经营者或消费者利益的违法销售行为。销售人员了解和掌握有关销售运作中的法律法规,尤其是保护竞争、消费者和社会方面的主要法律知识,研究法律环境并制定适当的销售策略有十分重要的意义。

4.3.1 销售法律环境和法律体系

法律环境是影响企业销售的重要的宏观环境因素,法律为企业规定了经营活动的行为准则。当前企业销售法律环境有两个明显特点:第一,管制企业的立法增多,法律体系越来越完善。西方国家一贯强调法治,对企业销售活动的管理和控制主要通过法律手段。

近年来,我国在发展社会主义市场经济的同时,也加强了市场法制方面的建设,市场销售法律体系的框架已经初具雏形。二十世纪八十年代以后,先后颁布实施了《合同法》《公司法》《反不正当竞争法》《产品质量法》《消费者权益保护法》《价格法》《拍卖法》《担保法》《广告法》《票据法》《反垄断法》等法律和一些行政法规、部门规章、司法解释,在市场准入、销售从业资格、销售合同的订立和履行、销售产品的质量管理、消费者权益保护等方面都有了明确的法律规定。

但我国现行销售法律体系中还存在多方面的不足,例如,立法上缺乏总体指导思想和原则;市场销售领域的法律法规数量还不足,一些规范市场销售秩序的必备法律还不够细化;对销售的规范和管理有许多是以政府文件的方式进行的;各销售环节的法律互相独立、不配套等。

4.3.2 销售的法律原则

销售的法律原则,是指企业在市场销售活动中必须遵守的基本的法律原理和准则,是保证市场交易活动有秩序、按规则进行的基本条件,是规范销售活动的章程。

1. 平等原则

平等原则是指参加销售活动的当事人,无论是自然人形态的销售主体,还是法人形态的销售主体,无论其所有制性质是公有还是私有;无论其经济实力的强弱,在法律地位上一律平等,任何一方不得把自己的意志强加给另一方,同时法律也对双方当事人提供平等的法律保护。

2. 自愿原则

自愿原则是指参加销售活动的当事人在法律允许的范围内，都有权自主决定是否缔结合同关系，有权自主决定买（卖）什么、买（卖）谁的、买（卖）多少、如何买（卖），任何机关、组织和个人不得非法干预。我国现实经济生活中存在的公用企业和政府部门限制竞争的行为、搭售及附条件的交易行为，由于违反了交易自愿的原则，因而为《反不正当竞争法》所禁止。

3. 公平、等价有偿原则

公平、等价有偿原则是指公平交易兼顾双方的利益，反对强买强卖、硬性搭配。任何"低价高收，以次充好""缺斤短两"的做法都是对公平原则的违背。作为市场交易灵魂的公平原则，是衡量市场交易活动是否有序，是否规范的试金石。显失公平的合同关系，当事人可以请求法院和仲裁机构予以变更或撤销。

4. 诚实信用原则

诚实信用原则是指买卖双方在销售活动中应遵守商业道德，讲诚实守信用。诚实守信，是我国传统的古训，当今仍应是企业市场销售活动中把握道德界限的重要基础规则，具体应当包括产品质量上的诚实，不假冒；广告中要诚实相告；价格上明码实价，童叟无欺；交易中履行合同责任、信守承诺以及保守客户商业秘密等方面。

4.3.3 企业销售中的法律问题与减少法律冲突的策略

企业销售中存在许多突出的法律问题与法律风险，而销售中不确定的法律风险可能削弱企业竞争力，对企业经营造成严重危害。采用诉讼方式处理风险是一种有效的法律手段，但诉讼只能作为解决纷争的最后手段，因为任何诉讼都会增加企业运营成本，而且还会增加社会成本，并且实践中"赢了诉讼却无法执行，赢了诉讼输了生意"的现象屡有发生。面对销售中的法律问题和可能发生的诸多法律风险，企业应积极加以研究，建立法律风险防范机制，运用法律知识和手段制定减少法律冲突的策略，以期预防和化解风险。

1. 企业销售中的法律问题

与企业销售有关的法律问题包括产品策略、价格策略、分销渠道策略和促销策略四个方面，法律因素对销售战略的四个方面都有着重要的制约和影响。

（1）产品策略中的相关法律问题。

围绕这三个层次开展的产品策略应注意以下问题。

① 产品商标。商标经过注册之后，注册人便享有了商标专用权，受法律保护。任何侵犯注册商标专用权的行为，都属于侵权。

② 产品虚假宣传行为。经营者应全面遵守《广告法》，尤其要做到广告宣传中不得进行虚假宣传。虚假宣传有两方面含义：一是与商品客观实际不相符的宣传；二是宣传内容虽不失实，但其渲染手段使消费者对商品的真实情况产生误认，如一些钙制品公

司把几乎所有常见病都归因于"缺钙",显然是为了推销产品才做的宣传。

③ 产品包装问题。销售包装除具有保护商品的作用外,还具有促销功能,可以吸引消费者注意力,增加产品的附加价值,因而也是经营者特别重视的。经营者不得擅自使用知名商品的包装、装潢,或者使用与知名商品近似的包装、装潢,造成和他人的知名商品相混淆,使购买者误以为是该知名商品。

(2) 价格策略中的法律问题。

在定价过程中,经营者不仅要从自身承受能力和顾客接受能力两方面去考虑,还要注意法律对价格的约束,定价行为应是正当的,不得妨碍或限制竞争。

① 不得使用虚假标价。一些经营者经常在一个商品上人为地标上一个高价,然后以大幅度的减价出售它。常见的形式如所谓的成本价或亏本价销售——先把价格提升,再使"现价"与原来的价格保持平衡,而在价格标签上却只标明原价和现价,后者比前者低很多,甚至是前者的几分之一,让消费者真的以为大幅降价,但所谓的"亏本价"大大高于原来的价格。由于消费者与经营者在商品价格信息上的不对称,该类价格欺诈具有极大的欺骗性。

② 不能以"降价促销"名义实行低价倾销。所谓低价倾销是指从事生产、经营商品或者提供有偿服务的法人、其他组织和个人,出于排挤竞争对手或者独占市场的目的,而采取的以低于成本的价格销售商品的不正当价格竞争行为。低价倾销的实质乃是经济实力相对雄厚的经营者,为了独占市场,排挤竞争对手故意在短时期内将其某种商品或服务以低于其个别成本的价格倾销,以达到挤垮特定地区、特定商品经营者的目的。当竞争对手被迫退出市场后,再大幅提高销售价格,从而获得高额垄断利润,足以弥补低价倾销时所导致的损失。

在价格策略中还应注意以下几个方面的问题:在采用折扣定价法时,不得在账外暗中给予或收受回扣,任何折扣和佣金都应当是明示的;不得与其他企业串通,制定垄断价格或哄抬价格,我国目前存在的行业自律价就属此类;不得固定中间商的销售价格,即经营者不得要求中间商按其规定的价格销售商品,或在其规定的价格限度内销售商品。

(3) 分销渠道中的法律问题。

分销渠道是商品从生产者流通到最终消费者手中所经过的所有环节和途径,对于企业销售活动是非常重要的,其中的法律问题不能忽视。

① 独家代理中的法律问题。现在越来越多的企业采用代理方式销售其产品。代理商按其是否有独家代理权分为独家代理与多家代理。在企业选择独家代理时,要注意各国法律、法规的限制性规定。如欧洲共同市场的贸易法规,是以货物自由流通为原则,若采取独家代理、划分代理区域的方式,则有瓜分市场、妨碍货物自由流通之嫌。

② 特许经营中的法律问题。特许经营中的法律关系复杂,主要包括:商标的保护;专利、专有技术的保护;经营模式、服务规范、商誉、字号等知识产权的保护;商业秘

密的保护等。特许经营涉及的法律范围广泛，不仅包括《商业特许经营管理办法（试行）》《连锁店经营管理规范意见》《外商投资产业指导目录》等法规，还包括各种专业法律、法规，如《商标法》《专利法》《著作权法》《计算机软件保护条例》《反不正当竞争法》《劳动法》《消费者权益保护法》等，需要经营者自觉地提高自身的法律意识，避免触犯法律禁区。

（4）促销运作中的法律问题。

促销有广告、人员推销、营业推广和公共关系四种方式。促销对企业扩大产品销售，树立品牌和企业形象等方面都有十分重要的作用。促销必须遵守相关法律、法规的要求。

① 不能以降价促销为由拒绝实行"三包"。降价的原因与产品应具备的质量、功能无关，所以经营者不能因此免除应承担的"三包"义务，即打折产品的三包责任与正常价格的商品一样，不得故意拖延或者无理拒绝。《消费者权益保护法》第十四条规定，经营者不得做出对消费者不公平、不合理的规定。因此，打折产品不实行三包的规定是无效的、是不公平、不合理的。

② 不得违法有奖销售。有奖销售是商家促销常用的一种手段，但《反不正当竞争法》明确规定，抽奖式的有奖销售最高奖的金额不能超过 5 000 元，不能利用有奖销售的手段推销质次价高的产品，否则都是不正当竞争行为。同时，奖品、赠品也应符合《产品质量法》的规定，当奖品对消费者造成人身、财产损害时，不得以是奖品为由推卸责任。

③ 促销活动中的"最终解释权"问题。根据我国《民法通则》《合同法》的有关规定，当消费者发生消费行为后，便与厂家或商家之间形成一种合同法律关系，如果消费者对这种合同条款与厂家或商家出现分歧时，有权对其进行解释的只有人民法院和仲裁机构。以仲裁机构进行解释的前提是当事人之间的存在约定。现实中有关行政机关也进行解释，但最终仍以司法途径确认行政解释是否合法。对于厂家或商家对自己销售行为进行的解释，必须是在不违背法律法规、不损害消费者利益的前提下才能生效，否则便不能发生法律效力。

2. 销售活动中减少法律冲突的策略

销售活动需要创新，但是销售创新的前提是守法诚信、不能侵害消费者和其他经营者的合法权益与社会利益。在销售运作中应自觉地遵守法律规则，制定减少法律冲突的策略。

（1）销售管理者理念的转变

销售管理者应当正视销售运作所处的法律环境，正确对待法律因素及其变化，依法防范法律风险的产生。通常的销售理念将企业销售运作置于销售法律因素的对立面，强调法律因素对企业销售行为的制约，强调企业怎样合理规避法律、寻找法律真空；而我们所提倡的转变是将企业的销售行为完全融入销售法律因素当中，变对立为融合。虽然合理规避法律、寻找法律真空在一定程度上可以显示销售人员的高超技巧，一定时间内可以获得意外收获,但销售法律环境的特点是自我完善与自我发展,意味着真空将日益缩小,直至微乎其微;而变规避为融合,既保持了自身的存在和运行,又与外环境为一体。企业销售应该在正确理解、运用和遵守法律规则的前提下,追求最大化的自由,而非追求规则夹缝中的自由。

(2)加强销售人员的法律培训

销售人员的主要任务是开展销售行为,同时销售人员毕竟不同于专业的法律工作者,但是销售人员自身法律素质的提高对销售的开展大有裨益,因此,企业应通过培训增强销售业务人员特别是中层骨干、主要业务员的法律意识,使他们增强法律观念,充分运用法律规则来强化企业的销售管理。特别要学习一些与市场销售关系紧密的法律法规,了解法律原则,明确法律权利和法律义务、法律责任,强化销售人员在进、销、存、管、运等具体业务操作中的合法性,避免不必要的经济损失。

通过对销售策略和对应的法律因素的分析和界定,可以看出法律因素对销售行为的影响是随着销售运作计划的付诸实施而开始的,作为企业而言,妥善应对销售法律风险的重点应该放在事前控制上,在销售计划的实施之前就发挥法律因素的作用消除潜在的问题。同时建立法律应对机制,加强法律风险防范机制,在购、销等环节,对销售风险实施法律监控,将纠纷的诱因消灭在初始阶段。

(3)利用法律职业者解决专业性法律问题

企业销售活动中所涉及的某些法律规范、规定抽象、原则、概括,信息容量大,涉及的某些相关法律问题情节复杂,极具争议,需要专业法律职业者来解决。企业自身的法律事务人员或者聘请的法律顾问,应适时深度介入企业的销售活动;企业更需要经常借助外部职业法律群体的帮助,如律师事务所、公证处、基层法律服务机构等。销售运作所涉及的法律服务需求不仅是诉讼需求,更多的是专业化的咨询服务,而这种职能在现实中可能来自各种正式或非正式的法律服务机构,也可能部分来自行业主管部门和行业协会。咨询服务可能涉及从销售创意、审查到媒介、代理选择及与其契约关系的方方面面。我国目前已逐渐形成以律师为主体的多种类、多层次的法律服务体系,但在法律服务的专业化上显得很薄弱,在销售运作方面也是如此,专业化的销售运作法律服务是今后的趋势。

对于想要通过销售运作来实现销售目标的企业而言,充分地了解自身所要面对的法律环境和深入地认识销售过程的各个方面,尤其是易于产生法律问题的那些环节,对于销售策略的顺利推行和销售的稳健运作是具有相当的积极意义。

 本章小结

企业社会责任是一个管理过程,在这个过程中,企业所进行的活动,要对社会和公众有积极影响,促进公共利益。企业可承担的社会责任包括对企业的利益相关者、对自然环境和对整个社会福利事业三个方面的社会责任。市场销售中的道德问题是市场销售学的一个新发展,如何评价企业销售是否具有道德性主要依据功利论、义务论和相对主义论等理论。道德问题广泛地存在于销售活动之中,市场调研、产品、定价、渠道、促销等活动,无不存在着形形色色的道德问题。其原因在于销售人员不仅要跟顾客打交道,还要与批发商、零售商、竞争者、广告公司、研究机构、公众等打交道,而每一方都有自己的期望和要求,所以利益冲突在所难免。企业在开展销售活动和解决与销售运作相关的法律问题的过程中,法律因素对销售活动具有关键性影响作用。为此,必须不断提高企业销售的法律意识和销售人员的法律素养,面对目前国内市场销售法律环境,企业在销售活动中应研究制定适当的应对策略,预防和化解法律风险。

关键术语(中英对照)

企业社会责任(corporate social responsibility)　　利益相关者(stakeholder)
销售道德(sales ethics)　　掠夺性定价(predatory pricing)
灰色市场(gray market)

思考题与应用

1. 企业为何要承担社会责任?承担社会责任如果对利润有负面影响怎么办?
2. 企业社会责任对销售活动有何影响?
3. 评价企业销售道德的理论有哪些?
4. 销售活动中减少法律冲突的策略有哪些?
5. 你是否曾经遇到过道德困境?说明它对周围其他人的影响。

营销实战案例

马吉的销售方法

运动衫公司的西部区域销售经理安妮·杰克逊对一名正进入他的办公室,名叫马吉·菲利普的销售人员致意说:"马吉,很高兴你能来,我很想和你谈谈。"这家公司销售产品主要由三款跑步运动服所组成的一系列体育运动服装。马吉回答:"什么事?"经理说:"你知道,自从你进到我们公司以来,我就一直认为你是一名非常优秀的销售人员。你一直都能完成销售定额,并能不断开发新的客户。但是有一个问题需要我们共同讨论一下。我收到你的一位顾客的一封信,他声称即使他全年都努力,也不能够卖掉你卖给他的那些产品,他还声称我们的运动服一文不值。在顾客购买产品不久后,运动服就会破裂。他还提供了一些销售数据来说明在每季结束时,他总会积压下我们大量的产品而卖不出去。出现这种情况,通常会降低销售额,我只能把这作为商店的酸葡萄,勉强销售出去。但这已经不是第一次发生这种事情,最近我收到许多封类似的信,你知道这个问题应该怎么解决吗?""我不认为是我们真的有问题,我也收到关于产品质量的抱怨。但这不是我的问题。除此之外,我只是关心零售商的潜在盈利数字。在那种情况下,质量只是要考虑的次要问题。你给了我销售限额,我完成了。你认为我能做什么?难道拒绝卖给他们想要的尽可能多的产品吗?如果他们买得过多,那不是我的错!我想我只是一个负责销售产品的销售人员而已。"

事实确实表明马吉是一个优秀的销售人员。她的一些同事称她甚至可以把雪卖给爱斯基摩人。他们把这称为"使马吉负担过重的负载"。她在公司三年内,一直努力工作,直到成为公司的高级销售人员。她的销售数字如表4-1所示。

表4-1 销售数据(单位:美元)

年 份	销售定额(美元)	实际销售额(美元)	新客户数量(位)
2002	400 000	450 000	20
2004	440 000	460 000	23
2005	480 000	800 000	30

马吉销售的运动服是由能够导致服装有不同耐用性的几种材料和做工组合中的一种来制作的。成本和耐用性数据如表4-2所概括的。公司选用的是列出的三种组合的第二种。

表4-2 成本与耐用性数据

年 份	成 本		生存几率(耐用性)
	材料成本	劳务成本	
2002	1.28	2.00	5
2003	1.45	3.00	10
2005	1.95	4.00	20

注:生存几率是指洗衣店能够继续生存和良好发展下去的标准。

有许多抱怨是针对公司经销的运动服的质量问题。消费者抱怨说:"只洗过几次的衣服,接缝处就裂开了。"公司的管理层却回应说:"我们卖的是优质的运动服,但你不能期望它们永远保持完好。"

她的销售工作是如此的优秀,并且为公司增加了如此多的销售额,所以经理不怎么与她有冲突。实际上,今年整个地区的销售额已经增加了17%,许多增长是由于其他

销售人员受到马吉的影响所造成的,他们应用了马吉所使用的许多销售技术。然而对马吉,经理还有其他需要担心的事情。有传言她正在考虑建立一个合伙公司,专门为高级服装制造商做代理。如果她离开了公司,将会影响公司的销售额,实际上,杰克逊担心马吉会挖走公司那些优秀的销售人员。

杰克逊还记得最初雇用马吉时的情景。她一直想做服装销售工作,但是没有人给她这个机会。因此在马吉一从大学毕业,她便为一家大的连锁店工作。在两年的时间内,她由一个最小商店的女装部经理变成了整个连锁商店的采购主管。马吉说她所需要的东西,并不仅仅是每年 25 000 美元的工作所能给予的。因此杰克逊在雇用她的时候,直接提出在她达到销售定额时,她将会额外获得 10% 销售额的回扣。超过限额外,将获得 15% 的总销售额的回扣,今年马吉会赚到 98 000 美元,她的销售额增加量超过 40%。

从一开始,杰克逊就不认为马吉一天的工作时间会少于 12 小时,她一直像一个火球一样,精力充沛,迸发出工作的热情。她将许多收入用来回报那些对她的销售额似乎有所帮助的顾客的好意,向他们赠送礼品。她用在娱乐项目的花费对她来说是很大的一笔开销,公司支付给她的唯一费用只占销售人员实际销售额的 1%,而且还必须准备娱乐的花费。马吉说她花在顾客身上的钱除了公司支付 4 600 美元之外,还有她自己支付的 15 000 美元。

在最近的年底工作表彰大会上,当马吉接受她明年 100 万美元销售定额的时候,她显得十分平静,并且说这没问题,这令杰克逊非常惊讶。实际上,马吉估计她明年的销售额将会增加到 150 万美元到 200 美元之间,当被问及为什么时,马吉说她现在的一个客户是她以前曾经工作过的零售连锁商店的一个朋友,这个顾客以前一直是为马吉工作的,直到马吉辞职,并去了运动衬衫公司工作之后。马吉回忆说,她的朋友当时以现金、产品或度假旅行的形式收到了超过 5 000 美元的回扣,她没有将这件事情先进告诉连锁店的管理层,主要是因为她也做了同样的事情,而她的朋友却不知道。因此她确信可以将她的所有运动装卖给这个客户。而且,去年马吉就开始强迫她的许多客户为了能够购到最热销的式样,必须购买她所销售的所有型号和尺寸的产品。

不过,马吉再三要求额外增加 1% 的娱乐花费。去年夏天,她为客户举办一场由专业男女表演并有现场乐队的晚会。马吉感觉这种活动极大地增加了她的销售额,并希望能够继续进行,然而花费却极高。

公司的管理层已经开始青睐马吉的管理才能,他们认为如果马吉能够培训销售员像她那样进行销售,她一定可以成为一位伟大的销售经理。

资料来源:查尔斯·M·弗特勒,《销售 ABC(第 6 版)》,企业管理出版社,2005

讨论题

1. 马吉是一位好的销售员吗?她的销售业绩能证明她所使用的销售方法合理吗?
2. 销售经理安妮·杰克逊针对此情况应该怎么做?

案例点评

首先,毋庸置疑,好的销售必须在销售过程中采取的是道德的销售行为,而不是只要有高的销售业绩就是好的销售。马吉的销售方法从短期看来是可以给公司带来很好的业绩,在现实中很多销售人员同样用回扣的方式来提高销售业绩,但是本身这是一种不道德的销售行为,也是行走在法律边缘的行为。除了回扣,马吉还用热销式样搭配销售其他滞销款式,对于客户而言只是增加无畏的库存,长期来看对于客户关系的维护也存在很大问题。

销售经理应该先正视问题的存在,找出马吉之所以这么做的根本性原因,合理安排每年的销售定额,同时在公司内部建设道德行为的标准,传播良好的企业文化,并建立相应的奖惩制度,从根本上杜绝销售中不道德行为的出现。

(扫一扫)

 参考文献

1. 方青云、袁蔚、孙慧编,《现代市场营销学》,复旦大学出版社,2005年
2. 小威廉·D·佩罗特(美)、尤金尼·D·麦卡锡(美)著,《基础营销学》,上海人民出版社,2006年
3. 李国本编,《经济法概论》,中国人民大学出版社,2007年
4. 王方华、周祖城编,《营销伦理》,上海交通大学出版社,2005年
5. 任运河、刘建国编,《市场营销管理》,山东人民出版社,2006年
6. 刘冬,由"三鹿事件"引起的营销道德问题,《合作经济与科技》2009年06期
7. 夏露,企业营销渠道中法律风险与应对,《科技与管理》2008年05期
8. 尹登海、韩凯,论我国营销法律体系的构建,《商场现代化》2007年09期
9. 黄林,企业在营销运作中的法律问题分析,《商业研究》2008年03期
10. 查尔斯·M·弗特勒著,殷戬弘等译,《销售ABC(第6版)》,企业管理出版社,2005年
11. 卢智慧,我国企业营销道德失范问题及其治理对策,《改革与战略》2016年02期
12. 程洁,电子商务背景下商家营销道德失范问题探析,《价格月刊》2016年07期

第Ⅰ篇实训环节

实训名称

"销售重要性"认识培养

实训目标

通过本单元实践课业教学,引导学生关注"销售重要性"的认识,增强自己的学习写作能力和交流能力,提高各项通用能力,实现课程教学培养目标。要求学生全面、正确理解"市场营销""销售观念""销售管理"基本概念,联系企业销售成败事例,增强"销售重要性"的认识,激发学习兴趣,完成"销售重要性认识体会"写作训练。以此为基础,进行小组汇总讨论,完成"销售重要性认识体会"交流训练。

背景描述

1. 只有理解了销售真正含义,企业才能开发市场、占领市场

市场销售实质是满足消费者需要,运用有效的销售策略来开发市场、占领市场。总结企业销售成败的经验教训都集中在能否真正理解"销售"两字。销售不是推销,更不是坑蒙拐骗。销售就是企业以满足消费者需求作为销售出发点和归宿,准确确定自己的目标市场;生产出适销对路的产品,建立合理的分销渠道方便顾客购买;制定适当的价格,运用有效的促销手段吸引消费者。

2. 只有树立了现代销售观念,企业才能赢得市场、引导市场

现代销售观念是企业有效开展市场销售活动的指导思想。现代销售观念的核心就是以消费者为中心,把"顾客满意",实现"顾客让渡价值最大化"作为销售追求目标。现代销售观念要求与时俱进,体现时代特征、迎合发展潮流。联系企业销售成败的事例,都会证明正确的、积极的销售观念作为销售指导是至关重要的。只有树立了现代销售观念,企业才能在市场上立于不败之地。反之亦然。

3. 只有实施科学销售管理,企业才能真正实现企业销售目标

科学销售管理是制定正确销售策略、实现企业销售目标的保障。科学销售管

理要求在对企业销售机会分析的基础上,正确选择目标市场,制定战略性市场销售规划;对销售规划实行有效管理,即制定销售计划、为实施计划进行有效组织与控制。联系企业销售成败的事例,都证明了有否科学的销售管理对制定正确销售策略,实现企业销售目标是至关重要的。只有实施科学的销售管理,才能真正实现企业销售目标。

实训任务

要求学生全面、正确理解"市场营销""销售观念""销售管理"概念和基本内容,联系企业销售成败事例,提高"销售重要性"认识,完成一篇 1 500 字的"认识体会"。要求"认识体会"写作必须结构合理,内容完整;做到理论联系实际,以实例论证观点;要上升为自我认识,认识观点正确、鲜明;观点分析紧扣主题,条理清楚。要求通过"销售重要性认识"的写作训练,更好理解学习市场销售学的重要性,掌握"认识体会"文章写作的基本技能。其基本写作要求如下。

1. 开头

文章的开头应该是提出问题,说明体会文章要解决的是什么问题?论述的观点是什么?即判断。如"树立以消费者为中心的现代销售观念是实现企业销售目标的重要保障",就是一个论点。论点提出的要求:① 概念要准确;② 判断要符合客观事物的发展规律;③ 符合人们对客观事物的认识习惯。

2. 正文

文章的正文应该是分析提出的问题,说明为什么要确立文章这样一个论点?即推理。如"树立以消费者为中心的现代销售观念是实现企业销售目标的重要保障"论点。可以从理论与实践的结合上,以理论观点和实例资料为论据,来论述现代销售观念为什么能保障企业销售目标的实现。正文论述的要求:① 紧扣主题(以论点为中心);② 言之有序(分析条理分明);③ 言之有理(分析要正确,符合逻辑);④ 言之有据(理论依据和实例资料)。

3. 结尾

文章的结尾应该是提出解决问题的结论。可以从正文论述中进行归纳和综合得出总结或联系现实存在的客观问题,提出自己的观点、见解与建议。结论表达了作者自己对论点的见解,是文章的精髓。结论要求:① 上升为自我认识;② 观点、见解与建议要鲜明;③ 结论要概括、简短。

销售管理

实训评估标准

评估标准 评估项目	课业是否准时完成 考评总分 40 分 每项考评 10 分	课业是否符合要求 考评总分 60 分 每项考评 15 分	评估考评成绩 （总分 100 分）
1."实践教学"认识和建议（总分 25 分）	准时完成得 10 分，没有准时完成酌情扣分。	1. 对实践教学的自我认识(8分) 2. 对实践教学的坦诚建议(7分)	
2."销售内涵"重要性认识（总分 25 分）	准时完成得 10 分，没有准时完成酌情扣分。	1. 联系企业实践(5分) 2. 能上升为自我认识(5分) 3. 认识观点的正确性(3分) 4. 观点表达的条理性(2分)	
3."销售观念"重要性认识（总分 25 分）	准时完成得 10 分，没有准时完成酌情扣分。	1. 联系企业实践(5分) 2. 能上升为自我认识(5分) 3. 认识观点的正确性(3分) 4. 观点表达的条理性(2分)	
4."销售管理"重要性认识（总分 25 分）	准时完成得 10 分，没有准时完成酌情扣分。	1. 联系企业实践(5分) 2. 能上升为自我认识(5分) 3. 认识观点的正确性(3分) 4. 观点表达的条理性(2分)	
评估考核总成绩（总分 100 分）			

第 II 篇 人员推销过程与技巧

第5章 人员推销的基本理论

本章知识结构图

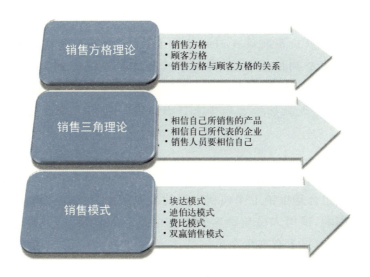

- 销售方格理论
  - 销售方格
  - 顾客方格
  - 销售方格与顾客方格的关系

- 销售三角理论
  - 相信自己所销售的产品
  - 相信自己所代表的企业
  - 销售人员要相信自己

- 销售模式
  - 埃达模式
  - 迪伯达模式
  - 费比模式
  - 双赢销售模式

学习目标

本章学习要点：
1. 了解销售方格与顾客方格的各种类型
2. 掌握销售三角理论的含义
3. 掌握埃达模式的实际运用要点
4. 理解埃达模式与迪伯达模式的区别
5. 掌握费比模式与PRAM销售模式（双赢销售模式）的含义

 引导案例　　刘胜义对话营销大师菲利普·科特勒

（扫一扫观看视频）

视频案例名称：刘胜义对话营销大师菲利普·科特勒

网址：https://v.qq.com/x/cover/prm27h2asoel058/u0014p9ihie.html?__t=1&ptag=1.weibo&_out=102

　　数字时代的媒体变革如何深刻影响营销的价值？而对营销价值的理解又如何影响销售职能？营销仅仅是营销部门的职责吗？"营销已死"的命题如何理解？大数据将如何颠覆我们的营销方式？在腾讯公司网络媒体事业群总裁、集团高级执行副总裁刘胜义与"现代营销学之父"菲利普·科特勒的对话中，这些问题被重新定义和认识。

　　社交媒体和大数据正在颠覆我们的营销方式，更在颠覆着我们的组织方式。所以营销人员一定要充分拥抱数字技术，以释放大数据营销的力量。以前是以销售为导向的营销，现在更多是以关系为导向的营销，提供非常适合这个时代的营销和沟通方式。观看视频，了解大数据给营销带来什么挑战？具体又是如何影响销售职能的实现呢？

　　在现实的推销过程中，各种类型的销售人员会遇到各种类型的顾客，销售人员与顾客双方心态的有效组合是推销工作顺利进行的重要条件。值得注意的是，由于外界与内部多种条件的影响，销售人员与顾客的心态也是十分复杂的，并没有绝对精确的划分。我们可以认为，世界上有多少个推销员，就有多少种推销心态，相反地，有多少个顾客，就会有多少种购买心态。

　　本章将以行为科学为基础，探讨销售人员与顾客之间的人际关系与买卖心态，总结不同的销售人员与顾客类型，并根据顾客购买活动各阶段的心理演变应采取的策略，归纳出程序化的标准销售形式。销售人员可根据工作技巧和所推销的产品性质，结合具体情况适当调整，从而帮助销售人员创造出适合自己的销售模式。

5.1　销售方格理论

 什么是销售方格和顾客方格？它们各自主要包括哪些类型？

　　美国著名管理学家布莱克和蒙顿曾以提出"管理方格理论"而颇有建树。他们依据管理方格理论的要旨，建立了"销售方格"和"顾客方格"理论。这种理论，建立在行为科学的基础之上，着重研究销售人员与顾客之间的人际关系和买卖关系。

销售人员在推销过程中,要和各种类型的顾客打交道,在销售活动过程中,销售双方主体都会彼此给对方留下印象,都会对对方有一定的认识而形成各自独特的心理活动与态度。此理论可以帮助销售人员更清楚地了解自己的销售能力与心态,看到在销售工作中存在的问题,进一步提高自己的销售能力。而且销售方格理论还有助于销售人员了解顾客的心理状态,恰当地处理与顾客之间的关系,争取销售工作的主动权,提高销售效率。

5.1.1 销售方格

销售人员在进行销售工作时至少有两方面的目标:一是努力完成销售任务,二是努力满足顾客需求,以求建立良好的人际关系。根据销售人员在推销过程中对买卖成败及与顾客的沟通重视程度之间的差别,将推销人员在推销中对待顾客与销售活动的心态划分为不同类型,将这些划分表现在平面直角坐标系中,即形成了推销方格(sales grid)。销售方格中显示了由于推销员对顾客与销售关心的不同程度而形成的不同的心理状态。

销售方格中的横坐标表示销售人员对销售的关心程度,纵坐标表示销售人员对顾客的关心程度。两个坐标都是由1~9逐渐增大,坐标值越大,表示关心的程度越高,主要分为五种类型,即事不关己型、顾客导向型、强力销售型、销售技巧型、满足需求型。

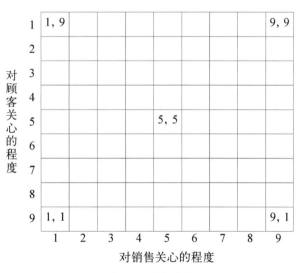

图 5-1 销售方格

1. 事不关己型,即销售方格中的(1,1)类型

这类销售人员对推销成功与否及顾客感受的关心程度都是最低的,既不关心销售任务的完成,也不关心顾客的需求是否满足,对本职工作缺乏责任心。究其原因,也许是主观上不愿做推销工作，也许是客观上对工作不满意，或是所在公司的激励措施和奖惩制度不合理。比如，前些年倍受批评的我国商场的服务态度就是如此。要改进这种销售态度，就要求销售人员严格自我管理，公司也应建立明确合理的奖惩制度，采取合理的激励措施。

2. 顾客导向型，即销售方格的(1，9)类型

这类销售人员具体表现为只关心顾客，而不关心销售。产生这种现象的主要原因在于，销售人员本身是个老好人，他认为自己与顾客是朋友，对于顾客的感受和兴趣应做出相应的反应，这样会被顾客喜欢和接受；另外还有可能是销售人员的认识问题，他认为如果不迎合顾客，顾客就不会购买产品。这种销售人员在销售过程中以建立和保持与顾客的良好的关系为自己的销售目标，这种销售人员可能是一位理想的人际关系学家，却不是一位成功的销售专家。在销售工作中，要改进这种销售态度，销售人员在销售过程中应对顾客讲清道理，尽力说服或引导顾客购买；还可以应用一定的销售技巧，促使销售工作顺利进行。

3. 强力销售型，即销售方格中的(9，1)类型

这类销售人员具体表现为只关心销售效果，而不管顾客的实际需要和购买心理。他们千方百计说服顾客购买，有时甚至向顾客施加压力或者软磨硬泡，迫使顾客购买。产生这种现象的主要原因在于，销售人员的成就感太强，太急于求成，把完成销售任务作为销售工作的重点，提高业绩作为追求的目标，而忽略了尊重顾客，最终造成生意不成、情意不再的局面，甚至形成极坏印象而引起顾客反感，影响他所代表的公司及所销售的产品的形象，最终损害了企业的长远利益。

强行推销是产生于第一次世界大战之后美国的一种推销方式，推销员与顾客被形象地比喻为拳击台上的两个选手，推销员要坚决把顾客打倒。强行推销不但损害了顾客的利益，而且损害了企业的市场形象和产品信誉，导致企业的经济利益受损，最终使推销活动和推销员给顾客极坏的影响，影响了推销行业的发展。在我国市场经济发展的初期，一些厂家和业务员并没有认识到一味追求经济效益而忽略顾客利益的危害，继续着这种贻害深远的"一锤子买卖"。对于这类销售人员，首先应该肯定他们工作态度积极的一面，另外也应该提醒他们要考虑顾客的实际需要，替顾客着想，并加强与顾客之间的沟通，真正做到既完成了销售任务，又与顾客建立了友谊。

4. 销售技巧型，即销售方格中的(5，5)类型

这类销售人员具体表现为既关心销售效果，也关心顾客的满意程度，但关心程度中等。产生这种现象的原因是这类销售人员对销售工作比较有经验，对销售环境做到心中有数，对销售工作充满信心。他们既不一味地取悦顾客，也不强行销售，而是采取一种切实可行的销售战术。另外一个原因是这种销售人员属于比较圆滑的人，在销售发生困难时，他们会用折中的办法说服顾客购买。他们常常费尽心机，说服顾客愉快地购买了并不真正需要的产品。这种类型销售人员可能会有极佳的销售业绩，但不一定是一位理想的现代销售专家，对于这类销售人员的改进方法是尽量向满

足需求型发展。

5. 满足需求型,即销售方格中的(9,9)类型

这类销售人员具体表现为对销售目标和顾客的需求都达到极大的关心,他们能够针对顾客的问题提出解决的办法,然后再完成销售任务。例如,化妆品销售人员,帮助顾客测试皮肤,告诉顾客适合用哪种类型的化妆品。根据现代销售观念,该类型的销售人员是最优秀的销售人员,产生这种现象的原因是该类型的销售人员所遵循的宗旨是遇到问题与顾客磋商,并能了解顾客的需求,让顾客做出合理的购买决策。他们在销售工作中积极主动,但又不将自己的意愿强加于人,他们具有最佳的销售心态。

5.1.2 顾客方格

从顾客推销时的心理状态看,至少也存在两种念头:其一是希望购买到称心如意的商品;注重购买商品本身。其二是希望得到推销人员的诚恳热情而又周到的服务,注重推销员的态度和服务质量。其中,前一个目标所关心的是"购买",后一个目标关心的是"销售人员"。顾客的情况千差万别,因此在具体的购买活动中,每个顾客对这两个目标的心理愿望强度也是各不相同的。依据建立销售方格的方法,利用顾客所关心的两个目标,可以建立起另外一个方格,这就是顾客方格(customer grid)。

顾客方格中的纵坐标表示顾客对销售人员的关心程度,横坐标表示顾客对购买的关心程度。纵坐标和横坐标的坐标值都是1～9逐渐增大,数值越大表示顾客对销售人员或购买关心程度越高,这些购买心理态度大致可以分为五种类型,即漠不关心型、软心肠型、干练型、防卫型和寻求答案型。

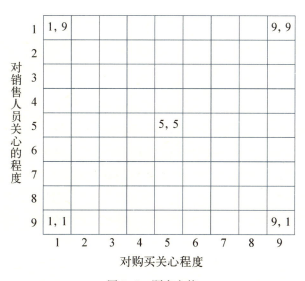

图 5-2 顾客方格

1. 漠不关心型,即顾客方格中(1,1)型

这类心态的顾客,表现为既不关心销售人员,也不关心购买行为。他们当中有些人的购买活动有时是被动和不情愿的,购买决策权并不在自己手中。具体表现是:多数情况下是受人之托购买,自身利益与购买行为无关,而且不愿意承担责任,往往把购买决策权推给别人,而自己愿意做些询问价格、了解情况的事务性工作。对待推销员的态度是尽量躲避,或是敷衍了事。处于这种心态的顾客把购买活动视为麻烦,往往是例行公事,对能否成交、成交的条件及推销人员及其所推销的产品等问题都漠不关心。向这类顾客推销产品是非常困难的,推销成功率也是相当低的。对待这种类型的顾客,推销人员应先从情感角度主动与顾客接触,了解顾客的情况,再用丰富的产品知识,结合顾客的切身利益引导其产生购买欲望和购买行为。

2. 软心肠型,即顾客方格中的(1,9)型

处于这种购买心态的顾客非常同情销售人员,对于自己的购买行为与目的则不太关心。具体表现是:该类顾客往往感情重于理智,对推销商品本身则考虑不多,容易产生冲动,易被说服和打动;重视与推销人员的关系,重视交易现场的气氛,缺乏必要的商品知识,独立性差等。存在这种心态的顾客不能有效地处理人情与交易之间的关系,他们更关心销售人员对他们的态度。只要销售人员对他们热情,表示出好感时,便感到盛情难却,即便是一时不太需要或不合算的商品,也可能购买。这种类型的顾客在现实生活中并不少见,许多老年人和性格柔弱、羞怯的顾客都属于此类顾客。因此,销售人员要特别注意感情投资。努力营造良好的交易气氛,以情感人,顺利实现交易。同时,推销员也应避免利用这类顾客的软心肠,损害顾客的基本利益。

3. 防卫型,即顾客方格中的(9,1)型

这类顾客对购买行为极为关心,对销售人员却漠不关心,有时甚至抱有敌对的态度。他们对购买的每一个过程都精打细算,讨价还价,对销售人员的态度比较冷淡,小心谨慎,甚至是拒绝。产生这种心态的原因,一是顾客生性保守;二是在购买过程中曾受过骗。对于这种类型的顾客应采取的对策是在建立信任的基础上先推销自己,再销售产品。

4. 干练型,即顾客方格中的(5,5)型

处于这种购买心态的顾客,具体表现为既关心自己的购买行为,也关心销售人员,属于有经验的购买者,他们的购买过程中比较客观地对待购买和销售人员,既乐意听取销售人员的意见,又倾向于自主做出购买决策而不愿意受他人的影响。产生这种心态的原因是顾客比较自信、虚荣或者受消费流行的影响。对待这类顾客的对策是销售人员应该摆事实,及时出示产品的有关依据、证件等,让顾客自己去判断。其实这类顾客比较好交往,只要迎合他们的心理,又有事实依据,那么,他便会购买你所销售的产品。

5. 寻求答案型,即顾客方格中的(9,9)型

具有这种心态的顾客既高度关心自己的购买行为,又高度关心与销售人员的人际

关系。具体表现为十分理智,不感情用事,对自己需要的东西十分明确,又很了解行情,所以他们比较欢迎能解决问题的销售人员。产生这种心态的原因是顾客属于最成熟的购买者,见多识广。对于这种类型顾客的对策必须是真心帮助顾客解决问题,若销售的产品不符合顾客的要求,应立即停止销售工作。

【案例小链接 5-1】　　关于顾客方格的具体运用

高梅是一家外资企业的高层管理人员,今年 30 岁。由于商业社交活动较多,她非常注重自己的形象,在服装、化妆品的使用上有自己固定的品牌,对各大品牌产品的流行趋势也较为熟悉,希望自己紧跟时尚潮流。当然,她自己喜欢使用的产品均是世界知名品牌。她购买这些用品通常都去品牌店,并且自己仔细观察,她相信自己的感觉和判断力,对销售人员的建议会区别对待,不盲从。如果是她认同的产品不论价格高低,都会及时购买。但同时因为她在使用产品过程中有一些困惑的地方,所以也希望销售人员能有针对性地介绍她所选购品牌的知识,并且能够及时解答她的疑问。

资料来源:本书作者整理

根据顾客方格理论判断高小姐属于哪类顾客?面对此类顾客销售人员应该如何做好销售工作?

5.1.3　销售方格与顾客方格的关系

销售人员和顾客的心态都可以分为不同的类型,那么在推销过程中不同类型的销售人员与不同类型的顾客相遇会产生不同的销售结果。根据推销方格与顾客方格关系表,可以看到销售方格与顾客方格的内在联系与大致的规律性。表 5-1 中的"＋"符号表示推销取得成功的概率高,"－"表示推销失败的概率高,而"0"推销成功与失败的概率几乎相等。

销售人员的销售心理和顾客的购买心理各有不同的五种类型,由销售方格可以看出,销售人员的销售心态趋于(9,9)型,其销售能力就越强,销售效果就越佳。销售人员应认真学习销售理论,不断总结销售经验,提高自身素质,使销售心态向(9,9)型的位置发展,使自己成为理想的销售专家。其他类型的销售人员并不是不能创造好的销售效果,实际上只要各种不同类型搭配关系合适就有可能取得成功。例如,销售方格中(1,9)型销售人员如果碰到一位(1,9)型顾客,因为一个对顾客特别热心,一个对销售人员特别关照,所以就有可能取得满意的销售成绩。

可见销售效果既取决于销售人员的心理状态,也与顾客的购买心态密切相关,销售人员必须认真分析销售方格与顾客方格的协调关系,只要二者达到有效的协调,使销售方格中列举的五种销售心态与顾客方格中列举的五种购买心态恰当搭配,就能顺利完成销售任务。根据对销售实践的考察,销售方格与顾客方格存在以下关系。

表 5-1　销售方格与顾客方格搭配效果表

顾客方格＼销售方格	1,1 漠不关心型	1,9 软心肠型	5,5 干练型	9,1 防卫型	9,9 寻求答案型
9,9 满足需求型	＋	＋	＋	＋	＋
9,1 强力销售型	0	＋	＋	0	0
5,5 销售技巧型	0	＋	＋	－	0
1,9 顾客导向型	－	＋	0	－	0
1,1 事不关己型	－	－	－	－	－

5.2　销售三角理论

销售人员在实际销售中如何正确运用销售三角理论?

销售三角理论是一种培养销售人员自信心,提高其说服能力的理论。简单地说就是三个相信。销售活动就是销售人员代表公司向顾客销售产品(服务、观念)。任何销售活动都必须建立在下述三个基础上,即销售物、公司、销售人员,这三个要素构成一个三角形,支撑着销售活动,所以称为销售三角理论(GEM)。

销售三角理论是指销售人员在销售活动中必须相信自己所销售的产品 G(goods),相信自己所代表的公司 E(enterprise),相信自己 M(myself)。这就是著名的"GEM"销售公式,中文译成"吉姆"公式。

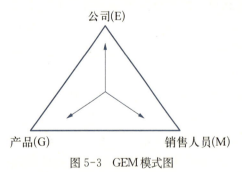

图 5-3　GEM 模式图

5.2.1　相信自己所销售的产品

销售人员首先要相信自己所销售的产品才会动真情。有研究表明,说谎与发自内心的话给别人的感觉还是有区别的,除了极少数善于伪装的人外,普通人的内心会通过言谈表露出来。只有自己相信,销售人员才会去发现产品的优点,在销售时才能理直气壮，当顾客对这些产品提出异议时，才能充分说服并打动顾客。

无论什么产品都有它的优点，这就需要靠销售人员去细心发掘，有时产品的弱点也正是它的优势所在，看你从哪个角度去观察和理解。特别要注意的是自己对产品的自信，有时不一定是用语言表露出来，也可以用行动去表现。

销售人员要相信所销售的产品，需从公司、销售人员两个方面进行要求。

对公司方面的要求是尽快让销售人员了解产品价值、竞争之优势、产品的使用方法。要做到这些，公司可采用多种方式和手段对销售人员进行培训。具体培训方法有：专家授课、提供产品变化信息及有关更新资料、经验交流会。

对销售人员来说，就是要对所销售的产品感兴趣、充满信心，热爱所销售的产品，学会使用方法，掌握维修技能，学会从不同的角度欣赏、发掘产品的优点。如软件定价较高，但是从设计、研究、生产、科技含量上考虑，它应该是物有所值，品牌的无形价值也应考虑进去。

5.2.2 相信自己所代表的企业

相信公司在营销活动中能兼顾销售者、企业、国家三者的利益。相信公司的行为都是在国家法律的范围内进行的，既不是在搞假冒伪劣，也不是在搞坑蒙拐骗，完全是一种利国利民的行为。

相信公司有能力满足顾客的需求，能够赢得顾客的尊重和信任；有能力在经济上、技术上向社会做出更大的贡献；有能力树立良好的企业形象，取得强大的竞争力，为销售人员的工作打下坚实的基础。

公司的发展前景对稳定销售队伍、提高销售人员的士气有着重要作用，销售人员相信自己公司前景广阔，就会更加热爱公司，全心全意投入销售工作中，而不会见异思迁，好高骛远。

5.2.3 销售人员要相信自己

销售人员的自信不仅可以使自己成功克服推销工作中遇到的诸多困难，也有助于在接触客户时，取得客户的信任。随着市场经济发展，销售人员的工作越来越重要。因此，销售人员要热爱销售工作。只有热爱销售工作，全心全意地投入到销售工作中，运用和掌握销售技巧，才能获得比别人更多的订单。

成功的销售人员并不是因为有先天的素质，而是因为后天的学习和实践。销售人员树立自信心，需从以下几个方面入手：

（1）了解和熟悉自己的工作。销售人员只有在认识到他完全了解和熟悉自己的工作，而且这种认识是建立在成功经验之上时，才能充满信心地工作。

（2）工作中可先易后难。销售工作中先找一些工作好做的客户，这样便于增强自信心,积累工作经验;再与那些工作不好做的顾客打交道,一旦这些顾客的工作做好以后,销售人员的自信心会进一步得到强化。

(3) 销售工作中应排除所有消极的假设。消极的假设因其束缚、压抑人的作用力很大,所以会造成销售工作的失败,当我们对未来行动、方法及想法都抱有积极的态度时,往往能达到意想不到的效果。

销售人员在了解和熟悉自己的工作后,应制定出切合自身实际的多层目标,促使销售人员勇于克服销售中的各种困难,才不会有挫折感。

(1) 首要目标,是了解顾客需求、市场情况,帮助顾客提高购买信心,达到成交目的。

(2) 最低目标,也就是按最悲观的结果设想目标,即使顾客不接受你所销售的商品,销售人员也应以一种超然的姿态正确对待,至少可以与顾客成为朋友。

(3) 设想目标,也就是按最乐观的估计设想目标。在开展销售工作时,充分设想成功的喜悦,有利于提高工作积极性。

【案例小链接5-2】　　拖拉机及农机设备的销售困惑

李云过去自己创业,失败后现从事拖拉机和其他农机设备的推销工作。他善于同一些出租运输设备的商行打交道,因为他对他们的需要和想法了如指掌。在业务洽谈中,他常常针对顾客的实际情况,一针见血地指出他们工作中存在的一些特殊问题,并向他们推荐一些最适合他们使用的机械产品。紧接着,他就利用刺激购买欲望的办法,促使顾客购买一些价格比较低的产品。由于他使用的推销手段非常犀利,基本顾客很难插话,所以,在整个洽谈工作中,总是他一个人演独角戏。他明知这种方法有问题,但仍然心存侥幸,认为顾客没有完全理解他的谈话内容。尽管他也使用"埃达"模式,但经常忽略这个模式的某一阶段。

营销思考:案例中忽略了埃达模式的哪个过程?会产生哪些不利影响?你将如何帮助其改进?

5.3　销　售　模　式

销售模式具体包括哪些?各自适用于哪些情况?

由于心理学知识的引进,推销技术发生了重大的变化。过去经验丰富的有能力的销售人员提高销售成绩的原因之一是因为掌握了一种推销"技巧",而这个技巧是主要是通过"感觉"才能体会到的。而现在销售人员提高销售成绩的主要原因是:他能客观地掌握顾客心理法则并成功地利用它,使其由靠"感觉"销售转向靠"科学"销售的方向发展。同时销售技巧不再是主观的,而是具有客观性。

销售模式是根据销售活动的特点及对顾客购买活动的各阶段的心理演变应采取的策略,归纳出一套程序化的标准销售形式。所有销售模式都是成功销售的总结和归纳,在销售活动中,我们模仿、运用这些销售模式能帮助我们取得好的销售业绩。但同时我们也应该注意到,由于市场千变万化,顾客心理复杂,销售人员应灵活运用这些销售模式,掌握其基本要领、实质、规律,从而创造适合我们自己的销售模式。

5.3.1 埃达模式

埃达模式(AIDA)是指一个成功的销售人员必须把顾客的注意力吸引或者转移到产品上,使顾客对销售人员所推销的产品感兴趣,这样顾客的购买欲望也就随之而产生,而后再促使顾客采取购买行动。运用这一销售可使销售人员有明确的层次感、程序感,保持清醒、灵活的头脑,不至于引起销售中的混乱、盲目和随意性。

埃达模式主要适用于店堂的销售、易于携带的生活用品及办公用品的销售及销售人员面对陌生顾客的销售。该模式分为注意(attention)、兴趣(interest)、欲望(desire)、行动(action)四步,简称 AIDA 模式,译为埃达模式。

由于市场环境是千变万化的,销售活动也随之而复杂多变,所以埃达模式推销四个步骤的完成时间不可能整齐划一,而是可长可短。根据推销人员的工作技巧和所推销的产品性质而论,四个步骤的先后次序也不必固定,可根据具体情况适当调整,可重复某一步骤,也可省略某一步骤。无论如何,达成交易的可能性总是存在,这就是运用该模式的最终目标。

每一个销售人员都应该根据埃达模式检查自己的销售谈话内容,并向自己提出以下四个问题:① 我的销售谈话是否能立即引起顾客的注意;② 我的销售谈话能否使顾客感兴趣;③ 我的销售谈话能否使顾客意识到他需要我所推销的产品,从而促使顾客产生购买的欲望;④ 我的销售谈话是否使顾客最终采取了购买行动。

1. 引起顾客的兴趣

销售人员的第一个步骤就是要引起目标顾客对推销的注意。当推销人员和目标顾客互相陌生时更是如此。能否引起消费者注意,是决定推销能否成功的重要前提。若消费者注意到推销人员提供的商品信息,其推销活动就可以进行下去,否则这种推销即已宣告失败。

所谓注意(attention),是人们心理活动对一定客体的指向与集中,以保证对客观事物获得清晰的反映。通俗一点说,就是将精力完全专注于某件事物,而对以外的其他事情一概不关心。

顾客对推销的注意可以分为有意注意和无意注意两种类型,有意注意是指顾客主观能动地对推销活动产生注意。这类顾客常采取完全主动的态度,只要推销人员把握

第5章 人员推销的基本理论

好时机稍加说服，就能使顾客做出购买行为。无意注意是指顾客不由自主地对推销活动产生注意。这类顾客事先没有目的，对推销的注意往往是在周围环境发生变化时才产生的。如果引起注意的刺激物不能继续影响顾客，则顾客的注意力就会下降并转移到其他事物上去。

在推销活动中，顾客的有意注意比无意会少得多。因而，销售学中研究的"引起注意"是要求销售人员通过各种努力，强化刺激，唤起顾客的有意注意，使顾客把精力、注意力从其他事物转移到销售上来。

心理学研究显示，人们接触最初 30 秒内所获得的刺激信息，比在此后 10 分钟获得的要深刻得多。推销人员在 30 秒甚至 7 秒以内一定要顾客留下良好的印象，否则很难继续进行推销活动。因此，要在极短时间用最有效的手段，引起消费者的注意。而在推销活动中，唤起顾客注意常常受到时间、空间和推销现场的特殊环境的限制。心理学的研究也表明，人们只注意与自己密切相关或自己感兴趣的事物；顾客注意力集中的时间、程序与刺激的强度有关，越是新奇的事物或刺激的对比度越大，越能引起顾客的注意。其具体方法如下：

（1）形象吸引法。推销时应该讲究商务礼仪，良好的仪表形象体现了销售人员的人格修养，也体现了企业的形象。无论是统一着装，或者迎合消费者的偏好，或者突出个性，都要以整洁、合身、精神为原则。面部表情应当坦诚温和，眼神应充满信心与神采，切忌眼光转动太快和漫无目地地扫视销售现场人员。

（2）语言口才吸引法。这是销售人员所使用的最基本的方法。通常消费者在听第一句话的时候注意力往往是最集中的，听完第一句话，很多消费者就会立刻决定是继续谈下去还是尽快把销售人员打发走。在面对面的销售工作中，说好第一句话尤为重要。为此销售人员应在事先做好充分准备，可采用以下几种方法吸引消费者的注意力。

① 出奇言。用不同于他人也不同于自己以往的语言给消费者以具有新奇感的刺激，使其集中注意力。

② 谈奇事。以目标消费尚不可能了解的新奇可见的事情作为开场白，引起消费者的好奇心。

③ 提需求。销售开始后的第一句话就是消费者的主要需求，使其对销售产生关注。例如，教育保险的销售人员这样开始销售："您的孩子在读初中，即将进入高中、大学等非义教育阶段，您一定想为他的教育经费做一些准备……"

（3）动作吸引法。销售人员的动作潇洒利落，言语彬彬有礼，举手投足得体，气质风度俱佳，都可以给顾客在视觉上形成良好的第一印象，从而引起顾客的注意。

（4）产品吸引法。这种利用产品本身的新颖、美观、艺术化的包装装潢所具有的魅力吸引消费者的注意力，或使产品包装起到"无声推销员"的作用，或利用产品一目了然的特殊功能吸引消费者。

销售人员在运用上述各种方法时，还应当注意以下问题：

（1）销售准备要充分。有了充分的准备，销售工作才能从容有序，有针对性高效率地进行，也才能使销售员在顺利接触销售对象的基础上较好地展示临场发挥的能力。

（2）任何吸引消费者注意的方法都不是无源之水、无本之木，应当与销售的内容有所联系，与销售活动有关。无论采取什么新奇别致的方式开展工作，都必须围绕销售产品的根本目的进行，防止推销方式过于奇异或举止轻浮，损害了销售人员所应具有的敬业精神和良好的个人修养的形象。

（3）设身处地为消费者着想，销售人员应当站在消费者的角度追寻产品被接受的原因是什么，设法了解顾客可能面临的问题，从顾客感兴趣的话题开始推销谈话，而不是把销售产品放在洽谈业务的开头。

2. 唤起顾客兴趣

在引起消费者注意的基础上，销售人员可以开始第二个步骤，设法使消费者对所推销的产品发生兴趣。兴趣(interest)指一个人对一定事物抱有的积极态度，销售学中是指顾客对销售品或购买所抱有的积极态度。唤起顾客的兴趣，就是要唤起顾客对产品的积极的、长期的、稳定的态度。

兴趣与注意密切相关，在购买过程中顾客注意的产生往往以一定的兴趣为先决条件，而顾客购买兴趣的大小又常常被注意的程度所左右。从购买活动过程来看，顾客对推销的兴趣都是以他们各自的需要为前提的。因此，要很好地诱导顾客的兴趣，就必须深入分析顾客的各种需要。顾客的兴趣有利于造成一种融洽的气氛，有利于消除销售障碍。

唤起顾客兴趣的关键在于使顾客清楚地意识到他们在接受销售产品后可以得到何种利益。为尽快引起顾客的兴趣，并且与市场上同类产品相比较，设法使顾客感觉到所提出的产品、价格、服务等方面对他都有利。销售人员可以通过展示和示范，向顾客证实所销售的产品确实具有某些优点。"耳听为虚，眼见为实"，通常人们都认为产品的实体和使用产品演示比推销的言辞更具有真实性，更令人信服。在这个阶段销售人员要做的具体工作主要有两项：

（1）向顾客示范所销售的产品。

为了使顾客消除疑虑产生购买欲望，销售人员可采用一个效果良好的方法就是实际演示所销售的产品，让顾客亲眼看到产品所具有的功能、性质、特点和使用效果。有的产品销售，可以把消费者请到产品生产及经营的现场，通过让消费者亲自观察了解来唤起消费者兴趣。例如，让消费者参观无污染的纯净水生产水源和先进的生产流程，增进消费者对纯净水品质的了解以提高购买的兴趣。

（2）了解顾客的基本情况。

了解顾客的情况是作示范的一个重要先决条件，销售人员应当首先对顾客的情况进行了解，为了使产品满足顾客的愿望和需要，销售人员应当分析需要了解顾客哪些方面的情况，如何提问，如何运用自己所掌握的资料。这些问题处理得越好，就越有可能直接与顾客交换意见和看法，成交的可能性也越大。

销售人员作示范激起顾客的兴趣，应当注意以下几点：

（1）当产品不便随身携带时，销售人员可以利用模型、样品、照片和图片进行示范。销售人员要能熟记和灵活运用有关产品的所有数据，并能即时随手画出示意图和图表，这样有助于顾客产生形象概念，给顾客留下栩栩如生的感观印象。

（2）在使用产品中作示范时，要用深入浅出的语言来说明产品性能或工作原理，不能用深奥的专业原理吓跑顾客。

（3）慎重使用宣传印刷品。通常顾客在接到销售人员送给他的宣传小册子，会以为业务洽谈接近尾声，于是起身用客气话礼送销售人员。销售人员应注意送给顾客宣传小册子时，还要对宣传印刷品的主要内容进行简要的解释，确保顾客对其内容有透彻的了解。

（4）帮助顾客从示范中得出正确结论。每一次示范都应该有具体的目的，销售人员在示范前就必须清楚地知道这一次示范是为了证明什么。检验销售人员示范的标准就是顾客的信服程度，因而销售人员不能忽视示范的影响，而要注意顾客的反应。

（5）销售人员不要强迫顾客下决心，特别是他们进行抉择的时候。介绍产品时应重点突出，内容不要太多，以免顾客在推销过程的第二个阶段就有厌烦感觉。

3. 激起顾客的购买欲望

欲望（desire）是希望获得某些东西意念，而销售人员的工作是用各种方式提出某些刺激顾客的建议，使之产生想要采取购买行动的欲望。购买欲望（buying desire）是指顾客想通过购买某种产品或服务给自己带来某种特定利益的一种需求。

激起消费者的购买欲望是埃达模式的第三阶段，也是销售过程的一个关键性阶段。如是顾客已经明确表示信服销售人员的示范，但仍未采取购买行动，其原因就是顾客的购买欲望尚未被激起。兴趣和欲望毕竟不是一回事。此时，重要的是要使顾客相信，他想购买的产品正是他需要的产品。

一般来说，顾客对推销品发生兴趣后就会权衡买与不买的利益得失，对是否购买处于犹豫之中。这时，推销人员必须要从认识、需要、感情和理智等方面入手，根据顾客的习惯、气质、性格等方面，采用多种方法和技巧，促使顾客相信销售人员和销售品，不断强化顾客的购买欲望。

在这一阶段，销售人员要向顾客充分说理，即摆事实讲道理，为顾客提供充分的购买理由。销售人员应当将准备好的证据提供给顾客。这些证据包括：有关权威部门的鉴定、验证文件；有关技术与职能部门提供的资料、数据、认可证书；有关权威人士的批示、意见等；有关消费者的验证或鉴定文件、心得体会、来信来函等；有关部门颁发的证书、奖状、奖章等；各种统计资料、图表、订货单据等；各种大众媒介的宣传、报道与评论；若干真实的消费者购买事例。同时，销售人员还应向顾客充分说明购买产品的利益，通过与顾客的仔细盘算，把顾客可能得到的利益一一摆出来，仔细算出来，并且记录在案，使顾客对购买产品后可以得到的利益具体化、现实化。销售人员还可提出一些颇有吸引力的建议，使顾客确认这种购买是必需的、合理的，从而产生购买的念头。

4. 促成顾客的购买行动

促成购买行动(buying action)是指销售人员用一定成交技巧来督促顾客采取购买行为。这是埃达模式的最后一个步骤,也是全部推销过程与推销努力的目的所在,它要求销售人员运用一定的成交技巧来敦促顾客采取购买行动。在一般情况下,顾客即使对所销售的产品有兴趣并且有意购买,也会处于犹豫不决的状态。这时销售人员不应该悉听客便,而应不失时机地促使顾客进行关于购买的实质性思考,进一步说服顾客,帮助顾客强化购买意识,促使顾客实际进行购买。

顾客的购买欲望要通过销售人员的努力去强化、巩固,才能促使顾客采取购买行动。销售模式的前三步是使顾客产生了购买的愿意,但可能不够强烈,这就需要通过强化顾客的主要认识与情感,他们才可能实施购买行动。

促成顾客的购买行为是在完成前三个销售阶段后的最后冲刺,或者让顾客实际购买,或者虽然没有成交但洽谈暂时圆满结束。这时的销售人员应注意：分析顾客不能做出购买决定的原因,并针对这些原因做好说服工作;将样品留给顾客试用;给顾客写确认信,用以概括洽谈过程中达成的协议,重申顾客购买产品将得到的利益。

5.3.2 迪伯达模式

迪伯达模式(DIPADA)比埃达模式更具有创造性,充分体现了以顾客需求为核心的现代化销售理念。其主要观点是先谈顾客的问题,然后谈论所销售的商品。它把销售过程概括为六个阶段,即发现(definition)、结合(identification)、证实(proof)、接受(acceptance)、欲望(desire)、购买行为(action),简称 DIPADA。

迪伯达模式的主要适用于：生产资料市场、老顾客及熟悉的顾客、无形产品等,一般顾客都有着明显的购买愿望和购买目标的。无论是中间商的小批量进货、批发商的大批量进货,还是厂矿企业的进货;也无论是采购人员亲自上门求购,还是通过电话、网络等通信工具询问报价,只要是顾客主动与销售人员接洽,都是带有明确的需求目的。

1. 准确地发现顾客的需求与欲望

迪伯达模式与埃达模式的主要区别表现在：迪伯达模式的第一步是发现顾客的需求与欲望,而不是像埃达模式那样去吸引顾客的注意。迪伯达模式与埃达模式在销售活动开始时表现为什么会不一样呢？其原因在于：我们面对的可能是熟悉的顾客,不用刻意去引起顾客注意;或者面对的大多数消费者其购买行为是理智型的,不会因冲动而购买某种产品;再就是无形产品或工程难以引起注意。

迪伯达模式所销售的产品主要是生产资料,而埃达模式主要是销售消费品。生产资料市场有它自己的购买行为特点。首先,购买是因为生产、经营的需要,其次是需求缺乏弹性,最后是有明确的采购目标与要求。生产资料的购买行为非常理性,决不会因冲动而购买,并且型号要求一旦确定下来,不容易轻易改变。生产资料的销售要弄清真实需要和购买决策人比较困难。许多企业的购买决策人并不是很容易找到的,这需要

销售人员通过各种关系和途径去打探到。

2. 把顾客的需要与销售的产品结合起来

许多销售人员先讨论了顾客的需求与愿望，也介绍了产品，但偏偏没有把二者结合起来，没有把产品能满足顾客什么样的需要，解决什么问题说出来，他们误以为顾客自己知道如何结合，没有考虑顾客的层次和知识结构。其实顾客恰恰不会有意识去结合，需要销售人员的帮助。销售人员应该怎样去把顾客的需要与所销售的产品相结合呢？

首先，简单地总结与提示顾客的主要需求及有关需求。然后，简单地介绍销售的产品。最后，把产品与顾客的需要结合起来。这一步骤是迪伯达模式的精髓及销售工作的实质所在。下面我们来看看如何将二者结合起来。以大家熟悉的汽车为例：

假如你是销售汽车的销售人员，在销售人员的了解需求阶段，已经知道顾客收入并不算宽裕，也缺少汽车，而你销售的汽车可以满足这种经济状况的需求。这种汽车有四汽缸引擎，该特点会使你的汽车是同类型的汽车中更省汽油的车。如何将这些因素融入顾客的需要和利益中去呢？无论从汽车的特点还是优点看，这些因素都可以降低行驶成本，从而节约了顾客的开支，而正是这点对顾客来说是影响顾客购买决策的最主要因素。因此，销售人员就应该从省油的角度来进行销售陈述。顾客对四汽缸并不感兴趣，而对省油、省钱更感兴趣。

3. 证实销售的产品符合顾客需求和愿望

迪伯达模式的第三个步骤就是要向顾客证实他的购买选择是正确的，同时要向顾客证实销售人员的介绍是真实可信的。证实的目的是让顾客相信购买的产品能达到他们原来的购买目标。销售人员提供的证据可以是人证、物证或例证。人证主要是指顾客熟悉的或知名的人士证明。物证主要是指计量部门提供的产品测试报告等相关证明材料。例证主要是指找几个典型的使用单位，如果该单位使用你的产品效果很好，就能成为一个很好的例证。

证据的获取主要有三个渠道：首先，从生产现场获取，用各种方式使顾客了解产品的生产制作过程，如录像、图片、现场参观等。其次，从销售与使用现场获取。最后，从特殊机构获取，如产品质量监督站、消防部门证明等。获取证据只是拥有了进行销售活动的工具，销售人员还必须恰当地向顾客展示证据并获得顾客的认可。

4. 促使顾客接受你所销售的产品

迪伯达销售模式的第四个步骤是促使顾客接受你所销售的产品。"促使接受"的含义是销售人员经过自己的努力使顾客承认产品符合顾客的需要和愿望，与成交的初级阶段类似。迪伯达模式的最后两步，即刺激顾客的购买欲望和促使顾客采取购买行动与埃达模式的最后两步骤是同样的，这里不做重复。

5.3.3 费比模式

费比是FABE的译音。FABE模式是通过介绍和比较产品的特征（feature）、优点

(advantage)、陈述产品给顾客带来的利益（benefit）、提供令顾客信服的证据（evidence），以便顺利实现销售目标。

费比模式的销售步骤如下：

1. 把产品的特征详细介绍给顾客

销售人员面对顾客，需要用准确简洁的语言向顾客陈述产品的特征，一般包括产品性能、构造、功效、方便操作程度、耐久性、外观设计及价格等。如果是刚刚投放市场的产品，则需要做更为详细的介绍。如果产品的特征较为复杂，可采取图表或宣传单页的形式，以帮助顾客有更为直观的了解。

2. 充分分析产品优点

销售人员应在第一个步骤介绍产品特征之后，寻找出与竞争对手产品的特殊或优势之处。新产品需要说明该产品开发的动因、目的、设计理论、为何开发以及和原有产品的区别等。当面对的是具有较多专业知识的专家顾客，则应用专业术语进行介绍，并力求语言简练准确。

3. 阐述产品给顾客带来的利益

这是费比模式中最为关键的一步。销售人员应在了解顾客需求的基础上，把产品所能带给顾客的利益，尽可能地列举出来。不仅包括产品所带来的外在利益，更要包括产品给顾客带来的内在的、实质的及附加的利益。这就要求销售人员在之前两个步骤时，一边讲解，一边观察顾客的专注程度与表情变化，对于顾客关注的方面要更深入地与顾客沟通，这样才能更充分了解顾客的需求。

4. 以"证据"说服顾客购买

在这个步骤，销售人员在销售中要避免用模糊含混的词语，比如："最便宜""最合算""最耐用"等，因为这些表述顾客经常听到，并没有说服力。销售人员这时要列举真实的数据、案例、实物等证据，以解决顾客的各种异议与疑虑，减少顾客的风险感，最终促成顾客购买。

5.3.4 双赢销售模式

双赢销售模式（PRAM）是从买卖双方利益出发达成交易的模式。它追求的是通过帮助顾客，得到自己想要的东西（销售产品和服务），在交易过程中，双方都会对彼此的决策感到满意，即达到双赢的目的。双赢销售模式包括四个步骤：制订计划（plans）、建立关系（relationships）、签订协议（agreements）、持续进行（maintenance），简称 PRAM 模式，如图 5-4 所示。

1. 制订计划

双赢销售模式第一步是制订计划，制订计划时要考虑自己能为顾客带来什么，问问自己"如何做才能使顾客乐

图 5-4　PRAM 模式

意与我交往？我应该朝哪个方向努力，才能使顾客按我的真正希望的那样去做？"以前人们都觉得，销售洽谈是一种付出和获得的过程，即将销售视为一项50∶50的交易。以这种态度来看待销售，双方都将会发现，大部分的时间都浪费在争辩上，例如什么时候自己该停止付出，什么时候对方又应该开始付出。但是，如果能将销售视为100∶100的组合，彼此都重视付出的部分，而将获得多少由双方自己去感受，在这样的情况下，销售将是一个双赢的过程。

2. 建立关系

双赢销售模式第二步是建立关系，即销售人员与顾客建立良好的人际关系。人们总是乐意为自己了解并信赖的朋友推荐产品，因此销售人员要花些时间和那些能够影响自己销售工作成败的人建立良好的关系。通常说来，建立这种人际关系是很不容易的，因为人们会为自己喜欢或信任的人奔走工作，却不会为没有交情的人卖命。所以要建立的关系，就是一种相互间的承诺。你可以利用午餐、非正式的探访，让彼此熟悉对方。必须让人们了解你是一个诚实可信的人，假设这一点做得不完善，你将无法取得别人的信任。

3. 签订协议

人际关系建立后，销售人员和顾客之间就可以发展到协议签订阶段。双赢式的协议是指协调双方的目标，使买卖双方都能接受的协议。因为该协议牵涉到双方的利害关系，所以这种协议一旦确定下来，同时也就确定了双方在协议中应承担的责任。

为建立双赢式的协议，销售人员必须做到：

（1）对顾客的目标有深刻的了解，要询问顾客的实际需要，注意倾听顾客的回答。

（2）了解自己与顾客目标之间的差异，关于协议的讨论必须是公开公正的。

4. 持续进行

双赢销售模式第四步是持续。真正的销售始于售后，即使双方的合约很完备，彼此也有稳固的关系，仍有许多事情需要努力。成功的销售人员会告诉你，其实真正的销售关系是在取得订单之后才开始的。销售人员要想使顾客再次光临，并使顾客为自己介绍新客户，协议、关系、计划三者都必须是持续的。

保持协议的原则包括两个方面。首先，当务之急就是要确定协议是否能持续到底。一旦合约无法持续，双方的销售关系就会立刻结束。其次，如果双方关系还在起步阶段，那就更应该抓住机会，订立双方都满意的协议，并热切地表示有长期合作的意愿。

除了保持协议外，更要保持良好的关系。因为如果不谨慎维持双方的关系，相互的关系就会很快冷淡，信赖程度也会减低。如果信任不再存在，要达成双方都满意的协议是不可能的，人们很难和不信任的人签订协议。维持计划最好的方法，就是多听听和你交涉过的人的意见。如果你用心听这些人的谈话，将可以从他们的言谈中发现作为下次改进的依据的宝贵意见。

本章小结

销售人员在推销过程中,要和各种类型的顾客打交道,在销售活动过程中,销售双方主体都会彼此给对方留下印象,都会对对方有一定的认识,从而形成各自独特的心理活动与态度。销售方格和顾客方格理论,一方面可以帮助销售人员更清楚地了解自己的销售能力与心态,看到在销售工作中存在的问题,进一步提高自己的销售能力;另一方面,会有助于销售人员了解顾客的心理状态,恰当地处理与顾客之间的关系,争取销售工作的主动权,提高销售效率。

在销售过程中,销售人员既要了解自己,又要了解顾客;既要了解自己的公司和产品,又要了解向顾客销售的规律,这样才能为销售工作打下坚实的基础。销售人员应针对顾客的具体情况,灵活运用恰当的推销模式,说服顾客采取购买行动。任何销售活动都必须建立在下述三个基础上,即销售物、公司、销售人员,这三个要素构成一个三角形,支撑着销售活动。

销售模式是根据销售活动的特点及对顾客购买活动的各阶段的心理演变应采取的策略,归纳出一套程序化的标准销售形式。所有销售模式都是成功销售的总结和归纳,在销售活动中,我们模仿、运用这些销售模式能帮助我们取得好的销售业绩。但同时我们也应该注意到,由于市场千变万化,顾客心理复杂,销售人员应灵活运用这些销售模式,掌握其基本要领、实质、规律,从而创造合适的销售模式。

 关键术语(中英对照)

推销方格(sales grid)　　　　　　顾客方格(customer grid)
销售三角理论(GEM)　　　　　　埃达模式(AIDA)
注意(attention)　　　　　　　　兴趣(interest)
欲望(desire)　　　　　　　　　购买行动(buying action)
迪伯达模式(DIPADA)　　　　　费比模式(FABE)
双赢销售模式(PRAM)

 思考题与应用

1. 什么是销售方格?五种不同的销售心理态度各有什么特点?最理想的销售专家具有怎样的销售心理态度?
2. 什么是顾客方格?五种不同的购买心理态度各有什么特点?
3. 在销售过程中,如何将销售方格与顾客方格有效地协调起来?
4. 试辨析:我只是在销售这个产品,我相不相信无所谓,只要顾客相信就行,我的工作是尽力去说服我的顾客!

5. 试辨析:我是公司的一员,我只是按公司的要求说服顾客购买,完成我的工作!

6. 试述埃达模式的运用要点。

7. 请举例说明埃达模式与迪伯达模式的区别。

8. 下列哪些是产品的特性,哪些是产品的优点?哪些是产品的利益?

① "王先生,您每个月需上网 200 个小时,如果您换用这台高速度的数据机,不单能够提升您上网的工作效率,而且您两个月节省的电话费,就能够支付这台数据机的费用了。"

② "这间房子是三房两厅,两套卫生设备,并有标准的隔间。"

③ "这种奶粉与同类产品相比,含有高单位的钙质!"

9. 对于下面所列出的每个产品,基于它们的优点,断定其潜在的利益是什么?

产　品	特　征	优　点
索尼立体声收音机	直流电驱动	性能可靠,极少的活动零件
健怡可乐	饮用 16 盎司仅产生 1 卡热量	较低热量饮料
透明连裤袜	光滑无痕	看起来像真皮肤
大容量垃圾袋	双层设计	防扎,可大容量填塞

10. 对两周以来你的购物记录一下。请选择五种或更多的在此期间购买的产品,然后写一个简短的报告,记录你为什么购买它们,以及你认为每件产品的特征、优点和效用是什么?

安全玻璃销售

在某大型装修建材市场,一位安全玻璃的销售人员和一位因需要购买家庭装修材料而经过该门店的顾客攀谈起来:

销售员: 您好!欢迎光临!想了解一下家庭用安全玻璃的情况吗?

进入门店的顾客显得有些漠然,并没有回答销售员的问题,只是用目光扫射各类材料的样品,而并没有将关注点集中在某个产品上。顾客正想离开时,发现门店橱窗的电视里正在播放以下内容:

"在家庭装修中,人们为了尽可能减少甲醛污染,购买人造板的数量在减少,玻璃、不锈钢等材料的使用量增长迅速,玻璃门窗、隔断以及玻璃装饰在家庭装修中十分流行。但由于玻璃规格选择错误,玻璃伤人事故时有发生。装修时使用非安全玻璃,犹如在家中安装了一颗炸弹,后果将不堪设想。安全玻璃的正确使用能够保护家庭安全,消除安全隐患。"

顾客驻足停留,视频中介绍的安全玻璃的相关情况吸引了他的注意力。

顾客:噢?玻璃的选择原来这么重要!我还以为都差不多呢!

销售员:是呀,我帮您介绍一下安全玻璃的一些知识吧,我们在外面辛苦地工作,还不是希望有一个温暖当然更要安全的家,您说是吧?(顾客表示认同)

一般民用钢化玻璃是将普通玻璃通过热处理工艺,使其强度提高3~5倍,可承受一定能量的外来撞击或温差变化而不破碎,即使破碎,也是整块玻璃碎成类似蜂窝状钝角小颗粒,不易伤人,从而具有一定的安全性。

顾客:你们的产品比起普通玻璃要贵很多吗?

销售员:根据不同客户的使用需求,产品的价格是不一样的。您这次来是想选购卫生间隔断,还是室内隔断?

顾客:我家的客厅不是很大,所以就不用隔断了,主要是在卫生间使用。

销售员:具体使用面积有多少呢?

顾客:这个我倒没有仔细算过,卫生间大概是4~5个平米吧。

销售员:噢,您可以画一下您的卫生间的具体情况吗?

顾客手绘出卫生间的具体格局,并与销售员针对玻璃隔断的具体位置以及玻璃的安全性能讨论了一番。在讨论中,顾客对于安全玻璃是否安全仍然显得有些怀疑。

销售员:我能够理解您的担心,毕竟用肉眼看起来安全玻璃与普通玻璃差别不大。我这里有一块样品,您可以亲自试试,看看用普通外力能不能破坏我们的产品?

顾客:嗯,可我还是不清楚,如果在很强的外力之下,安全玻璃破碎之后是什么样子的?真的不伤人吗?(顾客亲自试验之后)

销售员:嗯,我明白您的意思了,这里还有在试验室所做的试验,这是在强外力之下的结果。您看看当我们的产品被破坏以后,是不是小颗粒状的碎物?

顾客:嗯,的确不错!但像这样偶尔一次的敲击,毕竟力度很小,而且也不是持久性的受力。在这种情况下安全玻璃没有碎,并不代表在真实家庭中使用也很安全。

销售员:我们的产品经过了各项严格的检验,它是模拟真实环境受力情况进行的,这是各类检验报告,请您过目。(顾客表示认同)

我大致清楚您的具体要求了。根据您的实际情况,我向您推荐这款X型安全玻璃。

顾客:噢?它具体有什么特点呢?

销售员:浴室内的地板、墙壁经常沾水,当人走动或用手扶墙时,易出现打滑摔倒的现象,可能会撞击与浴室有关系的玻璃隔断、淋浴屏,因此用于淋浴隔断、浴缸隔断应使用这款有框的安全玻璃。(顾客表示认同)

销售员:这里面有一些具体参数以及它的价格情况,让我来为您解释一下它的含义。

顾客在仔细了解相关参数以及价格之后，又问到一些具体问题，在得到比较满意答复后，开始低头不语，正在考虑中。

销售员：您看您现在要订多少量才合适呢？如果您不能确认具体尺寸，我们马上可以派人免费上门测量与安装！您刚才不是说装修工期很紧吗？我们决不会耽误您的工期！

顾客：好的，就按你说的做吧！不过价格还要再优惠一些！

资料来源：企业销售实际案例

讨论题

1. 此案例属于哪种销售模式？案例体现了该销售模式的哪些阶段？
2. 请结合案例具体说明该销售模式各阶段的实际运用要点。

案例点评

埃达模式主要适用于店堂的销售、易于携带的生活用品及办公用品的销售及销售人员面对陌生顾客的销售。该模式分为注意（attention）、兴趣（interest）、欲望（desire）、行动（action）四步，简称 AIDA 模式，译为埃达模式。

注意是指人们心理活动对一定客体的指向和集中，以保证对客观事物获得清晰的反映，具体可以采取形象吸引法、语言口才吸引法、动作吸引法、产品吸引法等。让顾客感兴趣的关键是：首先要调查和了解顾客的问题和要求，其次使顾客清楚地意识到他们在接受产品后会得到何种利益。购买欲望是指顾客想通过购买某种产品或服务给自己带来某种特定利益的一种需求。促成购买是指销售人员用一定成交技巧来督促顾客采取购买行动。

（扫一扫）

参考文献

1. 欧阳小珍主编，《销售管理》，武汉大学出版社，2003 年
2. 刘志超主编，《现代推销学》，广东高等教育出版社，2004 年
3. 吴健安、王旭等编著，《现代推销学》，东北财经大学出版社，2001 年
4. 查尔斯·M·弗特勒著，殷戬弘等译，《销售 ABC（第 6 版）》，企业管理出版社，2005 年
5. 罗纳德·B·马克斯著，郭毅、江林、徐蔚琴等译，《人员推销（第 6 版）》，中国人民大学出版社，2002 年
6. 熊银解主编，《销售管理》，高等教育出版社，2002 年
7. 陈新武、龚士林主编，《推销实训教程》，华中科技大学出版社，2006 年
8. 卢晶主编，《推销理论与技巧》，清华大学出版社，2015 年
9. 张海霞主编，《现代推销技术》，中国金融出版社，2014 年

第6章 销售准备

本章知识结构图

- 寻找潜在顾客
  - 概述
  - 寻找潜在顾客的原则
  - 寻找潜在顾客的方法

- 顾客资格审查
  - 销售漏斗理论
  - MAN法则
  - MAN法则的具体运用
  - 顾客类型划分

- 接近顾客的准备
  - 概述
  - 潜在顾客背景调查
  - 制定销售访问计划

- 约见顾客
  - 约见的内容
  - 约见的方法

学习目标

本章学习要点：
1. 了解销售过程的基本步骤
2. 掌握寻找潜在顾客的原则和销售漏斗理论的含义
3. 掌握顾客资格审查的具体运用方法
4. 理解接近顾客的准备工作的具体内容
5. 掌握约见顾客的各类方法

销售管理

 引导案例　　　　　行　动　销　售

（扫一扫观看视频）
视频案例名称：行动销售
网址：http：//v.youku.com/v_show/id_XMTM5MzI4MDQ=.html

行动销售创始人杜南·斯巴克斯（Duane Sparks）是全美领先的销售训练机构——Sales Board 集团的总裁，在多年的销售生涯和销售管理生涯中，杜南·斯巴克斯曾经卖过各种各样的产品（办公室用品、保险等），他先后推出了一系列销售专著，包括《行动销售》《卖掉你的价格》《提问》《永恒的客户忠诚》等。

行动销售是一个涉及规划、执行、成交及跟进等销售全过程的一个完整的销售流程和工具，它强调的不仅仅是应对客户的反应能力、掌控能力及相应的技巧，它还强调尊重客户并通过与客户建立长久的关系来获得持续的订单，具体包括五大关键技能：销售流程；销售规划；提问技巧；展示技巧；获得承诺。请观看视频，并结合一个具体产品，根据行动销售"九步行动"考虑在销售过程各阶段，需要注意哪些问题？

销售过程（sales process）是指销售人员所采取的一系列程序性行动，这些行动有可能导致客户采取销售人员所预期的销售行为。虽然有许多因素会影响销售人员的销售步骤，但是确实存在一系列有逻辑顺序的行为，如果能照着它去做，将会大大提高销售业绩。销售的成功取决于销售人员应该将大部分的时间花费在销售前期的活动中，销售过程中的各步骤是相互联系、相互渗透和相互转化的，完整的销售过程具体包括以下八个基本步骤。

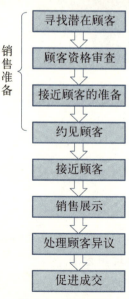

图 6-1　销售过程

任何一个环节的得失都会影响到销售工作的成败。严格说来,处理顾客异议和促成交易均属销售展示的内容,但这里我们把它们分开,一是为了使销售过程的研究更加深入和细致,二是因为销售展示更侧重于销售人员的主动性和销售人员努力去激起顾客的购买兴趣。而处理异议和促成交易更侧重于对有一定购买兴趣的顾客的应对,也就是如何克服顾客的异议,从而促使顾客采取购买行动。从本章开始,我们将着重探讨销售过程各阶段的特点与注意事项。

6.1 寻找潜在顾客

销售人员在实际销售中如何正确寻找潜在顾客?

寻找潜在顾客是销售过程的第一个步骤,潜在顾客(potential customer)是指那些有潜在可能性购买你的产品或者服务的适当的个人或者组织。由于推销是向特定的顾客推销,推销员必须先确定自己的潜在销售对象,然后再开展实际推销工作。寻找潜在顾客的两层含义:

(1) 根据自己所推销商品的特征,提出成为潜在顾客必须具备的基本条件;
(2) 通过各种线索寻找并确定出符合这些基本条件的顾客。

企业若不能持续进行市场开拓,每年将会失去 30%～40% 的客户,如果没有足够的新顾客进行补充,企业将逐渐衰弱。销售人员必须经常寻找新的潜在顾客的原因有两个:一是扩大销售额;二是取代因时间过久而失去的顾客。

6.1.1 概述

销售人员销售不同的产品和服务不可能具有相同的潜在顾客,不同行业的销售人员寻找潜在顾客的方法也有所不同。例如,寻找房地产、汽车、机械设备等产品的顾客,显然要比选择冰淇淋、服装、食品的顾客困难得多。因此,推销人员在选择潜在顾客的过程中,需要掌握一些基本方法。

表 6-1 列举了计算机行业的销售人员获得潜在顾客的基本渠道。从中我们可以发现:寻找潜在顾客的方法是非常多的。事实上,没有任何一种方法能够普遍适用。只有不断总结,每个销售人员才能摸索出一套适合自己的方法。

对于销售人员来说,尤其是对销售新手来说,寻找潜在顾客往往有些困难。他们要同陌生人接触要求别人来购买自己的东西显得很不自然。有许多销售人员喜欢接触那些与他们有相似性格的潜在客户,但在现实中这种情况发生的可能性很小。为了取得成功,寻找潜在顾客需要有正确的方法。比如,施乐公司要求它的销售人员每个工作日都要分出一些时间去发现和接触几个新的潜在客户,并且定期评估自己寻找潜在客户的方法,并比较其所得结果,以此来发现那些可能产生最有效潜在顾客的寻找方法。

表6-1 计算机行业销售人员寻找顾客的方法

寻找潜在顾客的方法	经常或偶尔使用此法的推销员(%)	认为此法十分有效的推销员(%)
从企业内部销售其他产品的推销员处获得信息	93	48
老顾客的介绍	91	50
从企业内部销售同类产品的销售员处获得信息	88	24
与潜在顾客内生产部门的人员联系	85	21
从亲朋好友等个人渠道获得信息	63	25
看到广告后顾客主动求购	59	4
通过展销会发现潜在顾客	57	8
在各种社交场合认识潜在顾客	49	2
与潜在顾客采购部门的人员联系	48	3
查阅公司内部的潜在顾客档案	48	12
查阅企业名录	45	8
阅读报刊	31	1
代理商提供的线索	27	0
顾客所在行业协会或商会提供的线索	21	3
非竞争性企业推销员提供的线索	9	1

【资料小链接6-1】　　　　消除拜访恐惧症

拜访恐惧症又称不愿访问情结,指的是害怕或不愿意与潜在顾客接触。许多销售人员都患有拜访恐惧症,特别是刚入行的销售人员更是如此。估计有40%的销售人员在某一时刻会出现一次不愿访问的职业恐惧症。其后果是使无数的销售人员的潜力不能得到发挥。研究表明,在一年做销售的人员中,80%没有成功的人是因为寻找潜在顾客的工作做得不够。美国学者乔治·达德利和申农·古德森将拜访恐惧症分为12种类型,具体内容如下:

(1)让步型:害怕打扰别人或害怕受到粗鲁的对待;

（2）过多准备型：分析过多，行动不够；

（3）情感被束缚型：担心得不到家人的认同，坚决反对把业务和家庭混在一起；

（4）脱离论型：担心失去朋友，反对在私人朋友中寻找潜在顾客；

（5）超级职业化型：受社会上对销售人员形成不好印象的困扰，担心出丑；

（6）角色拒绝型：进行销售时，感到有耻辱感；

（7）羞于社交型：被客户高高在上的态度吓住，无所适从；

（8）宿命论型：虽然对自己不良销售业绩感到着急，但又觉得无可奈何，不敢冒险；

（9）电话恐惧型：害怕用电话寻找潜在顾客或进行推销；

（10）讲场恐惧型：害怕在群体面前做销售展示；

（11）推荐反感型：害怕打扰现有的公司或客户关系；

（12）逆反心理型：拒绝受人驱使。

有效控制和消除推销拜访厌恶症的方法包括几个步骤：认识、接受、评估和应用。第一步是判断业绩是否存在问题。通常企业会监督和检查推销员的业务活动和业绩。收入和提成等指标太低可能反映业绩问题。如果发现业绩问题与推销拜访厌恶症有关，就应该向推销员提供相应的证据，主动与他们一起公开探讨可能的原因。在讨论中，注意与该症有关的迹象。接下来，判定推销拜访厌恶症的种类和成因。请推销员说出对哪些任务、哪些人、哪些事产生反感，确定这种感情是否会导致他们产生不利于推销活动的躲避行为。最后，采取适当手段，管理或消除推销拜访厌恶症。

对付这种病症的策略应该集中在行为方面，而不是性格方面。它并不是性格上的毛病，而是一套可能危害销售成功的行为。认识背后存在的胆怯心理固然重要，但是消除推销拜访厌恶症的对策却不应集中在胆怯心理上。克服推销拜访厌恶症的手段，应能使推销员找出导致其惧怕推销活动的具体、可见的原因。通过培训让推销员懂得如何抵消胆怯反应，并代之以更积极的反应。

资料来源：http://www.gkstk.com/article/wk-78500000666773.html

根据以上的拜访恐惧症类型，结合具体案例谈谈如何消除拜访恐惧症？

6.1.2　寻找潜在顾客的原则

销售人员必须明白，寻找潜在顾客是一项讲究科学性的工作，它是有一定的规律可以遵循，以下是寻找潜在顾客的原则。

1. 根据产品的特征来确定销售对象的范围

根据产品的特征来确定哪些是你的可能顾客，哪些顾客根本不可能购买你的产品。工业品的主要销售对象是使用者、购买者、经销商，而消费品的销售主要是针对用户个

人和经销商。工业品的销售要根据该工业所适用的行业进行销售。如电子仪器产品购买的行业主要有机电行业，各相关研究所，各仪器公司。拜访的人群主要是各企业仪表室负责人和设备科的采购员或负责人。对电工产品（开关、灯具）你需要拜访的人可能是各装饰公司的负责人、设计院的设计师、各电工电器商店，或某栋大楼的业主。保险则几乎每个有购买力的个人都可能是你的顾客。

2. 选择合适的寻找途径

根据企业的定位和目标来确定寻找方法。市场竞争的加剧，使有些企业采取了集中战略，它们把主要注意力和精力都用在一个特定的细分市场。如有些企业只在邮电行业寻找客户，而石化等行业就被弃，或仅仅寻找达到一定规模的邮电企业，而对小邮电企业，企业不做拜访，顾客自动上门求购又另当别论。先确定销售对象的范围，再有针对性地寻找顾客，保证一定范围里潜在顾客的相对集中，从而提高寻找准顾客的效率。

3. 建立潜在顾客档案

为了进一步挖掘顾客和管理顾客，必须建立顾客档案。根据顾客的实际情况及变化，对准顾客按一定的规律进行分类，然后列出重点推销对象和访问线路，使销售工作标准化、程序化、规范化，加强了销售工作的计划性。

4. 要有经常性、随时性寻找准顾客的意识

以上寻找顾客的基本方法，仅仅是我们归纳总结出的有限的若干寻找顾客的方法。在实际工作，寻找顾客的方法是各种各样的，销售人员要注意培养敏锐的观察力和正确判断力，即养成一种随时随地搜寻准顾客的习惯。

6.1.3 寻找潜在顾客的方法

销售人员寻找顾客的方法是多种多样的，其中几个常用的方法包括：逐户走访法、无限连锁介绍法、利用中心人物法、委托助手法、依靠本公司资源法、电信访问法、资料查阅法、成为专家法、贸易展览法、广告开拓法。

1. 逐户访问法

逐户访问法亦称"地毯"式访问法，或贸然访问法、普遍寻找法等。它是指销售人员挨家挨户、贸然直接访问估计可能成为顾客的某些个人或组织，从中寻找自己的顾客。这种方法是最古老的销售方法之一，也是每个销售人员都曾经使用过的最基本的访问销售方法。逐户访问法的理论依据是平均法则。例如，如果过去的经验表明，每走访10个人有1人会购买某产品，那么走100次就会产生10笔交易。

逐步访问有两种不同的方式：一种是毫无选择的一家一户的走访，这种方式的盲目性更大一些；另一种预先找出成交可能性的几家去访问，这种方式找到顾客的可能性较大，有一定的针对性。

逐步访问法的优点是：能够客观地、全面地反映顾客的需求情况。被访问者与顾

客不相识,不会碍于情面而说一些违心的话。同时将有更大的选择余地,可借机进行市场调查,能够锻炼与提高新销售人员的销售技巧和能力。这种方法的缺点在于：因不了解被访问者的需求情况,会做很多无用功,盲目性大。同时因为很多人不愿意被销售人员贸然访问,而容易遭拒绝。

逐户访问法适合于日常生活用品及服务,如小家电、化妆品、保险、家政服务等；也适用于工矿企业对中间商的推销或某些行业的上门推销。此法若能配合其他方法一起使用,开展立体攻势,效果会更良好。

2. 无限连锁介绍法

无限连锁介绍法是指销售人员请求现有顾客、朋友或其他人介绍未来的可能顾客的方法。销售人员可以请他人介绍潜在顾客与自己相识,也可以要求他人推荐一下潜在顾客的名单。此法的理论依据是事物间普遍存在着的相关法则。世界上的一切事物都按一定的形式而与其他事物发生联系,因而事物间都存在着相关关系。这种相关关系有时是明显而紧密的,如同一社交圈子的人、需要同一种原料的企业、生产相同产品的工厂等。有相关关系的个人或组织有时会存在着相同的需求,因此,销售人员找到一个顾客后就可以通过这个顾客找到与之有联系的、可能具有相同需求特点的其他顾客,该方法可能使销售人员的顾客迅速增加。A 顾客介绍 B、C 顾客,而 B、C 顾客又可以介绍更多顾客,如图 6-2 所示。

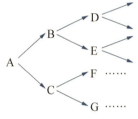

图 6-2　无限连锁介绍法

此法的关键在于销售人员首先要取信第一个顾客,并请求引荐其余的顾客,由其余的第二链节发展更多的顾客,最终形成可无限扩大的"顾客链"。要使"顾客链"长久运转下去,销售人员必须不断地向链传动系统添加"润滑油",以维持各链节之间的正常运转,通过链式的传动使推销品能畅通无阻地进入到客户手中。"润滑油"就是销售人员只有成功地将自己和商品推销给现有顾客,使现有顾客感到满意,赢得现有顾客的信任,才可能取得源源不断的新顾客名单。

此法适合于任何产品的销售,适用性最强。无限连锁介绍法的方式主要有以下两种。

(1) 间接介绍：就是销售人员自己在介绍人的交友范围内寻找新的顾客,销售人员应自己主动去参与介绍人的社交圈,同一社交圈的人可能有某种共同的需求,可能是一类顾客,如果销售人员能成为他们的朋友、熟人,就能消除陌生拜访带来的困难。

(2) 直接介绍：通过现有熟人直接介绍与其有联系的新客户,即由介绍人把自己的熟人或可能的用户介绍给销售人员作为潜在顾客。

无限连锁介绍法的优点是：寻找顾客十分有效,顾客和顾客引荐人是未来的销售的两个最好来源,若有来自顾客的重复购买则会更好。连锁效应可以迅速地扩大客户数量。另外,一般介绍都了解潜在顾客的情况,信息准确详细,使销售更有针对性。由

于有中间人的介绍,不易产生对销售人员的排斥心理,接触气氛良好。

这种方法的缺点是:因介绍人不太愿意增加麻烦,更不愿意因介绍不当而给朋友或熟人带去麻烦,介绍人是否愿意或者尽全力介绍是此方法能否取得良好作用的关键。另外,如果访问失败,给顾客留下不好的印象,不但会牵累介绍人,还有可能一下子失去很多客户。

3. 利用中心人物法

利用中心人物法是指销售人员在特定的销售范围里发展具有影响力的中心人物,利用他们帮助销售人员寻找潜在顾客的办法。此法实际上是无限连锁介绍法的一个特例,介绍人是有一定影响力的中心人物。他们一般都有特殊的地位,能对其他人产生某种形式的影响,还能提供有助于销售人员识别理想潜在顾客的信息。

此法所依据的理论是心理学的光辉效应法则,产品通常由先导者转移到追随者再到普及者。心理学原理认为,人们对于自己心目中享有一定威望的人物是崇拜的,而且更愿意追随,所以这些中心人物的购买与消费行为,会在他的崇拜者心目中形成示范作用与先导效应,从而带动崇拜者的购买与消费行为。

利用中心人物法的优点是:销售人员只需拜访少数中心人物做细致的说服工作,不用到处撒网。同时,由于人们一般都愿意听从专家的意见,利用中心人物的名望与影响力提高销售人员的知名度,更利于成交。此法的缺点是:许多中心人物事务繁忙,难以接近,每个销售人员所认识接触的中心人物有限。若完全依赖此法,容易限制潜在顾客数量的发展。另外,如果选错了消费者心目中的中心人物,有可能弄巧成拙,面临风险,难以获得预期的销售效果。

此法比较适合新产品、高级消费品或为企业创造名望的产品。如新品高级洗发水,只到理发店去销售,利用理发师的推荐,来寻找顾客。此法通常配合其他方法一起使用。

4. 委托助手法

所谓委托助手法,就是销售人员委托有关人员寻找顾客的方法。在西方国家里,有些公司专门雇用一些低级销售人员寻找顾客,以便让那些高级销售人员集中精力从事实际的销售活动。这些低级销售人员往往采用市场调研或提供免费服务等措施,对某些可能性比较大的销售地区发起地毯式访问。一旦发现潜在顾客,立即通知高级销售人员或销售经理安排销售访问,也有一些企业或销售人员专门找特定行业、特定职业的工作人员为其寻找潜在顾客。

委托助手法的优点是:使销售人员能把更多的时间和精力花在有效销售上,而助手又能帮助销售人员不断开辟新区,从深度和广度两个方面来寻找到合格的顾客。同时,避免了陌生拜访的压力,由助手先做铺垫,再引荐给销售人员,利于销售工作的开展。此法的缺点是:一般要选到能很好胜任销售人员工作的助手较困难,他们大多没有经验,未受过训练,因此要找到能胜任此工作的人需花一定的时间精力。另外,寻找顾客的绩效完全取决于助手的能力和相互的合作关系。助手能否毫无保留地将信息全部传递给销售人员,也是要注意的问题。

5. 依靠本公司资源法

依靠本公司资源法是指销售人员利用本企业的内部信息而寻找潜在顾客的方法。许多企业在产品投放前就做过大量的市场调查和潜在顾客的拜访工作,有许多宝贵的资料,销售人员如果能拿到这些记录,就可轻易获得大量潜在顾客的名单。如果企业其他部门的产品与该销售人员的目标顾客相似,其他部门的顾客名单就可以作为该销售人员的潜在顾客名单。此法适用一些大公司、企业,或者有较长历史的企业,而对新创企业就无法利用。

依靠本公司资源法的优点是:顾客名单容易到手,不用花费许多时间、金钱,并且顾客资料详细。另外,一般被询问的人有一定的需求,销售人员的积极响应很容易使他们与公司达成交易。此法的缺点是拓展量有限。如果企业所的销售人员都采用此法,则该企业的业务就无法扩展。没有人愿意去进行陌生拜访和寻找新用户。

6. 电信访问法

电信访问法是指从电话簿、电子邮件列表中选出自己商品最易于销售人员范围,然后一个接一个依次使用电话、传真和电子邮件来访问。这一方法是电信技术发展的结果。例如从电话簿的职业分类中,找出医生或建筑师等特定职业的人,然后通过电话来销售某类商品。使用电话推销时特别要注意的是,必须考虑客户职业或生活的情况,以便选定适于打电话的时间。

电信访问法的优点是节省时间,但缺点在于:因不了解潜在客户的情况,遭到拒绝的可能较大。同时,由于只能使用对话或网上文字的形式来推销,无法在关键的时候利用其他方式来协助推销活动,难以通过观察对方的表情进行推销,所以当销售人员遭到拒绝时,就不会有希望了。

7. 资料查阅法

资料查阅法又称间接市场调查法,即销售人员通过查阅各种现有资料来寻觅顾客的方法。利用他人或机构内已经存在的可提供线索的资料,可以较快地了解到所在区域的市场容量及潜在顾客的构成分布等。通过网络或图书馆,销售人员有可能查找到门类齐全、内容丰富、及时准确的资料,应加以利用。可查阅的资料主要有:各行业调研报告、工商名录、政府统计资料、报纸、杂志、网上专业文章等。

使用此法进行访问时,可根据所获得资料具有的性质来设计销售方式,以加强针对性。例如,可由股东会名册中调查其股份的多少,或是由同乡会名册中了解其出生的环境等,再依据这些信息找出可吸引对方兴趣的话题,销售工作就一定会顺利地进入"接近"阶段。

资料查阅法的优点是:因事先了解客户部门情况,工作可以比较有针对性,较容易拟定销售计划。同时,在充分准备之后,销售人员较容易与顾客接近。此法的缺点在于:资料的时效性不强,新资料有时无法找到,而旧资料又没有利用价值。另外,别的

销售人员也可能利用相同资料来做访问,故销售竞争更加激烈。

8. 成为专家法

所谓成为专家法是使自己成为有影响力的中心人物,销售人员可以通过发表文章、讲课,使客户对自己产生信赖。

尽管作为作者你可能将自己的知识或服务免费送给别人,但是从后期的利益看,是值得花时间做这种努力的。写一些关于销售人员所在领域或行业的文章,送给期刊、贸易杂志和报纸发表。一旦潜在顾客把你看成这个领域的专家,那么在他们准备购买的时候,他们联系的人就相对有针对性。目前许多公司也用此法寻找顾客,如麦肯锡咨询公司。

成为专家法的优点是:经济、高效。写文章、授课的成本比较低,并且顾客主动上门求教,为销售工作扫清了某些障碍。此法的缺点是:不是所有销售人员或企业都如此实力,能成为专家。此法特别适合在某一领域有特殊才能的人或企业。

9. 贸易展览法

贸易展览法是指利用各种贸易展览会或自己举办展览会来寻找顾客的方法。许多销售经理经常参加各贸易展览会,一方面可以接触许多潜在顾客,另一方面又可了解市场信息。销售人员通常也自己销售展览会,邀请新、老客户参加。通常我国由某企业自己举办的销售展览会,都配有各种促销或娱乐活动,以吸引潜在客户参加或回报老客户的支持、配合。

展览和演示经常发生在贸易博览会和其他特殊行业的集会上,企业经常在这样的博览会上出资设一个摊位,再配上一个或几个销售人员。当人们走到摊位前仔细观看产品时,销售人员仅有几分钟的时间去认识潜在顾客,记下名字和地址以便日后与他们在家里或在办公室里接触、做示范。虽然销售人员与买主的接触是短暂的,但这样的集会给销售人员提供在短时间里与大量的潜在买主广泛接触的机会。

贸易展览法的优点是效率很高,能在很短的时间接触到最多潜在顾客。缺点在于:通常费用较高。

10. 广告开拓法

广告开拓法是指销售人员利用各种广告媒介寻找顾客的方法。可以利用各种报纸、杂志等适合自己产品的媒体,在上面刊登产品或企业广告,借以树立公司的形象及提高产品的知名度。让客户由媒体中获悉产品资讯继而进行查询,销售人员借此可开拓出很多潜在的客户。也可以设计出一套完整的直接邮寄广告内容,以邮寄或直接投递的方式将产品信息传达到客户的手中,并取得客户的回复以作为继续拜访的参考。具体形式有邮寄产品目录、顾客意见调查表。

广告开拓法通常用于市场需求量大、覆盖面较广的商品推销。推销走访前首先发动广告攻势,刺激和诱导市场消费需求的产生,在此条件下不失时机地派人推销商品,把"拉引"与"推动"策略结合起来,促使推销效率的提高。通常,推销主体与推销对象之间存在信息的阻隔,运用现代化的传播手段往往使信息传递拓宽,使推销人员与准客户之间的信息沟通在短期内得以完成,缩短了推销时间。此法的优点是能在较短时间内发布大量信息,缺点是单向沟通,有些媒体费用较高。

6.2 顾客资格审查

 什么是销售漏斗理论?

销售漏斗的意义在于,通过直观的图形方式,指出公司的客户资源从潜在客户阶段,发展到意向客户阶段、谈判阶段和成交阶段的比例关系。销售人员可根据不同的业务特点制定阶段任务和接触计划,安排行动日程等,同时可以跟踪销售机会升迁状况和机会接触状况,以便及时了解销售机会状况,以及机会推进状况,及时发现潜在问题。

6.2.1 销售漏斗理论

很多销售管理者经常使用销售漏斗这个图形来表示销售进度,因为它很直观、简洁。如果销售人员选择使用销售漏斗,他就能看见自己在不断打交道的潜在客户、准客户和客户的数目,他还能获知自己的销售活动焦点应指向哪里。

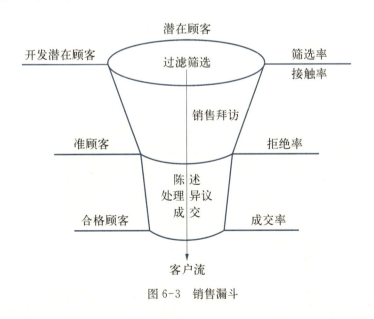

图 6-3　销售漏斗

由图 6-3 可以看出,潜在客户徘徊在漏斗的顶上,等待销售人员将他们推到下一层。因此,销售人员要采取必要步骤将尽可能多的潜在客户变成可能的潜在客户。在漏斗中的第一层的潜在客户(那些对销售人员提出的产品感兴趣的人)经过销售人员的拜访与说服,会更加接近做出购买承诺。漏斗变得越来越窄反映出这样一个事实:很大一部分潜在客户被淘汰掉,即有一定的筛选率。

没有拒绝的潜在客户经过销售人员的大量接触后,一些潜在客户变成了准客户。销售人员应采取必要步骤如销售陈述、处理异议、促成交易等,将这些准客户移下或移出漏斗,使准客户变成真正的客户。漏斗也是变得越来越窄,同样表示有一些准客户从漏斗中分离出去,客户与准客户的比值即为成交率。通过销售人员的持续努力,走出漏斗的最终客户可变成长期的支持者或合作伙伴。

销售漏斗对销售人员的时间安排也同等重要。这个模型确切标出了销售人员需要在哪里花费时间,合理的时间管理必须与合理的"漏斗管理"相一致。

6.2.2 MAN 法则

销售理论常把那些有希望的潜在或可能的顾客作为准顾客。所谓准顾客(prospect customer),是指既可受益于某种产品,同时又有能力购买这种产品的个人或团体。有可能成为准顾客的个人或团体的名称则称为"引子(lead)"或"线索"。当准顾客经过资格审查后,并且符合要求时,我们称之为合格的顾客(qualified prospects)。

顾客资格审查就筛选出合格顾客的过程,也就是销售人员正式推销之前,要判断出真正的推销对象,选择最有可能购买的顾客,避免做无用功。现代销售学认为,作为合格顾客的可以从以下三个方面考虑(即 MAN 法则):

(1) 是否有购买的资金(money);

(2) 是否有购买的决策权(authority);

(3) 是否有购买需求(need)。

具体来说,顾客资格审查的主要内容有以下三个方面。

1. 顾客购买力的审查

顾客购买力就是顾客购买产品时的支付能力。支付能力是判断一个准顾客能否成为目标顾客的首要条件。许多人对产品都有需要,但是只有一定支持能力的需要才能真正成为现实的需求。顾客支持能力可以划分为现有支持能力和潜在支持能力两种形式。当潜在顾客有一定的购买意向并且有潜在的支付能力时,销售人员应该主动协助潜在顾客解决现有支付能力方面的问题,例如,建议顾客用向银行贷款或者分期付款等其他付款方式,促使顾客达成产品交易。

2. 顾客购买决策的审查

有些潜在顾客既有支付能力,也有购买意向,最终却无法达成产品交易,究其原因主要是他没有购买决策权。销售人员在向顾客销售产品时,一定要清楚谁是购买决策者,如果事先不对潜在顾客的购买决策权进行鉴定,就有可能事倍功半。

在消费品市场中,个人是否有购买决策权比较容易确定,而企业集团消费的购买决策权比较难确定。销售员要审查出谁是家庭购买行中起关键作用的决策者,谁是购买产品的倡议者,谁是购买产品的使用者。

对于企业集团消费,审查其购买行为的决策者非常重要,否则就给产品销售带来很大的盲目性。销售人员必须了解团体顾客内部的组织结构、人际关系、决策系统与决策方式,掌握其内部管理者的相对权限,向有决策权的管理者推销产品。

3. 顾客购买需求的审查

顾客需求审查是指销售人员通过对相关资料的分析,判断并确定将来的推销对象是否对销售人员所销售的产品具有真正的需求(包括现实需求和潜在需求)以及需求量大小的活动过程。顾客需求审查的目的就在于选择对推销品有真正需求的准顾客,使推销工作有的放矢,避免盲目性。顾客需求不仅包括顾客客观存在并已认识到的现实需求,而且还包括顾客客观上存在但自己尚未认识到的潜在需求。

估计顾客对推销品存在现实需求和潜在需求的可能性,主要取决于销售人员的销售经验以及对推销品的特征及顾客需求的认识。销售人员应在把握顾客消费行为和消费心理特征的基础上,对顾客的需求进行深入细致的调查研究,分析和把握顾客不使用推销品的真正原因:可能尚未认识到推销品的真正用途;可能是受传统习惯或传统观念的影响;也可能是暂无购买财力;甚至可能是对处于引入期或成长期的新产品了解不多,尚处于等待、观望阶段等。因此,销售人员不应简单地以顾客使用或不使用推销品为标准来审查顾客需求。

经严格的审查以后,如果销售人员确认某顾客不具有购买需求,或者发现自己所销售的产品无益于该顾客,不能适应其实际需要,就不应该向其推销。相反,一旦确认该顾客存在购买产品的可能性与倾向性,自己所销售的产品有益于顾客,有助于解决顾客的某些实际问题,就应该努力去说服、引导顾客购买。

6.2.3　MAN 法则的具体运用

表 6-2　**MAN 法则**

购买能力 (money)	购买决策权 (authority)	需要或需求 (need)
M(有)	A(有)	N(有)
m(无)	a(无)	n(无)

M＋A＋N:理想的销售对象(合格顾客)。

M＋A＋n:运用熟练的销售技术,有成功的希望。

M＋a＋N:可以接触,但应设法找到具有 A 的人。

m＋A＋N:可以接触,需要调查其信用条件、业务状况等给予融资。

m＋A＋n:需长期观察与培养。

m＋a＋N:需长期观察与培养。

M＋a＋n：需长期观察与培养。

m＋a＋n：不是客户，应停止接触。

【案例小链接6-2】　　他们是合格顾客吗？

高娅婷为 ABC 公司推销复印机。ABC 公司的产品多属于中小型机器，在复印机市场上占有一席之地。ABC 复印机的价格属于中档价位，也可办理租赁业务。高娅婷在作下周见面计划，她正在查找文档中的潜在顾客。三位顾客的信息如下：

林立新：华东政法大学毕业十年，最近他的律师事务所在西安挂牌营业，目前主要从事中低收入家庭的法律事务，业务量正不断增加，目前有一名秘书负责所有办公事务。

康华风：在上海某家会计师事务所工作，从业已20年，公司运营良好，公司旗下有10位会计师和3位办公室人员。因已经接近退休年龄，希望减少花在生意上的时间，已逐步移交由两个儿子打理。

卫雅菲：一家家居用品公司的采购部经理，该公司拥有多条生产线、300多名工人生产各类家居用品，销售业绩一直上升。公司已购买了许多大型复印机，现在一些小部门也逐步有了复印的需求。但复印机的采购要由部门负责人决定。但由于对经济不景气的预测，管理层决定减少产量并紧缩开支。

资料来源：本书作者整理

高娅婷如何运用 MAN 法则判断以上顾客是否是合格顾客？

6.2.4　顾客类型划分

通过对线索进行分析判断，审查其是否符合购买条件，合格的线索就成为潜在顾客，即推销访问的主要对象。但每一位潜在顾客购买的概率与数量是不完全相同的，推销人员不可能把时间均衡地分配到每一个顾客身上，也不可能同时对所有潜在顾客进行走访，必然需要将其划分类型，安排好走访的先后顺序。国外通常按照一定的具体标准将潜在顾客进行分级管理，以便使日常推销工作程序化、系统化和计划化，优化推销效果。划分潜在顾客的标准主要有两种。

1. 以潜在顾客购买概率作为分级标准

以潜在顾客购买概念作为分级标准，可以把最有可能的购买者确定为 A 级，有可能的购买者定为 B 级，可能性小的购买者定为 C 级，划分时应具体确定其数量界限。

2. 以购买量作为分级标准

推销人员可以首先根据潜在顾客购买数量将其分为 A、B、C 三个等级，然后对照实际的购买数量再行调整，以便有针对性地"照顾"购买量大者，达到事半功倍的推销效果。

为了准确地划分顾客,经常自我审核以下问题,对确定顾客的类型和级别是帮助的。

(1) 顾客是否正从你这里购买产品? 如果是,这是否就意味着这里增加其购买公司其他产品的机会?

(2) 他是否曾经是你的顾客? 如果是,他为什么要中止购买你的产品? 你是否应该恢复同他的业务关系?

(3) 现有顾客中是否有人也从你的竞争者那里获取产品? 其原因何在?

(4) 潜在顾客具有多大的购买数量?

(5) 潜在顾客的信用等级如何?

还应该注意的是,推销人员应根据自己的特定需要来制定标准;随着推销环境的变化,相应调整分级标准,并依据新标准重新界定潜在顾客的级别;在照顾重点的同时,也不可忽略一般;在分级标准难以准确确定时,应考虑采取区分推销区域的方法。

6.3 接近顾客的准备

互联网时代,接近顾客的方式与过去相比,有何不同?

接近顾客(close to customer)是推销过程中的一个重要环节,它是销售人员为进行销售洽谈与目标客户进行的初步接触。能否成功接近客户,直接关系到整个销售工作的成败。在销售实践中,成功地接近客户,并不一定能带来成功的交易,但成功的交易则是以成功接近客户为先决条件的。

6.3.1 概述

如果不能接近顾客,就无法开展推销活动。接近顾客的准备工作的主旨在于要做到胸有成竹,使下一步接近客户的工作具有较强的针对性,能够有计划有步骤地展开,避免失误。这个阶段所做的潜在顾客背景调查、制定销售访问计划以及精神及物质上的准备等工作,都是为接近顾客和约见顾客提供依据,争取主动高效地完成销售工作。

6.3.2 潜在顾客背景调查

潜在顾客背景调查(background investigation of potential customer)是指为制订访问计划而针对某一特定对象所做的相关调查。在寻找顾客资料审查阶段也可调查潜在顾客的基本情况,但那是对潜在顾客主要情况的了解,其目的主要是为了淘汰没有购买可能的潜在顾客。而制订访问计划仅仅了解有无需求、有无购买力、有无购买决策权还不够,还必须了解来详细的资料。

但是,销售人员必须注意,不能使背景调查的成本过高。如果用于背景调查的时间和精力超过可能获得的利润,背景调查也就失去了意义,除非这种努力能换来多次重复购买。对于不同性质的顾客所进行的背景调查的内容和着重点是不同的。下面介绍对陌生的个体顾客、陌生组织顾客、老顾客进行背景调查的主要内容:

1. 陌生个体顾客的背景调查

这里所指的个体顾客,是指该顾客仅代表个人或家庭,而不代表企业或团体组织。个体顾客的背景调查主要包括以下内容:

(1) 个人基本情况:指姓名、年龄、性别、出生地、文化程度、性格、信仰、居住地、邮政编码、电话号码等。尤其是在爱好和忌讳的有关方面,更应注意尽量投其所好,不要冒犯了顾客。

(2) 家庭及其成员情况:指所属单位、职业、职务、收入情况和家庭成员的价值观念、特殊偏好、购买与消费的参考群体等资料。尤其要调查该家庭最有影响的人物的好恶情况。

(3) 需求内容:指购买的主要动机、需求详细内容和需求特点、需求的排列顺序、可能的购买能力、购买决策权限范围、购买行动规律等。

表 6-3 个体顾客资料卡举例

姓　名		性　别		年　龄	
住　址		邮　编		电　话	
工作单位		职　务		民　族	
家属	姓　名	关　系	年　龄	职　业	备　注
特长爱好					
性　格					
推销方法					
访问记录					
备　注					

2. 陌生组织购买者的背景调查

对陌生组织购买者的背景调查主要包括以下内容：

(1) 组织基本情况：法人全称及简称、所属产业、所有制形式、经营体制、隶属关系、所在地及交通、生产经营规模、成立的时间与演变经历、目前法人代表及主要决策人物的姓名与电话号码、电讯传真号码等。

(2) 组织的组织机构情况：管理风格与水平、组织规章制度、办事程序、主要领导人的作风特点、组织机构及职权范围的划分、人事状态及人际关系等。

(3) 经营及财产情况：近期及远期的组织目标、生产经营规模、生产的具体产品类型、品种与项目数量、生产能力及发挥的水平、设备技术水平及技术改造方向、产品结构调查及执行状况、产品情况及市场反应、市场占有率与增长率、竞争与定价策略等。

(4) 购买行为情况：销售人员要深入了解关于推销对象在购买行为方面的情况。如：推销对象一般情况下由哪些部门发现需求或提出购买申请（通常是使用部门）；由哪个部门与机构对需求进行核准与说明（通常是计划部门）；由哪个部门与机构对需求及购买进行描述以及选择供应厂家（通常是设备或采购部门）；选择的标准是什么；顾客目前有哪几个供应者进行购买；供求双方关系及其发展前景如何等。

(5) 关键部门与关键人物情况：对在组织购买行为与决策中起关键作用的部门与人物，应重点了解有关情况。

表 6-4　组织顾客资料卡举例

单位名称		地　址		邮编、电话	
成立时间		生产规模		职工人数	
经营范围		开户银行		资金信用	
负责人	姓　名		年　龄		职　务	
	性　格		爱　好		性　别	
	住　址		民　族		电　话	
采购人员	姓　名		年　龄		性　别	
	性　格		爱　好		电　话	
	住　址		与我公司往来情况			
使用人员	姓　名		年　龄		性　别	
	性　格		爱　好		电　话	
	住　址		与我公司往来情况			

(续表)

单位名称		地　址		邮编、电话	
访问记录	1				
	2				
	3				
	4				
	5				
备　注					

3. 老顾客的背景调查

对于熟悉的、比较固定的顾客,销售人员亦应该在每次约见前做好背景调查。内容有:

(1) 基本情况的补充:对原有顾客关于顾客的基本情况,如有错、漏、不清楚的情况,应及时给予修正与补充。

(2) 情况变化:销售人员应对原来掌握的情况进行核对落实,如发生变化应及时更正。尤其对企业的性质、经营机制、管理体制、人事、机构的变化,更应加以注意与收集资料。

(3) 对以前购买活动的评价:销售人员应注意关注顾客的评价,一旦有不良评价就应设法了解情况,改进工作,消除不良影响。

对老顾客的背景调查的重点应放在顾客对购买的评价情况方面。

6.3.3　制订销售访问计划

制订销售访问计划有助于销售人员合理安排时间。制订销售访问计划有助于建立信心,它可以帮助销售人员在买卖方之间营造友好的氛围,可以节省时间并常常能增加销售额。优秀销售人员用于准备、开拓新客户和接触交易的时间多,而业绩不佳的销售人员则用于等候面谈和聊天的时间多。有效的销售访问计划包括以下几个方面的内容。

1. 确定访问目标

确定访问目标是非常重要的,销售人员必须有一个明确的访问目标。销售新人尤其不要听信别人告诉你的"销售不过是简单的重复""你下一回做的就是机械性重复上一次做过"等说法。

即使是那些非常老练的销售人员也会经常跳过制定预先访问目标这一步骤,他们只是喜欢盯住任何呈现在他们面前的"机会"。作为一名专业的销售人员,必须及时避免这种情况的发生。每一次销售访问都要事先确定目标,访问结束之后,还要再检查一下所获得的结果是否与预先的目标相吻合。这一点是优秀的职业销售人员务必牢记的一条最简单的真理。

访问目标中要明确接触潜在客户的目的。销售人员可以为这些目的去访问顾客：了解潜在顾客的需求；影响潜在客户的购买行为；向潜在客户介绍有关情况；促使潜在客户作出购买决定等。

2. 访问时间和路线的安排

访问时间可以分为三个部分：一是寻找潜在客户，一是访问潜在客户，最后是访问老客户。其中，访问潜在客户所需时间最多，也最具挑战性。在与现有客户接触之余，销售人员需要挤出时间来与潜在客户保持联系。同时，销售人员应该对访问路线进行安排，以达到在最短的时间内访问到尽可能多的客户。

3. 确定销售策略和模式

销售人员应首先分析要访问的客户，了解客户的购买行为和需求，弄清楚顾客为什么买这种特定产品。这有利于销售人员选定合适的销售模式，如埃达模式、迪伯达模式等，安排好销售展示的行为细则，有针对性地设计展示方法和诉求重点。

4. 制订销售工具清单

销售工具主要指销售人员在销售过程中用来演示的模型、样品以及其他材料，销售人员应该在备好各种销售活动所需要的物品和资料。

表6-5 销售工具一览表

视听器材	产品实体、样品、产品目标、幻灯片、音像制品、图文资料等
宣传器材	广告作品、产品说明书、产品价目表、检验报告、鉴定证书等
签约器材	票据、合同文本、印章
其他器材	笔、计算器、笔记本、单位介绍信、身份证等

5. 评价访问潜在客户的结果

每隔一段时间，销售人员需要冷静地分析一下潜在客户访问工作，看看访问顾客的结果如何，是否达到自己的目标。如果没有，那么应进一步分析制订计划是否有问题，是否按计划进行访问工作，时间安排是否恰当，访问与接近方法是否合格。通过评价自己的访问工作，计划下一步的打算，包括再次接触的时间、方式、途径和洽谈的内容等，销售人员可以对自己的时间和精力进行最有效的利用。

6.4 约见顾客

互联网时代，销售管理的发展呈现出什么样的新趋势？各有什么特点？

约见顾客（appointment customers）是销售人员事先征得顾客同意接洽的活动。约见既是接近准备的延续,又是接近过程的前奏。一般来讲,实质性的推销工作是从约见开始的。在确定了准顾客之后,销售人员便可以接近顾客,进行销售访问。销售人员越来越习惯每天的工作提前做好计划安排,列出时间表。如果"约而不见",拜访对象不但可能会拒绝"不速之客",而且当拜访对象正在处理比较私人的事情时,这种"不约而见"还可能引起拜访对象的极大反感,使事后的"补救"预约难以生效。因此,为了有效地接近访问对象,必须事先进行约见。

6.4.1 约见的内容

约见有助于销售人员更准确地接近顾客,有助于销售人员顺利地开展销售面谈,有助于销售人员全面地进行销售预测,有助于销售人员有效利用销售时间。约见的内容包括以下几个方面。

1. 确定约见对象

约见潜在顾客的首要内容是确定约见对象,从而避免在无权或无关人员身上浪费时间。所谓约见对象(appointment object),指的是对购买行为具有决策权或对购买活动具有重大影响的人。如果推销的是个人用品,约见对象一般容易确定;如果推销的是生产用品,推销人员首选的约见对象则是公司的董事长、总经理、厂长等组织的决策者。

但是,在实际推销工作中,推销人员常常不能直接与约见对象联系。在一些大型工商企业和重要的行政部门,那些有决策的要求为方便工作、减少干扰,通常都配备了专门的接待人员,他们负责接待推销人员在内的各类人员。这样一来,推销人员首先面对的往往是秘书和接待员这样一些通往决策者的路上的"关卡"。推销人员必须设法突破决策者下属设置的障碍,争取接待人员的合作与支持,与之建立较为友好的关系,开始时即使不能直接约见决策者,也要通过接待人员了解到约见决策者的时间和办法,寻找直接约见购买决策人的机会。

2. 确定约见目的

确定约见目的(appointment purpose)是约见重要内容,顾客通常根据你的访问事由决定是否见你。当然,任何销售访问的目的都是为了最终销售产品。但每次访问的目标是不一样的,主要有:① 结识新朋友;② 市场调查;③ 正式推销;④ 提供服务;⑤ 联络感情;⑥ 签订合同;⑦ 收取货款;⑧ 慕名求见或当面请教等。除非销售人员确定知道客户正需要这种产品,通常销售人员不把销售产品作为约见客户的理由,而选择其他事由,这样易于被客户接受。销售人员应该根据自己的实际情况、公司情况、顾客情况,选择最有利的约见事由。

3. 确定约见时间

约见时间安排是否适宜,会影响到约见顾客的效率,甚至推销洽谈的成败。本着服务顾客的原则,在约见时间时,最好由顾客主动安排。顾客可以根据自己的工作日程,安排适当时间约见推销人员,这样既可以节约时间,又可以满足推销人员约见的要求。

在实际推销工作中,并没有一个适合所有约见对象的"标准"约见时间。约见的对象、目的、方式、地点不同,约见的时间也就有所区别。推销人员应根据下列因素来选择最佳约见时间。

(1) 根据约见顾客的特点和约见事由来选择最佳约见时间,尽量考虑顾客的作息时间和活动规律。

(2) 根据约见的目的来选择最佳约见时间,尽量使约见时间有利于达到约见目的。

(3) 根据约见地点和路线来选择最佳约见时间,在与顾客约定时间与地点后,不管有什么困难,做到如约而至,以体现诚意。

(4) 尊重访问对象的意愿,充分留有余地。销售人员应把困难留给自己,把方便让给顾客。考虑到各种难以预见的意外因素的影响,不要连续约定几个不同的顾客,以免因前面的会谈延长而使后面的约会落空。

4. 确定约见地点

约见地点应与约见顾客、约见目的、约见时间和接近方式相适应。选择约见地点的基本原则是方便顾客、有利于推销。选择约见地点时,推销人员应该研究所在区域的销售环境及其变化趋势,全面考虑做出科学决策。可以考虑在顾客工作地点、顾客居住地点、社交场合、公共场所、推销人员工作地点来约见顾客。

6.4.2 约见的方法

1. 信函约见

信函约见(letter appointment)是指推销人员通过信函或电子邮件来约见顾客。随着时代的进步出现了许多新的传递媒体,但多数人认为信函比电话更显得尊重他人一些。

信函通常包括个人书信、会议通知、社交束帖、广告函件等,其中采用个人通信的形式约见顾客的效果为最好。当然,书写个人信函一般要在与对方较熟识的情况下采用,否则,莽撞地给对方寄去个人书信,则有可能产生消极的结果。如碰到并不熟悉的顾客,寄去束帖、会议通知、参观券或广告函则是比较理想的方式。

约见信的主要目的在于引起顾客的注意和兴趣,必要时可以在信里留下一些悬念,让顾客去体会言外之意,但不可故弄玄虚,以免弄巧成拙,贻误大事。

为了提高信函约见的成功率,销售人员在写约见信函时应注意以下几个问题。

(1) 措辞委婉恳切。写信约见顾客,对方能否接受,既要看顾客的需要与购买力,也要看推销人员是否诚恳待人。一封措辞委婉恳切的信函往往能博得顾客的信任与好感,也使对方同意会面。

(2) 内容简单明了。书信应尽可能言简意赅,只要把约见的时间、地点、事由写清即可,切不可长篇大论,不着边际。

(3) 传递的信息要投其所好。约见书信应该以说服顾客为中心,投其所好,以顾客

的利益为主线劝说或建议其接受约见要求。

（4）信函形式要亲切。约见信函要尽可能自己动手书写，而不使用冷冰冰的印刷品，信封上最好不要盖"邮资已付"的标志，要动手贴邮票。

（5）电话追踪。在信函发出一段时间后要打电话联系，询问顾客的想法与意见，把电话约见与信函约见结合起来使用，可大大提高约见效果。

2. 当面约见

当面约见（face to face appointment）是指推销员与顾客面对面约定见面的时间、地点、方式等事宜。这是一种较为理想的约见方式。推销人员可以利用在某些公共场合如展销会、订货会、社交场所、推销途中与顾客的不期而遇等，借机与顾客面约，也可以到顾客的单位、家中去面见顾客。若因顾客忙于事务或一时不能决定，需和有关人士商量之后再作商谈时，推销人员可顺势约定时间再谈。

面约拜访方式具有五大优点：其一，有利于发展双方关系，加深双方感情；其二，有助于推销人员进一步做好拜访准备；其三，面约一般比较可靠，有时约见内容比较复杂，非面约说不清楚；其四，面约还可以防止走漏风声，切实保守商业机密；其五，面约方式也是一种简便易行的约见拜访方法。

当然，面约方式也有一定的局限性：其一，面约有一定的地理局限性；其二，效率不高，即使推销人员完全可以及时面约每一位顾客，作为一种古老的方式，也是低效率的做法；其三，面约虽然简便易行，面释疑点，却容易引起误会；其四，面约一旦被顾客拒绝，就使推销人员当面难堪，造成被动不利的局面，反而不利于下一次的接近和拜访；其五，对于某些无法拜访或接近的销售对象来说，面约方式无用武之地。

3. 电话约见

电话约见（telephone appointment）即通过电话来约见顾客，这是现代推销活动中常用的约见方法，它的优势在于经济便捷，能在短时间内接触更多的潜在顾客，是一种效率极高的约见方式。电话约见，由于顾客是不见其人，只闻其声，所以，推销员的重点应放在"话"上，但要尽量避免透露太多情报。因为电话约见的目的是要约定访问时间，而不是做推销。

电话约见需要注意以下事项：① 要精心设计开场白，激起对方足够的好奇心，使他们有继续交谈的愿望；② 约见事由要充分，用词简明精炼、长话短说；③ 态度要诚恳、口齿清楚、语调亲切。

还需注意的是：电话推销应避开电话高峰和对方忙碌的时间，一般上午 10 时以后和下午较为合适。在大家共享一个办公室或共享一部电话时，应取得大家的相互配合，保持必要的安静。

4. 委托约见

委托约见（entrust appointment）是指推销人员委托第三者约见顾客的一种方法。受托人一般都是与访问对象本人有一定社会关系或社会交往的人，尤其与访问对象关系密切的人员或对其有较大影响的人士最为合适，可以是推销员的同学、老师、同事、亲戚、朋友、上司、同行、秘书、邻居等,也可以是各种中介机构。

委托约见可以借助第三者与推销对象的特殊关系,克服目标顾客对陌生推销人员的戒备心理,取得目标顾客的信任与合作;有利于进一步的推销接近与洽谈。

但是,委托约见也有一定的限制:一是推销员不可能拥有众多的亲朋、熟人;二是自己的好友未必与目标顾客有交情;三是要搭人情,而且环节较多,如果所托之人与自己的关系或与目标顾客的关系较一般,导致顾客对约见的重视程度不够。因此,运用此方法特别要注意真正了解第三者与推销对象的关系。

5. 广告约见

广告约见(ad appointment)是指推销员利用各种广告媒体约见顾客的方式。现代广告媒体主要有广播、电视、报纸、杂志、路牌、招贴、直接邮寄等。利用广告进行约见可以把约见的目的、对象、内容、要求、时间、地点等准确地告诉广告受众。广告约见比较适用于约见顾客较多或约见对象不太具体、明确,或者约见对象姓名、地址不详,在短期内无法找到等情况。

广告约见具有很多优点:一是约见对象较多,覆盖面大;二是能够吸引顾客主动上门约见,并挖掘出大量的潜在客户;三是节省推销时间,提高约见效率;四是可以扩大推销员的影响,树立企业形象等。

广告约见也有一定的局限性:一是针对性较差;二是费用高;三是在广告烟海中,很难引起目标顾客的注意等。

6. 网上约见

网上约见(online appointment)是推销人员利用互联网与顾客在网上进行约见和商谈的一种方式。计算机网络的发展为现代推销提供了快捷的沟通工具,尤其是互联网的迅速发展,不仅为网上推销提供了便利,而且为网上购物、交谈、联络情感提供了可能,尤其是电子信箱(E-mail)的普遍使用,加快了网上约见与洽谈的进程。

网上约见具有快捷、便利、费用低、范围广的优点;不仅可以非常容易地约见国内顾客,而且还为约见国外顾客提供了非常有效的途径。

但网上约见受到推销人员对网络技术和客户的网址或电子信箱等信息的掌握程度等方面的局限。因此,推销人员要学习并掌握有关的网络知识,利用现代化的高科技推销工具开发自己有效的潜能,提高推销的科技含量。

本章小结

销售人员在推销过程,会遇到许多棘手问题,需要解决意想不到的问题,要对付各种拒绝、反驳而形成的窘迫场面。所以,良好的销售准备工作对于销售人员来说是不可缺少的。具体包括:寻找潜在顾客、顾客资格审查和接近顾客的准备工作。

销售过程是指销售人员所采取的一系列程序性行动。这些行动有可能导致客户采取销售人员所预期的销售行为。寻找潜在顾客是销售过程的第一个步骤,潜在顾客是指那些有潜在可能性购买你的产品或者服务的适当的个人或者组织。由于推销是向特定的顾客推销,推销员必须先确定自己的潜在销售对象,然后再开展实际推销工作。

顾客资格审查是筛选出合格顾客的过程,也就是销售人员正式推销之前,要判断出真正的推销对象,选择最有可能购买的顾客,避免做无用功。所谓接近客户的准备,是指销售人员在接近目标客户之前进一步深入了解该顾客的基本情况,设计接近和面谈计划,计划如何开展销售洽谈的过程。

约见是销售人员事先征得顾客同意接洽的活动。约见既是接近准备的延续,又是接近过程的前奏。一般来讲,实质性的推销工作是从约见开始的。在确定了准顾客之后,销售人员便可以接近顾客,进行销售访问。

关键术语(中英对照)

销售过程(sales process)　　　　　　　潜在顾客(potential customer)
准顾客(prospect customer)　　　　　　引子(lead)
合格顾客(qualified prospects)　　　　　接近顾客(close to customer)
潜在顾客背景调查(background investigation of potential customer)
约见顾客(appointment customers)　　　约见对象(appointment object)
约见目的(appointment purpose)　　　　信函约见(letter appointment)
当面约见(face to face appointment)　　电话约见(telephone appointment)
委托约见(entrust appointment)　　　　广告约见(ad appointment)
网上约见(online appointment)

思考题与应用

1. 寻找潜在顾客的原则以及基本方法有哪些?

2. 假设你正着手经营一家销售电脑配件及提供电脑维修服务的公司,你的主要客户是一些中小型公司或家庭,你怎样去寻找客户?如何判别他们是否是你的合格顾客?

3. 寻找到一个你希望到那里工作的公司,然后利用互联网等途径来收集它的情况,最后写一份报告来总结这家公司的以下情况:① 公司历史;② 最近五年的销售情况;③ 客户和市场状况;④ 产品情况;⑤ 公司将来的发展计划。

4. 接触几个你熟悉的销售人员,同他们讨论他们所使用的寻找客户的方法,并且询问他们在策划自己的销售访问中所采取的步骤,针对你的调查结果,完成一份简短的报告,并且准备在课堂上就这些内容进行讨论。

5. 为了测试你对销售工作的看法,请完成下面的练习题,在另外一张纸上写下你的答案。如果你的答案是5,则表明你非常赞成这些观点,如果你的答案是1,则表明你完全不赞成这些观点。如果你的答案是2、3或4,则表明你的观点处于赞成与不赞成之间。

(1) 向潜在顾客销售产品或者服务一点也不低人一等。	1	2	3	4	5
(2) 我会很自豪地告诉我的朋友,销售是我的职业。	1	2	3	4	5
(3) 无论客户的年龄、外表或者举止如何,我都可以以积极的态度与之接触	1	2	3	4	5
(4) 在糟糕的一天,当每件事情都进行得不顺利的时候,我也都能够保持心平气和。	1	2	3	4	5
(5) 我对向客户销售产品很热心,觉得很有成就感。	1	2	3	4	5
(6) 当遇到客户拒绝的时候,我不会有负面反应。	1	2	3	4	5
(7) 销售产品对我来说,是一种巨大挑战。	1	2	3	4	5
(8) 我考虑将销售作为自己的长期职业。	1	2	3	4	5
(9) 对我来说,接触陌生人(客户)是一件很有趣的事情,而且我很乐于干这件事。	1	2	3	4	5
(10) 我经常能够从客户身上发现积极的信息。	1	2	3	4	5

把各项得分加到一起,如果总分超过 40 分,则表明你对销售作为自己的职业有一个非常好的态度。如果你的得分在 24~40,则表明你还有很大的销售潜力可以发掘。如果你的得分低于 25 分,则表明你对销售工作的认识有待调整。

6. 机械设备销售人员小张准备到某公司进行销售,试列出一份接近顾客的准备工作目录及其具体内容。

7. 你刚刚得到一份工作,替一家杂志社推销广告版面,针对如何寻找潜在顾客,请给一些具体建议。

营销实战案例

飞 鸟 健 身

李梅是营销系大三学生,她刚刚接受了一份飞鸟健身的暑期兼职销售的工作,她第一次参加销售会议,销售经理王健在会上介绍公司相关情况,并布置了对销售人员的工作要求:我公司自 1999 年在上海开设第一家大型综合会所以来,发展迅速,目前飞鸟健身的连锁会所已设置在上海各区的大型生活住宅密集区域。各会所内拥有先进的健身器材、动感单车房。有氧拉丁、自由搏击、瑜伽、形体芭蕾、健美操等都有专业教练授课,会所环境优雅,另有咖啡厅、桑拿浴室等配套设施。目前全市各类健身中心的质量参差不齐,但健康的生活来自科学、专业的指导,因此,公司一直本着"专业、舒适"的宗旨,尽其所能地为每一位会员提供优质服务。

你们的工作是销售本公司各类健身会员卡,由于会员卡可在全市飞鸟健身会所通用,因此你们可根据自己的情况来确定销售区域以及目标客户。会员年卡费用是2 500元/年/人,双人卡为4 600元/年,半年卡为1 300元/张、季度卡700元/张。会员可享受会所内的所有健身服务,并有健身教练个性化的专业指导,无需交纳其他费用。这个价格在业内属于中等水平,不过有些社区有自己的健身房,虽然设施不全,条件简陋,且无教练的专业指导,但价格较低,退休老人和一部分年轻人很喜欢光顾。另外,你们的薪酬由固定底薪+提成组成,提成主要是看销售业绩大小。如果销售人员随意打折或顾客投诉销售人员进行了不实宣传与承诺,查证后属实者将受到惩罚。你们工作时可以使用公司电话、网络、电脑等办公工具以方便联系客户。

资料来源:根据真实案例整理

讨论题

1. 飞鸟健身的目标顾客群是怎样的?

2. 如果你是李梅,将准备通过哪些方式寻找这些目标顾客?请说明它们的优缺点。

3. 请结合你所选定的目标顾客群的具体需求,向他/她介绍飞鸟健身会所的特征、优点与利益。

案例点评

案例分析所涉及的知识点:(1)营销战略——市场细分、目标市场的选择、市场定位;(2)销售准备——寻找潜在顾客、顾客资格审查(MAN法则);(3)销售基本理论——费比模式的实际运用。

(扫一扫)

寻找潜在顾客主要目的是根据自己所推销商品的特征,提出成为潜在顾客必须具备的基本条件。同时,通过各种线索寻找并确定出符合这些基本条件的顾客。飞鸟健身的目标顾客群必须满足三个条件:有一定的购买能力;有健身的需求;有购买决策权。

 参考文献

1. 欧阳小珍主编,《销售管理》,武汉大学出版社,2003年

2. 刘志超主编,《现代推销学》,广东高等教育出版社,2004年

3. 吴健安、王旭等编著,《现代推销学》,东北财经大学出版社,2001年

4. 查尔斯·M·弗特勒著,殷戬弘等译,《销售ABC(第6版)》,企业管理出版社,2005年

5. 罗纳德·B·马克斯著,郭毅、江林、徐蔚琴等译,《人员推销(第6版)》,中国人民大学出版社,2002年

6. 熊银解主编,《销售管理》,高等教育出版社,2002 年
7. 陈新武、龚士林主编,《推销实训教程》,华中科技大学出版社,2006 年
8. 杭忠东、高云龙主编,《优秀推销员实用教程》,社会科学文献出版社,2006 年
9. 梁敬贤主编,《推销理论与技巧》,机械工业出版社,2005 年
10. 卢晶主编,《推销理论与技巧》,清华大学出版社,2015 年
11. 张海霞主编,《现代推销技术》,中国金融出版社,2014 年

第7章 接近顾客与销售展示

 本章知识结构图

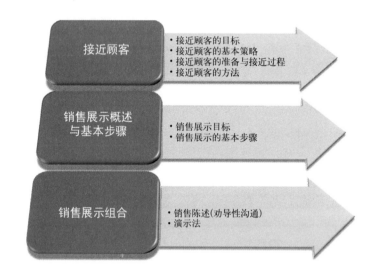

- 接近顾客
  - 接近顾客的目标
  - 接近顾客的基本策略
  - 接近顾客的准备与接近过程
  - 接近顾客的方法
- 销售展示概述与基本步骤
  - 销售展示目标
  - 销售展示的基本步骤
- 销售展示组合
  - 销售陈述(劝导性沟通)
  - 演示法

 学习目标

本章学习要点：
1. 正确认识接近顾客的任务与策略
2. 了解接近顾客的各类方法
3. 掌握销售展示的基本步骤
4. 掌握销售陈述的四种方法以及各自的适用情况
5. 理解非语言演示法的含义以及具体内容

引导案例　　　解密华人首富李嘉诚：如何从推销员到商业奇才？

（扫一扫观看视频）

视频案例名称：解密华人首富李嘉诚：如何从推销员到商业奇才？

网址：http：//tv.cntv.cn/video/C33859/541d3419441e4f669cc9eb7284855302

　　李嘉诚在中国可谓家喻户晓，首富几乎成了他的名片。他发家的历程更是充满艰辛，父亲早年病逝，为了养活母亲和三个弟妹，李嘉诚被迫辍学走上社会谋生。李嘉诚从一间玩具制造公司的推销员做起，他采用别出心裁的直销方法加上他强大的进取心，很快取得了卓越的成绩，两年后就用平时省吃俭用积蓄的7 000美元创办了自己的塑胶厂，他将它命名为"长江塑胶厂"。从一无所有到稳固的财富帝国，李嘉诚在做事、做人上的哲学都值得借鉴。观看视频并查阅相关资料，了解李嘉诚的销售员经历对他后来创业有所帮助？他有哪些销售心得与技巧值得学习？

　　当销售人员已经寻找到合格的顾客后，并且做好了销售的准备工作，就要想尽办法去接近顾客。接受一个陌生人对一般人来说都是比较困难的，尤其是当你带着推销的目的去接近的时候，接近顾客是整个销售过程的最难点。能否成功接近顾客，直接关系到整个推销工作，本章将对接近顾客和销售展示的方法、技巧展开研究。

7.1　接近顾客

何谓接近顾客？它主要包括哪些方法？

　　所谓接近顾客（close to customer），是指实质性洽谈之前，销售人员与顾客见面并互相了解的过程。在这一阶段，销售人员的主要任务是根据已经掌握的顾客资料和接近顾客时的具体情况，灵活地运用各种接近顾客的技巧，与顾客建立一种融洽的关系，以利于顺利进入销售洽谈阶段，取得销售的成功。接近顾客是销售洽谈的前奏，是销售人员给准顾客第一印象的关键时机，是能否引起准顾客注意，进而对推销品产生兴趣的重要阶段。

7.1.1　接近顾客的目标

　　销售人员进行销售准备、约见及接近等工作，其最终目标都是成交。但由于对不同的顾客的熟悉和了解程度不同，销售人员不可能使每次接近都能成交。因此，接近顾客需要逐步推进，应分别根据顾客的情况达成不同的目标，无论采用何种接近成交技术，

第7章　接近顾客与销售展示

销售接近都包括以下四个层次的目标。

1. 验证事先所得信息

经过寻找与评估阶段和制定洽谈计划阶段,销售人员掌握了一些顾客的各种信息,并据此准备了相应的销售方法。但是,信息是否全面、准确、有效,还需要验证。销售人员应利用实际接触顾客最初的时间,运用观察、提问、倾听等方法,验证事先收集的信息是否准确。如果发现原有的信息错误,应迅速改正,同时要及时修正根据原有信息所制定的销售方法。

2. 引起顾客的注意

在接近阶段,许多顾客的注意力由于种种原因往往分散于不同事物之中。对于这类顾客,是很难开展有效的说服工作的。因此,销售人员必须在洽谈一开始设法使其注意力集中于洽谈过程。能否吸引顾客的注意力,是决定推销洽谈能否深入进行下去的关键所在。能否引起顾客的注意,取决于多种因素。销售人员必须重视顾客的第一印象。第一印象可以产生"晕轮效应",即顾客对销售人员某一方面的行为印象好坏,会影响到对销售人员其他行为的认识和评价。

3. 培养顾客的兴趣

在实际销售工作中,有些销售人员善于引起顾客的注意,但不善于培养顾客的兴趣。其实从某种角度看,兴趣更重要。如果在引起顾客的注意之后,不能很快使顾客对产品产生兴趣,不仅会使顾客的注意力重新分散,更难于激发顾客的购买欲望。因此,在接近过程中,必须设法尽快培养顾客的兴趣。

4. 顺利转入实质性洽谈

引起顾客的注意和兴趣,并不是接近的最终目标。从销售过程的发展来看,接近主要的任务是引导顾客自然而然地转入实质性洽谈,以便促成交易。如果话题的转换过于突然,可能引起顾客的不安,给实质性洽谈制造障碍。

【资料小链接 7-1】　　服装店店员接近顾客的时机

开一家服装店不但需要一个可以掌控大局的服装店店长,还需要一个能说会道的服装店的导购员。但是很多服装店导购员都会遇到这样的情况,就是顾客对你不理不睬自顾自地挑选,你根本无法接近,这种情况怎么办呢?下面我们就来看看服装店导购员应该怎样接近顾客?

(1) 当与顾客的眼神碰撞时。顾客光临商店或浏览商品过程中与店员目光相对的时候,店员应主动点一下头,说"您好""欢迎光临"之类的话,表示重视顾客。紧接着,若观察顾客眼光游离不定,只是在店里逛来逛去,这类顾客暂时不需要做初步接触,店员应暂退一旁,细心但不过分观察,等待再次打招呼的机会。

(2) 当顾客的目光落在某一商品一段时间时,这时是打招呼的良机。顾客花长时间只看某一商品,说明他对此商品非常感兴趣。此时店员最好能面对面(或45度角)接触顾客,说"请问有什么需要我帮忙的吗?"或"您真有眼光,这衣服是我们今年的新款……看您的肤色、身材,穿这种颜色、款式的衣服,效果一定很好,那边有试衣间,您不妨试穿一下?"

(3) 当顾客抬头看时。顾客注视商品一段时间后,突然抬头的原因有两个:一是不再感兴趣了,想要离去;二是想进一步询问商品事宜。如果是第二种原因,店员应立即与顾客接触,稍加游说,就有可能成功;如果是第一种原因,店员应立即迎上前去,亲切而热诚地说:"这件衣服对于您来讲年龄大了一些,不过这里有一款,我觉得比较适合您的气质,您看……"如此补救,顾客或许会回心转意。

(4) 当顾客主动询问商品事宜时。店员此时应详细展开产品介绍,如"这上衣有红色的吗?""有,除了红色,还有紫色、蓝色、黑色,请问您买红色是要搭什么颜色的裤子呢?"

(5) 当顾客突然在商品前停住脚步时。顾客在店内边走边浏览货架的商品时,突然停下脚步注视某一商品时,是店员打招呼的最好时机。如果顾客找到想要的商品,店员没有及时过去,顾客有可能会走开浏览其他商品。店员留意顾客感兴趣的商品,趁热打铁地介绍商品的特征和优点,才能收到好的效果。

(6) 当顾客进店后,到处打量,像在寻找什么时。此时店员要很快走过去向顾客打招呼:"您好,您需要什么帮助吗?"这样可以帮助顾客节省很多时间和精力,顾客也会因店员的热情而高兴。

(7) 当顾客驻足并开始触摸服装时。如果顾客刚接触商品,店员就开口说话,不仅会吓顾客一跳,还会使顾客误会,"原来他们早在监视我了,真讨厌"或"也许他们认为我买不起,所以才告诉我衣服的价格,哼,我还不看了呢!"此时,店员可以稍等一下,从侧面过去,轻声打招呼,有必要可以给顾客动作上的暗示,或乘机整理一下附近凌乱的商品,然后再借机与顾客搭讪,应视顾客触摸的商品作简短的说明"您好,这是今天刚到的新货……"提升顾客的想象力,刺激顾客的购买欲望。

资料来源:http://www.nz86.com/article/ff808081559ebf300155bf3721880182/

请列举在服装店购物时,曾碰到过导购员有哪些不合适的接近顾客方式?

7.1.2 接近顾客的基本策略

1. 迎合顾客策略

销售人员应以不同的方式、身份去接近不同类型的顾客。依据事前获得的信息或接触瞬间的判断,选择合适的接近方法。销售人员应该改变自己的外在特征和内在特征,扮演顾客乐意接受的角色。销售人员的语言风格、服务仪表、情绪都应随之做出一定的改变。

2. 调整心态策略

在与陌生顾客接近过程中，销售以各种形式表现出的紧张是很普遍的。许多人害怕接近，以种种借口避免接近，这种环境被称为"推销恐惧症"。其实有时候顾客的冷漠和拒绝是多方面原因造成的，应该对顾客充分理解并坦然接受。成功的销售人员应学会放松和专注的技巧，它能让自己设法克服压力。销售人员可以运用"创造性想象"的方法处理紧张的情绪，想象此次拜访可能发生的最好的和最坏的情况，然后做好如何反应的准备。

3. 减轻顾客的心理压力策略

销售人员必须尽快减轻顾客的心理压力。在接近过程中，有一种独特的心理现象，即当销售人员接近时，顾客会产生一种无形的压力，似乎一旦接受销售人员就承担了购买的义务。正是这种心理压力，使一般顾客害怕接近销售人员，冷淡对待或拒绝销售人员的接近。销售人员只要能够减轻或消除顾客的心理压力，就可减少接近顾客的困难，顺利转入后面的展示。

4. 控制时间策略

销售人员必须善于控制接近时间，不失时机地转入正式洽谈。接近的最终目的是为了进一步的洽谈，而不仅仅是引起顾客的注意和兴趣。有些缺乏经验的销售人员，总不好意思谈论自己的销售话题，到顾客要走了还没有开始谈论正题，这种接近效果是不理想的。如何把握时间的长短，销售应视具体情况而定，通常不能太长。

7.1.3　接近顾客的准备与接近过程

加深人与人之间感情的最好方法，就是能找到彼此都感兴趣的话题和嗜好。对于初次接触来说，这显得尤其重要。融洽的气氛会使第一次见面的客户的防范心理减弱许多。以下题材都可作为开场的话题：

（1）气候、季节；
（2）新闻、时事；
（3）衣食住行；
（4）娱乐、爱好；
（5）称赞的话；
（6）办公室的室内陈设；
（7）双方共同认识的某个人；
（8）曾经交往的回忆；
（9）有关行业的利好消息。

同时，一些不宜谈论的话题必须避讳：

（1）政治；
（2）球赛的输赢；

(3) 不景气的市场环境；

(4) 关于公司的负面言论；

(5) 其他客户的资料；

(6) 竞争对手的负面评价。

总之，销售人员的兴趣爱好越广泛，信息量越大，也就越容易与客户有共同话题。虽然有了比较丰富的话题，也找到一个或几个适合的时机，但不同的表达方式会带来不同的效果。有的时候，方法会比内容更加重要。

我们经常听到客户会这样评价一位销售人员："××公司的业务员不错，热情，说话简明扼要，一点儿也不拖泥带水，不像其他销售人员缠着你，没完没了。"可见接近顾客时的沟通方式的重要性。销售人员在接近顾客之前，可以提前练习一下。试想你将遇到的是什么类型的客户？怎样的开场白更适合这位客户？客户可能会提出哪些问题，你又将如何应对？把这些问题和答案搜集并慢慢整理，将会成为宝贵的销售工具。

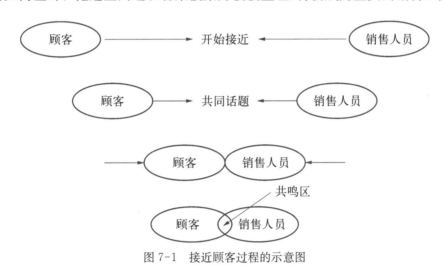

图 7-1 接近顾客过程的示意图

7.1.4 接近顾客的方法

接近顾客的方法很多，大致可分为三类：以陈述说明开始；以演示开始；以询问问题开始，有时这三种方法销售人员可以在适当情况下全部使用。请设想当销售人员进行初次拜访客户时，客户会先默问自己三个问题：① 我应该会见这个人吗？② 我应该听这个人的介绍并同他讨论吗？③ 他的销售陈述里会有什么适合我的需求呢？因此，销售人员需要制订一个接近顾客的可行方案。

1. 陈述说明式接近法

如果计划得当，开场用陈述说明接近顾客是很有效的，尤其是当销售人员在进入潜在顾客办公室之前已经知道了他的需求时。通常陈述接近有四种：介绍式、赞美式、引荐式、馈赠式。

表 7-1 接近顾客的方法

以陈述说明开始	以演示开始	以询问问题开始
■ 介绍式接近法 ■ 赞美式接近法 ■ 引荐式接近法 ■ 馈赠式接近法	■ 产品式接近法 ■ 表演式接近法	■ 询问顾客利益接近法 ■ 激发好奇心式接近法 ■ 震惊式接近法 ■ 征求意见式接近法 ■ 多项询问式接近法

(1) 介绍式接近法。

所谓介绍式接近法（introduce approach），是指销售人员自行介绍而接近潜在顾客的方法。这种方法是最普遍也最缺乏力度的方法，因为它很少能引起潜在顾客的注意力和兴趣。它通常是以介绍销售人员的名字和所在企业开始的。如网上客服人员说"您好亲！欢迎光临泓妮千姿旗舰店！我是客服小罗，很高兴为您服务，您好！"

尽管与潜在顾客第一回见面时必须需要介绍式，但在大多数情况下，应该是和另一种方式结合使用。销售人员除了要进行口头介绍外，有时还要主动出示相关证件。礼貌地递上名片，有利于交谈的继续。网上客服人员还应该采用其他语言与潜在顾客进行交流，以进一步引起好感以介绍产品。如"您好！很高兴为您服务！有什么可以为您效劳的吗？""您好！很高兴为您服务！您刚才说的商品有货。我们现在正在做活动，满 100 元减 5 元，满 200 元减 10 元。"

(2) 赞美式接近法。

所谓赞美式接近法（praised approach），是指销售人员利用顾客喜欢被赞扬的心理来引起顾客注意和兴趣而接近顾客的方法。如果赞扬是诚心诚意的，并且方式得当，那么它可以说是销售会面的有效开始。使此法应该注意寻找合适的赞美点，赞美应该是具体的、实在的优点，如果造成一种虚情假意的印象，就反而弄巧成拙了。当面赞美顾客要表情自然、措辞恰当、眼睛正视对方。网上客服人员要注意语言感情色彩的体现，如"亲！您的眼光真不错！我个人也非常喜欢您选的这款。""亲！您选的这款可是我们店里的经典款，您的眼光是非同一般！"当然，赞美的方式应根据顾客的类型不同而有所改变。

(3) 引荐式接近法。

所谓引荐法接近法（recommended approach）是销售人员利用引荐人的介绍而接近顾客的方法。通常引荐人应该是顾客喜欢或尊敬的人。这种方法的局限性在于几乎没有人能做到想联系哪个潜在顾客就能找到介绍人，即使找到，如果介绍人不合适也没有作用。

(4) 馈赠式接近法。

所谓馈赠式接近法（gift approach），是指销售人员利用赠送物品来接近顾客的方法，因为大多数喜欢接受免费的东西，该法有利于创造融洽的气氛。如京东商城 2017 年情人节 KENT&CURWEN 男装品牌宣传 2 月 14 日当日支付既可获赠贝克汉姆签名 T 恤一件。

2. 演示式接近法

运用演示或戏剧性表演作为接近顾客的方法是十分有效的,因为该法能强烈吸引潜在顾客主动参与到接近中来。主要演示方法有两种:

(1) 产品式接近法。

所谓产品接近法(product approach),是指推销人员直接利用所推销的产品引起顾客的注意和兴趣,从而顺利进入推销面谈的接近方法。由于这种方法是以推销品本身作为接近媒介,因而也称它为实物接近法。

销售人员采用产品接近法,直接把产品、样本、模型摆在顾客面前,让产品作自我推销,给顾客一个亲自摆弄产品的机会,以产品自身的魅力引起顾客的注意和兴趣,既给了顾客多种多样的感官刺激,又满足了顾客深入了解产品的要求,这是产品接近法的最大优点。

通常用此法接近顾客时,要注意:

① 产品本身必须具有一定的吸引力,能够引起客户的注意和兴趣,这样,才能达到接近客户的目的。在客户看来毫无特色、毫无魅力的一般商品,不宜单独使用产品接近法。即使销售员自信产品独特新颖,而且事实上也的确如此,但若客户不能立即认识到这一点,最好还是不要使用产品接近法。

② 产品本身必须精美轻巧,便于销售员访问携带,也便于客户操作。笨重的庞然大物、不便携带的产品不宜使用产品接近法。例如,重型机床销售员、房地产销售员、推土机销售员就不好利用产品接近法。但是,销售员可以利用产品模型、产品图片等作为媒介接近客户。

③ 所销售的必须是有形的实物产品,可以直接作用于客户的感官。看不见摸不着的无形产品或劳务,不能使用产品接近法,如理发、人寿保险、电影入场券等都无法利用产品接近法。

④ 产品本身必须质地优良,经得起客户反复接触,不易损坏或变质。销售员应准备一些专用的接近产品,平时注意加以保养,以免在客户操作时出毛病,影响营销效果。

(2) 表演式接近法。

表演式接近法(performed approach)有时也称戏剧化接近法,是指销售人员利用各种表演活动引起顾客注意从而接近顾客的方法。此法需要销售人员做一些不寻常的事来抓住潜在顾客的注意力和兴趣。这个方法应该小心地操作,要选择有利时机,表演自然,不出现产品质量、性能方面的差错。表演时如果能让潜在顾客参与效果更显著,表演中的道具最好是与销售活动有关的物品,这样更利于顺利转入实质性洽谈。现网上商店和微商多采用专业设计的小视频进行产品使用和功效展示。如戴森吸尘器旗舰店里 V6 origin+五吸头版型号,1 分 52 秒的小视频从灰尘对人体的危害、扫地和拖地的缺点等方面烘托出产品的优势:无绳、吸力强劲、吸除微尘及残屑和 5 款吸头可清洁家中四处等特点。

3. 询问式接近法

询问式接近法(inquired approach)是以询问作为开场白的接近方法,此法有利于销售人员最好地确定潜在顾客的需求。以下介绍了几种基本的询问方法。

(1) 询问顾客利益接近法。

所谓询问顾客利益接近法(ask customer benefit approach),是指销售人员询问的问题要暗示产品能使潜在顾客受益而接近顾客的方法。例如:"您对购买我们联想电脑能节省30%的资金感兴趣吗?""请问您想要补水面膜还是美白面膜?"

询问顾客利益接近法以询问开始,可以同时阐述如何能使顾客受益。当然顾客利益的询问也可转化成受益陈述句,然后问个小问题:"您对做某地一级代理有兴趣吗?"或"如果我们合作,每年能挣500万元,您对此感兴趣吗?"

优点在于:① 符合顾客求利的心理,这种利益接近法迎合了大多数顾客的求利心态,销售人员抓住这一要害问题予以点明,突出了销售重点和产品优势,有助于很快达到接近顾客目的。② 符合商业交易互利互惠的基本原则。顾客购买商品的目的是想通过商品使用价值的实现而从中获得某种利益,而工商企业的销售更是直接以盈利为目的的。

(2) 激发好奇心式接近法。

激发好奇心式接近法(kindle curiosity approach)是指营销人员利用准顾客的好奇心理达到接近顾客之目的的方法。在实际营销工作中,当与准顾客见面之初,营销人员可通过各种巧妙的方法来唤起顾客的好奇心,引起其注意和兴趣,然后从中说出推销产品的利益,转入营销面谈。唤起好奇心的方法多种多样,但营销人员应做到得心应手,运用自如。

好奇心理是人们的一种原始驱动力,在此动力的驱使下,促使人类去探索未知的事物。好奇接近法正是利用顾客的好奇心理,引起顾客对推销人员或推销品的注意和兴趣,从而点明推销品利益,以顺利进入洽谈的接近方法。好奇接近法需要的就是推销员发挥创造性的灵感,制造好奇的问题与事情。

例如,"您知道某某公司上个月的销售业绩为什么会增加吗?"最好所指公司是该公司的竞争对手,这样容易引起顾客的好奇。一位科普书籍推销员见到顾客时说:"这本书可以告诉您,丈夫的寿命与妻子有关。"顾客立即好奇地拿起书来翻阅,从而达到接近的目的。

采用好奇接近法,应该注意下列问题:第一,引起顾客好奇的方式必须与推销活动有关;第二,在认真研究顾客的心理特征的基础上,真正做到出奇制胜;第三,引起顾客好奇的手段必须合情合理,奇妙而不荒诞。

(3) 震惊式接近法。

所谓震惊式接近法(shocked approach)通常是指利用一个旨在使潜在顾客认真考虑和震惊的问题进行接近的方法。例如:

"平均约有90%以上的夫妇,都是丈夫先妻子而逝,您是否打算就这一事实尽早作适当安排?"(人寿保险代理)

"每年的入店行窃使商店老板们损失数百万美元,您知道吗?刚才就在您的店里,您有一个绝好机会可以抓到扒手。"(销售店内的摄像机和反光镜)

通常所用的事实十分震惊,非经销售人员特别提示,常人一般不予关注。有些人虽然知道,却不知如何是好,若销售人员能适时提出解决方案,会收到较好的接近效果。但使用该法时应注意,不要引起顾客巨大的恐惧,销售人员应真实揭示现实问题,启迪人们思考,过分恐吓顾客,容易引起顾客反感。

(4) 征求意见式接近法。

所谓征求意见式接近法(seek advice approach),是指利用求教或调查等征求顾客意见的问题来接近顾客的方法。例如:"听说您在该领域是专家,我刚接手此项工作,您能给予指点吗?""您能不能对我们的打字机提出一些意见呢?"或者直接设计一份调查表让销售人员去调查,减轻顾客认为一见销售人员就买东西的压力,从而利于接近顾客。

销售人员使用此法,潜在顾客常常感受到尊重。如果问法恰当,大多数顾客愿意与你交谈。销售人员尤其要注意认真倾听顾客的意见、想法,因为它表明你重视买方的意见,也表明并不想滔滔不绝地背销售台词,而是向潜在顾客探讨一些专业性的知识,此法尤其适用于新销售人员进行推销。运用该方法时要注意:赞美在先,求教在后;求教在先,推销在后;态度诚恳,语言谦虚。

(5) 多项询问式接近法。

所谓多项询问式接近法是指销售人员利用一系列有明确顺序的问题来接近顾客的方法。这个明确的顺序时:① 询问情境(situation questions);② 询问疑难问题(problem questions);③ 暗示危害,询问实质性问题(implication questions);④ 询问受益(获利)问题(need-payoff questions)。因此,我们也称此法为 SPIN 接近法,它有利于双方轻松、迅速地展开双向交流,使潜在顾客立刻加入销售会谈,很快确定潜在顾客的需要。

多项询问接近法的询问顺序如下:

第一步,询问情境。询问潜在顾客与你产品相关的大致情况。这样可以避免一开始就询问具体问题、疑难问题,可能让潜在顾客感觉不舒服,而不愿谈论后面的话题。用一个轻松的话题开始,有利于融洽气氛。另外,询问相关情况有利于帮助销售人员大致了解潜在顾客的需要。

工业品销售的例子:

戴尔公司的计算机销售人员询问客户的采购经理:"你们公司有多少职员?"

消费品销售的例子:

房地产公司的销售人员问客户:"你家里共有多少人?目前住房的房型是怎样的?"

第二步,询问疑难问题。询问潜在顾客具体的问题、不满之处或困难,当然这个具体问题应该是与前面的相关情况有关的,最好是顾客能觉察到的问题。这个问题的主要目的是及时了解潜在顾客的需要或面临的难题,同时让潜在顾客承认:"是的,我的确有难题。"询问疑难问题应该注意确定潜在顾客的需要或问题哪些是重要的,哪些是不重要的。如果潜在顾客在销售人员询问了相关情况或疑难问题后阐述了具体的需要,也不要径直进入销售展示阶段。继续进行下面的两个步骤,有利于提高成交的可能性。

工业品销售的例子：

戴尔公司的计算机销售人员询问客户的采购经理："你们目前的电脑配置能够完成职员的日常工作吗？"(你可能已经就这个问题事先了解过该公司的情况,目前的电脑配置过低,设备陈旧导致职员的工作效率较低。)

消费品销售的例子：

房地产公司的销售人员问客户："二室一厅目前的确使用很方便,将来小宝宝出生之后,你需要更大的居住空间吗？"

第三步,暗示危害,询问实质性问题。询问潜在顾客存在问题的内在含义是什么,也就是一些浅表性问题对潜在顾客的生活和工作带来的深层次的影响。如果用词恰当,你问及的问题是潜在顾客确定关心的问题,潜在顾客会主动讨论问题或谈论有待改善的地方,而且印象深刻。这样的询问能激励潜在顾客去解决问题。

工业品销售的例子：

戴尔公司的计算机销售人员询问客户的采购经理："这个问题是否意味着职员不能按照公司的规定高效率地完成工作,从而延误与重要客户的及时沟通？"

消费品销售的例子：

房地产公司的销售人员问客户："小宝宝出生之后,长辈要搬过来照顾吗？是否会觉得住房太紧张？"

上述三个步骤中所列举的三种类型的问题不必按顺序进行提问,同时,对于每种类型的问题,你也可以不只提一个问题。比如说,你一般会先开始提几个背景问题,然后紧跟提疑难问题。当然你也可以先提背景问题,再提疑难问题,最后再提另外一些背景问题,但是询问受益(获利)问题往往要在最后才提出。

第四步,询问受益(获利)问题。询问潜在顾客是否有重大、清晰的需求,但要注意用 SPIN 法时,应用潜在顾客自己确定需求。

工业品销售的例子：

戴尔公司的计算机销售人员询问客户的采购经理："有一种解决方案能提高职员的工作并且耗材成本比你目前用的产品要低三分之一,你有兴趣吗？"

消费品销售的例子：

房地产公司的销售人员问客户："如果我向您介绍一套新房型,三室一厅,建筑面积较你目前的住房增加10%左右,但房屋总价与你目前的住房差价在5%左右,它将解决你未来的住房紧张的问题,你有兴趣了解吗？"

如果潜在顾客对需求问题给予肯定的回答,你就明白这个需求很重要,你可以重复 P—I—N 步骤,以便充分发掘潜在顾客的所有重要的需求。如果回答是否定的,说明这个需求不重要。这时,销售人员就应该就新的方面重新开始 P—I—N 步骤,直到确定出重要的需求。

【案例小链接 7-2】　　运用多项式询问式接近法销售新型微波炉

产品特征：

（1）安装红外线传感器监测食品温度；

（2）装有红外线加热器加热食物。

产品优点：

（1）与传统的重量传感器和湿度传感器相比，测定温度更准确。（传统传感器通过食品加热后散发出来的水蒸气的重量进行测量，但存在较大的误差。）

（2）上下左右均布置远近红外线加热器和摇摆式加热器。（传统微波炉仅仅设置固定加热器）

产品利益：

（1）通过测定进入传感器视野食物的红外线量，检测出食物表面的温度，并可以预先设定所需的温度，进行定温度烹调，加大了烹调中的灵活度，获得满意的烹饪效果。

（2）加热器均可分别控制，以调节火力，因此可以用多种方式制作各种食品。如：用辐射加热的双层烤盘同时制作各种菜肴，烤制点心和面包等；用双面烧烤烤架烧烤鱼、肉等，不需要翻个儿，就可以完成理想火候的烧烤。

所针对的顾客类型：工作与生活需要兼顾的都市白领，多项式询问式接近法的具体应用：

（1）询问情境（situation questions）

目的：询问相关问题，以轻松话题开始，建立融洽气氛。

"您喜欢烹饪吗？""您平常的工作忙吗？""您和家人外出吃饭次数多吗？"

（2）询问疑难问题（problem questions）

目的：及时了解潜在顾客的需要或面临的难题，并让顾客承认该难题。

"您有很多时间花在做饭上吗？""您目前的微波炉使用状况如何？""用您目前的微波炉，是否有时无法确定加热食物的温度？是否出现食物受热不均匀的现象？"

让顾客意识到：① 家常菜虽然好吃，但需要花费很多时间与精力；② 传统微波炉目前利用率很低，仅仅用做加热食物；③ 传统微波炉使用不方便。

（3）暗示危害，询问实质性问题（implication questions）

目的：分析该疑难问题对顾客所带来的不利影响，以激励顾客主动去解决该疑难问题。

"您是否一方面抱怨采用传统烹饪方式费时费力，而另一方面，却觉得微波炉对做饭没有什么实际帮助？""您是否因为觉得做饭太累，而更多地选择外出就餐？"

让顾客意识到：① 因为没有充分利用微波炉，使得做饭变得辛苦；② 如果选择外出就餐，食品的营养、安全、卫生将无法保证。

（4）询问受益（获利）问题（need-payoff questions）

目的：让顾客自己明确这方面的需求。

"您对既能帮助您节约时间,同时又为您的家人做出营养美味饭菜的新型微波炉感兴趣吗?"

如果顾客给予肯定回答,则接下来进入销售展示阶段。

资料来源:陈新武、龚士林,《推销实训教程》,华中科技大学出版社,2006年

请列举一个产品,说明如何运用多项式询问式接近法进行销售?

7.2 销售展示概述与基本步骤

 销售人员在实际销售中如何正确进行销售展示?

销售人员成功地接近顾客之后,就应该迅速转入销售展示阶段。这一阶段在全部销售过程中占有十分重要的位置。只有成功地让顾客信服,才能最后达成交易。销售展示是指销售人员利用语言陈述、可视辅助手段和各种方式,向顾客传递销售信息,并说服顾客购买的过程。

7.2.1 销售展示目标

销售展示是接近顾客的继续,目的是为了通过对产品的特性、优点、利益的介绍,对市场营销计划和商业建议书的说明来向顾客提供必要的信息,使得顾客能够对你的产品形成一个肯定的个人信念。这种信念将导致顾客对产品产生购买欲望。作为一名销售人员,你的工作就是说服潜在顾客对你的产品从需求转化为购买欲望,进而形成一种态度。这种态度就是顾客认为你的产品是满足其需求的最佳产品。换而言之,你必须说服顾客使他们相信,不仅你的产品是最佳的,而且你也是产品的最佳供应商。到了这一步,你的潜在客户已经进入到购买心理过程的信服阶段。这个过程如图7-2所示。

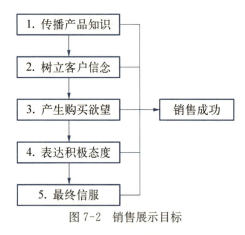

图7-2 销售展示目标

7.2.2 销售展示的基本步骤

销售展示基本遵循以下四个步骤。

步骤一:同潜在客户全面讨论你的产品特性、优点和利益,告诉客户相关信息。通

过此步骤要弄清楚客户购买该产品的原因是什么？客户购买产品的原因就是产品的利益能够满足客户的某种需求，或者能够解决客户某种实际问题。

步骤二：展示市场营销计划。对于批发商和零售商来说，市场营销计划应该包括：一旦他们购买了该产品，他们如何能够将产品销售给他们自己的客户。有效的市场营销计划应该包括如下建议：建议他们应该如何通过展示、广告、适当的货架结构和布置以及定价手段来销售该产品。

对于最终使用者来说，市场营销计划主要包括：向他们提出如何使用该产品的建议，以及如何更好地同现存设备匹配。

表 7-2　销售展示中的市场营销计划实例

批发商与零售商	最终用户
1. 广告 　（1）类型：电视/电台/信函/网络 　（2）地域：全国/地区/本地 2. 销售促进 　（1）比赛、抽奖、奖券 　（2）奖金与礼品 　（3）以旧换新 　（4）搭配商品 　（5）演示 　（6）会展或产品推介会 3. 销售人员 　是否派本公司的销售人员帮助他们销售？	1. 利益 2. 交货日期 3. 质保书 4. 安装 　（1）谁来安装？ 　（2）什么时间安装？ 5. 维修/服务 6. 使用培训 7. 保修单

步骤三：解释商业建议书。这一步会将你的产品价值同它的价格联系在一起，告诉顾客购买你的产品比买其他产品更合算。

表 7-3　销售展示中的商业建议书实例

批发商与零售商	最终用户
1. 价目单 2. 运输成本 3. 折扣 　（1）现金折扣 　（2）数量折扣 　（3）季节折扣 　（4）功能折扣 　（5）价格折让 4. 加价幅度 5. 利润	1. 价目单 2. 运输成本 3. 折扣 　（1）现金折扣 　（2）数量折扣 4. 财务 　（1）付款计划 　（2）利率 5. 投资回报率 6. 价值分析

步骤四：基于对客户实际需求的了解，制定出一份建议采购单。适当地表述你对你的客户需求的分析，展示你的产品具体如何满足顾客的需求。建议采购单包括：采购的具体型号、采购数量、采购频率、送货周期等具体细节。

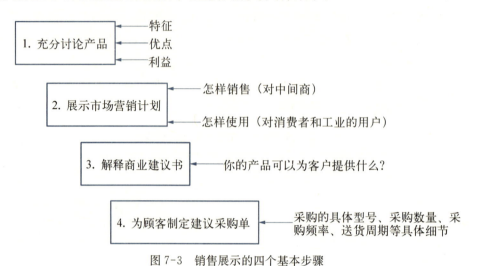

图 7-3　销售展示的四个基本步骤

例如，一家食品公司为饭店和食品零售连锁商品开发了一种新型糕点，销售人员与客户沟通时，展现出一幅这种新产品是如何满足潜在客户需求的生动画面，以下是销售展示三个步骤的具体运用。

表 7-4　销售展示的基本步骤的具体运用

特　征	优　点	利　益
步骤一：充分讨论产品		
1. 传统"农家"配方，维生素A、B、C、D含量高；不含防腐剂 2. 使用者只需添加水，搅拌均匀，即可进行烹调	1. 味道鲜美、质地疏松、重量轻、营养丰富 2. 制作快速，容易制作	1. 提供健康食品，增加了早餐的选择 2. 很少的厨房作业时间和很小的劳动强度
步骤二：展示市场营销计划		
3. 每周及时供货 4. 在当地设分销中心 5. 有经验的销售代表负责为客户提供服务	3. 不需要大批量储存，或者按照需要情况储存 4. 具有灵活的生产能力，可以迅速填写额外的订单 5. 优质的服务在食品行业内广为人知	3. 需要很少的存货空间，保持较低的库存成本 4. 可以根据不断变化的客户需求进行灵活调整，避免脱销情况的发生 5. 为客户及时地解决问题
步骤三：解释商业建议书		
6. 数量打折 7. 延期支付计划	6. 折扣幅度较竞争对手大 7. 延期支付周期长	6. 增加客户的利润 7. 增加客户的利润
步骤四：为顾客制定建议采购单（略）		

【资料小链接 7-3】　　　　B2C 网站客服销售沟通技巧

在互联网高速发展的今天,网上销售已经在不断改变着人们的生活方式与常规的经营方法,网络贸易的崛起是一种必然的趋势,但是网上交易的沟通却显得更加艰难。为了更好地实现销售目的,B2C 网站客服销售沟通的技巧有以下方面。

1. 做好基础准备,主动提供完备的产品信息

网站上的产品仅提供单一相关的图片是很不够的,如果在发布产品图片的同时把产品的性能、规格型号、重量、组成部分、配件材料、加工工艺等各项详细在单个产品展示页面上给出,同时给产品每个部分配套图片做一个全面而简洁的介绍,让客户看后一目了然,与客户简单沟通后就会直奔主题谈论价格与成交相关问题。

2. 关于价格解释要有理有据

当消费者质疑价格的时候,客服人员要对价格进行有理有据的解释。最好是利用报价表的形式展现在客户眼前,关键部分提供的报价要针对行业的价格进行分析与对比。只有这样,客户对于产品的优越性,会更加容易地认可并接受。

3. 及时热情的回复

对于客户的疑问回复要及时、热情、具有人情味,让客户觉得在网上买东西也与线下购买没有太大的区别。回复客户时切忌把网络的沟通当成机械的你问我答的沟通,可以加入一些开放性的询问和关怀语言,一句古话"得人心者得天下",网络营销同样如此。

4. 网络沟通时慎用网络语言

网络沟通时要少用网络语言,比如"晕""倒"之类字眼,还有就是一部分表情符,那样容易给客户造成不专业的印象,尽量用文字去表达,充分利用文字的优势去挖掘心灵深处的情感,让对方感觉到你的真诚与实在。

5. 准备好沟通的网络硬件装备

准备好沟通的网络硬件装备:视频与耳麦,在沟通的必要时候最好利用语音来沟通,语音沟通的好处在于及时、准确地传递信息与情感。在每次工作之前要调试好这些设备,以便随时使用。

6. 恰如其分接洽,不要过分热情,不要直白地问"您想要买什么?"

很多消费者不喜欢导购,尤其被直接地问"您想买什么?"。每当消费者遇到如此的"热情接待"时,往往就会全身都不自在,本来想仔细看一看,也变成匆匆扫两眼,赶紧转身逃离了。

7. 善于揣摩客户心理,打消顾虑

网上购物,对商品实物看不见摸不着。如何打消顾客的这种疑虑呢?除了在商品的介绍、图片等方面多下工夫外,与顾客的沟通效果就成了最为关键的一个环节了。首先,让顾客感觉到自己很专业。其次,要防止顾客的负面情绪出现,不论成功与否,要适当地介绍商品,不吹嘘自己或贬低别人,能让人感觉到你的实在和诚实。

8. 永远不要代替买家做决定

买不买东西,是顾客最大的权利,所以代替人家做决定的商家都是非常愚蠢的。网上购物者的心理,除了满足实际的需要之外,获得精神上的成就感和猎奇的满足感也是非常普遍的。

9. 与顾客共鸣

当发现一个新来的顾客已经对你的某样商品感兴趣时,能适时说出对方的感受,能够让顾客觉得自己的眼光得到了认同,这一点也是相当重要的技巧哦。对于顾客,既不能是完全无条件附和,又要能巧妙地让对方觉得"对!我就是这样想的。"这种微妙的表达,能引起顾客对你的商品的共鸣,下面就离成功很近了。

10. 最后的提高:永远比顾客多想一步

要想能长久地顺利发展,永远比顾客多想一步是你一定要努力做到的事情。因为这一点直接体现了商家的专业程度、诚信程度、为顾客着想的程度,以及你重视自己事业的程度。顾客会对你的细心、周到、真诚留下很好的印象。

资料来源:http://www.ebrun.com/online_retail/449.html

请列举一家你所熟悉的 B2C 网站,实际了解其客服销售在与顾客沟通过程的优缺点。

7.3 销售展示组合

销售展示组合具体包括哪些方面?

对于销售展示的四个步骤中的每一步,销售人员都要综合使用多种展示方法。销售展示组合(sales presentation portfolio)是指各种展示方法的有效组合,可分为两大类,一类是语言类展示,即销售陈述(劝导性沟通);另一类是演示法,包括:产品演示、戏剧表演演示、可视辅助工具演示、证明演示、顾客参与演示等手段。通常销售人员对每一种方法要给予何等重视程度,则取决于销售访问目标、顾客情况等因素。

销售展示组合 { **语言类展示**:销售陈述(劝导性沟通)
演示法:产品演示、戏剧表演演示、可视辅助工具演示、证明演示、顾客参与演示等手段

图 7-4 销售展示组合

7.3.1 销售陈述(劝导性沟通)

销售陈述(sales statement)是销售展示的重要手段,主要是用语言去说服顾客。在销售陈述阶段,销售人员可能碰到以下情况。

（1）单个销售人员对单个客户：单个销售人员亲自或者通过电话同某个单独的潜在客户或者顾客讨论问题；

（2）单个销售人员对团体客户：销售人员需要了解尽可能多的购买团体成员的情况；

（3）销售团队对团队客户：公司的销售团队要同客户公司的团体成员密切合作；

（4）研讨会销售：公司的相关团队组织一个教育性质的研讨会，探讨客户公司的实际需求。

销售人员应根据自己对顾客的了解，根据销售拜访目标以及如何使客户受益的计划，选择一种适合的销售陈述方法。对销售人员来说，同每一个客户的接触都代表了一个新的、独特的挑战，因此销售人员需要正确使用不同的销售陈述方法。

1. 销售陈述的结构

销售陈述的结构主要包括：熟记式陈述（背解说词）、公式化陈述（埃达模式、费比模式）、满足需求式陈述（迪伯达模式）、解决问题式陈述。这四种陈述结构的根本不同点在于由销售人员所控制的谈话占双方整个谈话过程的百分比不同，具体比较见表7-5。

表7-5 四种销售陈述结构的比较

销售陈述结构	结构特点	对应的销售模式	销售人员控制时间	销售人员控制强度
熟记式	结构化	背解说词	长	强
公式化	半结构化	埃达、费比	较长	较强
满足需求式	没结构化	迪伯达	较短	较弱
解决问题式	定制	无	短	弱

（1）熟记式陈述（背解说词）。

熟记式陈述是指事先周密计划好的，结构固定的销售陈述方式。在熟记式销售陈述过程中，销售人员背诵事先准备好的产品解说词。销售人员的讲话占80%~90%，只是偶尔允许潜在顾客回答一下事先拟定好的问题，见图7-5。无论面对什么类型的顾客，都使用相同的推销词。整体销售过程中销售控制话题的强度高，比较适合交易式销售方式以及技术难度不高的产品销售。

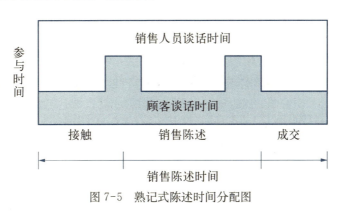

图7-5 熟记式陈述时间分配图

熟记式陈述的优点是：能确保销售按照逻辑顺序介绍给顾客，避免新手推销时的词不达意。缺点是：缺少灵活性和顾客参与太少。

（2）公式化陈述（埃达模式、费比模式）。

公式化陈述主要利用埃达模式或费比模式对顾客进行销售陈述。公式化陈述与熟记式陈述比较相似，不过公式陈述词的内容结构不像熟记式那样固定。使用该法时，销售人员必须了解有关潜在顾客的情况。在进行陈述时，销售人员遵循结构化不强的要点提纲进行陈述，充分利用费比和埃达模式，开场白可以用费比模式介绍产品的特点、优势和利益，然后用各种技巧引导买方发表意见，最后销售人员重新控制话题，处理异议并提出成交要求。

公式化陈述相对熟记式陈述，销售人员控制谈话的时间和强度都稍弱一些，一般在开始阶段控制着谈话。公式化陈述一方面保持了熟记式陈述的主要优点，同时又增加了灵活机动的一面，推销词只有大致的结构，需要销售人员临场发挥与调整，这保证销售陈述的要点都不会被忽略，同时还能营造一种和谐、友好的交流气氛，使买卖双方有合理的时间进行相互交流。公式化陈述的优点在于它更显得自然亲切，顾客可以积极地参与。同时，对销售人员也提出了比较高的要求，要求销售人员必须独立思考。公式化销售陈述在两种情况下是很有效的：一种访问最近购买过本企业产品的顾客，另一种是访问那些对其业务了解很多的潜在顾客。

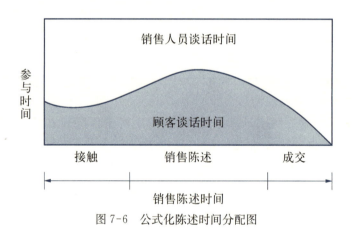

图 7-6　公式化陈述时间分配图

（3）满足需求式陈述（迪伯达模式）。

满足需求式陈述极具创造力和挑战性，它不同于熟记式和公式化销售陈述，它是一种灵活的相互交流式的销售陈述，这种陈述的销售词并不事先设计好。销售人员第一个任务是先提出一个探究性问题，来讨论潜在顾客的需求，如："贵公司需要哪类电脑设备？"然后根据顾客的需求，来确定销售重点。迪伯达模式的第一步就是准确发现顾客的需求，然后才能将顾客的需求与你所推销的产品结合起来，而每一位顾客的需求是不同的，因此，陈述也是千变万化的，没有固定的结构，可与"多项式询问式接近法"配合使用。

在满足需求陈述过程中,通常谈话的前50%～60%的时间(即开发需求阶段)都用在讨论买方的需求上。一旦意识到了潜在顾客的需求(认识需求阶段),销售人员就会重述对方的需求以弄清情况,从而开始控制谈话。销售陈述的最后一个阶段,也就是满足需求阶段,销售人员说明产品将怎样满足双方的共同需要,从而达到成交的目的。

如果想成功运用此方法,销售人员必须主动地与潜在客户打交道,发现并确认他们的需求。在双方实际讨论中,必须找出客户使用产品所能得到的最大利益。

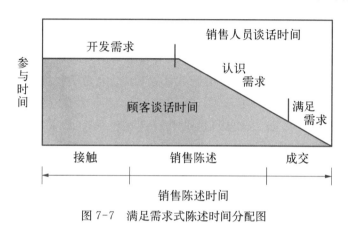

图7-7 满足需求式陈述时间分配图

(4) 解决问题式陈述。

解决问题式陈述是销售人员争取与顾客一起分析问题,并提出解决方案的一种陈述方式。这种陈述与满足需求式非常类似,不过解决问题式陈述的准备更充分,对潜在顾客的了解更细致、更全面。利用此法时,销售人员通常需要进行几次销售访问,进行潜在顾客需要情况的详细分析,然后制定解决问题的方案。它理论基础是:买卖双方如果很好地合作,就能真正实现双赢!销售方通过不断挖掘并满足购买方的真实需求而获利。主要包括以下六个步骤:

① 说服潜在顾客允许销售人员进行分析(必须让顾客意识到目前可能存在某些问题)。

② 进行真正的分析(用真实的数据定性地告知顾客可能存在的问题类型或后果)。

③ 就存在什么样的问题达成一致意见,确定购买方想解决的问题(准确描述该问题)。

④ 准备解决潜在顾客需求的建议(与顾客协商解决该问题的办法,进行定量分析)。

⑤ 根据分析和建议准备销售陈述。

⑥ 进行销售陈述(运用销售技巧告知产品的特征、优点和利益等)。

前三个阶段的目的在于:与顾客一起明确需求,即存在何种问题?后三个阶段的目的在于:提供解决方案,并将产品利益融入其中。

销售问题式陈述是一种机动灵活、因人而异的方法,特别适合销售高度复杂或技术性强的产品,如:企业财产保险、工业设备、网络系统等。

2. 销售陈述的技巧

销售陈述主要是用语言来进行劝导性沟通，从而促使顾客购买，因此语言使用的技巧是非常重要的。通常的销售陈述技巧有以下几种。

（1）动意提示。

动意提示是销售人员建议顾客立即采取购买行为的陈述技巧。当一种观念、一种想法与动机在顾客头脑中产生并存在的时候，顾客往往会产生一种行为的冲动。这时，如果销售人员能及时地提示顾客实施购买，效果往往不错。

（2）明星提示。

明星提示是指销售借助一些有名望的人来说服与动员顾客购买产品的技巧。由于明星提示迎合了顾客的求名、求荣等情感购买动机，也因为明星提示法充分地利用一些名人名家的声望，可以消除顾客的疑虑，使销售人员及其产生顾客心中产生明星效应，有力地影响顾客的态度。如："此款红色迪奥唇膏颜色很正，2017春晚上董卿用的就是此款。"但要注意的是，不同的消费者亦有不同的崇拜对象，不被顾客接受的明星反而会给推销带来麻烦。

（3）积极提示。

积极提示是指销售人员用积极的语言或其他积极方式劝说顾客购买所推销产品的技巧。所谓积极的语言与积极的方式可以理解为正面提示、肯定提示、热情的语言、赞美的语言和会产生正面效应的语言等。例如："这种空调保用10年，一切会使您满意，请放心购买！"这是积极提示，一般会产生积极的心理效应，有利于促成交易。如果销售人员从反面提示顾客："这种空调在10年内不会出毛病！"这就是与上述积极提示相对应的消极提示，提示内容也是完全一致的。但是，顾客一听到"毛病"二字，心理就不自在，产生不利于成交的负效应。

当运用积极提示时应注意：坚持正面提示，绝对不用反面的、消极的语言，只用肯定的判断语言。

（4）消极提示。

消极提示包括遗憾提示、反面提示，是指销售人员不是用正面的、积极的提示说服顾客，而是运用消极的、反面的、不愉快的，甚至是反面的语言及方法劝说顾客购买产品的技巧。此法运用"请将不如激将"的道理说服顾客。顾客往往对消极的刺激性词语的反应更为敏感。因此，运用此法有时也可以更有效地刺激顾客，从而更好地促使顾客立即促使顾客立即采取购买行动。例如："小姐，您的气色欠佳，赶快来检测一下，不然要出事的。"

在应用消极提示法时应注意对语言的运用要特别小心，做到揭短而不冒犯顾客，刺激而不得罪顾客，打破顾客心理平衡但又会令顾客恼怒。销售人员应在提示后，立即为顾客提供一个解决的方案，并应令顾客满意。

（5）间接提示。

间接提示是指销售人员运用间接的方法劝说顾客购买产品。例如，可以虚构一个顾客,可以一般化的泛指,而不是直接向顾客进行提示等。由于间接提示可以避免一些不宜直接提出的动机与原因,因而使顾客感到轻松、合理,容易接受销售人员的购买建议。所以,间接提示被广泛地应用。例如,针对一个脸上长青春痘的年轻人,销售人员说:"那些油性皮肤的人,都在使用这种洗面奶。"而不说顾客的油性皮肤导致青春痘。

此法需要注意的问题是:要虚构或泛指一个购买者,不要直接针对面前的顾客进行提示。这可以减轻顾客的心理压力,开展间接推销。尤其是对于一些比较成熟的、自视清高的顾客,使用间接提示效果会更好。

(6) 直接提示。

所谓直接提示是销售直接劝说顾客购买所推销产品的技巧,这是一种被广泛运用的洽谈提示技巧。这要求销售人员接近顾客后立即向顾客介绍产品、陈述产品的优点与特性,然后建议顾客购买。这种方法能节省时间,加快洽谈速度,符合现代人的生活节奏。例如:"这产品能在两个月内使您的血色素增加 2 克!"一位文具销售员说:"本厂出品的各类账册、簿记比其他厂家生产同类产品便宜三成,量大还可优惠。"

直接提示法要抓住重点,推销陈述一开始,销售人员就可以直接提示产品的主要优点,直接提示顾客的主要需求与困难,直接提出解决的途径与方法,直接了解顾客的主要购买动机与想要获得的主要利益。

(7) 逻辑提示。

逻辑提示是指销售人员利用逻辑推理劝说顾客购买的技巧,该技巧符合购买者的理智购买动机。它通过逻辑的力量,促使顾客进行理智思考,从而明确购买的利益与好处。此法主要围绕三个部分而设计:大前提、小前提和结论。下面是一个例子:

① 大前提:所有的生产商都想降低成本提高效率。
② 小前提:我的设备能降低你的成本,提高你的效率。
③ 结论:因此,你应该购买我的设备。

如果完全按这种直来直去的方式进行介绍的话,这个逻辑公式未免太唐突,潜在顾客可能会产生抵触心理。但是,你可以构想一个陈述的框架或要点,用以确定潜在顾客是否对降低成本、提高效率感兴趣。如果感兴趣的话,向对方介绍一下价值分析过程,证明你的产品所提供的利益优于其他产品。利用展示组合的各种要素,以劝导性方式,可以对诸如性能数据、成本、服务以及送货情况进行介绍。在运用逻辑提示时应注意:应针对具有理智购买动机的顾客进行逻辑提示,要针对顾客的生与购买原则进行逻辑提示,掌握适当的逻辑方式,发挥逻辑的巨大作用。

7.3.2 演示法

演示法(demonstration method)是指利用顾客的视觉系统,启发诱导顾客购买产品的方法。一次成功的现场演示比公司的良好声誉更有持久力。销售人员在进行演示

时必须认识到,在顾客心中有一连串的问题,包括:

(1) 我为什么要听你讲?

(2) 这个产品到底是什么?

(3) 它对我有什么好处?

(4) 那又怎么样? 这与我有什么关系?

(5) 还有谁买过?

销售人员应在演示中用实际行为,回答清楚顾客心中的这些疑问。演示法主要有以下几种类型。

1. 产品演示

产品演示(product demonstration)是指利用产品本身来劝说顾客购买的展示方法。产品的形象生动弥补了语言陈述的不足,刺激了顾客的多种感觉器官。产品演示法的展示与前一节讲的产品接近法类似,请参考前一节相关内容。所不同的是产品接近法的目的是为了接近顾客,而产品演示法的目的是说服顾客购买。运用此法时,应注意以下原则:

(1) 事先做好示范计划。示范前要检查所有的设备,以防出现尴尬场面。

(2) 重点考虑产品示范的环境,要有一个整洁、安静的示范场所。

(3) 在示范过程中,应通过提问确保顾客理解每一项产品特征和优势的意义。例如:"这是否能满足您的需要? 您认为这适合您吗? 这对您的工作有意义吗?

(4) 鼓励顾客参与示范的第一步骤,参与其中,有助于吸引和抓住顾客的注意力,尤其是技术产品。

(5) 示范应尽量针对顾客的具体需要,即对他们到底会有什么好处。

2. 戏剧表演演示

戏剧表演演示(demonstration of drama)是指利用惹人注目的、夸张的方式介绍或展示产品的方法。该展示法与前一节的表演式接近法类似,请参考前一节的内容。所不同的是接近所用的戏剧表演时间不能太长,要在短时间内吸引顾客注意,而展示的时间可以稍长,让顾客有时间思考和参与。

3. 可视辅助工具演示

可视辅助工具展示是指利用除了产品本身以外的其他辅助工具来进行展示的方法。这些辅助工具主要有:文字与图片(产品目录、广告、资料、使用说明书等)、光电设备(录像带、DVD等)。使用这些可视辅助工具的原因在于:

(1) 吸引潜在客户的注意力和兴趣。

(2) 产生双向沟通。

(3) 通过参与技巧让潜在顾客参加到销售陈述中来。

(4) 提供对产品更加完整、更加清楚的解释。

(5) 通过从潜在客户那里获得对于产品的特性、优点以及利益的肯定态度,从而增加销售人员的说服力。

4. 证明演示

证明演示是指利用证明材料来进行展示的方法。产品的生产许可证、质量鉴定书、获奖证书等都是证明演示法的好材料,顾客的表扬信、产品消费前后的对比资料和追踪调查统计资料、产品销量证明、企业曾经做的项目清单都可用作为证明材料。应用此法要注意:销售前准备好有针对性的证明资料,一方面是注意收集有关证明资料;另一方面是每次销售前应准备好具有专业水平的、权威性的、足够的证明资料;所有证明资料必须是真实有效的、科学合理的。

5. 顾客参与演示

顾客参与演示是指让顾客参与销售展示方法。通常有四种方法能诱使顾客参与:(1)提问;(2)使用产品;(3)用可视辅助工具吸引(已介绍);(4)参加示范表演。这里我们主要介绍让顾客使用产品和参加示范表演。

使用产品,让潜在顾客亲自使用产品,会给顾客很高的可信度。如:汽车,让顾客亲自试驾;衣服,让顾客摸、穿;食品,让顾客看、闻、尝等。

参加示范表演,让顾客在表演中担当一定角色。使用该法时应注意:让顾客做一些简单但弄糟的机会很小的事情,让顾客参与重要购买动机联系最密切的性能的演示。

在一个成功的演示中,销售人员要使潜在客户做四件事情:首先,要求潜在客户尽量少出现差错地做一些简单的事情;第二,让潜在客户体验产品的一项重要特性;第三,让潜在客户做一些使用该产品经常要重复的事情;第四,通过提问或者你们谈话中的停顿,确定潜在顾客对产品的态度,并让顾客回答问题,为结束销售陈述创造条件。

本章小结

接近是指实质性洽谈之前,销售人员与顾客见面并互相了解的过程。接近顾客是销售洽谈的前奏,是销售人员给准顾客第一印象的关键时机,是能否引起准顾客注意,进而对推销品产生兴趣的重要阶段。

接近顾客的方法很多,大致可分为三类:以陈述说明开始;以演示开始;以询问问题开始,有时这三种方法销售人员可以在适当情况下全部使用。销售人员成功地接近顾客之后,就应该迅速转入销售展示阶段。这一阶段在全部销售过程中占有十分重要的位置。只有成功地让顾客信服,才能最后达成交易。

销售展示是指销售人员利用语言陈述、可视辅助手段和各种方式,向顾客传递销售信息,并说服顾客购买的过程。销售人员需要综合使用多种展示方法,销售展示组合是指各种展示方法的有效组合,可分为两大类:一类是语言类展示,即销售陈述(劝导性沟通);另一类非语言演示法,包括:产品演示、戏剧表演演示、可视辅助工具演示、证明演示、顾客参与演示等手段。通常销售人员对每一种方法要给予何等重视程度,则取决于销售访问目标、顾客情况等因素。

关键术语(中英对照)

接近顾客(close to customer)　　　　介绍式接近法(introduce approach)
赞美式接近法(praised approach)　　引荐法接近法(recommended approach)
馈赠式接近法(gift approach)　　　　产品接近法(product approach)
表演式接近法(performed approach)　询问式接近法(inquired approach)
询问顾客利益接近法(ask customer benefit approach)
激发好奇心式接近法(kindle curiosity approach)
震惊式接近法(shocked approach)　　征求意见式接近法(seek advice approach)
多项询问式接近法(SPIN)　　　　　　销售展示组合(sales presentation portfolio)
销售陈述(sales statement)　　　　　演示法(demonstration method)
产品演示(product demonstration)　　戏剧表演演示(demonstration of drama)

 思考题与应用

1. 接近顾客的任务与基本策略是什么?
2. 请判断以下表述作为销售人员的开场白是否恰当,为什么?
   (1)"我来是为了……"
   (2)"我只是想知道……"
   (3)"我来只是告诉你……"
   (4)"我来只是告诉你……"
   (5)"很抱歉,打搅您了,但是……"
3. 为了正确使用公式化销售陈述,销售人员需要哪些信息?
4. 制定和运用满足需求型陈述要经过哪些步骤?
5. 参观几家你所在社区的零售商店或连锁超市,评价他们所使用的销售产品的演示技术的优缺点,并给出你的合理建议。
6. 接近顾客的角色扮演:三位同学一组,分别扮演销售人员、客户、观察者(观察者要提供观察后的感想),时间限定 30 分钟,每位销售人员都要扮演不同的角色一次,体现初次面见客户时,如何接近顾客以及可能遇到哪些困难?
7. 为什么演示中的戏剧化表演是必要的?销售人员如何在演示中戏剧化?
8. 选择一则电视广告,说明该广告使用下列方法之一:证明演示、可视辅助工具演示、顾客参与演示、戏剧表演演示。
9. 你将要去一家你很感兴趣的公司参加面试,你将如何准备这个面试?在面试最初的几分钟内,如何做才能使得招聘主考官有兴趣进一步了解你?求职面试与销售人员进行初次销售拜访有哪些相同点和不同点?

10. 你认为下面哪种的销售接近方法是最好的,为什么?

(1) 张小姐,在冬天这几个月里,因为行动缓慢,所以您不得不减少原定要完成的繁重的家务清洁工作量,是吗?

(2) 王先生,您一定还记得上次我来拜访您的情景,您比较关注的是:贵公司员工日常性费用比行业平均费用高8%,对吗?

(3) 您好,我是宝洁公司的销售代表李玲,我想同您谈一下我们公司新型去污剂的订货情况,您这里好像还没有订过我们的货。您觉得主要问题在哪里呢?

营销实战案例

案例一 电动车销售

推销员: 布莱德先生,你们的生产厂房可真够大的。有多大呢?

买方: 占地大约50英亩,生产主楼占地几乎25英亩。我们使用六幢楼作为生产厂房。

推销员: 经理办公室离你们厂区多远?看起来好像有2英里。

买方: 看起来像有那么远,不过实际上只有1英里。

推销员: 经理们是怎么到达厂区的?

买方: 他们通过我们的地下通道走过来。如果天气好,有些人就从公路上步行过来。

推销员: 他们到达厂区后,怎么在厂区内视察?

买方: 步行或者搭乘工人在工厂里使用的小型拖拉机。

推销员: 经理们有没有抱怨总是做这些步行?

买方: 一直在抱怨。

推销员: 他们对长距离步行有什么不喜欢的?

买方: 我听到的有从"我的皮鞋都被磨坏了"到"我的心脏起搏器吃不消",主要的抱怨就是花费太多的时间,还有一些上了点年纪的经理们回到办公室已是筋疲力尽了。很多人需要来工厂但却不来。

推销员: 听起来你的经理们有兴趣减少他们来工厂花费的时间和精力。如果这样的话,是不是他们需要来工厂时就愿来,省时省力又节省公司的开销?

买方: 我想是这样的。

推销员: 布莱德先生,你的经理们平均每小时挣多少钱?

买方: 可能30元吧。

推销员: 如果我告诉你如何节省经理们往返工厂的时间,你会有兴趣吗?

买方：当然会的。

思考题

1. 此案例属于哪种销售模式？案例体现了该销售模式的哪些阶段？

2. 销售人员在与顾客接近的过程中，运用了多项询问式接近法，请确定销售人员所提问题的类型。

案例二　销售汰渍洗衣粉

推销员：汉森小姐，你以前说过由于缺乏架位使你不能备存"家庭号"汰渍——虽然你承认你可能会因此丧失一些销售额。如果我们能确定你损失多少，我想你会愿意腾出空间的，是吗？

买主：是的，但是我不清楚应该如何去做？

推销员：我想建议做一个测试——搞一个汰渍所有4个型号的周末陈列销售。

买主：你的意思是……

推销员：我的想法是在没有任何广告支持的情况下，按惯常的上架价格出售所有型号。这就给我们一个纯粹的测试机会。每个型号上6箱，我们可以对比不同型号的销量，从而看出你如果只定期购入小型号，你正在损失什么？我想"家庭号"赚得的额外销售量和利润会使你开始定期备货了。你觉得怎么样？

买主：嗯，也许吧。

推销员：我可以把6箱"家庭号"汰渍填在订购单上吗？

资料来源：欧阳小珍，《销售管理》，武汉大学出版社，2003年

思考题

1. 分析这段对话属于哪种结构的销售陈述？

2. 该段对话中已包括了这种销售陈述结构中哪些步骤？推销员后续还将进行哪些步骤的工作？

案例点评

销售模式是根据销售活动的特点及对顾客购买活动的各阶段的心理演变应采取的策略，归纳出一套程序化的标准销售形式，包括埃达模式、迪伯达模式、费比模式等。

"多项式询问式接近法"注意事项：对每一类型的问题，可以不只提出一个问题；询问受益（获利）问题往往要在最后才提出；如客户对受益（获利）问题回答"不"，表明对于客户来说，这并不是一个重要性需求，需要重复以上步骤。

销售陈述的结构主要包括：熟记式陈述（背解说词）、公式化陈述（埃达模式、费比模式）、满足需求式陈述（迪伯达模式）、解决问题式陈述。这四种陈述结构的根本不同点在于由销售人员所控制的谈话占双方整个谈话过程的百分比不同。

（扫一扫）

参考文献

1. 欧阳小珍主编,《销售管理》,武汉大学出版社,2003年
2. 刘志超主编,《现代推销学》,广东高等教育出版社,2004年
3. 吴健安、王旭等编著,《现代推销学》,东北财经大学出版社,2001年
4. 查尔斯·M·弗特勒著,殷戬弘等译,《销售ABC(第6版)》,企业管理出版社,2005年
5. 罗纳德·B·马克斯著,郭毅、江林、徐蔚琴等译,《人员推销(第6版)》,中国人民大学出版社,2002年
6. 熊银解主编,《销售管理》,高等教育出版社,2002年
7. 陈新武、龚士林主编,《推销实训教程》,华中科技大学出版社,2006年
8. 杭忠东、高云龙主编,《优秀推销员实用教程》,社会科学文献出版社,2006年
9. 梁敬贤主编,《推销理论与技巧》,机械工业出版社,2005
10. 卢晶主编,《推销理论与技巧》,清华大学出版社,2015年
11. 张海霞主编,《现代推销技术》,中国金融出版社,2014年
12. 力言编著,《现代推销技术》,中国农业出版社,2015年

第8章 处理顾客异议与促进成交

 本章知识结构图

 学习目标

本章学习要点：
1. 正确认识顾客异议的含义、原因及类型
2. 了解处理顾客异议与销售过程之间的关系
3. 掌握处理顾客异议的基本原则以及方法
4. 了解成交的主要障碍以及成交时机
5. 掌握促进成交的基本策略与技巧

引导案例　　　　　汽车的消费新逻辑

（扫一扫观看视频）

视频案例名称：对话——汽车的消费新逻辑

网址：http：//tv.cctv.com/2017/01/08/VIDESROMEcp84WW3Xwt3ZzbS170108.shtml？vfm＝bdvtx&frp＝v.baidu.com％2Fshow_intro％2F&bl＝jp_video

中国汽车工业发展已经走过60年头，目前，我国汽车保有量达1.5亿辆，本期《对话》主要围绕如何应对新时代下汽车产业消费市场受到一些影响进行探讨，包括汽车销售、售后环节可能出现的变化和品牌力的提升等。长安汽车总裁朱华荣、吉利汽车集团总裁CEO安聪慧以及奇瑞汽车常务执行副总经理陈安宁，三大自主品牌老总都对自主品牌汽车企业未来的发展充满信心，对现有的4S店和后市场转型也都提出了自己的看法。观看视频，思考在中国汽车行业发展的新环境下，汽车销售人员又将面临怎样的挑战？

前面章节我们探讨了接近顾客、进行销售展示和销售陈述的方法和技巧，事实上，销售人员在从接近顾客、说服顾客到达成交易的这个过程中，不可避免地会遇到顾客的各种异议。任何一个销售人员都必须随时做好心理准备和思想准备，善于分析和正理各种客户异议，努力促使顾客产生购买行为。本章将对如何处理顾客异议和促进成交进行研究。

8.1　顾客异议与销售过程

何谓顾客异议？潜在客户何时提出异议？

在推销活动中，消费者总是处于信息不对称的弱势地位，因此或者对产品心存怀疑；或对价格不满意；或对服务不认可，或故意刁难销售人员。销售人员只有冷静地化解客户的异议，摒除与客户的每一个障碍，最终才能成功地把产品推销出去。据统计，美国百科全书推销员每达成一笔生意要受到179次拒绝。这些都说明正确处理顾客异议的重要性。

8.1.1　顾客异议的概念

顾客异议（customer objection）是指顾客在销售活动中，针对销售人员、销售品、销售活动而提出的各种不同意见或反对意见。几乎所有的交易都包含产生顾客异议,当销售人员与潜在顾客直接接触时,双方既是交易伙伴,同时又因为存在着利益冲突而使各自的选择自由受到限制。买卖双方都希望对方向自己提出的交易条件靠拢,顾客异议就是买方为争取有利的交易条件所做的努力。

顾客异议是成交的前奏与信号,俗话说,"嫌货才是买货人""褒贬是买主,喝彩是闲人"。只有真正的购买者才会注意交易的具体问题,提出异议。顾客异议随时都可能产生,然而,在大多数情况下,潜在客户会允许销售人员先进行销售展示,在销售人员展示的过程中也往往会提出一些问题。没有经验的销售人员往往想在完成销售陈述之后,再等待潜在客户做出反应。而有经验的销售人员则在完成销售展示之后,会利用尝试结束销售陈述的方法来判断潜在客户对自己的态度,然后确定采用什么方法处理顾客异议和结束销售。

【案例小链接 8-1】　　千万别跟顾客争论——销售第一大忌

位于美国纽约自由街 114 号的麦哈尼公司,是一家专门经销石油工业非标准设备的公司。有一次,该公司接受了长岛石油集团公司的一批订单。长岛集团在石油界举足轻重,是麦哈尼公司的重要顾主。麦哈尼公司接受订单后不敢怠慢,抓紧时间把图纸设计好,送到长岛石油集团公司去审核。图纸经石油公司的总工程师批准后,麦哈尼公司开始动工制造。

然而,意外发生了:那位顾主在出席私人宴会时,无意中谈起了这批订货。几位外行人竟然信口雌黄,说什么"设计不合理""价格太贵"七嘴八舌、唧唧喳喳。不负责任的流言,使这位顾主产生"被人欺骗了"的感觉。这位顾主开始时六神无主,继而觉得真有其事,最后竟拍案而起,勃然大怒。他打电话给麦哈尼先生,大发雷霆,把麦哈尼公司臭骂一顿,发誓不接受那批已经开始制造的非标准设备。说完,"啪"的一声把电话挂断。电话那头,麦哈尼先生呆若木鸡。他被骂得丈二金刚,摸不着头脑。他还没来得及转过神,没有申辩一句,顾主就把听筒撂了。

麦哈尼先生从事石油非标准设备制造多年,经验丰富,是一位懂技术的经理。他把蓝图拿来,一一对照仔细检查,看不出半点纰漏。凭经验,他确认设计方案无误,于是就乘车去长岛公司求见那位顾主。在路上,他想,如果我坚持自己是正确的,并指责顾主在技术上错误的认识,那么必将激怒顾主,激化矛盾,使事态变得更加严重。

当麦哈尼先生心情平静地推开顾主办公室的门时,那位顾主立刻从椅子上跳起,一个箭步冲过来,噼里啪啦数落了一顿。他一边龇牙咧嘴,一边挥舞着拳头,气势汹汹地指责麦哈尼公司。在一个失去理智的人面前,麦哈尼先生不气不恼,两眼平静地注视着对方,一言不发。也许是麦哈尼先生不愠不火的态度感染了顾主,使顾主发现自己对一个心平气和的人发火是没有道理的。他突然停止了指责,最后耸耸肩,两手一摊,用平常的声音说了一句："我们不要这批货了,现在你看怎么办?"

麦哈尼公司为这批订货已经投入了 2 万美元。如果对方不要这批货了,重新设计制造,公司就要损失 2 万多美元;如果与对方打官司,就会失去这家重要的顾主。麦哈尼先生心平气和地说:"我愿意按照您的意愿去办这件事。您花了钱,当然应该买到满意合用的东西。"麦哈尼先生只用两句话,就平息了顾主的冲天怒气。他接着开始提问:"可是事情总得有人负责才行。不知这件事该您负责,还是该我负责?"

平静下来的顾主笑着说:"当然得你负责,怎么要让我负责呢?"

"是的。"麦哈尼说,"如果您认为自己是对的,请您给我张蓝图,我们将按图施工。虽然目前我们已经花去两万美元。但我们愿意承担这笔损失。为了使您满意,我们宁愿牺牲两万美元。但是,我请您注意,如果按照您坚持的做法去办,您必须承担责任,如果让我们照着计划执行——我深信这个计划是正确的——我负一切责任!"

麦哈尼先生坚定的神情、谦和的态度、合情合理的谈话,终于使顾主认识到他发脾气是没有道理的。他完全平静下来以后说:"好吧,按原计划执行,上帝保佑你,别出错!"结果当然是麦哈尼先生没有错,按期交货后,顾主又向他们订了两批货。

麦哈尼先生说:"当那位顾主侮辱我,在我面前挥舞拳头,骂我是外行时,我必须具备高度的自制力,绝对不能与他正面冲突。要是我赤裸裸地直接说他错了,两人争辩起来,很可能要打一场官司。那时的结果是:感情和友谊破裂,金钱受到损失,最终失去一位重要的顾主。在商业交往中,我深深相信,与顾客争吵是划不来的。"

资料来源:https://club.1688.com/threadview/47184356.htm

在此次销售沟通过程中,麦哈尼先生的哪些做法值得学习?

8.1.2 顾客异议与销售过程的关系

销售人员在销售活动之前首先要做好各种销售准备工作;然后就是采用合适的方法接近顾客,进行销售展示和销售陈述;再次就是针对销售展示和销售陈述中的潜在客户异议进行有针对性的解决和说服;最后是尝试结束销售陈述和结束销售阶段。

尝试结束销售陈述是询问潜在客户的观点,并不是在要求他们做出购物决定。尝试结束销售是让潜在客户询问销售展示中说过的那些内容并反馈出异议,这些异议通过销售人员的进一步解释而得到解决,进而对产品有了认可和接受。顾客异议与销售过程的关系如图 8-1 所示。

通常情况下,对于潜在客户的提问或者表述的异议,销售人员可以用以下四种方法之一对异议进行准备:

(1) 在销售人员的销售展示完成之后,如果看到潜在客户对尝试结束销售立即做出积极反应,就应当转移到如图 8-1 所示的结束销售阶段。

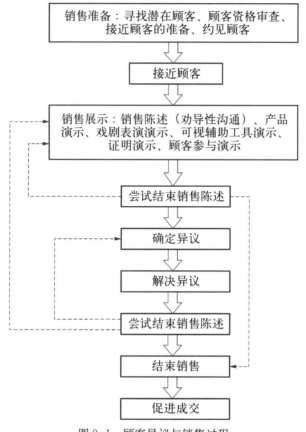

图 8-1　顾客异议与销售过程

（2）如果潜在客户提出了异议，应当理解他们，或澄清他们的异议，或立即对异议做出反应，接着再次尝试结束销售陈述，如果可以肯定的话，就转向结束销售。

（3）在处理异议时，要弄明白他们是否还有别的异议。如果客户还有别的异议，则必须先解决这些异议。

（4）在对异议做出反应，并再次试图尝试结束销售之后，如果发现还是没有排除客户的异议，就应返回到销售展示阶段，进一步讨论与异议有关的产品内容。

因此，在销售人员处理异议时，重要的是需要掌握若干个策略适应当时的情况。彻底理清关键点对成功排解异议有重大作用。

8.2　顾客异议产生的原因与类型

 顾客异议产生的原因有哪些？

顾客产生异议是销售过程中出现的正常现象，销售人员和顾客各自是一个利益主体,当顾客用自己的利益选择标准去衡量销售人员的销售意向时,必然会产生赞同或否定的反应。顾客异议还表明了顾客所疑虑的问题,即成交障碍所在,这就为销售人员提供了销售努力的机会和方向。正确认识客户提出的种种异议及其产生的原因,是有效处理这些异议的前提。销售人员一旦排除了障碍,就会自然地促进成交、完成销售。下面对顾客异议产生的原因与类型进行总结。

8.2.1 顾客异议产生的原因

顾客产生异议的原因是复杂和多样的。顾客提出异议的原因主要三个方面。

1. 顾客希望购买决策正确而对推销活动的关注

作为销售人员,如果你了解潜在顾客的心理,就会发现潜在顾客即使对你所推销的产品真正有兴趣,在购买之前仍然要争论一番,希望被说服或至少确认他们的决定是正确无误的。销售人员遇到顾客提出异议,完全不必惊慌,因为这正说明顾客是在与你进行销售沟通,对你的产品有一定兴趣。事实上,不提出异议的往往是那些没有购买动机或欲望的顾客。

(1) 要求提供更多的信息。

有时潜在顾客好像是提出异议,实际上请求给予更多的信息。潜在顾客可能已处在被激起购买兴趣阶段。他们想要产品,但不相信你的产品最好,或者不相信你是最好的供货商。销售人员可间接提供他需要的信息,如微商可以提供文字、交易的图片等来证明销售产品的质量和企业实力,实体店则可以提供客户使用的反馈让潜在顾客放心购买。

(2) 要求更好条件。

有时潜在顾客的异议是以销售条件的形式出现的,例如他们说:"如果你满足我的要求,我就买!"或者"在某些特定的条件下,我才买你的产品。"或者"你降价10%,我立即下订单!"如果销售人员感觉异议是条件,尽快确定你是否能设法帮助潜在顾客满足它,若不能就礼貌地结束会面。

(3) 难以接受变化。

心理学家认为,反对改变是人类行为中一种很自然的倾向。对许多人来说,长期使用熟悉的方法与产品,比使用新方法与新产品更好、更有效,某些新方法与新产品有时甚至被认为具有恐惧性或缺乏预知性。而销售人员的目标是要改变潜在顾客的行为,所以每一次说服顾客你的商品时,你所扮演的是改变他人行为的角色。当顾客反复考虑时,销售人员应注意重点强调所推销产品与顾客熟悉产品的相似性,先谈顾客熟悉产品的优点,再谈所推销品的更好的优点,强调变化和改变并不太大。

(4) 周围人的压力。

有些顾客害怕丢脸,虽然自己对某一产品或价格等均满意,但害怕自己决策失误,

上当受骗,事后朋友们笑话和指责。还有些顾客虽然自己很有主见,但害怕购买某一产品对周围人产生不良影响,也会犹豫。对这两类顾客异议,销售人员应帮助顾客解决这些忧虑。对前一类顾客应想办法证明你是个把顾客利益放心上的诚实的人,简单的自我展示是必要的。对后一类顾客异议,应先向他周围的人推销,或先让潜在顾客帮助你向他周围的人推销。一旦他周围的人进行购买,潜在顾客就能很快购买。

2. 顾客主观和客观情况的原因

由潜在顾客自身的主观和客观情况而产生异议主要有以下几种。

(1) 顾客的消费偏见和习惯。

顾客的消费偏见和长期的消费习惯会形成对某些东西的抵触和对某类东西的"情有独钟"。这种消费偏见和习惯,很可能带有片面性,可能难以用讲道理的方法加以消除。对这类顾客异议,销售人员应该考虑顾客的情感,巧妙地宣传新的消费观念和消费方式,让顾客接受你的观念才能推销商品。

(2) 顾客未发现问题和需求。

这主要是顾客没有发现自己存在的问题,或未意识到可以用某些办法改进自己的现状。这就需要销售去启发、引导、教育顾客,也就是创造需求。销售人员应用深入浅出的语言,有效地与顾客沟通,并说服顾客。

(3) 顾客无支付能力。

这是属于顾客客观情况方面的异议,对于这种情况销售人员应认真分析,用有效的技术判断顾客的购买能力。

(4) 顾客无购买决策权。

这也属于顾客客观情况方面的异议,顾客没有进行购买的决策权。对这种顾客异议的处理应该参照前面无支付能力异议的办法或请顾客推荐决策人。

(5) 顾客有固定的采购关系。

大多数顾客在长期的生产经营活动中,往往与某些销售人员及其所代表的企业形成比较固定的购销合作关系。当新接触的销售人员不能令顾客相信他会得到更多的利益与更可靠的合作时,顾客是不敢冒险丢掉老关系的。

(6) 顾客的偶然因素。

在推销过程中,会遇到一些来自顾客的因无法预知的原因造成的顾客异议。如顾客的一时心境不良、因人际关系变化而导致问题复杂、因顾客的偏好与销售人员发生对立情绪等,都会导致异议。销售人员在推销过程中应细致观察,及时判断,尽量避开可能会产生异议的时间、地点、情景与环境。必要时立即中断推销,选择适当时候再从头开始。

3. 销售企业的不足

销售企业的不足主要表现在三个方面。

(1) 产品问题。

产品问题异议主要表现在两个方面:一是产品的用途与顾客需求不相符;二是产品质量、功能、品种、价格不适当等。对于第一个原因,如果真实,销售人员应立即停止推销,若是顾客的误解、偏见造成的销售人员应尽量解释清楚。如果是第二个原因,企业应作适当的改进。推销时应该强调产品的实用性及带给顾客的利益,不要过于强调质量。价格的高低都应该有一定的道理,过高和过低都易导致异议。

(2)销售人员问题。

有些销售人员素质不高,也很容易导致顾客异议。如销售人员信誉不佳、礼仪不当、提供的信息不足、销售技巧欠佳等,顾客产生不满是很自然的。对于这种异议,企业应加强销售人员的培训和教育工作,提高本企业销售人员的素质。

(3)企业服务与宣传方面的问题。

顾客愿意与一个信誉良好的企业发生业务关系。如果顾客对某个企业没有一定的了解,或者知道该企业信誉欠佳,顾客则会提出购买异议。对于这类异议,销售企业应注重公共关系,加强企业的服务与宣传工作,销售人员应尽量提供企业的宣传资料。

8.2.2 顾客异议的类型

顾客异议的类型按不同的分类方法有不同类型,主要有两类,每一类有各种不同的异议。

1. 按对购买所起的作用分类

顾客异议的类型,按对顾客所起的作用,主要分为有效异议、无效异议、隐含异议、敷衍异议。

(1)有效异议。

有效异议(valid objection)是指销售人员能够设法解决或回答的异议,并且是顾客的真实异议。例如,顾客对某件商品的价格确实感到有些偏高,因此提出异议,这时销售人员可以从性能、价格比方面给予顾客合理的解释,消除顾客的异议。有效异议又分为主要异议和次要异议。

主要异议是对顾客是否购买起决定性作用的有效异议,不处理好这个异议,顾客就不会购买。如顾客提出:"这东西不好。"这就是有效异议。这时你可以从容地告诉他:"这种产品可能不是太完美,但是价格要比那些高档的优惠很多,而且公司还确保这种产品的质量不会影响您的使用效果。"这样一来,既打消了顾客的疑虑,又以价格优势激励顾客购买。

次要异议是对购买起辅助作用的有效异议,销售人员只需适当注重,无须特别关注。销售人员的工作重点应该放在处理主要的有效异议方面。无论是主要还是次要的有效异议都有实际的异议和心理的异议。实际的异议是顾客的客观情况产生的异议,而心理的异议是顾客的主观意识造成的。

(2)无效异议。

无效异议(invalid objection)是指销售人员不需要处理的异议,无论是否处理此类

表 8-1　实际异议与心理异议举例

实 际 异 议	心 理 异 议
(1) 价格 (2) 产品并不需要 (3) 客户库存中还有你的或你的竞争对手的产品 (4) 销售人员的负面形象	(1) 对资金开销的心理阻力 (2) 抵制受别人主宰 (3) 先入为主的成见 (4) 产品运送的日程安排 (5) 不喜欢做出购买决定

异议对顾客购买都不起任何作用。无效异议分为无关异议和无望异议两种。无关异议是指与销售活动无关的异议。无望异议是指销售人员根本无法解决的异议。例如,一个房地产销售人员,面对刚破产顾客的异议:"我破产了,没有钱买你们的别墅!"或者,某一个顾客说:"昨天我刚买了一套别墅!"

(3) 隐含异议。

隐含异议(hidden objection)是指为了掩盖另一种真实异议而提出的异议。顾客直接提出的异议仅仅是一种"烟雾",并非顾客的真实异议。对于这类异议,销售人员要将顾客的真实异议挖掘出来,然后再进行处理。挖掘顾客的真实异议是件不容易的事,需要一定的技巧。

(4) 敷衍异议。

敷衍异议(perfunctory objection)是指为了打发销售人员离开而提出的异议。如:"让我想想"或者"下次再说吧"。通常他们不谈对某一产品的真实异议,因为他们觉得自己与你无关,他们担心异议会触犯你,或者他们可能认为你的销售访问不值得重视。这时你应该像处理隐含异议一样去挖掘顾客的真实异议。

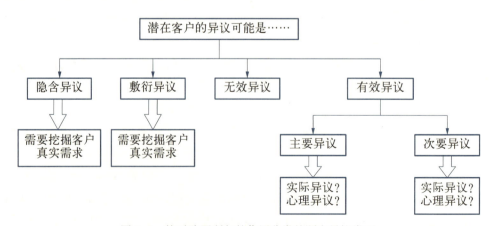

图 8-2　按对购买所起的作用分类的顾客异议类型

2. 按产生的原因分类

顾客异议按产生的原因分类,主要有以下几种。以下异议都有可能是真实的异议,也有可能是非真实的异议,这需要销售人员在不同的销售环境、时间、地点条件下针对不同的客户去判断和挖掘。

(1) 价格异议。

价格异议是指顾客对产品的价格提出的异议,主要是指价格过高。如:"这产品太贵了,我没有那么多钱"或"我想买一种便宜点的型号"以及"我也等降价时再买"。对于客户来说,这些异议在网上更容易说出,尤其在经济衰退的形势下。当顾客提出价格异议,表明他对推销产品有购买意向,只是对产品价格不满意,而进行讨价还价。当然,也不排除以价格高为拒绝的借口。

(2) 产品异议。

产品异议是指顾客认为产品本身不能满足自己的需要而形成的一种反对意见。例如:"我不喜欢这种颜色""这个产品造型太古板""新产品质量都不太稳定",还有对产品的设计、功能、结构、样式、型号等提出异议。产品异议表明顾客对产品有一定的认识,但了解还不够,担心这种产品能否真正满足自己的需要。因此,虽然有比较充分的购买条件,就是不愿意购买。

(3) 货源异议。

货源异议是指顾客自认为不能从销售人员所在的企业购买产品,这涉及客户对目前供货商的忠诚问题,说明客户对销售商品是需要的。比如,"我们有固定的进货渠道"或"我们买国有企业的商品才放心"?

(4) 销售人员异议。

销售人员异议即顾客拒绝接待某一特定销售人员和拒绝购买他所销售的商品。比如:"我要买老王的""不起,请贵公司另派一名营销人员来"等。顾客的这一异议,往往使销售人员感到尴尬,而难以进一步开展商品推销活动。所以,销售人员应该对顾客应以诚相待,与顾客多进行感情交流,做顾客的知心朋友,消除异议,争取顾客的谅解和合作。

(5) 购买时机异议。

购买时机异议是指顾客对购买产品的时机提出的不同看法,如顾客会说:"我想买,但不是现在买!"购买时机异议有时是顾客的一种拖延战术。一些顾客,尤其是一些缺乏经验的人常会拖延时间。他们会说:"让我再想一想,过几天答复你。""我们需要研究研究,有消息联系你。""你得给我时间考虑考虑!""我现在还不能决定。"产生购买时机异议的原因也很多,可能是顾客一时拿不定主意;也可能是顾客一时资金周转有困难;还可能是这位顾客生性优柔寡断,办事没有主心骨。克服购买时机异议必须有耐心,有时不得不等待。

(6) 无需求异议。

无需求异议是指顾客认为自己不需要所销售的产品。如"我不要"或"我已经有很多了"。

8.3 顾客异议的处理

 处理顾客异议有哪些基本方法?

对顾客异议的类型与产生根源进行分析,主要目的是为了有效地处理推销障碍。处理顾客异议的方法的确是多种多样的,因人而异,但有些规律性的原则是销售人员应该掌握的。

8.3.1 处理顾客异议的基本原则

1. 欢迎并倾听顾客异议

顾客异议既是推销的障碍,也是成交的信号。若顾客对产品毫无兴趣,根本不会提出任何异议。如果能及时有效地把握和有效地处理顾客的异议,往往能直接促成交易。认真倾听顾客的异议,一方面是对顾客的尊重,另一方面能够认真分析了解顾客的异议,从而对症下药。

2. 避免争论和冒犯顾客

销售过程本质是一个人际交往的过程。销售人员应该与顾客保持良好的、融洽的关系,使顾客觉得你是他们的助手和顾问,可以向他们提供许多帮助和建议。与顾客争论或冒犯顾客是推销洽谈的大忌,争论往往会使双方不欢而散。一旦争吵,无论谁胜谁负都只能表明推销的失败,我们需要的是一个优秀的销售人员而不是一个辩论家。

3. 预防和扼要处理顾客异议

销售人员针对特定的销售环境,应该能预先了解或意识到某些特定的反对意见,然后在潜在顾客尚未提出时,即领先一步适当地回答,或者先想好答案,等合适的机会再给予回答。对于顾客的异议,销售人员不要夸大,或在某个异议上纠缠太长的时间,简明扼要地回答完异议后,继续你的正常展示或要求成交。有时顾客异议是随口说的,你越对它关注,他越认为确有问题。例如,顾客说:"啊,你店里的装修也太简单了,很寒酸的感觉啊,而且连公告什么的都没有……"也许事实未必如此,但也不要争辩。你可以说:"我最近忙了点,没好好打理店铺呢,但是这个不影响店里产品的质量哦,您可以看看这些产品……"

8.3.2 处理顾客异议的基本方法

在销售过程中,销售人员除了要分析客户异议的原因,掌握处理客户异议的原则,还需要采取有效的方法,才能妥善处理顾客异议,常用的处理顾客异议的方法有以下几种。

1. 规避异议法

规避异议法适于以下情况：

（1）销售人员在顾客在未认真了解产品的情况，就直接提出异议时所采取的方法，此时销售人员既不否认异议，也不直接回答此异议，而是将谈话引入销售展示阶段，让顾客更好地了解产品特征、优点和利益。

比如：顾客未等销售人员介绍新产品，就直接抱怨"这种产品怎么贵？"，此时销售人员可以回答道："在您决定购买它之前，让我告诉您这产品所具有的一些新特性，好吗？"

此时销售人员所面对的顾客对新产品尚未了解，如果直接就价格本身进行说明，不仅很难打动顾客，而且很容易引起顾客的反感。因此，销售人员暂时避开而不对异议做出回答，这种肯定的沟通技巧能够有效地使销售人员顺利地将顾客的注意力转移到新产品的产品介绍上。

注意：在处理顾客异议时，"在您决定进行购买之前……"这样的表述只能出现一次，否则顾客会有逆反心理。

（2）当客户随口提出一些反对意见，却不是真的想要获得解决时，或者这些意见和目前的销售没有直接关系时，此时销售人员可以不予理会，微微一笑，点头表示同意；或者假装没有听到，毫不迟疑地同他下一个问题。比如：

客户：你们为什么找了一个不知名的模特当形象代言人呀？如果你们选章子怡当形象大使，我一定再多进你们一批货？

销售人员：是吗？原来您也喜欢章子怡啊，她可是我的偶像啊！这倒是一个好建议，我也希望她能够成为我们的形象大使。那么，您看看您的进货周期一般是多长时间？

这种以平静而自然的方式处理异议，是一个非常专业化的技巧。我们首先讨论规避技巧，并把它作为异议的第一种基本方法，这是因为销售人员可以单独使用它，或者将它和其他基本方法的某一种结合起来使用。

2. 询问处理法

询问处理法是利用顾客异议来追问顾客的一种方法。此法的目的在于将顾客的虚假异议转变成真实异议，或者将顾客的一般性顾客异议转换成具体的顾客异议。顾客的异议多样，真假难辨，销售人员搞不清楚顾客的真实意图时，只能先用提问法找到真实有效的主要问题，再配合其他方法进行处理。

为了尽可能把问题弄清楚，可以考虑使用以下技巧：

（1）首先用一个问题询问理由，"您这么说一定是有道理的，我可以问问理由吗？"即使引出的是另一个虚假异议，你仍然可以按照同样方式询问，然后要对方做出承诺："如果我能解决这个问题，您就买我的产品吗？"顾客要么同意购买，要么把真实的反对意见告诉销售人员。

(2)"怎么才能让您信服呢?"

(3)"请告诉我,您心中理想的产品是什么样子的?"可使一般性异议转化为具体异议。

假如销售人员已经完成了销售展示,正试图结束销售,而且销售人员发现客户没有进一步深谈的意思,此时可以采用以下的"五问序列法"。

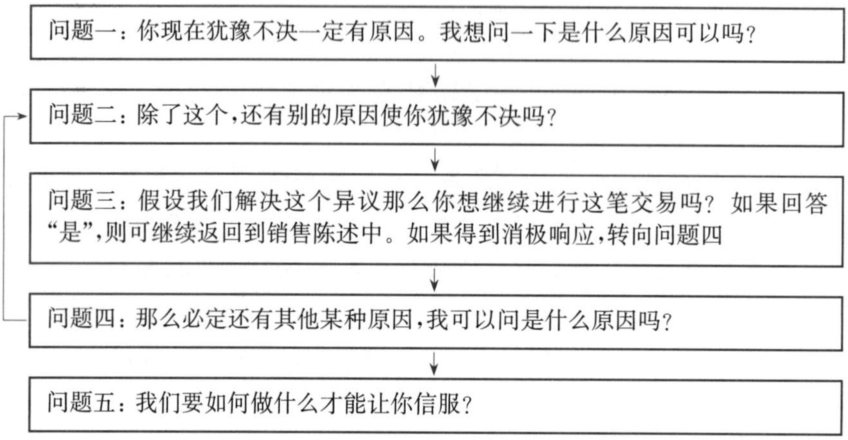

问题一:你现在犹豫不决一定有原因。我想问一下是什么原因可以吗?

问题二:除了这个,还有别的原因使你犹豫不决吗?

问题三:假设我们解决这个异议那么你想继续进行这笔交易吗? 如果回答"是",则可继续返回到销售陈述中。如果得到消极响应,转向问题四。

问题四:那么必定还有其他某种原因,我可以问是什么原因吗?

问题五:我们要如何做什么才能让你信服?

图8-3 排除顾客异议的五问序列法

五问序列法举例:

销售人员:我应该本周还是下周把产品运抵您那里?

客户:都不必,下次你来的时候再说吧,我必须考虑一下。

销售人员:您现在这样的犹豫不决一定有原因的,您不介意的话,方便告诉我哪些原因是什么? (**问题一**)

客户:花钱太多!

销售人员:花钱太多,明白! 我承认这个事实,您一定想买到物有所值的产品。除了花钱太多之外,还有没有其他影响您进行购买的原因呢? (**问题二**)

客户:没有了。

销售人员:好的,假如您能相信使用这台机器为您所节省的开支,将使您在短短几个月之内就捞回成本的话,那么也就意味着购买这台机器将符合您的财务预算。到那时,您会购买它吗? (**问题三**)

客户:嗯,我会的!

销售人员开始与客户讨论投资回报,以及客户是否可以支付得起产品的价格,当销售人员通过讨论打消了顾客对价格方面的疑虑,但此时的顾客却仍不愿意购买。销售人员则需要继续采用五问序列法。

客户:不,即使价格合理,我还是不会购买!

销售人员:为什么您现在还犹豫不决,一定有什么其他的原因,如不介意的话,请告诉我那些原因是什么? (**问题四**)

客户：使用这台新机器，我们得花费太多的时间来培训自己的员工。

销售人员：是的，我承认时间就是金钱。除了时间这个原因之外，还有其他影响您进行购买的原因吗？（问题二）

客户：没有了。

销售人员：假如您相信这台机器能够节省你们员工的时间，以使他们把省下来的时间做别的工作，你愿意购买吗？（问题三）

客户：那倒不一定，我没有把握！

销售人员：除了证明我们产品的价格合理、节省时间之外，我怎样才能使您信任我们的产品呢？（问题五）

客户：对于产品的售后服务方面，我想了解……

此时，销售人员已经了解到该客户购买条件除了价格和时间之外，还有其他方面，需要进一步的挖掘客户的真实需求！

3. 转折处理法

转折处理法是指首先表示理解顾客异议，再用事实和理由来否定顾客异议的一种方法。此法的目的是先表示理解顾客以消除顾客的敌对心理和疑问，然后转变到自己的立场上来。例如：

（1）"我同意原来那种儿童用塑料游泳圈容易坏，使用一个夏天就破，但我们现在所使用的制造方法，恰恰可以减少这些问题。"

（2）我同意，我们的产品价格确实比较高。但是，我们产品的质量同样也很高，它能为您每年节省3 000元的保养费！

（3）顾客提出营业员推销的服装颜色过时了，销售人员不妨这样回答："小姐，您的记忆力的确很好，这种颜色几年前已经流行过了。我想您是知道的，服装的潮流是轮回的，如今又有了这种颜色回潮的迹象。"

转折词的使用要尽量婉转。心理学家研究表明，转折词"但是"的使用，会使顾客感觉不柔和，销售人员最好选择"3F法"。

所谓"3F法"是指利用感觉（feel）、感受（felt）、发觉（found）三个词组来转折处理顾客异议的陈述方法。这种方法会使顾客心理感受更好，克服了用"但是"一词的生硬。例如："许女士，我很了解你的感觉，以前我访问过许多人也都有同样的感受，然后这就是他们试用之后所发觉的……"

比如，某制衣公司销售员在与顾客面谈时，碰到以下情况：

顾客：你知道，这套制服相当贵，我不想超过公司的预算！

销售员：我很了解您的感觉，我们公司客户的最初也和您有相同的感受。但一旦他们购买了之后，就会发觉制服不论怎么洗也不变形，因此抵消了经常更换制服的费用，而且制服的品质与他们公司的良好的企业形象是一致的！

转折处理法能够有效地处理顾客异议，容易创造良好的推销气氛，适合武断性的顾客。该法不太适合那些喜欢探究问题根源的顾客。注意转折词后面的陈述一定要围绕新的销售重点,给顾客提供大量信息。

4. 补偿处理法

补偿处理法也称 T 形法,是指销售人员利用顾客异议以外的该产品的其他优点或长处对顾客异议所涉及的短处进行补偿的一种方法。补偿法适用于顾客的反对意见确有道理的情况,这时销售人员采取否认的态度和反驳的策略是不明智的。在推销实践中,当顾客冷静地提出一些确定存在的购买异议时,销售人员应客观地对待,通常详细的产品介绍使顾客既看到产品的缺点,也清楚地认识到产品的优点,并且确信优点大于缺点,该产品值得购买。例如,"让我们来比较一下商品的优点与缺点,我相信你会同意……"

补偿处理法举例:

在一次冰箱展销会上,一位打算购买冰箱的顾客指着不远处一台冰箱对身旁的销售人员说:"那种 AE 牌的冰箱和你们的这种冰箱同一类型,同一规格,同一星级,可是它的制冷速度要比你们的快,噪声也要小一些,而且冷冻室比你们的大 12 升。看来你们的冰箱不如 AE 牌的呀!"

推销员回答:"是的,您说得不错。我们冰箱噪音是大点,但仍然在国家标准允许的范围以内,不会影响您家人的生活与健康。我们的冰箱制冷速度慢,可耗电量却比 AE 牌冰箱少得多。我们冰箱的冷冻室小但冷藏室很大,能储藏更多的食物。您一家三口人,每天能有多少东西需要冰冻呢?再说吧,我们的冰箱在价格上要比 AE 牌冰箱便宜 300 元,保修期也要长 6 年,我们还可以上门维修。"顾客听后,脸上露出欣然之色。

使用该法时,销售人员应该注意及时提出产品优点和带给顾客的利益进行有效补偿,还应该要对顾客主要购买动机进行补偿。销售人员对待异议和利益要采取不同态度,减轻淡化异议,强调主要动机对应的利益,调整顾客的价值观。

5. 利用法

利用法是指利用顾客异议本身的积极一面来处理异议的方法。此法的目的是把顾客的异议转换成购买的理由。例如:

(1)"您说平时工作太忙,更需要听听这种设备为什么可以节省你很多的时间了。"

(2)"是的,这产品又涨价了,下个月还会继续上涨,为什么不多买一点备用呢?"

(3)客户:"这些瓶子看上去是很不错,但是它们太难打开了,你们的设计有问题!"

使用该法应注意不要引起顾客的反感,语调神态不要让顾客感到是对他的不尊重。

销售人员:是的,它们是很难打开,我们这样的设计目的就是不让小孩子轻易地拿到其中的药物,这正是考虑到了安全原因。

使用该法应注意不要引起顾客的反感,语调神态不要让顾客感到是对他的不尊重。

6. 直接否定法

直接否定法是指直接否定顾客异议的一种方法,该特别适合于回答顾客用问句形式提出的顾客异议或不明真相的揣测陈述。当顾客对你公司提出不切实际的指责时,销售应该策略性的运用直接否定法。例如:

(1) 客户：这栋房屋的公共设施占总面积的比率要比别的大厦要高出不少，不太划算！

销售人员：您大概有所误解，这次推出的新楼盘，公共设施占总面积的18.2%，一般大厦平均达到19%，我们要比平均的少0.8%。

(2) 客户：听说你们公司的售后服务不好，电话报修，总是姗姗来迟。

销售人员：您了解的信息不准确吧？我们公司承诺电话报修两小时到现场修复！目前还没有其他公司有这样的承诺。

使用该法时应该自信而不失礼貌。反驳应该有理有据，令顾客信服。该法不能用于无效异议，也不能用于太敏感和自我表现欲很强的顾客。

7. 举证法

举证法是指销售人员通过列举人证、物证、例证等处理顾客异议的方法。在现实生活中，大多数顾客出于自尊、自信的需要，都喜欢自己对事物做出判断。但鉴于所掌握的知识、经验和判断能力等方面的限制，他们面对复杂的事物又显得手足无措，常常拖延做出购买的决策。比如：

销售人员：我仍然没有完全使您对我们的产品信服，对吗？

客户：我的确对你们产品还有一些疑虑，毕竟这一笔很大的收入。

销售人员：那这样吧，我这里有几位目前正在使用我们产品的客户名单，我马上和他们联系，您可以直接去实地考察一下，并询问一下您刚才的问题，您可以听听他们的意见！

客户：那当然好了！

使用该法时要注意：销售使用产品的例证对顾客来说应是可信的，必须真实。积极的证明会交易的达成更加容易，这种具有戏剧化效果的技巧能使客户对销售人员留下深刻印象，同时也能表明销售人员对其言行很有把握，充满热情。

8.4 促进成交

促进成交具体有哪些方法？各自有何优缺点？

当销售人员结束销售展示，答复了顾客的异议，并就购买的许多细节与潜在客户进行了讨论，发现双方的让步都已经达到极限，无法再取得新的进展时，此时，销售人员就该进行最后一个步骤——促进成交。

8.4.1 促进成交的重要性

促进成交(closea deal)就是销售人员为了促使潜在客户做出明确的购买决定而设

计的一套征询方法、宣传方式和行动方案。促进成交也有广义和狭义之分。广义的促进成交包括顾客产生成意识和发出信号,也包括成交的行动;而狭义的促进成交是指达成交易的那一刻的行动。本章中的成交是指广义的促进成交。

在整个销售过程中的各个环节,在"促进成交"这个环节可能存在着较多错误观念。比如:许多销售人员将一次成功的促进成交视为一场销售人员与客户战斗的胜利;甚至一些培训师将"促进成交"解释为:当你瞄准了销售目标后,你就应该找出潜在客户的弱点,并针对其弱点使其做出购买决定。将"促进成交"描述成角斗比赛,将客户描述等着积极进取的销售人员前来摆布自己消极角色,而销售人员则被要求不断地增强进取心,不断地做出所谓的努力,尽一切努力来诱使潜在客户做出购买决定。

然而,事实上这些观点均不正确,在关系销售方式下,"促进成交"被视作解决问题过程中自然达到的结果。对于一个在前期操作失误的销售业务来说,促成成交是不会成功的。只有在与潜在客户建立了合作关系,了解潜在客户的需求和问题,就某些事项与潜在客户达成了共识,销售人员能采取"促进成交"的行动。

许多销售人员以为潜在客户会采取主动,无须邀请便会做出购买决定。这种情况有时会发生,但并不常见。无论潜在客户对所展示的产品具有多么强烈的购买欲望,仍有可能具有一些否定购买的考虑,比如:担心亲友的反对;对于可能的损失风险的担心等。此时的客户心中都会产生一种"购买者危机感",一方面自己非常强烈地想拥有这一产品;另一方面则因为各种担心又不能很快做出最佳的购买决定。在这种情况下,客户需要销售人员的帮助,销售人员应该促成购买决定,并有所行动,引导潜在客户进行决策,以结束客户头脑中的"是与否"的冲突。

尽管"促进成交"十分重要,但令人吃惊的是,仍有许多销售人员从未试图促成交易。据统计,在美国消费品的销售业务中,有20%的消费品是由消费者采取主动完成销售的,有60%的消费品因销售人员未作"促进成交"而未能完成销售。

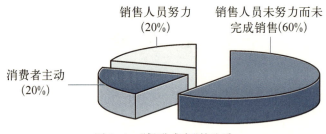

图8-4 "促进成交"的比重

【案例小链接8-2】　　微商如何用微信成交的10个技巧

1. 设计话题

成交=流量 * 转化,要实现成交的结果,首先要解决流量,这里的流量指的是参与进来的人。微商采用直接刷屏的方式就是推销,所以最好的办法是先设计一个话题,设计亮点,引起兴趣。例如,做护肤类产品的微商在秋冬季的时候,可以发一条朋友圈,设计一个话题:秋冬季补水为什么会过敏?

2. 引出讨论

有了话题后,一定要发动尽可能多的人参与到讨论中来,只有参与进来,才有可能成交。提前设计好3~5条讨论的内容,引导更多的好友参与,并向我们需要的方向引导。例如:秋冬季补水为什么会过敏?引出讨论的时候需要引导大家往如何防止过敏的方向讨论,而不是过敏后怎么办的方向讨论。

3. 提出问题

如果漫无边际的讨论得出的结果我们很难控制,大家的讨论可能很难到重点上,所以这个时候需要微商自己能够提出一些问题。这个问题就是客户购买我的产品经常会碰到的问题,因为提出来是为了后面能够解决。如:有小伙伴问:"最近听说贝泉有一款叫贝泉羊奶水乳,听说补水好,有人用过吗?效果怎么样?会过敏吗?"

4. 解决问题

有了上面的提出问题,就可以来解决问题了,只要你这个问题解决的好,那么就会影响到很多围观的人,本来他们是没有购买计划的,由于你做了前面的铺垫,就激活了她们的需求。这个回答可以是微商本人来回答,也可以用一个小号来回答,为接下来的截图见证做准备。例如:有小伙伴说"我刚买了一套,用了几天了,挺好的……产品使用真实的感受……以前不了解,朋友推荐的,现在我才知道贝泉好像有10年的历史了,还是瑞士引进品牌"。

5. 持续互动

在这个环节中,一定会有很多微友把真实的想法和问题提出来,那么就需要微商能够一一回答,持续互动;当然如果能够通过群发引导更多的人加入到这个话题中来,那么接下来的成交结果就会越好。

6. 成交引导

有了前面的铺垫后,销售就可以水到渠成的。但是水还是需要渠的,这个时候就需要我们设计一些小活动来促进成交。例如,有小伙伴问"贝泉羊奶水乳这个套装怎么卖多少钱?这个套装原价238元,现在微信价是168元,如果大家喜欢,今天参加讨论的小伙伴买的话我和厂家申请下"。

7. 再次结案

销售是需要不断激发的,在第一轮的销售后,可以把这个讨论的过程、正面的评论、购买的记录等截图出来,做一次客户见证,从而再次做一次结案。例如:"今天一个客户问起秋冬补水为什么会过敏?我就朋友圈分享了下,没想到有这么人对这个问题都不是很了解,更没想到大家这么喜欢贝泉这款补水的产品,感谢大家的参与,感谢大家支持,今天所有参与的小伙伴,你们都可以留下你们的地址,我将给你们寄个小礼物表示感谢喔。"

8. 饥饿营销

消费者的习惯都是买涨不买跌,所以做微商一定要运用好饥饿营销这个方法。例如:"实在抱歉,为了感谢大家的参与临时决定买一送一,没想到这么多人要参与,因为剩下的货不多了,活动只能提前结束,再提供三份就结束买一送一,请各位小伙伴理解喔,么么哒。"

9. 提醒营销

提醒的时间规律可以按照:按照规一天、两天、三天、七天、十天、十五天、二十一天。提醒可以分为几个方面的内容:(1)服务内容的提醒,例如:"快递已经发出,需要单号的可以私信我。"(2)新产品的提醒,例如:"大家讨论到秋冬季补水,最好先取出角质,水才能补得进去,避免过敏,我特意找了一款韩国去角质的产品送给大家,只要你买贝泉水乳一盒就送一个去角质的。"(3)活动提醒,例如:"感谢大家的参与,这几天有超过 50 为美女买了这个套装,为表示感谢晚上在我朋友圈做一个活动,提供 1 套 1 元抢购,8:00 准时开始,欢迎大家关注。"

10. 服务营销

服务营销的内容一般都是发产品说明、使用方法、注意事项等。例如:"温馨提醒,收到贝泉面膜的小伙伴,请你们不要每天使用面膜,一般 3 天敷一次最合适喔!"

总结:在你做完以上 10 个步骤后,可以把每一次截图下来分享,会非常有冲击力。所以做得好的朋友圈,他是有一整套脉络的,一看就知道这个人定位是卖什么产品的,他的整个环节是怎么样的,他的服务是怎么样的。

资料来源:http://blog.sina.com.cn/s/blog_148db1a6a0102vx82.html

微商成交技巧与实体店销售的成交技巧有何差异?

8.4.2 成交障碍与成交时机

许多销售人员都害怕提出成交要求,并且提出的时机也难以把握,但这恰恰是非常重要的。

1. 成交的主要障碍

成交应该是很自然的事情,顾客要买,销售人员要卖。成交的障碍来自顾客和销售人员两方面。来自顾客方面的成交障碍主要是顾客对购买决策的修正、推迟、避免等行为;来自销售人员方面的成交障碍主要是心理技巧两方面。

(1)顾客的修正、推迟、避免行为。

在成交阶段,顾客常常受风险意识的影响从而修正、推迟已做出的购买决策,或者避免做出购买决策,使销售人员的努力付诸东流。在顾客的潜意识里,任何购买都有一定程度的风险,因为他们无法确定购买行动的后果如何。要降低顾客的风险意识就要求销售人员具有极大的耐心,并熟悉顾客的心理和促进成交的方法。

（2）销售人员的心理和技巧。

① 害怕失败。

有时销售人员越想成交，越害怕提出成交要求，害怕顾客说"不"，也有时是害怕促进成交时过于勉强，而冒犯顾客，故而面部表情过于紧张，让顾客也觉得不舒服，造成成交失败。其实我们只要放松心态，若我们不把它看成"成交"而是要求得到某种我们"需要"的东西时，心情就要轻松些。其实心理上我们应该明白，顾客与你一样需要成交，有一个恰当的结果。你不提出成交而他提出，像他求你买东西似的。

② 单向沟通。

销售人员像做广告一样一个人滔滔不绝，说个没完，没有试探性的询问问题，没有倾听，没有注意购买信号，这就是所谓的单向沟通。双方缺乏交流，自然难于成交。

③ 缺少训练。

成交既需要丰富的知识，也需要严格训练，经常实践。盲目、仓促上阵，难免出问题，成交时需要掌握一定事实上的技术与策略，只有经过大量的实践，销售人员才能把握成交工作中的方方面面。

④ 计划不周。

成交只是销售过程的一个环节，因此，促成力量的大小，将依据销售人员所拟定的销售活动的计划的周密程度。若销售计划欠周到，就难于成交。拟定计划时要回答的销售活动的计划的周密程度。若销售计划欠周到，就难于成交。拟定计划时要回答下列问题：你了解潜在顾客吗？接触是否在合适的情况下进行？调查过顾客的需求欲望及他们的问题吗？你所销售的产品能满足他们的需求吗？

⑤ 强迫推销。

我们看见许多不称职的销售人员，毫不在意顾客的感受，总是强迫催促顾客即刻购买，这无疑是强迫顾客向你说"再见"。销售人员要懂得顾客习性，要引导顾客。通常所有的人都喜欢自己作决定，而不喜欢做他人强迫自己做的事。

2. 成交时机的把握

多数情况下，顾客不会主动请求购买，而是销售人员在恰当的时机主动请求顾客购买。那么销售人员应在什么时候向顾客提出购买请求呢？

简单地说，是在当顾客做好准备时。具体地说，就是当顾客处于心理过程的确信阶段时。当然你可以在接近顾客时就让其购买，也可以晚些时候提出该要求，但大多数时候成交都是在销售展示以后才会进行。若可以晚些时候提出该要求，但大多数时候成交都在销售展示以后才会进行。若展示后顾客提出了异议，则在处理完异议以后进行。尤其是当顾客出现购买信号时，就是提出成交的最好时机。总之销售人员一定要灵活机动，随时具有成交意识，一旦发现顾客的成交信号，立即促成交易。

在实际销售工作中，并不是每一次成交都必须逐一经过每个阶段。这些不同的阶段相互联系、相互影响、相互转化，在任何一个阶段里，随时都可达成交易。销售人员应该遵守销售 ABC 原则，即：时刻准备结束销售（always be closing）。

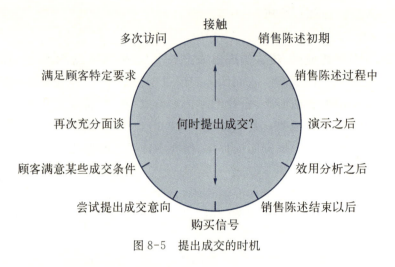

图 8-5 提出成交的时机

8.4.3 促进成交的基本策略

为了更有效地促使顾客采取购买行动,销售人员必须掌握成交的基本策略。成交的基本策略是对成交方法的原则性规定,是销售人员在促进成交的过程中必须遵守的活动准则。

1. 善于捕捉成交信号,及时成交

所谓成交信号(closing signal),是指顾客通过语言或行为显示出来的,表明他可能采取行动的信息。在多数情况下,顾客为保证自己所提出的交易条件能取得心理上的优势,往往不愿明确表示成交意向,更不愿意主动提出成交。因此,销售人员需要观察顾客有意或无意所表示出的成交意向。顾客表现出来的成交信号主要有表情信号、语言信号、行为信号等。

(1) 表情信号。

这是从顾客的面部表情和体态中所表现出来的一种成交信号,如在洽谈中面带微笑、下意识地点头表示同意你的意见、对产品不足表现出包容和理解的神情、对推销的商品表示兴趣和关注等。

例如:一位保险推销员,在给顾客讲述一个充满感情的、很有说服力的第三者因为购买保险而从灾难中得到补偿的故事时,竟让对方忍不住双目含泪。这个信号非常清晰地告诉推销人员,顾客是非常有同情心并且关注自己的家庭成员的。这个信号为推销员销售保险产品提供了宝贵的线索和方向。

顾客的语言、行为、表情等表明了顾客的想法。推销人员可以据此识别顾客的购买意向,及时地发现、理解、利用顾客所表现出来的成交信号,促成交易。把握成交时机,要求推销人员具备一定的直觉判断与职业敏感。一般而言,下列几种情况可视为促成交易的较好时机:

① 当顾客表示对产品非常有兴趣时；
② 顾客神态轻松,态度友好；
③ 当推销员对顾客的问题做了解释说明之后；
④ 在推销人员向顾客介绍了推销品的主要优点之后；
⑤ 在推销人员恰当地处理顾客异议之后；
⑥ 顾客对某一推销要点表示赞许之后；
⑦ 在顾客仔细研究产品、产品说明书、报价单、合同等情况下。

（2）语言信号。

顾客通过询问使用方法、价格、保养方法、使用注意事项、售后服务、交货期、交货手续、支付方式、新旧产品比较、竞争对手的产品及交货条件、市场评价、说出"喜欢"和"的确能解决我这个困扰"等表露出来的成交信号。以下几种情况都属于成交的语言信号：

① 顾客对商品给予一定的肯定或称赞；
② 征求别人的意见或者看法；
③ 询问交易方式、交货时间和付款条件；
④ 详细了解商品的具体情况,包括商品的特点、使用方法、价格等；
⑤ 对产品质量及加工过程提出质疑；
⑥ 了解售后服务事项,如安装、维修、退换等。
⑦ 语言信号种类很多,推销人员必须具体情况具体分析,准确捕捉语言信号,顺利促成交易。

（3）行为信号。

由于人的行为习惯,经常会有意无意地从动作行为上透漏一些对成交比较有价值的信息,当有以下信号发生的时候,推销人员要立即抓住良机,勇敢、果断地去试探、引导客户签单。

① 反复阅读文件和说明书；
② 认真观看有关的视听资料,并点头称是；
③ 查看、询问合同条款；
④ 要求推销人员展示样品,并亲手触摸、试用产品；
⑤ 突然沉默或沉思,眼神和表情变得严肃,或表示好感,或笑容满面；
⑥ 主动请出有决定权的负责人,或主动给你介绍其他部门的负责人；
⑦ 突然跟销售人员倒开水,变得热情起来等。

例如：一位女士在面对皮衣推销员时,虽然是大热天,她仍穿着皮衣在试衣镜前,足足折腾了一刻钟。她走来走去的样子好像是在做时装表演；而当她脱下皮时,两手忍不住又去摸皮毛,甚至眼里涌动着泪光。从该例我们可看出,这位女士的行为属于强烈的成交信号。

正因为通过顾客的行为我们可以发现许多顾客发出的成交信号,因此作为一位推销人员应尽力使顾客成为一位参与者,而不是一位旁观者。在这种情况下,通过细心观察,推销人员很容易发现成交信号。比如,当顾客在商品前流连忘返,或者来回看过几次的时候,就说明顾客对该产品有很大的兴趣,只要及时解决顾客的疑问,成交也就顺理成章了。

2. 主动、自信并坚持成交

通常顾客为了保证自己提出交易条件,往往不愿主动提出成交,这就需要销售人员主动而又自信地提出成交。通常第一次提出成交就成功的概率是10%左右,因此销售人员必须坚持多次成交,调查研究表明,4~5次成交要求是比较合理的。

成交步骤如图8-6所示,先是向顾客介绍产品的特征、优点、利益,然后设法征得顾客对它们的认同,再提出成交要求。一旦提出成交要求,销售人员要保持一段时间的沉默,至少30秒钟的时间。这需要销售人员的勇气,毕竟双方沉默的时候,销售人员感觉是不舒服的,但这对成交有利。如果成交失败,销售人员就应该回到第一步骤,就新的产品特征、优点、利益进行介绍,然后再次征得订合同和提出成交直到成交为止。

图 8-6　成交步骤

3. 充分利用最后的成交机会

大量研究表明,许多生意就在销售人员与顾客即将告别的时候成交的,尤其当这个销售人员给顾客留下良好的印象时。顾客拒绝购买,销售人员反应得体,又准备告辞,顾客一方面感觉轻松,另一方面又有些歉意,销售人员若把握好这最后的机会,成交的概率会有所提高。

4. 保留一定的成交余地

任何交易的达成都必须经历一番讨价还价,很少有一项交易是按卖主的最初报价成交的。尤其是在买方市场的情况下,几乎所有的交易都是在卖方做出适当让步之后拍板成交的。因此,销售人员在成交之前如果把所有的优惠条件全部端给顾客,也就没有退让的余地了,所以为了有效地促成交易,销售人员一定要保留适当的退让余地。

8.4.4　促进成交的技巧

顾客是否愿意购买将受其自身的类型与特点、销售条件以及销售员所能给予的种种有益的暗示的影响。成交技巧(closing techniques)则是用来解决成交中实际问题的各种特定方法,有经验的销售员能够灵活运用所掌握的促成交易的方法。一般来说,促进成交的方法有如下几种。

1. 假定成交法

假定成交法是销售人员在假定顾客已经同意购买的基础上，通过讨论一些具体问题而促成交易的办法。销售人员不必询问顾客是否需要进货，而是假定顾客肯定要进货，只是还不能最后确定进多少、何时等。例如：

销售人员认准一下顾客有购买意图，就不失时机地问："您打算一次进多少货？""明天下午交货可以吗？"

淘宝客服可以对准顾客说："请问您要那件黑白条的还是纯黑的呢？"或者说："请问亲选择顺丰快递还是圆通快递？"

假定成交法适用于老顾客、中间商、决策能力层次低的顾客和主动表示要购买的顾客。对于不太熟悉的顾客要慎用。

"您看，下个星期一我就把货发过来吧，决不耽误您使用它！"

"如果您喜欢这颜色，我就给您包起来了！"

"您好！好久不见了！近来身体可好？我们昨天刚到了一批新货，保证您喜欢！买下吧！您打算要多少？"

假定成交法最大的优点就是节省推销时间，从而可以提高推销效率。这一优点表现在三个方面：一是它将洽谈直接带入实质性阶段；二是它逐步深入地进行提问，可提高顾客的思考效率；三是它使顾客不得不做出反应。

此法的缺点在于：销售人员若在把握时机上出现偏差，盲目假定客户已有了成交意向面直接明示成交，很容易给客户造成心理压力。

假设成交法的关键在于：

① 必须善于分析顾客，对于那些依赖性强的顾客，性格比较随和的顾客，以及一些老顾客可以采用这种方法。

② 必须发现成交信号，确信顾客有购买意向，才能使用这种方法。

③ 尽量使用自然、温和的语言，创造一个轻松的推销气氛。

2. 直接请求成交法

直接请求成交法就是用简单明了的语言，直接要求潜在客户购买的方法。这是一种最简单、最直接的成交方法，但绝不等同于销售人员直截了当地问："您想买我们的产品吗？"这样糟糕的请求成交非常不可取，应该合理地组织自己的语言。

直接请求成交法适用于顾客已有明显购买倾向但仍在拖延时间的情况。也适用于一开始提出很多问题，经过销售人员解释，已提不出什么异议，但仍不愿主动开口说购买的顾客。例如：

"王经理，我们已经讨论了很长时间，我想您也同意我们的产品对于贵公司拓展市场是非常有利的。买下它吧，真不错！"

一位家庭主妇对销售人员推荐的家用电热水器很感兴趣，反复询问它的安全性能和价格，但又迟迟拿不定主意。这时，销售人员则可用此方法帮助顾客做出购买决定：

"这种电热水器既实用又美观,买一台吧,价格上给你打九折,希望您向亲朋好友推荐一下。"

直接请求成交方法的优点是:可以有效地促成购买,要求成交向顾客进行提示并略施压力,从而节省时间,提高了推销工作效率。

请求成交法的局限性在于:

① 可能破坏推销气氛,给顾客带来比较大的成交压力。如果推销员对成交时机把握得不准,盲目要求成交,会使顾客产生有意或无意的自动抵制,影响推销的效果。

② 可能使推销员失去控制权,造成被动局面。因为推销员主动要求成交,会使顾客自以为是,好像推销员有求于顾客,顾客会获得心理上的优势和成交的主动权,而推销员却转入被动,进而增加成交的困难,降低成交效率。

③ 可能引起顾客的反感。如果推销员滥用直接请求成交法,可能引起顾客的反感,产生成交障碍,不利于达成交易。

3. 选择成交法

选择成交法即销售人员为顾客设计出一个有效成交的选择范围,使顾客只在有效成交范围内进行成交方案选择。这是假定成交法的一个具体应用。因而,也称缩小选择成交法。例如:

"我给你送20打还是送30打?"

"您是要小包装的还是要大包装的?"(这样询问已经把顾客可能不要购买排除掉了!)

"您更偏向购买施乐6200型复印机,购买还是6400型?"

这样的询问暗示:

(1) 假设客户已经有愿望要购买一台复印机;

(2) 允许客户有优先选择的权利。

如果顾客回答"我更喜欢6400型",表示顾客准备购买;如果顾客回答"我还拿不准",表示顾客未有明确的购买意向,销售人员应继续挖掘顾客的需求。

选择成交法的优点是:具有假定成交法的全部优点,而且由于提出几个很实际的方案让顾客进行挑选,既可以使顾客减轻心理压力,又使销售人员有回旋余地。同时,由于把顾客的思维与选择限制在几个有效而又有限的成交案中,无形中使顾客无法拒绝成交。

此法的缺点在于:对于那些犹豫不决的顾客,会让他们感到更加无所适从,从而丧失购买的信心,增加新的成交心理障碍。

4. 总结利益成交法

总结利益成交法是指销售人员总结能引起潜在顾客兴趣的主要特点、优势和利益,然后要求成交的方法。即以一种积极的态度来总结这些益处,使潜在顾客能同意你的话,然后提出订货要求。例如:

潜在顾客已对销售人员所做的销售展示相当满意,销售人员及时促进成交。

销售人员:王小姐,您对我们产品的毛利率、快速交货和信用政策都非常满意,对吗?(总结,然后做试探性成交)

潜在顾客:是的。

销售人员:那么,根据你们商店的顾客数量,按正常营业额推算,我们产品可以满足你们的实际需求,同时也会给你带来比过去增加10%的利润,下一周早些时候我就能把货送到这里!(现在等待回答)

总结利益成交法可能是要求订货时使用最普遍的方法。这种方法由三个基本步骤组成:

① 在展示中确定潜在顾客感兴趣的产品的主要益处;

② 总结这些益处;

③ 提出建议。

总结利益成交法能够使顾客全面了解商品的优点,便于激发顾客的购买兴趣,最大限度地吸引顾客的注意力,使顾客在明确自己既得利益的基础上迅速进行决策。总结利益成交法适用面很广,特别是适合于相对复杂的购买决策,如复杂产品的购买或向中间商推销。

但是采用此法,推销人员必须把握住顾客确实的内在需求,有针对性地汇总阐述产品的优点,不要"眉毛胡子一把抓",更不能将顾客提出异议的方面作为优点加以阐述,以免遭到顾客的再次反对,使总结利益的劝说达不到效果。

5. 小点成交法

小点成交法也称为次要问题成交法或避重就轻成交法。这种成交法是相对于"大"而言的,你向对方提出大的要求,对方拒你的可能性会大一些,如果你的要求划分为小的要求,这些小的要求对就有可能会接受,在对方接受你小的要求之后,你再提出一个小的要求对方可能也会接受。这样,逐渐先小点成交,再大点成交,最后促成客户做出购买决策。

例如:"这件衣服你穿多合适,你看我给你包装好,带走吧。"而不去提价格、质量问题。

小点成交法的优点在于:可以减轻客户成交的心理压力,还有利于销售人员主动地尝试成交。保留一定的成交余地,有利于销售人员合理地利用各种成交信号有效地促成交易。即在顾客犹豫不决时不直接提出成交,避免在顾客心里造成压力,而是通过一系列的试探性的提问,逐步消除顾客心中的疑惑,从而帮助顾客决策。

小点成交法的适用情况:

① 顾客不愿直接涉及决策的重大问题只对成交的某些具体问题产生兴趣。

② 推销人员看准成交信号,购买决策的关键只在于某一小点,或款式,或颜色,或交货时间,或付款方式等。

③ 推销人员未发现任何成交信号,须做出能够避免冷遇或反感的成交尝试。

④ 成交气氛比较紧张,顾客的成交心理压力太大,交易无法直接促成。

⑤ 顾客对某些特殊品的购买决定只依借某一特定的小点问题。

6. T形成交法

T形成交法又称为"优点—缺点"成交法，是指通过对产品的优点和缺点进行分析促使顾客购买的方法。销售人员应准备一个产品优缺点分析表（两栏），一栏是缺点，一栏是优点。通过罗列产品的缺点，可以使潜在客户相信销售人员在陈述、展示产品时没有任何偏见，然后再列出更多的优点，最后加以总结。这种方法可以吸引潜在客户。

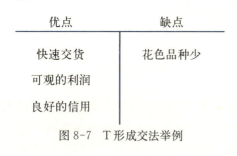

图8-7 T形成交法举例

例如："王小姐，从这张表中我们可以看出，产品优点要远远多于缺点，所以购买这种产品你能得到更多的好处，我们现在就签约好吗？"

7. 分段成交法

这是一个把成交过程分为多个阶段的方法。一些重大的业务可能难以一下子谈成，于是推销中可以根据事先了解的情况，做出洽谈计划，定出分段洽谈目标。通常实现分段目标，达到最后通盘成交的目的。例如：

（1）"我们已谈妥培训问题，再谈服务问题，下次我们再谈价格问题。"

（2）一位客户在购买随身听时犹豫再三，下不了决心。

销售人员：您要买一部Walkman索尼随身听，对吗？

顾客：是的。

销售人员：您想要史努比限定版Walkman，对吗？

顾客：差不多是这样的！

销售人员：您想要1 000元左右的，这台正合适！而且有6种颜色供您选择，您听听效果吧。

顾客：这台效果是不错！

分段成交法的优点是：把大的、难谈的问题放在后面，减轻了顾客的心理压力，易于促成成交，有利于创造良好的洽谈气氛。

8. 克服异议成交法

克服异议成交法是销售人员利用处理顾客异议的机会直接要求顾客成交的方法，也可称为大点成交法。因为顾客提出的异议，尤其是顾客认为重要的异议，大多是购买的主要障碍。异议处理完毕如果立即请求成交，往往收到趁热打铁的效果。如："我们已经提供了您所需要的折扣，我来填合同！"

克服异议成交法的优点是：有利销售人员抓住一切成交机会。在处理顾客异议后立即提出成交，就不会失去任何一个成交的机会。

9. 机会成交法

机会成交法也称无选择成交法、唯一成交法等，是销售人员直接向顾客提示最后成

交机会,促使顾客立即实施购买的一种成交方法。例如:

"今天是最后一天降价,赶紧买吧。"

"这种款式的衣服卖得很快,估计不会等到周末就会卖完了!"

"如果您对这套房子感兴趣,我建议您马上订购,因为许多人都看中了这套房子!"

"如果您今天购买,我们将免费提供安装,并为您增加一年的保修期,明天就没有这样的优惠了!"

机会成交法的优点是:利用了人们对机会限制的紧张心理,机不可失,时不再来,可以造成很有利的成交气氛;可以把顾客的注意力集中到成交上,使顾客有了一种内在的成交压力,往往在最后机会面前,顾客由犹豫变得果断;可以限制成交内容及成交条件,可以达成一种成交的时间及心理紧迫感,使顾客在一定范围内较快成交;可以形成交叉推销感染力,如告诉顾客,"这批货卖得很快,这是最后一批货"等,顾客会认为这个企业的产品不错,有时会促成大笔交易。

成交的方法很多,我们不做一一介绍。这里需要指出的是,我们所使用的成交方法应根据顾客的不同类型和顾客的心态来调整,各种成交方法可以搭配使用,如果第一次要求成交用的是克服异议成交法,而第二次要求成交可使用选择成交法等。

本章小结

在销售展示的过程中,顾客自然会提出各种各样的问题和意见,这些都属于顾客异议。很多成功的销售人员均表示:"当客户提出一项异议时,我首先要做的就是微笑,因为这使我知道了他正在想什么。保持沉默的客户是最难对付的,如果他什么都不说,那我就不知道如何完成销售。"很多销售人员认为客户产生异议不是一件好事,事实并非如此,只有真正想购买产品的客户,才会提出异议。

事实证明,是否具有丰富而娴熟的处理异议技术往往是销售人员能否成功的关键。顾客异议的产生,并不仅仅是在销售展示以后,顾客可能在销售人员进行销售访问的任何时候提出异议,有时甚至是销售人员一见顾客的面就被异议困扰。销售人员完成销售访问或销售介绍,并且就细节问题与客户进行了沟通之后,就该做出促进成交的最后努力了。我们主要用什么来衡量销售人员的销售业绩与技巧呢?是寻找顾客的人数,还是销售展示技巧或是处理顾客异议的技巧?都不是!当然这些都是销售的基本构成因素,但是最主要的是促成交易的能力。成交是销售目标,也是销售过程中最重要的步骤。

关键术语(中英对照)

顾客异议(customer objection)　　　　　　有效异议(valid objection)

无效异议(invalid objection)　　　　隐含异议(hidden objection)
敷衍异议(perfunctory objection)　　促进成交(close a deal)
成交信号(closing signal)　　　　　　成交技巧(closing techniques)

思考题与应用

1. 何为顾客异议？导致顾客提出购买异议的原因有哪些？
2. 在参加一家你很感兴趣的公司面试时，他们可能会提出哪些异议？你将如何处理这些异议？
3. 在你向潜在客户推销之后，客户提出以下异议，请给出解决下列异议的理由：
(1) 产品很好，谢谢你的介绍！如果我们决定要买，就跟你电话联系！
(2) 你的产品看起来不错，但我们现在不需要！
(3) 很遗憾我们现在买不起，六个月之后你再来吧。
(4) 你的产品虽然不错，但我更希望竞争对手的产品。
4. 如果客户对你的销售展示不愿意发表意见或看法，此时你将如何做？
5. 在处理顾客异议时，何种情况下适宜采用直接否定法？有哪些注意事项？
6. 处理顾客异议的角色扮演：三位同学一组，分别扮演销售人员、客户、观察者(观察者要提供观察后的感想)，时间限定30分钟，每位销售人员都要扮演不同的角色一次，体现客户可能提出哪些异议，以及如何解决。
7. 怎样识别成交信号？
8. 促进成交有哪些基本策略和技巧？
9. 你认为哪一种促进成交的方法对你最有效，为什么？
10. 为什么有许多销售人员不太愿意采取促进成交的行动？

营销实战案例

销 售 灯 泡

推销员：约翰，我们发现奥克纯(Octron)灯泡将减少您更换存货需要的储存空间。它能给你们的设计者提供高清晰度的颜色输出信号，这种信号能降低视力疲劳和朦胧感。我是这周安排送货还是下周？

买主：您说得不错，不过我仍不准备买。太贵了。

推销员：您是说，您想知道，我们产品到底有什么样的特殊利益，使它的价格略高一些。这说的对吗？

买主：我想是这样的。

推销员：前一段时间，我们发现就延长灯具的使用寿命以及节省能源费用而言，您若使用通用瓦特—迈泽兹（GE Watt-Misers）来替换现在的灯具，那么您每年可以节省375元。约翰，这表明我们的产品能省钱，对吗？

买主：是的，我想您是对的。

推销员：太好了！您是想这个周末安装还是下周下班之后呢？

买主：都不想，我需要再考虑考虑。

推销员：您现在犹豫不决一定有充分的理由。如果我问是什么原因，您介意吗？

买主：我想我们一次支付不起所有新的照明设备的价款。

推销员：除此之外，还有别的原因吗？

买主：没有。

推销员：假设您能使自己信服成批更换要比少量更换便宜……您想这么做吗？

买主：我想会的。

推销员：成批更换并不是必需的；不过，它却能让您马上看到所有装置上实现的能源节约费用。成批更换灯具能节省很多现场更换的劳动成本，因为成批安装灯具具有生产线的效率。您明白我的意思吗？

买主：是的，我明白。

推销员：您觉得是在晚上安好还是周末安好？

买主：我还是想考虑一下。

推销员：一定还有别的原因造成您现在的犹豫不决。我想问一问可以吗？

买主：我们现在没有做这种投资款项。

推销员：除此之外，还有别的原因吗？

买主：没有。我的上司不让我买任何东西。

推销员：您也同样认为买这些货会给你们公司省钱，对吗？

买主：是的。

推销员：好了，约翰，现在去拜访您的上司怎么样？告诉他除了节省存货空间和减少你们员工的视力疲劳之外还能给公司节省货款。也许该让我们两人一起去拜访您的上司。

资料来源：查尔斯·M·弗特勒著，殷戬弘等译，《销售ABC（第6版）》

讨论题

1. 该销售人员运用了哪些处理顾客异议和成交的方法？请具体标明。
2. 该销售人员在本次销售中存在哪些问题？如何改进？

案例点评

有异议表明顾客对产品感兴趣，有异议意味着有成交的希望。推销员通过对顾客异议的分析可以了解对方的心理，知道他为何不买，从而按病施方，对症下药，而对顾客异议的满意答复，则有助于交易的成功。

第 8 章 处理顾客异议与促进成交

推销成交的障碍除了顾客、商品本身以及外界其他条件外,同时来自推销人员自己的一种情绪和心态。如果推销人员在这个阶段中表现出自信心不足,害怕遭到顾客的拒绝,不敢主动提出成交要求,被动地去等待顾客,那么毫无疑问推销是不可能取得成功的。另外,推销人员要保持自然沉稳的态度。如果顾客决定购买,推销人员不要过分喜形于色,过分热情;顾客拒绝购买,也不要表现得急躁鲁莽,失望沮丧。推销人员应以自然良好的态度去赢得顾客的信任、尊重与支持合作的机会。

(扫一扫)

 参考文献

1. 欧阳小珍主编,《销售管理》,武汉大学出版社,2003 年
2. 刘志超主编,《现代推销学》,广东高等教育出版社,2004 年
3. 吴健安、王旭等编著,《现代推销学》,东北财经大学出版社,2001 年
4. 查尔斯·M·弗特勒著,殷戡弘等译,《销售 ABC(第 6 版)》,企业管理出版社,2005 年
5. 罗纳德·B·马克斯著,郭毅、江林、徐蔚琴等译,《人员推销(第 6 版)》,中国人民大学出版社,2002 年
6. 熊银解主编,《销售管理》,高等教育出版社,2002 年
7. 陈新武、龚士林主编,《推销实训教程》,华中科技大学出版社,2006 年
8. 杭忠东、高云龙主编,《优秀推销员实用教程》,社会科学文献出版社,2006 年
9. 梁敬贤主编,《推销理论与技巧》,机械工业出版社,2005
10. 卢晶主编,《推销理论与技巧》,清华大学出版社,2015 年
11. 张海霞主编,《现代推销技术》,中国金融出版社,2014 年
12. 力言编著,《现代推销技术》,中国农业出版社,2015 年

第Ⅱ篇 实训环节

实训名称

销售场景设计及销售报告撰写

实训目标

以真实企业为背景,站在普通销售人员的角度,模拟销售中的重要环节,切身感受其中所遇到的问题,最终达到综合运用"人员推销过程与技巧"相关知识点的教学目标。

背景描述

在此次销售模拟中,将以3~4人为团队,团队成员均为的戴尔公司的一线销售人员,该团队负责上海地区的集团客户(即组织购买者,包括:生产者市场、中间商市场、政府市场、机构型市场)的销售工作,具体职位是"电脑部销售代表",销售产品主要是各类台式电脑以及笔记本电脑。

戴尔公司销售人员的工作职责描述:

职务宗旨:开发客户;维系与客户的关系;对销售目标的达成。

1. 业务职责

(1) 接受确认并负责执行销售经理下达的销售目标;

(2) 分解销售目标,保证销售指标的贯彻执行;

(3) 选择合适的方式应对客户的需要,达成销售任务;

(4) 制定和调整销售方法与方式;

(5) 对客户进行跟踪服务,以保证客户的长久性。

2. 管理职责

(1) 建立客户档案;

(2) 对重点客户定期或随时进行跟踪服务;

(3) 制定客户维护的日常工作及维护预算的使用;

(4) 与专业人员随时沟通,保证对客户的服务更专业。

实训任务

销售团队将主要完成以下工作，并撰写 3 000 字以上的模拟销售报告。

1. 销售准备阶段

① 熟悉戴尔公司、所销售的产品、电脑行业、戴尔竞争对手、目标市场的相关情况；

要求：以上情况须在报告中做出详细说明

② 寻找潜在客户（通过各种手段，广泛搜集可能成为企业客户对象的信息，从中寻找戴尔公司的服务对象）；

要求：须搜寻到三家企业（或组织）作为潜在客户，并说明三家企业的基本情况以及寻找这些潜在客户的方式

③ 顾客资格审查（筛选出合格顾客）；

要求：对这三家潜在客户用 MAN 法则进行筛选，最终选出一家企业（或组织）作为最终的目标客户。筛选时，如果信息收集不够完备，可以假定某些条件，但须在报告中说明清楚

④ 制定销售访问计划；

要求：须针对该组织中的发起者、影响者、守门者、决策者、购买者、使用者这六类目标客户（任选三个）确定访问目标和销售模式，并列出该目标客户的背景资料

⑤ 约见顾客。

要求：设计一封有效的约见电邮（E-mail）

2. 销售展示阶段

① 根据接近顾客过程示意图，设计接近顾客的场景；

要求：必须要运用到三类接近顾客的方法中的某一种或几种（以询问问题开始、以陈述说明开始、以演示开始）

② 设计销售陈述场景并标明销售陈述结构的类型。

3. 处理顾客异议阶段

① 设计三种顾客异议并标明类型；

② 针对三种顾客异议提出有针对性的解决办法，并标明所运用的方法。

4. 促成交易阶段

① 正确识别顾客的成交信号；

② 设计三种成交方式，并标明所运用的方法。

实训评估标准

1. 各类信息（戴尔公司、产品、潜在客户、竞争对手等）收集的完备程度；（考查信息收集能力，占 20%）

2. 销售报告的条理性、清晰性、逻辑性程度,同时必须完成规定的全部任务,不得缺项;

(考查书面表达能力,占 20%)

3. 小组成员的团队合作意识以及参与程度;

(考查团队能力以及学习态度,占 20%)

4. 结合相关知识点的紧密程度。

(考查学习并运用知识的能力,占 40%)

第Ⅲ篇 销售团队的建设与管理

第9章 招聘与甄选

本章知识结构图

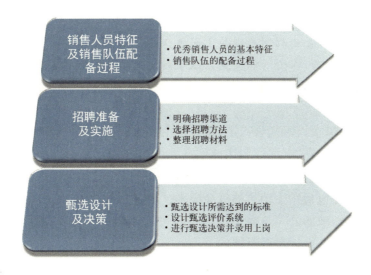

学习目标

本章学习要点：
1. 了解优秀销售人员的基本特征及销售队伍的配备过程
2. 掌握招聘的相关准备和实施过程
3. 掌握甄选评价系统的设计标准和方法
4. 理解不同甄选方法的具体含义和操作要点

引导案例　　　　　人力资源那些事

（扫一扫观看视频）
视频案例名称：影响力对话——张开联（四川金沙人力资源开发管理有限公司董事长）
网址：http://www.iqiyi.com/v_19rrhe2j3v.html

从求职者角度，每年的毕业生人数都在不断创新高，招聘会上的用人单位一上午就能收到一摞简历。虽然毕业人数很多，但是就业岗位也不少，可大家依然在抱怨工作难找。加之中国经济面临巨大压力，企业提高了用人标准，录取条件更加苛刻，而刚出校门的大学生并不了解这一行情，按照自己的期望找工作，结果处处碰壁。

从企业销售部门的招聘与甄选角度，很多企业依然停滞在关注人力资源成本的水平，将人力资源管理与企业利润目标处于同步状态，也就是说将人力资源管理定位在短期经济效益的增长上面，人力资源开发只限于短期内给企业创造利润。观看视频，思考大学生应如何将自身能力与企业招聘与甄选要求相匹配？

企业如果没有慎重选择销售人员，将会付出高额代价，其成本包括广告及可能使用招聘代理机构的费用；甄选、面试和评价候选人的时间，以及岗位培训费用和支付给受雇者的薪金。一旦被雇佣者不能胜任工作或因为不喜欢工作而离开公司，所有花费将付之东流。另外，还包括失去销售的机会成本。缺乏工作热情、低效率的销售人员甚至可能损害公司声誉，破坏公司与客户正建立的关系。而重建这一关系可能需要数年时间，以失去收益而计的损失是毁灭性的。

尽管如此，很多销售管理者仅凭"感觉良好"，而不是以客观的关键原则为基础做出招聘甄选决策，另外管理者还经常只限于在现有离职时才开始招聘新人，而没有建立起一个持续不断的招聘规划。这样，他们常常随便安排一个人来填补空位。虽然销售人员的招聘与甄选工作并不是销售经理唯一的工作，但却是最重要的工作。本章将探讨招聘与甄选销售人员的各环节注意事项。

9.1　销售人员特征及销售队伍配备过程

优秀销售人员具备哪些基本特征？销售队伍的配备过程是怎样的？

一个真正优秀的专业销售人员会成为客户的顾问和战略伙伴，能够帮助组织与其客户建立一种基于相互信任、相互尊重并持久互利的伙伴关系。了解优秀销售人员的基本特征对于组织选择与培养销售人员来说非常关键。

9.1.1 优秀销售人员的基本特征

优秀的销售人员必须具备一定的基本素质,即自我认知、营销理念、法律意识、专业知识、社会技能等。这些基本素质是构成优秀销售人员丰富知识结构的基础,从而指导着他们不断地克服销售障碍,不断地取得进步,进而逐渐地从普通走向优秀,直至向卓越发展。

具体地说,优秀的销售人员必须具备一定的工作胜任能力,才能完成其个人销售任务,刷新公司的销售指标,进而实现公司的营销战略。销售人员的工作胜任能力,就是指销售人员在完成某项销售任务时,所需要各种能力的最完备的结合,以使其创造性地迅速完成销售任务。

成功的销售,关键在于对人的理解。美国著名销售专家曾说:"销售的98%是对人的理解,2%是对产品知识的掌握。"除了对人的理解之外,优秀的销售人员还需要掌握一些销售技巧。概括地说,优秀的销售人员表现出如下一些特征。

1. 具备正确的、先进的现代营销理念

作为优秀的销售人员,他需要清晰地了解现代营销的发展方向。具体地说,营销理念的形成与发展,经历了从以公司为中心的生产理念、产品理念与推销理念,现阶段正沿着以客户为中心的营销理念、关系营销理念、社会营销理念方向发展。

2. 具备正确的道德规范与相应的法律知识

对销售人员来说,不道德的销售行为或许在一次交易中会侥幸得逞,但要建立与发展真正的合作伙伴关系需要百分百的诚实和真挚。通常情况下,人们将道德定义为判定正确和错误行为的标准,因此,被社会大多数人认同的行为标准就是道德规范。这些规范,一部分可以用法律来约束,违反规范就要受到法律的惩罚;另一部分,不属于法律约束的范畴,仍然只能用道德的力量去限制。

3. 注意在销售中情感的导入

人们常说"功夫在诗外",销售的功夫也在销售的产品之外。销售人员要注意销售以外的事情,也就是那些被称为"人之常情"的事情。销售人员应该帮助客户满足某种愿望;客户只有明白产品会给自己带来某种好处才会做出购买决定。

4. 掌握销售业务所必需的知识

对优秀的销售人员来说,售前掌握必需的业务知识是非常必要的。销售需要勇气,但绝不能理解为盲目行动。成功的销售基础是对客户的理解,因而事先需要进行调查和了解情况,掌握必要的知识。销售过程是对客户的说服与指导过程,只有掌握了必要的知识,才能进行有针对性的说服与指导。

5. 善于把握销售中的一切机会

机会不是突然降临的,不是现成的收获,而是不断追求的酬劳,是艰辛劳动的成果。

机会属于有准备的头脑。销售过程中的机会包括动机的准备、观念的准备和才能的准备。销售的成功是在一定的概率中实现的。优秀的销售人员总是把注意力放在排除故障上,因为障碍的另一面就是需求。这种需求是一种潜在需求,将潜在需求转化为现实需求,销售所创造的完全是一种新格局。正因为如此,优秀的销售人员总是把"拒绝"看成是销售的开始。

6. 具备"试一试"的勇气

虽然事先了解、掌握销售业务所必需的知识是必要的,但如果总以为有了十分的把握再行动,那就失去了探索的勇气。具备"试一试"的胆略和勇气,不断地克服销售恐惧顽症,是销售人员应该具备的素质。优秀的销售人员从不言失败,只是将每一次销售都视为一种尝试,而且视为逐渐接近成功的尝试。

7. 必须具备旺盛的学习热情

在当前的信息社会,科技在日新月异的发展,销售业务,包括销售内容、销售形式等都会随着科技的发展而不断地推陈出新。因此,优秀的销售人员需要保持旺盛的学习热情,努力学习不断更新的业务知识,掌握更为先进的销售方法与技巧。只有这样,才能不断地自我提高,不断地创造一个又一个的销售契机,从而逐步成长为一个优秀的销售人员。

【案例小链接9-1】　　销售人员的团队合作能力

一次,在加拿大多伦多市一家有影响的公司招聘中层管理人员,9名优秀应聘者经过初试,从上百人中脱颖而出,闯进了由公司老板亲自把关的复试。老板看过这9个人详细的资料和初试成绩后,相当满意。但是,这次招聘最后只录取3个人,所以,老板给大家出了最后一道题。老板把这9个人随机分成一、二、三组,指定第一组的3个人去调查本市妇女用品市场,第二组的3个人调查婴儿用品市场,第三组的3个人调查老年人用品市场。老板解释说:"我们录取的人是用来开发市场的,所以,你们必须对市场有敏锐的观察力;让大家调查这些行业,是想看看大家对一个新行业的适应能力。每个小组的成员务必全力以赴! 不过,为避免大家盲目开展调查,我已经叫秘书准备了一份相关行业的资料,走的时候你们自己到秘书那里去取。"

第三天,9个人都把自己的市场分析报告送到了老板那里。老板看完后,站起身来,走到第三组的3个人面前说:"恭喜三位,你们已经被本公司录取了!"然后,老板看见大家疑惑的表情,就让大家打开秘书给他们的资料,互相看看。原来,每个人得到的资料都不一样,第一组的3个人得到的分别是本市妇女用品市场过去、现在和将来的分析,其他两组的也类似。老板说:"第三组的人很聪明,互相借用了对方的资料,补全了自己的分析报告。其他两组的人却抛开队友,自己做自己的。我出这样一个题目,其实最主要的目的是想看看大家的团队合作意识。要知道,团队合作精神才是现代企业成功的保障!"

资料来源:何晓兵主编,《销售业务管理》,科学出版社,2011年

营销思考:请思考一下,为什么销售人员尤其需要具有团队合作精神?

9.1.2 销售队伍的配备过程

销售队伍的配备是销售管理过程中的重要活动,管理者的主要职责之一是要为组织配备合适的人员。一般来说,销售队伍的配备主要包括以下五种活动:

(1) 规划招聘与甄选过程;
(2) 招聘一定数量的应聘者;
(3) 甄选最合适的人选;
(4) 录用入选者;
(5) 融合:新录用者融入销售队伍。

图 9-1 是以上主要活动的流程图。

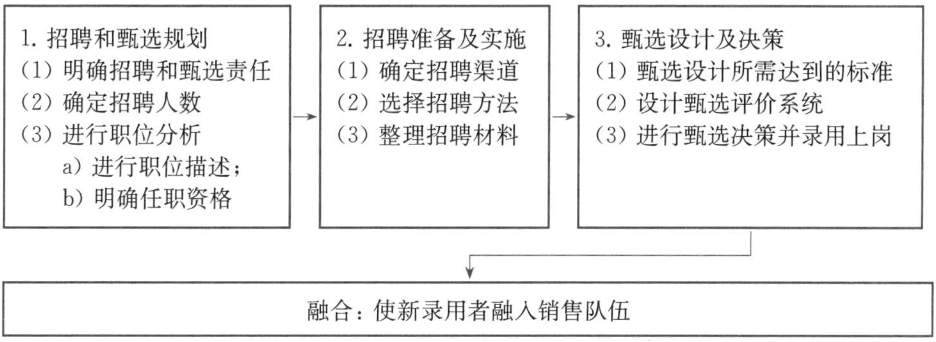

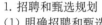

图 9-1　销售队伍的配备过程

正如上面流程图所示,整个配备过程主要包括规划、招聘和甄选三个阶段。

1. 招聘和甄选规划

(1) 明确招聘和甄选的责任。

管理层必须明确由谁负责招聘和甄选决策,由谁负责新录用者与组织的融合。而如何决策经常与公司的规模和销售工作的性质有关。在小型公司里,经常是高层销售经理、甚至总裁亲自决策。由于销售队伍规模小,这类决策并不会给任何经理人员造成太大的负担。

然而,在大公司里,众多的销售区域和各区域内正常的离职率,使得招聘和甄选新销售人员的工作成为一个持续不断的过程。任何一名经理负责所有的决策都非常困难,所以决策往往转由低一级的销售经理负责。此外,大公司的人力资源部门常常协助经理实施招聘和甄选工作。人力资源部门可以负责所有的招聘和对应聘者的最初甄选,但通常最终决策仍由销售经理决定。

(2) 确定所要招聘的人数。

公司应尽量准确地确定所需销售人员的数量。在开始正式的招聘和甄选过程之前，公司应该首先预计销售人员的需求情况；这将迫使不同的销售单位进行系统规划，还可以改善后期招聘、面试和其他步骤的规划。另外，管理层还应首先审查公司营销战略规划的变化，进而确定其对所需销售人员数量的影响。

(3) 进行职位分析。

正式的招聘和甄选过程开始之前，对拟招聘的职位应进行详尽的职位分析。职位是组织的基本单元，组织的战略、目标与计划最终都要通过职位的功能发挥得到落实，并以职位目标与任务的达成为实现手段。职位分析是人力资源管理的一项核心基础职能，简单来讲，它是一种应用系统方法，收集、分析、确定组织中职位的定位、目标、工作内容、职责权限、工作关系、业绩标准、人员要求等基本因素的过程。职位分析必须明确区分销售人员所要承担的主要工作职责及对该职位应聘人员的主要任职资格要求，职位分析的书面结果是形成职位说明书。

简单地说，通过职位分析，我们要解决以下两个主要问题：

第一，"该职位是做什么事情的？"即要进行职位描述。这一问题与职位上的工作活动有关，包括直接上级、工作目标、工作职责与任务、工作绩效、可轮换岗位、权限范围。其中最重要的是工作职责与任务，包括销售和服务的职责、计划、报告、工作的投入与产出、内外部联系、日常行政事务及内容处理。职位说明书因不同的产品或服务、用户购买行为、销售形式和公司文化而不同。职位描述是招聘工作的基础，是解决做什么的问题。

第二，"什么样的人来做这些事情最适合？"也即是要明确所聘职位的任职资格。这一问题则与从事该职位的人的任职资格有关，包括专业、年龄、必要的知识和能力、必备的证书、工作经历以及心理要求等内容。不同的销售职位要求不同的资格；不同公司应当就每一类销售工作职位建立个性化的任职资格要求，比如：产品销往国外市场的企业要求销售人员的语种及其程度与国内市场不同；开发新产品的企业要求销售人员的开发能力与销售老产品的人员不同；产品针对集团客户的企业要求销售人员的谈判能力与针对个人的人员不同。销售经理要清楚目标市场的细分以便找到合适的销售人员。任职资格是解决谁来做的问题。

一般来说，进行职位分析之后，我们就可以填写出拟招聘职位的人员需求表，这就意味着下一步招聘工作即将开始。人员需求表明确记录了所要招聘的职位名称、部门、招聘员工到岗的时间、岗位要求，以及其他需要说明的内容，为人力资源部门下一步的招聘工作提供了信息。人力资源部门根据部门提供的人员需求表，以及职位说明就可以确定所要招聘人员应具备的资格和条件，以便下一步进行招聘准备并实施招聘活动。

2. 招聘准备及实施

这一阶段包括明确与所需人才类型一致的招聘渠道、选择合适的招聘方法及整理招聘材料；将在9.2节中详细讨论。

3. 甄选设计及决策

这一阶段包括明确甄选设计所需达到的标准、设计甄选评价系统以及进行甄选决策并录用上岗;将在 9.3 节中详细讨论。

销售人员的招聘与甄选,是销售管理过程中的重要活动。销售人员的招聘与甄选并不是销售经理唯一的工作,但却是最重要的工作之一,整个配备过程要求我们要有更多的考虑和准备。

9.2 招聘准备及实施

销售人员的招聘准备及实施过程是怎样的?有哪些招聘方法可供选择?

确定所需销售人员的数量和类型后,接下来的主要步骤是为招聘相应的应聘者做准备并实施招聘。招聘(recruiting)这一概念并不包括通过面试、测试或其他招聘工具进行的实际甄选。人员招聘是组织获取人力资源的第一环节,也是人员甄选的基础。好的甄选设计及决策离不开周密计划和运作良好的招聘系统;如果招聘活动过于随意,公司会面临无法招到良好销售人员的风险。

销售人员的招聘准备及实施过程如图 9-2 所示。

图 9-2 招聘准备及实施过程

9.2.1 明确招聘渠道

很多公司主动从各种来源招聘销售人员。为了确定最佳来源,招聘人员应当首先研究公司现有最好的销售人员是从哪儿来的;如果公司是首次招聘或其现有招聘来源不足,那么之前的职位分析环节将是招聘工作有用的起点。

图 9-3 所示是招聘销售人员的常见来源或来源的线索,具体包括公司内部招聘、推荐、其他公司(竞争对手、客户和非竞争对手)、广告、校园招聘、职业中介、网络招聘、主动应聘者及兼职人员等不同途径。

我们也可以将这些来源概括为内部招聘和外部招聘两大招聘渠道。

有些公司从其生产车间或办公室人员中招聘销售人员,即选择内部招聘渠道。管理层能够观察他们,并评估他们作为销售人员的潜力。这些员工熟悉产品,而且受公司政策和计划的熏陶,他们的价值观符合公司文化。有评估表明,从公司内部招聘的销售人员比其他渠道的销售人员能够创造更多的长期利润;另一方面,他们的招聘和培训成本也相对偏低。

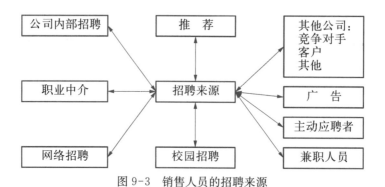

图 9-3 销售人员的招聘来源

公司首要要确定通过何种渠道招聘人员。如果选择内部招聘，就要从现有员工中发现哪些人员能够满足新岗位工作需要，可以补充岗位空缺；如果选择外部招聘，则推荐、其他公司（竞争对手、客户和非竞争对手）、广告、校园招聘、职业中介、网络招聘、主动应聘者及兼职人员等不同途径都是人员招聘的来源。

一般来说，这两种招聘渠道各有其优点和缺点，见表 9-1。

表 9-1 内外部招聘渠道优劣势比较

内 部 招 聘	外 部 招 聘
优点： □ 组织对候选人的能力有清晰认识 □ 候选人了解工作要求和组织 □ 奖励高绩效，有利于鼓励员工士气 □ 组织仅仅需要在基本水平上雇佣 □ 更低的成本	优点： □ 更大的候选人蓄水池 □ 会把新的技能和想法带入组织 □ 比培训内部员工成本低 □ 降低徇私的可能性 □ 激励老员工保持竞争力，发展技能
缺点： □ 会导致"近亲繁殖"状态 □ 会导致为了提升的"政治性行为" □ 需要有效的培训和评估系统 □ 可能会因操作不公或心理因素导致内部矛盾	缺点： □ 增加与招聘和甄选相关的难度和风险 □ 需要更长的培训和适应阶段 □ 内部员工可能感到自己被忽视 □ 新的候选人可能并不适合企业文化 □ 增加搜索成本等

9.2.2 选择招聘方法

依据招聘的渠道不同，我们需要采用不同的招聘方法。

内部招聘的方法主要有两种：一是工作公告法，二是档案记录法。

1. 工作公告法。这是最常用的一种内部招聘方法，它是通过向员工通报现有工作空缺，从而吸引相关人员来申请这些空缺职位。工作公告中应包括空缺职位的各种信息，如工作内容、资格要求、上级职位、工作时间以及薪资等级等。

发布工作公告时应注意，公告应置于企业内部人员都可以看到的地方，以便有资格的人员有机会申请这些职位;公告应保留一定的时间,避免有些人因工作外出而看不到;应使所有申请人都收到有关的反馈信息。

2. 档案记录法。在企业的人力资源部,一般都有员工的个人资料档案,从中可以了解到员工在教育、培训、经验、技能以及绩效等方面的信息,通过这些信息,企业的高层和人力资源部门就可以确定出符合空缺职位要求的人员。使用这种方法进行内部招聘时,要注意两个问题:一是档案资料的信息必须真实可靠、全面详细,此外还要及时更新,这样才能保证挑选人员的质量;二是确定出入选后,应当征求本人的意见,看其是否愿意进行调整。

随着计算机和网络技术的发展,现在很多企业都建立起了人力资源信息系统,对员工的个人信息进行动态化和规范化的管理,利用档案记录进行内部招聘的效率和效果都得到了大幅度的提高。

相比内部招聘,外部招聘的方法相对就比较多,主要有以下几种:

1. 广告招聘

报纸和商业杂志是最常见的刊登销售人员招聘广告的媒体。有些公司利用广告招聘那些胜任几句挑战性工作的高素质销售人员;然而,大多数公司还是利用广告、特别是报纸上的广告招聘一些不太吸引人的工作,比如上门销售人员或零售店员。

广告通常会吸引许多应聘者,但他们的平均素质却值得怀疑。吸引这些应聘者的成本很低,但需要额外的甄选以剔除那些明显不合要求的应聘者。

精心选择媒介和发布恰当信息可以提高广告吸引的潜在应聘者的素质。比如,公司选择商业期刊而非日报刊登广告,自然会提高招聘的针对性。

为了保证有效性,招聘广告必须具备吸引力和可信度。广告需要传递的信息,除了与职位相关的信息外,招聘广告还应包括方便求职者的清晰快捷的联系方式以及相关事宜(如有效时间、注意事项等)。

2. 推荐

通过企业的员工、客户以及合作伙伴等推荐人选,是组织招聘的重要形式。这种方式的优点是对候选人的了解比较准确,招聘成本比较低廉。采用这种方式的典型案例是思科公司,该公司大约10%的应聘者是通过员工相互介绍而来的。组织可以建立一些特别的奖励机制,鼓励员工向企业推荐员工。

3. 校园招聘

学校是人才高度集中的地方,也是组织获取人力资源重要的源泉。每年都有数以万计的大学生迈出校门,走向社会。大学生的专业知识和对工作的热情是组织所期待的。尽管从1999年12月国家教育部才开始允许企业进入高校招聘,即用人单位可在每年11月20日之后的休息日和节假日到高校开展宣传和咨询活动,但在此之前,已经有企业每年定期到大学去做招聘宣传,开展优秀毕业生的争夺。

4. 职业中介

通过职业中介招聘销售人员是另一个常用的外部招聘方法,组织可以仔细选择职业中介并与之建立良好的关系。由于职业中介会遵循既定的工作要求，所以可以做一些最初的甄选，由雇主支付费用的职业中介可以吸引较高素质的应聘者。

5. 网络招聘

网络招聘，也被称为电子招聘，是指通过技术手段的运用，帮助企业人事经理完成招聘的过程。即企业通过公司自己的网站、第三方招聘网站等机构，使用简历数据库或搜索引擎等工具来完成招聘过程。

猎头服务利用电脑在众多人才简历中检索，寻找特定的个性特征，然后将检索出的个人简历提供给招聘组织。这些公司的收费大大低于职业中介，同时又能保证合格的应聘者。

6. 主动应聘者

有些组织不刊登招聘广告，而是回应那些刊登求职广告的销售人员，或录用直接上门求职者。这些公司欣赏那些主动寻找工作而不是等工作上门的人。招聘主动应聘者也是招聘销售人员的有效方法之一。除了主动性，这些主动应聘者还非常自信和独立。

7. 兼职人员

外部销售工作中越来越多地录用兼职销售人员。兼职人员较容易找到，随时可以工作，而且工作时间灵活。比如，像玫琳凯和安利等从事上门推销的公司常常雇用家庭主妇作为兼职销售人员。

此外，还有从其他公司（包括竞争对手、客户与非竞争对手）那里招聘销售人员、通过人才交流会及公共服务机构等外部招聘方法可供选择。

【案例小链接9-2】　　有效招聘销售人员的四个"切合"原则

作为销售经理，在同人力资源部进行配合招聘时，双方一定要共同遵循四个"切合"原则：

1. 经历切合

经历切合，也就是应聘者的工作经历一定要和相应的岗位相吻合。尤其是以效能为导向的销售模式。如从事大型的系统、设备、工业品以及解决方案的销售工作，它对经历这方面的要求更加严格。如果招来的人没有相应的工作经历，那么就很难掌握一个系统或一个设备的整个销售过程。取得好业绩就需要相当长的一段时间，而企业一般不会给予太长的时间来产生绩效。

2. 发展阶段切合

常规来讲，公司的成长一般有三个阶段，每个阶段对人才的要求都不一样。

第一个阶段是婴儿期。这时候公司的成长还处在求生存的状态。这个阶段，销售队伍的任务非常重，而且采取的策略一般都是闪电战的策略。这个阶段不要求销售人员必须具备太多的系统知识，但是必须有足够的冲劲和热情。

第二个阶段是青年期。青年期是公司成长最快的时期,这时候要求销售人员有很强的上进心,那么在招人时就应该选择那些不过分注重现实收益、愿意伴随企业共同成长的年轻人。

第三个阶段是成熟期。这时候企业已经解决了生存和成长的问题,现在需要的是稳步发展。这一时期就可能要求销售队伍的年龄层次稍微高一些。

总之,销售人员同企业的发展阶段一定要相切合。概括来讲,如果企业处于婴儿期,招聘的销售人员带有七分冲劲、三分经验就可以了;如果处于成长期,应该招收有四分经验、六分潜力的销售人员;如果企业处于成熟期,就应该招聘成熟的销售人员。

3. 期望切合

销售人员都在期望两点:一是"钱途",二是前途。所谓期望"钱途",是指收入能达到什么高度。而期望前途的销售人员,对这些可能看得不是很重,更多是希望有学习的机会,有成长的空间。

4. 个性切合

第四个就是个性一定要切合,这一点也很重要。比如说一个以效率为导向的销售队伍,卖的是笔记本电脑,那么就要求业务代表必须有足够的冲劲,要真有那种"双脚踏出亿万金"的劲头,也就是说销售人员的个性要适合效率型这种销售模式。反之,如果是销售系统解决方案的团队,那就要求销售代表比较沉稳、平和,并且思路应该比较缜密。对于这两种个性,我们不能妄言哪一种更好,因为不同的销售风格对销售人员的要求是不一样的,它们各有侧重,关键在于两者的切合。

资料来源:http://3y.uu456.com/bp_3jc004b01m9s4tl8l1h9_2.html

营销思考:四个"切合"原则会对销售人员招聘方法的选择产生怎样的影响?

在选择合适的招聘方法的同时,组织还要对招聘费用进行预算。随着人才争夺的日趋激烈,招聘方法和手段不断翻新,很多招聘单位都面临着招聘费用的不断提高。用于招聘活动的费用支出主要有:包括招聘广告和宣传册等在内的招聘信息成本、招聘会或联谊会的费用。有些招聘活动已经不局限在本地区,跨地区招聘还要包括差旅费和通信费用等。招聘单位可用于招聘的费用多少,在一定程度上决定了他们可以采用的招聘方法。

9.2.3 整理招聘材料

首先是准备招聘信息。

现在越来越多的组织认识到招聘工作本身就是宣传组织形象,吸引应聘人才的过程。招聘信息在这个方面发挥着重要作用。招聘信息不仅仅限于招聘广告,也包括公司内部的工作张榜、公司的宣传册、内部刊物、公司的录像带等。

在准备招聘信息时,招聘信息应将组织最具吸引力的地方传达给求职者,还要将所要招聘的人员条件和资格说明清楚。此外,招聘信息一定要客观,对企业的宣传不要夸大其词。

有效的招聘信息一般应该包括组织的简单介绍、销售职位或岗位名称、简单清晰的职位职责描述、职位所需的任职资格要求以及工作条件和申请方式等信息。

此外,还要整理应聘者信息。

组织通过一定渠道、采用适当方法将招聘信息发布出去并吸引到符合组织要求的应聘者。对所招聘的工作或岗位感兴趣的人员可通过递交个人简历申请应聘,但是有的公司要求求职人员必须填写公司统一的申请表,见表9-2。

表9-2 求职申请表示例

申请职位:　　　　　　可到职日期:　　　　　　薪金要求:

姓　名		性　别		年　龄	
身份证号码				户口所在地	
通讯地址				联系电话	
教育经历	起止时间	学校名称	专　业		学　历
工作经历	起止时间	单位名称	岗位和职责		离职原因
接受培训	培训时间	培训内容			
其他说明					

一般来说，申请表的设计要结构清晰，内容明确。既要有助于招聘单位通过申请表了解足够的求职者信息，又要方便求职者填写。申请表一般包括个人基本信息、教育经历、工作经历、培训经历及其他说明等内容。

个人简历和申请表在招聘和选择人员过程中各有优劣，见表9-3。

表9-3 个人简历和申请表的对比

	个 人 简 历	申 请 表
优 点	• 形式开放，申请者的简历形式多样 • 申请者可以提供较多的信息 • 申请方便 • 费用较小	• 直截了当，结构清晰 • 避免不必要的信息，简化筛选过程 • 便于评估 • 便于计算机管理
缺 点	• 信息过多，不便于了解关键信息 • 难于评估 • 不便于计算机管理	• 形式封闭，限制创造性 • 成本较高

比较好的方法是将个人简历与申请表结合使用，即求职人员在递交了个人简历后，再填写一份招聘单位统一格式的申请表。这样既可以方便地了解应聘者的信息，便于计算机管理，又可以通过个人简历了解应聘者个性的一方面。

组织要将收到的人员简历或申请表进行分类，送交有关部门或有关人员进行人员筛选。现在越来越多的单位已经采用计算机来管理应聘者信息。有些应聘者由于目前没有合适的岗位而未被录用，他们的信息也将存入公司的人才库，一旦有岗位空缺时，可以随时查询，寻找合适的求职者。

9.3 甄选设计及决策

甄选评价系统的设计应遵循什么原则？甄选评价系统一般包括哪些方法？

在招聘过程中，组织已经确定了所需销售人员的人数及类型，并且应聘者也已招聘完毕。接下来管理工作可以进入销售人员的甄选过程，甄选（selection）是指综合利用心理学、管理学等学科的理论、方法和技术，对候选人的任职资格和对工作的胜任程度，即与职务匹配程度进行系统的、客观的测量和评价，从而做出录用决策。

甄选应聘者是实现销售队伍战略规划全过程中不可或缺的一部分。如果甄选工作能有效地进行，就能有助于实现良好的销售绩效；否则，即使资格确认和前期招聘工作很成功，甄选工作的失败也将妨碍整个销售战略规划的实施。这一阶段包括明确甄选设计所需达到的标准、设计甄选评价系统以及进行甄选决策并录用上岗。

9.3.1 甄选设计所需达到的标准

职位内在的要求是销售人员甄选录用的客观标准和依据，而对职位内在要求的描述主要体现在职位分析之中。

一般来说，人员甄选主要考虑应试者以下方面的特征：

（1）基本生理/社会特征：如性别、年龄、户籍等；

（2）知识/技能特征：学历、专业、专业工作经历、其他工作经历、培训数量、专业资格证书；

（3）心理特征：各种素质、人格、兴趣爱好。

如前文所述，职位分析的最终结果包括两个部分：职位描述和任职资格，其中任职资格部分一般比较具体地涵盖了职位要求的基本生理/社会特征、知识/技能特征。职位说明书规定的基本生理/社会特征、知识/技能特征一般是人员甄选中的"硬约束"，只需要在甄选时直接对应就行。

对于人员甄选中更具实际意义的"软约束"——心理特征，虽然有的职位分析也涵盖此项内容，但更多的还是借助一些甄选评价方法（系统）的设计来完成。

任何人员甄选过程都必须遵循几个通用的标准。雷蒙德·A·诺伊、约翰·霍伦拜克、拜雷·格哈特、帕特雷克·莱特认为评价人员甄选方法主要有以下五个方面的标准：信度、效度、普遍适用性、效用、合法性。前四项标准是相对一体的，从顺序上说，前一项是后一项的必要而非充分条件，"合法性"与前四项之间不存在这种关系，不过全面理解前四项标准有助于我们理解许多合法性标准的理性基础。

1. 信度

人员甄选中的许多工作都涉及通过对人的人性特征进行衡量来决定让谁来填补职位空缺。对于任何一种衡量手段而言，信度都是需要满足的一个非常关键的标准。信度是指一种测试手段不受随机误差干扰的程度。例如对智力这种相对较为稳定的特征进行测试的手段是可信的，那么一个人在不同的实践和不同的环境中通过这样一种测试手段时所得到的分数应该具有一致性。

2. 效度

效度是指测试绩效与实际工作绩效之间的相关程度，也就是预测的有效性问题。测量的工具的有效性，在很大程度上将影响人员甄选的最终结果，组织总是试图通过尽可能准确的测量工具，区分高绩效员工与低绩效员工，因此测试工具的效度是我们进行人员甄选最为关注的方面。

3. 普遍适用性

普遍适用性是指在某一背景下建立的甄选方法的效度同样适用于其他情况的程度。通常情况下我们可以概括出三种不同的背景：不同的处境、不同的人员样本以及不同的时间段。

4. 效用

效用是指甄选方法所提供的信息对于组织的基本有效性进行强化的程度,即甄选方式的成本与组织收益的相对大小。

5. 合法性

最后甄选方式必须满足合法性的要求,不应涉及候选人的隐私问题,目前我国在这方面的立法不太完善,但组织应避免甄选工具的使用引起不必要的法律纠纷。

9.3.2 设计甄选评价系统

一般来说,对销售人员进行甄选可以采取面试、管理评价中心技术、笔试及测试等不同的方法或其各种组合。

1. 面试

甄选面试是指由一个或多个人发起的以收集信息和评价求职者是否具备职位任职资格为目的的对话过程。面试是在各种组织中应用的最为广泛的一种甄选方法,也是人员甄选过程中最为关键的一步。一项研究表明,70%的美国企业在招聘过程中使用了某种形式的面试技术或方法。

面试主要有以下几种基本类型:

(1)非结构化面试(non-direct interview)。

面试中允许求职者在最大自由度上决定讨论的方向,而主持人则尽量避免使用影响面试者的评语,也成为"非引导性面试"。从某种意义上讲这种面试是主考官和求职者进行的一种开放式的、任意的谈话,它没有固定的模式和事先准备好的问题,根据面试的实际情况即兴提问。一般主考官的提问分为两种类型:一是描述性的问题,如"请你介绍一下以往的工作经历";二是预见性的问题,主考官提出一些假设性的问题,要求求职者就这些问题做出回答。

非结构化面试是一种随意性较强的面试过程,它将求职者的信息、态度、情感都摆在主考官的面前,有经验的面试主考官可以从中获取对求职者隐性素质的判断,而且由于灵活性较强,主考官可以针对某一问题深入询问,但正是由于这种灵活性的存在,使得非结构化面试的信度与效度都大打折扣,面试的结果往往存在大量的"弃真"错误,造成人才的流失,而且面试效果的好坏与主考官的经验和技术水平有一定的关系,好的主考官能充分引导求职者展示自己,而不偏离方向;经验不足的主考官则容易使面试成为"审判式"的对白,压抑求职者表现自我的欲望。

由于非结构化面试的优缺点相对明显,因此非结构化面试往往作为其他甄选方式的前奏或是补充,发挥"补漏"的作用。

(2)结构化面试(direct interview)。

结构化面试是在面试前,主考官提前准备好各种问题和提问的顺序,严格按照这一

事先设计好的程序对每个应试者进行相通内容的面试,这种面试的最大的优势就在于面试过程中采用同样的标准化的方式,每个应试者面临相同的处境和条件,因此面试结果具有可比性,有利于人员选拔。

(3) 情境面试(situational interview)。

情境面试是根据面试内容对面试进行的分类,情境面试是结构化面试的一种特殊形式,它的面试题目主要由一系列假设的情境构成,通过评价求职者在这些情境下的反应情况,对面试者进行评价。情境面试的试题多来源于工作,或是工作所需的某种素质的体现,通过模拟实际工作场景,反映应试者是否具备工作要求的素质。

(4) 以行为为基础的面试(behavior based interview)。

以行为为基础的面试与情境面试较为相近,都是给予应试者一个既定的情况,要求应试者做出回答,情境面试更多的是一个假设的事件,而以行为为基础的面试则是针对求职者过去工作中所发生的事件进行询问。比如"请你说出你最为得意的一个研发项目内容""在这一项目中你在管理方面遇到的最大的困难是什么,你是如何处理的"。

(5) 小组面试(panel interview)。

小组面试是指由一群主试者对候选人进行面试。小组面试有几个优点。普通的面试通常是由每位主考官重复的要求求职者谈论同样的问题。但是小组面试允许每位主试者从不同的侧面提出问题,要求求职者回答,类似于记者在新闻发布会上的提问。相对于普通面试,小组面试能获得更深入更有意义的回答,但这种面试同时会给求职者增加额外的压力。

(6) 压力面试(stress interview)。

压力面试的目标是确定求职者将如何对工作上承受的压力做出反应。在典型的压力面试中,主考官提出一系列直率(甚至是不礼貌)的问题,让求职者明显感到压力的存在,甚至陷入较为尴尬的境地。

主考官通常寻找求职者在回答问题时的破绽,在找到破绽后,针对这一薄弱环节进行追问,希望借此使应试者失去镇定。例如,一位CRM(客户关系管理)经理职位的求职者在自我描述中提到他在过去的两年里,从事了四项工作,主考官抓住这一问题,反问他频繁的工作变换反映了他的不负责任和不成熟的行为。面对这样的问题,求职者若对工作变换能做出平静清晰的说明,则说明他承受压力的能力较强;若求职者表现出愤怒和不信任,就可以认为在压力环境下,承受能力较弱。

2. 管理评价中心技术

管理评价中心技术是二战后迅速发展起来的一种人员素质测评的新方法,它是应用现代心理学、管理学、计算机科学等相关学科的研究成果,通过心理测验、能力、个性和情境测试对人员进行测量,并根据工作岗位要求及企业组织特性进行评价,从而实现对人个性、动机和能力等较为准确地把握,做到人员和职位匹配,确保人员达到最佳工作绩效。

它不同于我们传统的纸笔测验、面试等测试工具,评价中心的核心技术是情景模拟测试,即通过创设一种逼真的模拟管理情境或工作情境,将候选人放入情境中,要求其完成各种各样的工作。主要通过无领导小组讨论、公文处理、演讲、角色扮演等情景模拟技术,加上一些传统的测试方法,对人的知识、能力、个性、动机进行测量,从而可以在静动态环境中提供多方面有价值的评价资料和信息。其中无领导小组讨论适合于甄选领导干部;公文处理是针对管理人员效度较高的测评手段;通常甄选销售人员较多采用的是角色扮演法。

(1) 无领导小组讨论(leadless group discussion)。

无领导小组讨论是指由一组求职者(5～7人)组成一个临时工作小组,讨论给定的问题,并给做出决策。其目的在于考察求职者的表现,尤其是看谁会从中脱颖而出,成为自发的领导者。

(2) 公文处理(in-basket activity)。

公文处理又叫"公文筐"测验,是评价中心技术最具特色的工具之一(它在评价中心中使用频率为95%),它是对实际工作中管理人员掌握和分析资料、处理各种信息,以及作出决策的工作活动的一种抽象和集中。测验在假定的环境下实施,该情景模拟组织发生过的实际业务、管理环境,提供给受测人员的信息包括涉及财务、人事备忘录、市场信息、政府法令公文、客户关系等数十份材料。测验要求受测人员以管理者的身份,在规定的条件下,对各类公文进行处理,形成公文处理报告。通过应试者在规定条件下处理过程的行为表现和书面报告,评估其计划、组织、预测、决策和沟通的能力。

(3) 演讲(presentation)。

演讲是由应试者按照给定的材料组织并表达自己的观点和理由的过程。通常,应试者拿到演讲题目后有5～9分钟的准备时间。正式演讲控制在5分钟左右,有时演讲完毕后,主考官针对演讲内容对应试者提出疑问或质询。

(4) 角色扮演(role playing)。

角色扮演是一种比较复杂的测评方法,它要求多个应试者共同参加一个管理性质的活动,每个人扮演一定的角色,模拟实际工作中的一系列活动。例如,要求多个应试者合作完成一种新产品的销售工作。这一活动要求经历前期策划、宣传、销售等一系列环节。小组成员间实行分工合作,有时可在同一时间安排几个小组对类似的产品展开销售竞争活动。

3. 笔试

笔试是人才甄选中较常用的技术之一,也是最基础的技术之一。即使在日益发展的现代人才测评技术中,笔试的方法和技术仍然受到世界各国的重视,发挥着重要的作用。笔试主要用于测量应聘者的基本知识、专业知识、管理知识以及综合分析能力、文字表达能力等方面的差异。

笔试的优点在于它花费时间少、效率高、成本低,对报考者的知识、技术、能力的考查信度和效度较高,成绩评价比较客观,因此笔试至今仍是企业使用频率较高的人才选拔方法。笔试技术在形式上表现为用笔在试卷或问卷上回答,对此一般称为"纸笔作答","纸笔作答"也不宜仅仅理解为传统论述题型,而应包括现代人才测评中选择、判断是非、简述、案例分析、改错、计算、写作、匹配、题组、论述等丰富多样的笔试题型。

笔试缺点在于它不能全面的考查求职者的工作态度、品德修养以及其他一些隐性能力,因此笔试技术往往作为其他人员甄选方式的补充或是初步筛选方法。比如我国每年一度的公务员考试就是政府机关筛选求职者的第一步。

4. 测试

在销售人员甄选中,常用的测试方法包括身体能力测试、个性测试、智力测试、职业性向测试等。

(1) 身体能力测试。

尽管自动化与科技进步已经削弱或调整了许多职业活动中的体力要求,但有些工作仍旧需要某些特定的身体能力。在这些情况下,身体能力测试不仅有利于预测未来的工作绩效,而且还有利于预测可能会出现的工伤与残疾等情况。

在身体能力测试领域一共可以划分出 7 种类型的测试:肌肉力量、肌肉张力、肌肉耐力、心肌耐力、灵活性、平衡能力及协调能力。一般说来,从事特种体力劳动的职位需要对求职者的身体能力进行测试,以确定求职者是否能达到基本的身体要求。

目前国内企业在新员工入公司前进行常规体检,也是身体测试的一种简化、通用的形式。

(2) 个性测试。

个性是指一个人具有的独特的、稳定的对现实的态度和行为方式,它具有整体性、独特性和稳定性等特点。对应试者个性测试的目的是寻找人的内在性格中,某些对未来绩效具有预测效用或是工作与之相匹配的特征,以此作为人员甄选的依据。

(3) 智力测验。

在我国古代,智力测试早已有之,有文字记载的历史可以追溯到两千多年前的春秋战国时期。然而现代智力测试起源于 21 世纪初的欧美国家,百年研究和实践在理论、技术、规模、效益上都取得了长足的发展。随着智力测试的现代化、科学化,欧美国家对智力结构,智力评价标准都进行了深层次的研究,科研成果丰硕,为智力测试的普及和提高奠定了理论基础,发挥了先导作用。

(4) 职业性向测试。

职业性向是指人们对具有不同特点的各类职业的偏好和从事这一职业的愿望。职业性向测试就是揭示应试者对工作特点的偏好,即应试者喜欢从事什么样的职业,应试者的这一态度在很大程度上影响员工在职位上的绩效和离职率。

9.3.3　进行甄选决策并录用上岗

组织通过上述甄选评价系统对应聘者进行甄选后,还要做一件事:组织必须做出最后的甄选决策。此决策包括对每个应聘者的所知信息的重新审查。对他们的具体印象如何?他们的资格和潜力如何?他们需要什么?公司又能给他们什么?最后一点所包含的远远超出工作的经济型薪酬范围,它还包括应聘者的希望和抱负与公司提供的机会和回报是否吻合。

在做出甄选决策后,要安排录用上岗。这项工作看上去无关紧要,实际上它是能否唤起新员工工作热情的关键。有不少企业由于不重视录用与就员工作,新员工在录用后对企业和本员工连起码的认识都没有就直接走上了工作岗位,这不仅会给员工今后的工作造成一定的困难,而且会使员工产生一种人生地不熟的感觉,难以唤起新员工的工作热情,这对企业是不利的。为此,组织应认真作好这项工作。

1. 人员录用的原则

(1) 公开原则:指把招考单位、招考的种类和数量、招考的资格条件,考试的方法、科目和时间,均面向社会公告周知,公开进行。

(2) 平等原则:指对待所有报考者,应当一视同仁,不得人为地制造各种不平等的限制,努力为社会上有志之士提供平等的竞争机会。

(3) 竞争原则:通过考试竞争和考核鉴别,以确定成绩的优劣。

(4) 全面原则:指录用前的考试和考核原则应该兼顾德、智、体诸方面。对知识、能力、思想、品德进行全面考核。

(5) 择优原则:这是考试录用的核心。择优是广揽人才,选贤任能,为各个岗位选择第一流的工作人员。因此,录用过程是深入了解,全面考核,认真比较,谨慎筛选的过程。做到"择优"必须依法办事,用纪律约束一切人,特别是有关领导必须注意。

(6) 量才原则:招聘录用时,必须考虑有关人选的专长,量才录用,做到"人尽其才""用其所长""职得其人"。这有赖于人才市场、劳务市场的发育成熟,但原来的计划分配体制是难以做到的。

【案例小链接9-3】　　甄选决策时需要避免的心理影响因素

在甄选决策时,招考人员要尽力避免以下心理影响因素:

(1) 首因效应。面试官根据开始的几分钟甚至面谈前从资料中得到的印象对应聘者做出决策性评价。如果面试官对应聘者的第一印象很好,那么面试官后面的面试行为将有意或无意地证明面试者确实不错,反之,面试官将努力证明应聘者确实

不行。

（2）对比效应。面试官会不自觉地把正在接受的应聘者和前一个已经接受面试的应聘者进行比较，用前一个作为参考来评价下一个。如果第一个应聘者得到极好的评价，而第二个应聘者的评价为一般的话，那么面试官对第二个应聘者的评价就可能比本应给予的评价更差。

（3）晕轮效应。是指在人际知觉中所形成的以点概面或以偏概全的主观印象。面试官对那些经过简历或申请表判断为"好"的应聘者，会用宽容的态度对待他们的提问与陈述。这种放大应聘者优点的效应，又称光环效应。而对那些事先预判"不好"的应聘者，则采取超出常规的严格态度来对待他们的提问与陈述。这种放大应聘者缺点的效应，又称触角效应。光环效应与触角效应多属于晕轮效应。它们将应聘者的一个优点或缺点进行放大，从而影响了整个的评价。

（4）负面效应。负面信息对人的影响超过正面信息对人的影响。在现实生活中没有完美的人，任何人都有可能有负面信息，作为面试官要客观面对负面信息，销售队伍的招选难以做到宁缺毋滥。

资料来源：黄德华、张大亮，《销售队伍管理》，清华大学出版社，2014年

营销思考：如果你是企业招聘销售人员的负责人，请谈谈如何尽量避免因为上述心理因素而造成损失？

2. 人员录用的意义

人员录用是劳动人事管理的"入口"，即对人力资源进入组织的把关工作、选择工作，其非同小可。可以从以下几方面看出人员录用的重要意义：

（1）作好人员录用工作是提高员工队伍素质的重要一环。确保合格人才进厂、进校、进院、进公司，才能在进一步培训基础上构造第一流的员工队伍。

（2）作好人员录用工作是提高员工劳动生产率的前提。每个岗位上都是合格人员，才能确保每项工作的顺利完成，每个岗位上都是第一流的人员，则可使每项工作达到同行最佳水平。相反，若存在许多不合格人员在岗，则无法保证工作任务的完成；若一岗多人，人浮于事，又会造成效率低下的后果。

（3）作好人员录用工作，是保证公民在人才市场和劳务市场上公平竞争、合理就业的重要措施。这意味着一视同仁，意味着一把尺子，意味着靠真本事、靠素质高取得较好的职位。当然，这意味着制止在劳动人事工作由"拉关系""走后门"等腐败现象发生。

事实上，在完成以上全部步骤后，组织还有一个任务就是要使新录用者能够迅速融入销售队伍，即融合。融合（socialization）是使新聘人员接受组织现有员工的价值观与态度的过程。该过程开始与应聘者正式到公司工作之前，而一直持续到他们完全为公司文化所同化。成功的融合不仅可以帮助新销售人员适应新工作，更为重要的是，它还能使销售人员对工作更加投入和满意。

本章小结

优秀的销售人员表现出如下一些特征：具备正确的、先进的现代营销理念；具备正确的道德规范与相应的法律知识；注意在销售中情感的导入；掌握销售业务所必需的知识；善于把握销售中的一切机会；具备"试一试"的勇气；必须具备旺盛的学习热情。

销售队伍的配备过程主要包括招聘和甄选规划、招聘准备及实施和甄选设计及决策三个阶段。销售人员的招聘准备及实施是组织获取人力资源的第一环节，也是人员甄选的基础，其过程主要包括明确招聘渠道、选择招聘方法及整理招聘材料。招聘渠道包括内部招聘和外部招聘，两者各有优缺点；依据招聘的渠道不同，我们需要采用不同的招聘方法：内部招聘的方法主要有工作公告法和档案记录法；外部招聘则可以采用广告招聘、推荐、校园招聘、职业中介、网络招聘、主动应聘者及兼职人员等多种方法。

销售人员的甄选设计及决策包括明确甄选设计所需达到的标准、设计甄选评价系统以及进行甄选决策并录用上岗。甄选设计所需达到的标准主要有以下五个方面：信度、效度、普遍适用性、效用、合法性。在设计甄选评价系统时，一般可以采取面试、管理评价中心技术、笔试及测试等不同的方法或其各种组合。甄选面试主要有非结构化面试、结构化面试、情境面试、以行为为基础的面试、小组面试及压力面试等基本类型。

管理评价中心技术主要是通过无领导小组讨论、公文处理、演讲、色扮演等情景模拟技术，加上一些传统的测试方法，对人的知识、能力、个性、动机进行测量。笔试技术往往作为其他人员甄选方式的补充或是初步筛选方法。常用的测试方法包括身体能力测试、个性测试、智力测试、职业性向测试等。在完成全部招聘与甄选步骤后，组织还有一个任务就是要使新录用者能够迅速融入销售队伍，使新聘人员接受组织现有员工的价值观与态度。

 关键术语（中英对照）

招聘（recruiting）　　　　　　　　　　甄选（selection）
非结构化面试（non-direct interview）　　结构化面试（direct interview）
情境面试（situational interview）
以行为为基础的面试（behavior based interview）
小组面试（panel interview）　　　　　　压力面试（stress interview）
无领导小组讨论（leadless group discussion）　公文处理（in-basket activity）
演讲（presentation）　　　　　　　　　角色扮演（role playing）
融合（socialization）

 思考题与应用

1. 销售人员的工作胜任能力由哪几个方面组成？优秀销售人员具备哪些基本特征？
2. 销售队伍的配备过程是怎样的？包括哪几个主要阶段？
3. 在招聘与甄选过程开始之前，为什么要对拟招聘职位进行职位分析？有何意义？
4. 销售人员的招聘准备及实施过程是怎样的？包括哪些基本步骤？
5. 试对内外部招聘渠道的优劣势进行比较。
6. 依据内外部招聘渠道的不同，分别可以选择哪些招聘方法？
7. 甄选评价系统的设计应遵循什么原则？甄选评价系统一般包括哪些方法？
8. 假定你在一家专门生产假牙和其他牙齿矫正仪器的企业工作，你们公司招聘销售人员的原则有哪些？
9. 访谈一些企业的销售经理，了解他们招聘销售人员的渠道有何不同？

 营销实战案例

瑞士山道制药公司的医药代表招聘

瑞士山道制药公司的邓礼光先生认为，他们公司的优秀销售员要具备六大特质：对客户与销售都充满了大爱；展现专业和正面积极的行为；丰富的产品知识与客户知识；和客户建立良好的人际关系；卓越的区域管理和销售技巧；达成公司所交付的业绩任务（100%＋）——没有低于！根据这六大特质与医药代表的工作职责，可以拟出招聘医药代表的内部标准。具体内容是：

（1）年龄：最小 25 岁，最大 28 岁。

（2）性别：女性已婚并有孩子者优先，男性已婚有孩子者优先，并非主要条件。

（3）教育背景：最好有医药方面的背景，其他相关专业也可考虑。

（4）工作经历：在相关领域有 1～2 年工作经验。

（5）社会背景：已婚并有孩子者优先（男性或女性）；当地人优先；如果不是当地人，则选择可以在当地居住达 2 年以上的人员；友好并乐于与人交往的人（容易与各种人打交道）；具有团队合作精神。

（6）技巧：有销售推广技能，有良好沟通能力，有说服力。

（7）知识：医药市场（医院、医生、药师、代理商等）结构和政策，中国经济环境。

（8）态度：积极、有动力、有长远眼光、乐观、有毅力等。

他拟定的公开标准,在招聘广告中体现,其具体内容为:"招聘条件:(1)大专以上学历,医药等相关专业;(2)男女不限,有敬业精神;(3)年龄在35岁以下;(4)需本地户口。"招聘广告中招聘条件简洁明了,也符合当地的法律法规与民俗。内部使用的招聘评估表,相对招聘广告的招聘条件来说却复杂得多,当然评估表因具体明确而有操作性。

山道医药代表招聘评估表

项 目		条 件	评 分	打 分
个人背景	年 龄	大于25岁,小于28岁(代表)	10	17
		大于28岁,小于32岁(主管)		
	自己家庭	已婚/未婚	2	
		有/无孩子者(男性并非主要)		
	父母家庭背景	拥有和睦、健康的家庭背景	3	
	居住地	当地户口者,非当地户口但居住当地达两年以上	2	
一般印象	身体状况	身体健康(不健康者,排除)	3	6
	仪表	举止大方,衣着整齐得体	2	
	语言	表达准确,条理清晰	1	
		发音清晰,声音悦耳		
教育背景	专业学历	医药等相关专业本科以上学历	6	8
	外语水平	英语听、说、写流利	2	
工作经历		在好的公司有1~2年工作经验	6	6
个人素质		开朗乐观、积极进取	5	20
		诚实可信	5	
		自信,有努力目标和长远眼光	5	
		有冒险精神和创意、有挑战异议的勇气	5	
知 识		对医药市场结构和政策的认识、了解	2	7
		对中国经济环境的认识、了解	2	
		对市场具有敏锐的观察力和擅于捕捉信息的能力	3	
销售技巧		具有良好的沟通技巧	8	26
		具有良好的理解能力	6	
		具有良好的学习态度	6	
		具有判断一项活动回报是高还是低的能力	6	

(续表)

项　目	条　件	评　分	打　分
团队合作	与周围同事关系良好	3	10
	与原单位主管合作关系良好	3	
	友好、大方的性格	2	
	乐于助人、做事独立	2	
总　分		100	

　　销售队伍的招选没有统一的标准，每家企业的标准是不同的。即使是同一家企业，职业经理人遴选合适人选的标准与雇主遴选合适人选的标准也不会不一样。但围绕知识、技能、素质和自我管理等维度来设计销售队伍的招选标准，以及将招选标准具体化、明确化、可操作化，是销售组织的最高层及公司的人力资源部的共同思路。

　　资料来源：黄德华，张大亮，《销售队伍管理》，清华大学出版社，2014年

讨论题

　　1. 请结合本章介绍的相关知识点，总结一下山道制药公司是如何制定销售队伍的招聘与甄选标准的？

　　2. 仔细阅读山道医药公司的内部招聘评估表，想一想，为什么说该评估表具体明确而有操作性？

案例点评

（扫一扫）

　　确定销售队伍的招聘与甄选标准，是面试提问以及招聘到称职销售人员的基础。不同的销售岗位具体的评价指标会有所不同，但无论哪种岗位，都需要从以下四个方面筛选有潜力的销售人员：一是对行业、竞争对手、客户心理、公司业务及产品的了解以及相关知识素质；二是专业化销售能力，包括商务礼仪与素质、专业的沟通技能、专业商务谈判技能等；三是自我管理能力，包括自我激励、自我调适、自我约束、团队合作能力、抗击打能力等；四是职业素质，包括诚信、正直、敬业等职业品德以及推理归纳等基本能力。

 参考文献

1. 龙平编著，《如何选拔顶尖销售人才》，北京大学出版社，2006年
2. 胡旺盛主编，《销售管理》，合肥工业大学出版社，2007年
3. 胡德华主编，《销售管理》，人民出版社，2005年
4. 黄德华、张大亮编著，《销售队伍管理》，清华大学出版社，2014年
5. 何晓兵主编，《销售业务管理》，科学出版社，2011年

6. 小约翰·F·坦纳、小厄尔·D·霍尼克特、罗伯特·C·厄夫迈耶著,《销售管理》,中国人民大学出版社,2010年
7. 威廉·斯坦顿、罗珊·斯潘茹著,江明华译,《销售队伍管理》,北京大学出版社,2004年
8. 彭剑锋编著,《人力资源管理概论》,复旦大学出版社,2005年
9. 赫伯·戈瑞伯格、哈罗德·威斯特等著,曹淮扬、刘轻舟等译,《销售人力资源管理:如何选育用留顶级销售人才(第三版)》,企业管理出版社,2009年
10. 诺伊著,《人力资源管理:赢得竞争优势(第5版)》,人民大学出版社,2005年
11. 李旭旦、吴文艳主编,《员工招聘与甄选》,华东理工大学出版社,2009年
12. 龙平著,《如何选拔顶尖销售人才》,北京大学出版社,2006年
13. 熊银解主编,《销售管理》,高等教育出版社,2002年
14. 加里·德思勒著,刘昕译,《人力资源管理》,中国人民大学出版社,1999年
15. [Australian] Master Human Resource Guide 2002, P195, The Global Law Firm
16. 李先国、杨晶编著,《销售管理(第四版)》,中国人民大学出版社,2016年

第10章 销售组织的建立与培训

 本章知识结构图

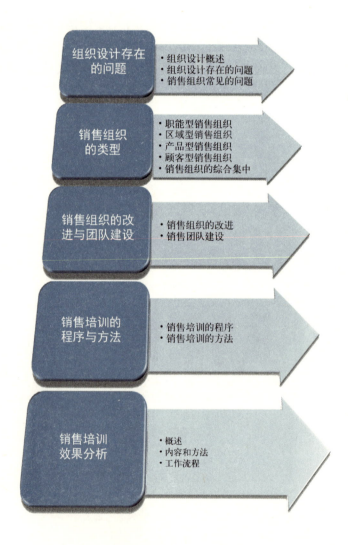

学习目标

本章学习要点：
1. 了解组织设计存在的问题
2. 掌握销售组织的类型
3. 理解销售团队建设要领
4. 掌握销售培训的程序
5. 掌握销售培训的方法
6. 理解培训效果分析的内容和方法

 引导案例　　　　马云如何成功领导团队

（扫一扫观看视频）
视频案例名称：马云演讲视频——看马云如何成功领导团队
网址：http：//video.tudou.com/v/XMjQzMzYxMzk0NA==.html?f=40127648

最好的团队，不是每个成员都骁勇善战的"刘关张"团队，而是"德者·能者·智者·劳者"适才适所，从领导者到成员都能各展所长的"西游记团队"。杭州师范学院英语系毕业、原本是一位英文教师的马云说，阿里巴巴今日的成就，靠的是一个杰出的团队，而不是一个明星领导人，因为马云自承不懂计算机也不会写软件，阿里巴巴能够走过网络泡沫，披荆斩棘突破障碍，主要靠团队的力量。观看视频，思考马云在团队建设方面有哪些值得学习的地方？中美在团队建设方面存在哪些文化差异？

建立高效率的销售组织体系是确保销售业务高效运转的前提。因此，销售部门的组织模式是企业销售战略的重要内容。销售人员是公司和顾客之间的纽带。对许多消费者来说，销售人员就是公司。反过来，销售人员又从客户那里带回许多公司需要的信息。所以，对销售队伍的设计问题，即制定销售队伍的目标、策略、结构、规模等，公司应该深思熟虑。在我国企业的销售实战中，有不少企业在销售组织的建设上还没有明确的思路，尤其是不能从战略高度来进行组织设计，从而制约了销售组织功能的正常发挥。本章重点讨论了组织设计存在的问题、销售组织的类型、销售组织的改进与团队建设、销售培训的程序方法以及效果分析等内容。

10.1 组织设计存在的问题

 什么是组织设计？组织设计存在的问题有哪些？

组织设计（organizations designing recruitment），是以企业组织结构为核心的组织系统的整体设计工作，是指管理者将组织内各要素进行合理组合，建立和实施一种特定组织结构的过程。组织设计是有效管理的必备手段之一，组织设计可能有三种情况：新建的企业需要进行组织结构设计；原有组织结构出现较大的问题或企业的目标发生变化，原有组织结构需要进行重新评价和设计；组织结构需要进行局部的调整和完善。

销售组织（sales organization）就是企业为了实现销售目标而将具有销售能力的销售人员、产品、资金、设备、信息等各种要素进行整合而构成的有机体。销售组织是一个多元素组合的系统，它可能出现"1+1=2""1+1＜2""1+1＞2"三种情况。而销售组织设计所追求的是"1+1＞2"，即组织力量的放大效应。当然，这要依赖组织完备的沟通渠道和畅通的信息交流，依靠组织成员的良好协调和共同努力。

10.1.1 组织设计概述

销售组织设计是销售战略规划的重要内容。在日趋激烈的竞争环境中，企业逐渐意识到：建立完善的销售网络体系，保持畅通高效的销售渠道，才能有力地配合企业整体营销活动，才能在竞争中取胜。不论哪个企业都希望自己的产品能够迅速有效、顺利地到达消费者手中，并且能够及时了解市场动向及消费者需求的变化，同时保证企业政策能够及时传达和实施，要做到这些，销售组织结构的科学设计至关重要。

销售组织设计受企业人力资源、财务状况、产品特性、消费者及竞争对手等因素的影响。因此，企业应根据自己的实力及企业发展规划，量力而行，精心组织设计，用最小的成本，获得最大的收益。根据销售管理的需要和销售组织的目标特征，在设计销售组织时，必须遵循下列原则：

1. 顾客导向原则

在设计销售组织时，管理者必须首先关注市场，考虑满足市场需求，服务消费者。以此为基础，建立起一支面向市场的销售队伍。

2. 精简与高效原则

精简与高效是手段和目标的关系，提高效率是组织设计的目标，而要提高组织的运行效率，又必须精简机构。具体地说，精简高效包含三层含义：一是组织应具备较高素质的人和合理的人才结构，使人力资源得到合理而又充分的利用；二是要因职设人而不是因人设职，组织中不能有游手好闲之人；三是组织结构应有利于形成群体的合力，减少内耗。

3. 管理幅度合理原则

管理幅度是直接向一个经理汇报的下属人数。管理幅度是否合理,取决于下属人员工作的性质,以及经理人员和下属人员的工作能力。正常情况下,管理幅度应尽量小一些,一般为6～8人。但随着企业组织结构的变革,出现了组织结构扁平化的趋势,即要求管理层次少而管理幅度大。

4. 稳定而有弹性原则

组织应当保持员工队伍的相对稳定,这对增强组织的凝聚力、提高员工的士气是必要的,这就像每一棵树都有牢固的根系,同时,树又要有一定的弹性,以保证不会被强风折断。组织的弹性,就短期而言,是指因经济的波动性或业务的季节性而保持员工队伍的流动性。

10.1.2 组织设计存在的问题

目前,在企业组织设计当中还存在着许多问题,有些问题从企业改革以来就一直存在,至今仍未得到很好的重视和解决。

1. 理解不当：组织变革就是机构和人员的增减

很多企业在组织需要进行改造的时候,便单纯地在机构和人员的增减上面做文章。机构和人员的变化,会牵涉到相应的流程、职能、职权等方面的变化。如果只进行数量上的简单加减而忽略了内在相关因素的变化,这样的组织改革是不会成功的。把企业组织从个别角度、某个局部去理解,就不能收到组织整体优化的效果。

2. 理解不透：为精简而精简

不少企业未能充分理解精简机构的意义,单纯地将其作为组织设计的标准。企业的领导者怀着满腔的热情也在搞改革,结果却是"为精简而精简"。一种情况是,机构撤并后,觉得不适应工作需要,又赶紧恢复,或是以新的面目出现,"新瓶装旧酒",结果人员减了又增；另一种情况是,在部门人员精简后,未能加强培训和改进管理工作,职工的工作习惯和责任心跟不上,只是对付眼前的日常事务,工作越做越粗,产生明减暗不减等现象。

3. 盲从：照猫画虎

还有些企业领导者看到大势所趋,不得不对本企业进行组织机构改革。照葫芦画瓢,看到同行别的企业成立了便赶紧也拼凑了出来的。抄袭别的企业的组织条文和方式,就等于放弃了弄清自己特定组织及其环境的特殊方面的机会。这种做法对企业没有多大的好处。企业领导缺乏对本企业组织的深刻认识,当外部形势要求进行组织改革时,便东拼西凑地抄袭其他企业的做法,没有考虑企业组织的需要,也没有科学地设计新组织的功能,其结果当然是可笑的,甚至是有害的。

4. 头疼医头,脚疼医脚

有的企业领导对企业组织缺乏深入了解,因此在组织设计时,采取"头疼医头,脚疼医脚"的方法。某个时候销售工作比较重要，就增加销售人员，而另一时候生产常常出现问题，便又加强生产部门的力量；今天这几个部门之间的协调较多，就增设一个副厂长进行处理，明天那几个部门又产生了矛盾，又增设一个副厂长，等等。组织设计和变动没有全面和系统的考虑和安排，事必会造成组织结构的无序和业务流程的混乱。

除了以上问题之外，企业在组织设计方面还存在着以下问题。战略与组织脱节，组织不能支持战略的发展；组织复杂与组织功能缺位并存；公司组织不精简，管理层级过多；部门职责、权限不清晰，工作中相互推诿、扯皮，公司缺乏统一协调；部门核心业务流程不明确，工作忙乱；大部分企业组织架构以职能为主导，而不是以市场、客户服务以流程为主导；对发展战略和快速变化的竞争环境没有形成有力支持；内部控制体系不完善，监督检查职能不完整；管理漏洞很多，导致资源流失。集团化公司对各业务单元管控不清，管理失控或管理过死。

10.1.3 销售组织常见的问题

合理的销售组织不一定能保证销售的成功，但不合理的销售组织一定会阻碍成功。有许多企业受到销售组织问题的困扰。

1. 效率低下

有些企业在发展壮大的过程中，销售组织迅速扩张，但效率却日渐降低，最突出的表现就是人均销售额的下降。例如，某著名家电企业最近3年负责销售和营销方面的人员增加了15％，而销售额却下降了12％。在效率降低的同时，企业对市场的反应也变得迟钝，整个销售体系就像一个老态龙钟的老人一样举步维艰。

2. 管理失控

有些企业在组织迅速扩张的过程中出现了管理失控的现象。如财务失控，营销费用持续上涨，但销售额并没有增加。有的销售人员或地区销售经理将产品销售收入挪作他用，形成体外资金；还有一些企业销货款大量呆滞，逐步形成死账、坏账。如信息失真，有些销售人员没有向总部及时传递市场和客户信息，甚至谎报军情，夸大竞争对手的竞争实力和促销力度，推卸责任，以掩盖自己的无能；有的甚至乘机要求公司提高奖励的比例，或要求加强广告或降价促销力度。如人员失信，有些销售人员功高自恃，把持客户和经销商，建立私人关系，形成独立王国；有的甚至在向总部施加压力，要求降价和促销的同时，还向经销商要回扣，损公肥私。如关系失控，有些企业规模大了之后，不注意与经销商和其他相关部门建立长期的合作关系，也没有建立一套市场危机处理系统，结果出现某些地区的经销商集体反水、消费者信用危机，这些情况直接危及整个销售体系和企业的形象。管理失控的结果使企业难以有效地运作，也难以快速地对现有的组织加以改造，最终使企业付出巨大的代价。

3. 沟通不畅

由于企业发展速度很快，导致地区差异、顾客差异的出现，企业缺乏相应的反应能力,导致对市场信把握不准,完全依赖于道听途说。例如,销售部门总是认为广告不够多、新产品入市不够快、价格不够低、质量不够好,却对顾客需要什么样的东西并不清楚,也不知道广告能产生多少效果、降价能产生多少销售增长。由于企业并不太清楚市场的情况,具体的销售人员和分销商往往对企业的销售政策起巨大的影响,从而使企业的销售政策具有极大的随意性和盲目性。极少有企业进行长期系统地调研和顾客档案资料的积累,当然对竞争对手信息也基本上是事后的了解。有些公司虽有这方面的资料,又不知道如何加以利用。掌握信息的人不做决策,决策者得不真实的信息,部门的利益冲突又会导致信息封锁。由于信息沟通不畅及部门间利益冲突,各种销售措施总是前后矛盾,影响销售效率的提高。

4. 追求短期利益

由于企业在发展过程中,首先发展的是销售组织,企业也逐渐倚重于销售组织,但销售人员一般追求的是短期利益,结果导致企业整体销售追求短期利益,既不重视整体战略的发展,也不重视企业产品和服务的创新。当短期利益追求到一定程度,企业就面临困境,销售人员也会发现自己的传统技能已经不能适应新形势的需要。这样,当企业试图加强控制时,就会面临遭受巨大损失的风险,有时会导致企业内部人事上的巨大震荡和财务上的严重损失。

10.2 销售组织的类型

销售组织的类型有哪些?

10.2.1 职能型销售组织

这是最古老也是最常见的销售组织形式。销售人员不一定能擅长所有的销售活动,但有可能是某一类销售活动的专家,基于此思路,有些企业采用职能型销售组织结构。例如,美国吉列公司采用职能型销售组织,一个部门负责销售产品及协调产品的价格、促销、展示及分销等有关问题,另一部门负责辅助零售商,检查他们的商品展示,协助他们销售吉列产品。职能型销售组织结构如下图 10-1 所示。

1. 优点

职能型销售组织优点是贯彻了专业分工的要求,有利于在人力资源利用上提高效率,有利于培养销售专家;分工明确,职责分明,落实各类人员对各类工作成果的责任;集中管理,统一指挥,有利于维护领导对指挥和控制活动的权利和威信。

2. 缺点

职能型销售组织缺点是此种组织类型费用大,因此,经济实力小的企业不宜采用;

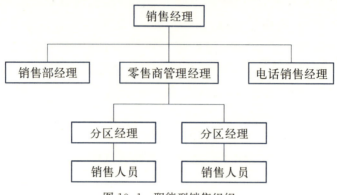

图 10-1　职能型销售组织

销售活动缺乏灵活性,因为没有一个职能组织为具体的产品或市场负责,每个职能组织都力求获得与其职能组织对等的地位。

3. 适用性

职能型销售组织适用性适用于企业所经营的产品需要提供大量的售后服务工作,而售前、售中和售后服务工作所需的技能又有所不同;销售工作可以按销售内容进行分解的企业。

10.2.2　区域型销售组织

区域型销售组织是指在企业的销售组织中,各个销售人员被分派到不同地区,在该地区全权代表企业开展销售业务。相邻销售区域的销售人员由一名销售经理来管理,而销售经理向更高一级的销售主管负责。在全国范围进行销售的公司,通常按地理区域设立销售组织,安排其销售队伍。区域型销售组织按层次设全国销售经理、大区销售经理、地区销售经理、分区销售经理、销售人员。假设,一位负责全国销售的销售经理领导 4 位大区销售经理,每位大区销售经理领导 6 位地区销售经理,每位地区销售经理领导 8 位分区销售经理,每位分区销售经理直接领导 10 位销售人员。从全国销售经理到分区销售经理,再到销售人员,所管辖的人数即"管理幅度"逐级增大,呈自上而下自然的"金字塔"形组织结构。区域型销售组织结构如图 10-2 所示。

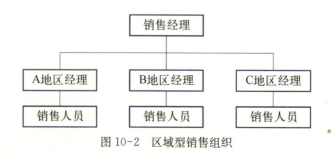

图 10-2　区域型销售组织

1. 优点

区域型销售组织优点在于地区经理权利相对集中,决策速度快;销售人员与当地顾客及渠道客户容易建立关系网络;地区集中,由于每个销售人员的销售范围较小,交通费用也相对减少;人员集中,容易管理;便于考查销售人员的工作绩效,激励销售人员的工作积极性。

2. 缺点

区域型销售组织缺点在于销售人员从事所有的销售活动,技术上不够专业,不能适应种类多、技术含量高的产品;不能应对全国性连锁零售企业的需要;分公司或地区经理权力较大,不好协调与统一。

3. 适用性

区域型销售组织适用于企业所经营的产品单一或类似、产品性能不太复杂、面对的顾客数量众多、顾客分布的区域广阔与分散的企业。

我国由于地域辽阔,各地区差异较大,所以大部分企业都采用区域型销售组织结构,各地区经理负责该地区所有产品的销售,有的企业还会设置大区经理、片区经理(如省级经理)、区域经理(如市级经理)、销售主管等中间管理层级。

【案例小链接10-1】　　和其正的区域型销售组织

"和其正"是福建达利园集团的一个凉茶品牌。目前,达利集团已经形成了沿海沿江二线布局,以中心城市辐射周边区域,并在全国范围内统一定价,产品遍布中国每个角落,终端渠道占有率超过85%。在公司强大生产力支持下,全国各地销售网点均呈现旺盛的增长势头。

和其正以区域型销售组织类型销售产品,2011年夏,开始在全国各地代理销售,从销售经理开始,把地区的销售任务分配给地区销售经理,地区销售经理再把任务分配给销售人员,开始大量铺货。而所谓区域型销售组织,是指将企业的目标市场分为若干个区域,每个销售人员负责一个区域的全部销售业务的一种组织结构形式。区域结构式销售组织适合于同质性市场和同质性产品的推销活动。当市场或产品的差异性较大时,销售人员不可能很深刻地了解各类顾客的需要求和各种产品的特点,因此,不宜用区域结构式的销售组织形式。提高企业的区域销售组织的市场功能,增加一些市场人员,加大市场部对销售区域的一些渗透,这将是营销组织创新的一个重要方向。

达利园企业在建立区域销售组织的时候,有一个非常明确的目标:该区域销售组织成立以后,一年要完成多少任务;在新任区域销售组织经理准备走马上任之时,一定会再三提醒或干脆要其签署一份销售责任书:一定要完成多少任务!所有的工作就是围绕着一个目的,将公司下达的销售任务圆满完成。在这种理念下,各企业考量一下市场建立区域销售组织的可能性,便"降大任于斯人",选拔一到两员业务干将,带着建立区域销售组织起码的费用,也带着总部对该区域销售的希冀,来到市场,逐步建立起了各种不同的区域销售组织。在市场越来越复杂的时候,由于环境差异,销售策略不一定对路,销售手段不一定有效,销量达成会遇到一定阻力。于是,总部便对达不成销量指标的销售组织或采取措施,或调换人员。原因只有一个:销量没有达成。

有些区域销售组织主管想通过一系列的手段将市场整治好,通过市场整治能达成长期的销售,但由于顾及到了长久利益,却忽视了短期内将销售目标完成,结果,被总部怪罪,或者被处罚,或者被调换,或者干脆以管理不力被革职。

资料来源:百度文库,《何其正销售组织类型》,2011年12月15日

营销思考:1. 区域型销售组织是最简单的一种组织结构形式,想一想它具有哪些优点和缺点? 2. 和其正的销售组织结构有哪些地方仍需改进? 请谈一谈你的建议。

10.2.3 产品型销售组织

产品型销售组织又称产品结构式销售组织,是将企业的产品分成若干类,每一个销售人员或者每几个销售人员为一组,负责销售其中的一种或几种产品的销售组织形式。其具体做法是,由一名产品市场销售经理负责,下设几个产品线经理,产品线经理之下再设几个具体产品经理去负责各自具体产品。产品型销售组织结构如下图10-3所示。

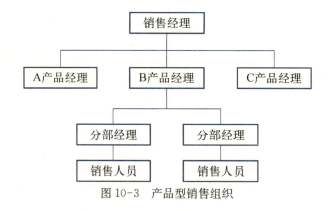

图10-3 产品型销售组织

1. 优点

产品型销售组织优点在于产品经理能够将产品营销的各要素较好地协调起来;生产与销售联系密切,产品供货及时,能对市场上出现的问题迅速做出反应;较小的产品或品牌由于有专人负责而不致遭到忽视;销售人员与生产联系,便于熟悉与产品相关的技术和销售技巧,属于专家型销售。

2. 缺点

产品型销售组织缺点在于由于地域重叠,造成工作重复,出现人员与服务对象重叠的情况;在产品型组织中,各个产品经理相互独立,他们会为了保持各自产品的利益而

发生摩擦,事实上,有可能某些产品正面临着被收缩和淘汰的境地;产品经理们未必能获得足够的权威,以保证他们有效地履行职责。

例如,美国医疗用品供应公司有几个产品部,每个部都配备各自的销售人员。这样,该公司的几位销售代表有可能在同一天去拜访同一所医院。这意味着公司的销售代表重复走了相同的线路,每个代表都要坐着等待顾客的采购代理人接见。因此必须权衡一下,这些额外费用与使用产品说明书相比,哪个更合适。

3. 适用性

产品型销售组织适用于经营品种较多,产品性能差异很大,客户分属于不同行业,行业差异大的企业。

产品型销售组织也可以演化成按产品品牌划分的组织结构,一些生产多种产品且每种产品又采用不同品牌的企业往往采用按不同品牌来管理产品的销售组织。品牌型销售组织始创于1927年,最先为美国宝洁公司所采用。当时,宝洁公司有一种新产品的佳美香皂市场销路欠佳。对此,一位名叫麦克埃尔罗伊的年轻人提出了品牌管理思想,并受命担任佳美香皂这一产品的经理(后来升任宝洁公司总经理),专管该新产品的开发和推销。他获得了成功,公司随之又增设了其他的产品经理。从此改写了宝洁公司的发展史,"将品牌作为一项一项事业来经营"。

10.2.4 顾客型销售组织

企业也可以按顾客类型来组建自己的销售队伍。市场细分化理论要求企业根据顾客特有的购买习惯和产品偏好等细分和区别对待不同的市场,针对不同购买行为和特点的顾客,建立顾客管理型销售组织是企业的一种理想选择。例如一家计算机厂商,可以把它的客户按其所处的行业(金融、电信等)来加以划分。顾客型销售组织结构如下图10-4所示。

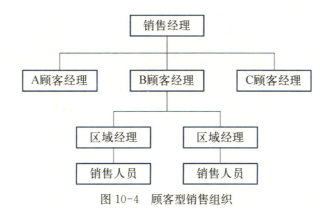

图 10-4 顾客型销售组织

1. 优点

顾客型销售组织优点在于专人负责重要客户,每个销售人员都能更好地满足顾客的需要;可以减少渠道摩擦;有利于建立与客户的紧密联系,培养战略合作伙伴关系;为

新产品开发提供思路。

2. 缺点

顾客型销售组织缺点在于销售人员需要熟悉所有产品，培训费用高；当主要顾客减少时，这种组织类型会给企业造成一定的威胁；销售区域重叠，造成工作重复，销售费用高；销售人员离职会给企业带来很大负面影响。

3. 适用性

顾客型销售组织适用于产品的销售量集中在一些采购量大的主要客户上的企业，也适用于客户的经销网点分散，但采购集中地企业，如连锁超市。

按照顾客类型组织销售力量是营销观念和市场细分的自然延伸。当销售人员专门服务某一类顾客时，他有可能深入了解这些顾客的需求，从而使销售经理可以针对顾客的需求对销售人员进行有关专业知识的培训。只有某类顾客达到足够规模时，采用顾客型销售组织模式才有意义。

按行业来进行划分也是一类按顾客类型划分的销售组织模式。如胶卷行业可以分为普通胶卷、工业交卷、军用胶卷三大行业，这三个行业对胶卷的需求大不一样，销售方法也不一样，必须按行业类型来进行划分。

10.2.5 销售组织的综合集中

当企业在一个广阔、复杂的地区面向许多不同类型的顾客推销多种产品时，显然，以上各种组织模式都不太适用，这时，需要综合以上各种销售组织模式，企业可以按地区-产品、地区-行业、行业-产品、产品-职能、行业-职能等来进行组织模式的设计，其目的是发挥以上各种组织模式的优点，并克服所存在的不足。这类组织模式的灵活性和适应性较强，但稳定性较差，多重领导容易产生冲突，因此需要高超的管理技巧和科学的管理方法才能很好地驾驭。

10.3 销售组织的改进与团队建设

销售组织应如何改进？如何进行销售团队建设？

10.3.1 销售组织的改进

1. 内外部环境的变化，促使销售组织与环境互动

营销管理战略是企业发展战略的重要组成部分，是由企业高层销售管理者为实现企业战略目标和任务而发现、分析、选择和利用市场机会的管理过程。销售组织的中层

机构根据战略要求制定具体策略；下层机构从事具体的销售活动，通过规范的程序实现整体的运行控制。在环境相对稳定的情况下，组织结构和运行模式一般是相对稳定的。

从外部环境看，随着信息技术的发展，人类社会正步入知识经济时代，变革成为时代发展的主旋律。顾客主导、竞争激烈、变化快速被称为3C特征的现代企业营销环境展现在我们面前。以标准化产品为代表的"大量生产，大量消费"的时代已然结束，取而代之的是顾客需求日益个性化和多样化。市场细分到单个消费者，每一个消费者就是一个微型化的市场，需要企业运用极限市场细分战略才能适应其变化。应用技术能力的提高和市场信息的实时化，使得市场竞争变得异常激烈，并主要围绕技术、知识、信息、管理、形象、服务等无形因素进行，这势必会增加营销外部环境的可变性。

从企业内部看，销售人员的受教育程度越来越高，企业也越来越重视对员工的培训，这些都使得销售人员素质有了较大程度的提高，再加上现代观念的影响，必然会增强他们的自我发展意识。由于他们与市场接触最直接也最密切，对环境变化最敏感，便于对实际发生的问题做出快速反应，因而增强组织对他们的授权变得十分必要。

新的环境条件使得企业的营销战略发生改变，由传统的战略制定与执行分离转向两者相互关联、互动学习。由高层管理者承担全部战略管理责任转向激发员工努力，上下层互动来共同完成战略构架，毫无疑义，销售组织的结构会随之发生相应变革。

2. 保持组织不断完善和改进的准则

为保证企业销售组织适应不断变化的内外环境，使组织能立足当前，着眼未来，以创造未来优势的战略观念来不断完善、调整和修炼自身，朝着适应创新、变革的方向发展，应重视如下准则。

（1）定期进行组织绩效评价，及时发现组织的缺陷和问题，并适时提出改进措施。

（2）学习和掌握预防性管理办法，要使组织中每一成员都意识到任何问题和事故都会对企业产生危害。因此，应及时发现问题并尽快加以处理，避免造成较大的损失；同时还应建立相应的工作程序，有利于问题的早期察觉和及时处理。

（3）努力提高组织的凝聚力，创造良好的工作氛围，使组织成员产生归宿感，有利于激发其责任感和创新精神。

（4）在组织内部建立良好的批评与自我批评机制，广开言路。

（5）组织内部的信息沟通系统必须始终保持通畅。

（6）将关注顾客、关注对手和关注未来作为组织战略研究的基本点，使组织的变革与创新更有针对性和成效。

3. 销售组织发展的新趋势

（1）团队销售。

企业根据特定的销售问题和销售任务，从销售部门或其他部门抽调具有相应专业技能的人员，组建临时"销售团队"，接受决策层的授权，全权负责特定项目，直到任务完成。销售团队享有较大的决策权限，团队成员共同行动解决问题，在目标完成后即告解散。这种销售团队组建和解散容易、方便，有很大灵活性，又可以避开传统的等级制度，打破部门隔阂和限制,直接从不同部门吸取具有不同技能的成员参与,团队成员知识互补,在共同的工作中相互学习,促进知识在企业内的横向流动和传递,使得不同知识和技能得以综合运用,提高解决复杂问题的能力和顾客的满意度。

(2) 厂商和分销商销售管理一体化。

通过组织创新,把厂商和分销商的需要结合起来。厂商与分销商改变传统的交易型关系,在互惠的基础上建立长期伙伴关系。厂商为分销商提供一系列比较全面的管理支持,使其与厂商保持较高的一致性和协调性;厂商还要帮助分销商以最佳的方式经营,共同确定交易目标、存货水平、商品陈列模式、销售培训要求和广告与促销计划。分销商由于利益纽带将其与厂商连为一体,使其在把企业的产品和服务有效传递给顾客的同时更加注重把来自市场和顾客的信息反馈给厂商,加上管理上的一体化、利益上的一致性,分销商事实上成为企业销售组织的一部分。

(3) 销售组织更趋扁平化、柔性化。

复杂多变、激励竞争的销售环境对销售组织提出了如下要求:快速反应能力、适应能力强、韧性好。为了达到上述要求,企业把注意力更多地转移到终端市场的精耕细作上,变传统的销售主导型为顾客主导型。顾客既是销售工作的终点更是销售工作的起点。减少销售管理层次,促进上下联动成为销售组织的必然要求,销售组织设计更趋于扁平化和柔性化。

10.3.2 销售团队建设

1. 团队及销售团队概念

团队,就是由员工和管理层组成的一个共同体,它合理利用每一个成员的知识和技能协同工作,解决问题,达到共同的目标。销售团队(sales team)是在销售过程中把许多人集合起来,发挥集体精神,具有以达到销售目的为宗旨的共同目标的团队。

2. 销售团队特征

(1) 参与。

销售团队建设的核心是参与。团队的参与特征体现在团队的会议上,团队中每一个成员都能敞开心扉,没有任何顾忌地发表自己的意见,在一种和谐的氛围中,共同研究解决问题的方案。

(2) 创新。

有效销售团队的一个基本特点是创新,应把创新视作销售团队的灵魂。销售团队的创新主要是在思想上创新,行为上创新。使行动成为思想,使思想成为行动,创造出更多的行动型思想。

(3) 协作。

有自主权的销售团队需要有一个与其他团队协作共进的良好意识。这种意识应来源于团队的价值观的深入人心,与团队目标的共同分享。

(4) 文化。

有效销售团队强调一种非常自由的非正式的组织文化,交流是开放的,要重视倾听别人的观点。销售团队或员工在可接受的气氛中自由地发表不同的意见。销售团队追求的目标是成员间的理解与支持。

(5) 愿景。

销售团队必须有一个一致期望实现的愿景。在团队讨论中,你越努力使整个团队朝共同的方向前进,而不是专挑那些个别成员之间的不同意见,你的团队就越团结,越有活力。在实施愿景中,就会越努力奋斗。

3. 销售团队建设要领

(1) 确定销售团队的目的。

团队就是为一个共同目的而集结成的人群,从这个概念可以看出,组建团队的前提是其目的性。每一个企业由于自己的经营范围、经营方式、经营品种的不同及其所处不同的发展阶段而对销售团队的要求各有不同。因此,在组建销售团队前一定给其一个准确的定位和明确的目的。而招募销售人员时就要根据自己的需要确定用人标准。

(2) 给销售团队一个明确的工作目标。

任何一个团队、组织都需要有明确的目标,一个时间段有一个目标、一项任务有一个目标、一个人有一个目标,无论是长期的还是短期的目标都必须十分明确。明确了目标,销售团队的工作就有了方向,有了考量的指标。这样团队及其成员工作就有了动力。而这个工作目标的确定是根据企业需要、根据团队设立的目的而确定的,可以是销售量,也可以是其他成果,总之是可以具体的、可以量化的东西。制订目标还有一个要注意的是这个目标一定是在现有条件下,通过团队的努力可以完成的。如果目标过高,经过努力也完不成,人们就会放弃努力。如果目标过低,无需要经过努力就能完成,也使目标失去吸引力。

(3) 给销售团队制订适合的制度。

制度的作用有三点:一是规范团队成员的行为,保证每个成员都能在国家法律法规的范围内按企业的要求完成自己的工作职责,而不可以各行其是、为所欲为,这样才能保证所有成员都朝着团队目标而努力,才能最终完成目标,如作息时间、工作纪律、行为准则等都属于这一类;二是明确团队及每个人的职责,一个团队有几个甚至更多的成员组成,每个人在团队中担负的工作不同,那么职责就不同,因此必须在工作中明确每个人应该作什么,怎么去做,也就是明确他在团队中的职务,工作内容、重要的责任及工作流程,如岗位职责,工作流程等;三是平衡团队中各个成员间的利益关系及团队与公司或与其他相关部门间的利益关系,每个人在一个公司工作会有一个相应的工资收入,也可以因工作成绩的结果受到公司或团队的奖励与惩罚,这种奖励或处罚一方面可以调整其个人的经济收入,另一方面也代表团队对他工作的一种评价,因而起到激励与惩戒作用,如各种奖惩制度。

(4) 团队成员的培训。

销售团队人员培训的目的是让他更适合销售岗位的工作、并能不断进步、不断提高工作能力，以更好地完成本职工作。为此以下培训内容是非常必要的。

第一，企业历史、企业文化的培训。这种培训如果做得好，会让员工更了解公司，了解公司的企业文化，知道自己在哪里为什么而工作，待其融入公司时，就会油然而生一种使命感，这种使命感会让他工作变得更主动、更有积极性、创造性。

第二，企业纪律及各种制度培训。这种培训目的是让员工明确在这个企业中什么是该做的，什么是不该做的，应该怎样规范自己的行为，以及什么是公司鼓励和提倡的，什么行为和结果是会受到什么惩罚的，使制度成为其自觉遵守的行为规范。

第三，工作职责及工作流程的培训。这个内容是在员工上岗前就必须要做好的，否则，他就不能完成工作，培训的目的是让一个不知道该干什么，不知道怎么干的人能完全知道并能做好。

第四，销售技能的培训。这种培训专业性较强，比如销售业务人员要熟知公司的销售政策、奖罚制度，更要熟知你所要销售产品的相关知识，就像战士上战场前一定要学会使用武器，并且能使武器发挥最大效能，更重要的是要知道子弹要射向谁、射向他的哪个部位杀伤力最大。而销售人员就要做到熟知每一种产品，找到每一个客户，抓住每一次机会，完成每一项任务。这种培训是培训中耗时最长，但又不能简化的，俗话说，磨刀不误砍柴工。

第五，独立生活，独立解决问题能力的培训。包括各种生活技能培训，与人沟通能力的培训，吃苦耐劳经历的培训、意志力的培训等。

上述内容培训不是一次能完成的，要经常强化，并根据不同时期增加内容，久而久之团队就会形成，并且有了凝聚力。

(5) 选择一个好的团队带头人。

团队带头人要求除具备销售人员的优秀技能和特质外，还要有亲和力，能把全体成员团结在一起；有组织协调能力、组织全体成员完成团队目标；有决断能力，在遇到选择和突发事件时能平衡利弊得失，及时做出正确决断；有很强的使命感，能让自己并带领全体成员时刻与企业同呼吸共命运；有很丰富的市场经验，能把企业的目标与具体的市场现实有机结合并制订出最合理的销售政策，为企业趋利避害。

上面五个方面条件都具备后，一个优秀团队的基本内容和架构就形成了，通过以后不断实践、不断培训就可以打造出一支富有激情、富有战斗力的优秀销售团队。

4. 销售团队建设的四阶段

销售团队建设主要包括四个阶段：适应阶段、提升阶段、发展阶段、"生产"阶段。

(1) 适应阶段。

销售团队建设适应阶段的内容主要包括建立有效的组织架构；明确组织目标、方向和成员的角色；加速成员的角色的认知；确立个人目标，并与组织目标一致。

(2) 提升阶段。

销售团队建设提升阶段的内容主要包括健全内外沟通网络；同理性沟通，掌握高超的沟通技巧；学习如何团队协作，成员间能有效消除人际障碍；组织成员具有正确处理各种冲突的技巧；组织愿景深入人心。

(3) 发展阶段。

销售团队建设发展阶段的内容主要包括建立相互信任，相互支持，人际宽容的环境；窗口"公开区"扩大，成员间相互给予更多的反馈；培养高度的责任感，积极承担分内外工作；充分授权，决策权力下放。

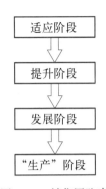

图 10-5 销售团队建设的四阶段

(4) "生产"阶段。

销售团队建设"生产阶段"的内容主要包括培养自信，敢于不断超越自我；成员间"互赖""双赢"观点深入人心；制定多种方案，以备不测；赏罚分明，容忍出错，越困难，越相互鼓励。

【案例小链接 10-2】　　　　金旗公司总经理的困惑

最近一段时间，金旗公司的总经理任长宽一直被一个问题困扰着。随着公司规模的不断扩大，加上市场环境不景气，公司销售队伍的管理问题日益暴露明显。一方面优秀的销售人员流失严重，另一方面新入职的销售人员缺乏经验，销售业绩差强人意。更为严重的是，那些离职的销售人员或者加入竞争企业，或者开办自己的公司，常常带走一部分重要的客户，最后成为对企业威胁最大的竞争对手。

金旗主要生产特种铁合金，其中氮化铁合金在国内及国际市场上占有较大的份额。目前，中国钢产量已经过剩，钢铁行业正在逐步淘汰落后产能，致使铁合金的使用量下降、产能开始过剩。近几年，金旗的经营业绩表现不佳，连续3年销售额、利润额都在下降。面对如此严峻的市场经济形势，金旗公司一直在探索如何适时调整经营策略及营销模式。在这个过程中，任长宽发现了销售队伍的诸多短板。

年底去参加公司客户恒宾的答谢晚宴的路上，任长宽在与销售经理严敏的聊天过程中发现，销售队伍的人才梯队建设和管理已经出现了重大问题。销售队伍的人员数量、质量都不能满足公司发展的需要，人员的整体素质不佳，特别是新人。有些销售人员来公司几个月了，还不知道自己应该干什么。同时，企业没有系统的培训体系。新入职人员在经过一两次课堂培训后就上岗。他们有时连公司的产品都说不全，更不知道产品怎样使用，合同怎样签订，异议怎样处理。悟性好的能够快速成长起来，悟性差的几个月都不知道干什么，最后被淘汰。

在刚开始跑业务时，销售经理或主管没有时间带新销售员，一般交给老的销售员依靠"师傅带徒弟"的方式培养。这样做的问题是，新销售员常常受到一些不好的影响。如果老销售员开拓力不强，带出的徒弟就会畏缩不前。另外，考核里没有带徒弟这一条，带徒弟的劳动得不到体现，即使在初期老销售员还有些热情，但是积极性会慢慢地消失。更有甚者，有时会有"带好徒弟，饿死师傅"的事情发生，师傅对徒弟会有疑虑。

虽然在销售例会上大家经常讨论销售不佳给公司造成的损失，但是销售队伍建设的步伐却推进迟缓。每次在销售上出现重大工作失误和重大损失后，公司都试图对销售队伍进行整顿，但是由于缺乏人才梯队，想裁人却不敢动手。

而且更让任长宽苦恼的是，在宴会上看到了昔日的创业伙伴陶涛。几年前，陶涛带着手下的一批人离开金旗，创办了博钢，从此两人成了竞争对手。不过这些年陶涛都故意避免与金旗发生冲突，也相安无事。谁料，在如此艰难的市场环境下，他终于按捺不住，开始来跟金旗抢食客户订单了。

这件事让任长宽不得不正视公司销售人员流失的问题：能力强的，有较好社会背景和客户资源的资深业务员，在完成一定的业务积累后纷纷自立门户。而那些业务能力强、年轻、有潜质的业务员则因公司现有的发展空间有限或对公司考核激励机制以及业务经理的能力和工作方式不认同而离开公司。这些人出去以后，或自己成立公司，或进入竞争对手的公司，成为公司最强的竞争对手。它们成立之时，都对公司在一些地区的销售造成严重打击，有些甚至是毁灭性的。

资料来源：www.ebusinessreview.cn, 2015年1月06日

营销思考：金旗公司的销售队伍建设存在哪些问题？请帮助任总经理设计一套比较合理的团队建设方案。

10.4 销售培训的程序与方法

销售培训的程序与方法有哪些？

培训销售人员是销售经理的重要工作之一，要建设一支素质全面、战无不胜的高效销售团队，销售经理必须高度重视销售培训工作。销售培训有两大作用：一是教销售人员如何去做；二是让销售人员做得更好。

对销售人员的训练，可以在公司由各级主管定期或随时组织实施，也可以让他们参加社会性及大专院校的培训学习，资金允许的话，最好委托专业培训机构去做。

但很多时候，我们实施培训的效果往往不好，主要原因可能是领导没有真正重视，或者是培训流于空泛化，或者是培训内容不符合销售人员的需求与水平。由于销售管理者负有提升销售人员素质的直接责任，所以，他们应该了解并掌握正确的培训程序及方法。

10.4.1 销售培训的程序

销售培训的程序包括分析培训需求、制定培训计划、实施培训、评估培训效果。如图 10-6 所示。

1. 分析培训需求

很多销售经理对培训非常重视,他们发现客户不满、内部混乱、员工士气低落或工作效率低下时,便会想到通过培训加以解决,但却经常忽略培训需求分析工作。很多销售经理在没有对培训需求做清楚界定的情况下便确定了具体培训内容(如课程、时间等),并以自己的经验和理解作为取舍的主要标准,这很可能会导致培训效果不理想。所以,培训需求分析工作必不可少。在做培训需求分析时,可以通过观察、面谈、问卷调查、自我诊断、客户调查等多种方式进行,以全面了解销售人员在哪些方面需要通过培训加以提高。

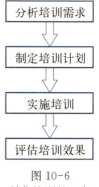

图 10-6 销售培训的程序

2. 制定培训计划

在对销售需求做分析后,销售经理应制订一份培训计划,该计划的内容应该包括以下内容。

(1) 培训目标。

目标不能太笼统,应当针对具体任务,并告诉员工培训后会达到什么样的结果。培训目标有很多个,每次培训至少需要确定一个主要目标。总的来说,培训的目标包括:发掘销售人员的潜能;增加销售人员对企业的信任;训练销售人员工作的方法;改善销售人员工作的态度;提高销售人员工作的积极情绪;奠定销售人员合作的基础等。通过这些目标的达成,最终提高销售人员的综合素质,以增加销售,提高利润水平。

(2) 培训对象。

培训对象一般包括新销售人员和在职销售人员。对新销售人员的培训是将其培养成具有高销售效率的销售人才,如果他们在雇用之后没有得到正确有效的培训,那么投资在招募和选拔上的费用及时间将会有可能被浪费。对在职销售人员的培训在于不断提高和改善他们的绩效,如果是参加外部培训,应选择那些有培养前途、合适的销售人员;如果是在内部培训,最好是水平相当的或面临同样问题的人员,这样,针对性和学员的参与热情会更高。

(3) 培训内容。

需要选择适合销售人员的培训内容。这些内容可以包括:产品知识培训、公司知识培训、销售技巧培训、客户管理知识培训、竞争者和行业知识培训、销售的态度培训等内容。

(4) 选择培训师。

有些培训可以由销售经理或公司其他人员(如营销经理、产品经理等)来完成,但更多的培训则应聘请专业培训机构的培训师来进行。企业应该对培训机构和培训师做审核和评估,通常,培训师应具备以下特征:丰富的营销及销售经验;高昂的教学热情(学员容易受到影响和感染);深入了解企业的培训需求;具备娴熟的教学方法和技巧;具有适当的人格特质、沟通能力和灵活性等。

3. 实施培训

培训地点可以根据具体情况进行选择,最好相对封闭一些。时间一般不要超过两天,以免学员过于疲乏。在培训过程中,应实施严格的过程管理,以确保学习效果得以实现。

4. 评估培训效果

销售经理有必要对销售培训效果进行评估,销售培训评估通常在培训结束后进行,可以让学员填写"培训评估表"来进行,使学员对培训内容、培训师、培训管理及培训效果做具体评价。另外,在培训结束后的一段时间内,销售经理可观察、了解学员的实际技能是否有所改进和提高,并针对个别人员单独进行接触和辅导。

10.4.2 销售培训的方法

企业进行销售培训的方法很多,但在实际培训过程中,往往要根据培训目的、培训的对象和企业的资源选择使用。值得指出的是,在企业某次培训过程中最好要结合几种方法混合使用。本文介绍几种主要的销售培训方法。

1. 讲授法

讲授法是企业采用最广泛的培训方法,一般由经验丰富的销售人员、销售专家或是专业的培训师在短时间内对受训人员进行的强化、填鸭式讲学。讲授法的优点在于提供给受训人员的信息知识要比其他方法多得多,能迅速增加受训人员专业知识,且费用较低,一个培训师可以同时对许多销售人员进行培训。讲授的缺点在于它是一种单向沟通的过程,学员容易感到单调和疲倦,同时,讲授法是面向全体学员的,并没有针对性,无法顾及受训人员的个体差异。

2. 案例研讨法

案例研讨法是指选择与培训内容相一致的销售案例,用书面形式展示各种情况和问题,让受训人员运用所学的知识和工作经验探索出解决问题的途径。此方法一般无固定答案,是通过独立研究和相互讨论的方式,来提高学员分析问题和解决问题能力。案例研讨法的优点在于受训人员参与性强,变受训人员被动接受为主动参与;将受训人员解决问题能力的提高融入知识传授中,有利于使受训人员参与企业实际销售问题的解决;教学方式生动具体,直观易学;容易使受训人员养成积极参与和向他人学习的习惯。案例研讨法的缺点在于案例的准备需时较长,且对培训师和受训人员的要求都比较高;案例的来源往往不能满足培训的需要。

3. 视听法

就是利用幻灯、电影、录像、录音、电脑等视听教材进行培训,多用于新进销售人员培训中。播放前要清楚地说明培训的目的，依讲课的主题选择合适的视听教材，以播映内容来发表各人的感想或以"如何应用在销售工作上"来讨论，最好能边看边讨论，以增加理解，讨论后培训师必须做重点总结或将如何应用在销售工作上的具体方法告诉受训人员。视听法优点在于视听培训是利用人体的五种感觉（视觉、听觉、嗅觉、味觉、触觉）去体会的一种培训，所以比讲授或讨论给人更深的印象。并且教材内容与现实情况比较接近，不单单是靠理解，而是借助感觉去理解，生动形象且给听讲者以新近感，所以也比较容易引起受训人员的关心和兴趣，视听教材可反复使用，从而能更好地适应受训人员的个别差异和不同水平的要求。视听法缺点在于视听设备和教材的购置需要花费较多的费用和时间，选择合适的视听教材不太容易，受训人员受视听设备和视听场所的限制。

4. 角色扮演法

角色扮演法（role-playing method）是由培训人员亲自参与的具有一定实战感的培训方法，为越来越多的企业所采用。一般由受训人员扮演销售人员，有经验丰富的销售人员或培训师等扮演客户，要求受训人员面对顾客的种种问题、要求、非难、拒绝进行介绍、讲解、展示、说服、处理异议、促成交易的培训方法。角色扮演法有两种形式：一种是事先安排好人选、角色、情节内容等；另一种是不做计划安排，也不规定情节内容，让受训人员在演练中随机应变，机动灵活地处理各项问题。此法的优点在于受训人员参与性强，受训人员与培训人员之间的互动交流充分，可以提高受训人员培训的积极性；特定的模拟环境和销售主题有利于增强培训的效果；通过模拟后的指导，可以及时认识自身存在的问题并进行改正。此法的缺点在于培训效果的好坏主要取决于培训教师的水平；扮演中的问题分析限于个人，不具有普遍性。

5. 销售会议法

销售会议法（sales-meeting method）一般是针对上个销售计划的落实情况加以详细总结，讨论当前的销售形势，制定未来的销售方针、策略及具体计划。在会议中，可以针对销售过程中遇到的困难和问题一起讨论，相互学习，提出问题的解决方法。在这个过程中，可以由一个经验比较丰富的培训师或销售经理来主持。销售会议法的优点在于此方法是一种双向沟通的培训方法，受训人员可以表达自己不同的见解，可以交换思想、学识和经验，各种观点能互相启发、借鉴；同时，销售会议法节省时间，节省费用，应用灵活方便。销售会议法的缺点在于会议上与会人员的意见易被个别权威专家的意见所左右；由于与会人员的个性和心理状态，与会者有时不愿发表与众不同的意见，或出于自尊心不愿当场修改已发表过的意见。

6. 现场指导法

是一种在工作岗位上练兵的培训方法。在新来的销售人员接受一定的课堂培训后即可安排在工作岗位上，由有经验的销售人员人员带几周，一起工作、出差、拜访客户等。然后逐渐放手，使其独立工作。现场指导法的优点在于有利于受训者较快地熟悉业务，有利于增强新销售员的信心，新来的销售人员还可从指导人处获取丰富的经验。

现场指导法的缺点在于指导人本身水平对新员工学习效果影响很大,指导人不良的工作习惯和作风会影响新员工,同时每个指导人所带受训人员数量有限制,一般不宜超过三人,否则会导致拜访客户不安。

10.5 销售培训效果分析

10.5.1 概述

培训效果(training effect)是指企业和受训者从培训当中所获得的利益,即通过系统的培训,员工可以端正工作态度,学习新的行为方式,掌握新的技术技巧;而企业则可以提高产品质量,增加产品产量,促进销售额的上升,提高顾客的满意度,取得更高的经济和社会效益。

培训效果分析是培训工作的重要组成部分,是培训工作的最后一个环节。没有培训效果分析,就等于没有最后完成培训工作。培训效果分析的目的是考查上一阶段所完成的教育培训的效果如何,是否实现了培训目标以及计划、组织、管理等工作如何,从中总结经验,吸取教训,使以后的培训工作做得更加完善和更加富有针对性,进一步改进培训工作,提高培训实效。

通过培训效果分析,对成功的培训做出的肯定性评价,往往能增加受训人员对培训活动的兴趣,激发他们参加培训的主动性和积极性;对培训效果进行分析,有助于受训人员进行自我检查,进一步端正态度,从而不断提高培训的质量,同时也可以正确地对受训人员进行绩效评估;通过培训效果分析可以为销售管理者决策提供所需的信息,引起销售管理者(主要是领导者)对培训工作的重视,促进培训工作的开展;通过培训效果分析还可以分析培训的费用效益,评估培训活动的支出与收入的效益如何,有助于资金得到更加合理的配置。

培训效果分析应当坚持全面分析,突出重点的原则。所谓全面分析,是指不仅要对培训计划、组织管理、方法、效果进行分析评价,还要对教材、教学的组织、教师等进行分析评价,以使分析评价工作贯穿培训工作的全过程。突出重点是指应当突出对培训效果的分析,即关键是看通过培训,受训人员的知识、技能是否有所提高,工作态度是否有所改善,工作绩效是否有所提高,是否实现了培训目标。

10.5.2 内容和方法

培训效果分析的内容,主要包括反应、学习、行为和成果四个方面。

1. 反应

反应就是刚刚结束时,了解受训者对本次培训的主观感受。销售人员对培训程序和内容的反应是否良好,态度是否积极,是培训效果分析评价的一个基本方面。

反应方面,主要分析评价以下几个方面:培训内容、培训人、培训方法、材料、设施、场地、报名程序等。可以通过问卷法、面谈法、电话调查等方法获得此类信息。

2. 学习

学习效果是指参加培训的销售人员在知识、技能和态度等方面学到了什么。对学习效果的分析,主要检查受训人员是否通过培训树立了正确的观念,学到了应有的知识和销售技能。

学习效果分析评价的优点在于一方面对培训学员有压力,使他们更认真地学习;对培训师也是一种压力,使他们更负责、更精心地准备课程和讲课。为提高测试的可靠度和可信度,企业应采取合适的分析评价方式,如对基础知识的考核(包括技能培训)采取考试的方式,其他可采取考试、讨论、演示、讲演、角色扮演等方式。如果参加培训的销售人员其知识和能力有了显著提高,说明培训是有效果的,是值得做的。

3. 行为

行为就是参加培训的销售人员的工作行为方式有多大程度的改变。对行为的分析评价是检查受训人员的行为是否在培训之后有显著改善。行为将直接影响顾客的满意度,进而影响企业的销售业绩,因此,受训人员行为的改善时销售培训的基本目标之一,也是培训效果分析评价的一个重要方面。

行为分析评价的方法主要有:观察法、主管的评价、顾客的评价、同事的评价和自我的评价。通过分析评价可以直接反应培训的效果。一般通过收集参加培训的销售人员的工作行为方面的信息,了解他们在培训前后的顾客反应,如果受训人员在受训后受到顾客的表扬次数多了,批评和抱怨少了,则说明销售人员在受训后的行为有了明显改善。

4. 成果

对成果的分析评价主要是检查销售培训后销售人员或销售组织销售业业绩的改善情况。这是对培训带来的收益是否大于成本的最终考察,对成果的分析评价最能综合性地反映培训效果。对成果的分析评价可以依据销售人员或销售组织的销售量、业绩变化等情况加以分析,但是对成果的分析评价需要时间,短时间内很难做出科学合理的评价结果。因此,有的企业往往通过历史数据的比较来判断销售人员或销售组织销售业绩的变化情况;还可以通过受训人员的销售业绩改变的平均值和为受训人员销售业绩改变的平均值加以比较,从而衡量培训的最终效果。

10.5.3 工作流程

1. 准备阶段

(1) 培训需求分析。

培训需求分析是培训活动的第一步,它由培训管理人员采用各种方法和技术,对销售人员的知识、技能、工作态度等方面进行鉴别和分析,从而确定是否需要培训以及培训的内容。它是确定培训目标、设计培训计划的前提,也是培训效果分析的基础。另一方面,培训效果分析的结果可以为培训需求分析提供反馈信息,以便对培训的相关环节作进一步改进。

(2) 确定培训效果分析目的。

在培训项目实施之前,必须把培训分析评价的目的明确下来。培训分析评价的实施有助于对培训项目的前景做出决定,对培训系统的某些部分进行修订,或是对培训项目进行整体整改,使其更加符合实际的需要。

(3) 建立评价数据库。

培训效果的分析评价分为定性和定量两个方面,因此数据的收集也从这两个方面入手。定量数据如利润、销售量、客户抱怨投诉的次数等。定性数据如内外部顾客满意度、工作态度、工作氛围、工作积极性、责任心等。

2. 实施阶段

(1) 确定分析评价内容。培训效果评价应本着实用、效益的原则,根据实际条件,对各项培训工作有针对性地进行分析评价。具体可以遵循以下办法:一是对所有培训都可以进行"受训人员对培训的反应"的评价;二是对要求销售人员掌握的知识或某项技能的培训,应进行"对培训的学习过程进行评价",例如,岗前培训,需要受训人员了解岗位责任制、规章制度、操作规程等,因此,对培训效果的分析评价可以采取测试和现场实际操作并用的方法;三是对以下培训进行"受训人员行为上的改变和改变的结果是什么"的评价,较长期的培训项目、投入较大的项目、培训效果对单位很关键的项目等。

(2) 选择分析评价方法。根据确定的评价目的和内容,选择评价方法,对不同的培训可以采取不同的评价方法。

(3) 收集、分析原始资料。原始资料的收集、分析是培训效果评价的重要环节。数据收集后,调动数据库中的数据,与原始数据进行分析对比,从而得出评价结论。

3. 总结阶段

(1) 确定分析报告。分析报告主要有三个组成部分:一是培训项目概况,包括项目投入、时间、参加人员及主要内容等;二是培训结果,包括合格人员,不合格人员及不合格原因分析,提出不合格人员处置建议;三是培训项目的评价结果及处置,效果好的项目可保留,没有效果的项目应取消,对于有缺陷的项目要进行改进。

(2) 跟踪反馈。分析报告确定后,要及时进行传递和沟通,以免造成培训效果评价与实际工作脱节。培训效果分析报告应传递到如下人员:一是受训人员,使他们了解培训的效果,以便在工作中进一步学习和改进;二是受训人员的直接领导;三是培训主管,他们负责着培训项目的管理,并拥有销售人员人事聘用建议权;四是单位分管领导,他们可以决定培训项目的未来。培训效果分析报告传递后,重要的是采取相应的纠偏措施并不断跟踪。培训主管可以根据培训效果调整培训项目,对于销售人员反映好、收效好的项目可以保留;对于没有效果的项目可以撤销;对于某些部分不够有效的项目可以进行重新设计和调整;对于某些领域欠缺的项目可以新增。

培训效果的分析是培训的最后一个环节,是促进培训活动良性循环的有效保证。但由于销售人员素质的复杂性以及培训效果的滞后性,想要客观、科学地衡量培训效果非常困难,所以,培训效果的分析是很复杂的管理活动,也是培训中最难实现的一个环节。企业一定要以高度的责任感和严谨的科学态度对待分析评价工作,任何懈怠的心理和敷衍了事的做法都会使培训活动流于形式,从而丧失实际意义。同时,培训效果的分析并没有一个放之四海而皆准的固定模式,分析评价工作需要联系实际,视不同的培训项目,选择恰当的方法,才能得到真实、客观的评价结果。

本章小结

销售组织就是企业为了实现销售目标而将具有销售能力的销售人员、产品、资金、设备、信息等各种要素进行整合而构成的有机体。销售组织常见的问题有效率低下、管理失控、沟通不畅、追求短期利益。销售组织的类型主要有职能型销售组织、区域型销售组织、产品型销售组织、顾客型销售组织。

销售团队在销售过程中把许多人集合起来,发挥集体精神,具有以达到销售目的为宗旨的共同目标的团队。销售团队特征有参与、创新、协作、文化、愿景。销售团队建设要领有确定销售团队的目的、给销售团队一个明确的工作目标、给销售团队制订适合的制度、团队成员的培训、选择一个好的团队带头人。销售团队建设主要包括四个阶段:适应阶段、提升阶段、发展阶段、生产阶段。

销售培训的程序主要有分析培训需求、制定培训计划、实施培训、评估培训效果。销售培训的方法主要有讲授法、案例研讨法、视听法、角色扮演法、销售会议法、现场指导法。培训效果分析的内容,主要包括反应、学习、行为和成果四个方面。培训效果分析的工作流程包括准备阶段、实施阶段、总结阶段。

关键术语(中英对照)

组织设计(organizations designing recruitment)　　销售组织(sales organization)
销售团队(sales team)　　角色扮演法(role-playing method)
销售会议法(sales-meeting method)　　培训效果(training effect)

思考题与应用

1. 组织设计存在的问题有哪些?
2. 寻找到一个你熟悉或感兴趣的有销售部门的公司,然后利用互联网等途径来收集它的情况,最后写一份报告来总结这家公司的以下情况：① 公司销售组织类型；② 该公司销售组织类型的优缺点；③ 如何对该公司组织结构进行改进。

3. "没有完美的个人,但通过团队协作,完全能够成就完美的事业。"这句话给予销售人员什么样的启示？

4. 假设你是销售部门经理,上级要求你做一份部门员工培训计划,你将如何着手去做？

5. 根据所学知识设计一份培训效果评价表。

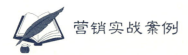

上海贝尔的高级销售管理培训

上海贝尔分公司总经理(PSO)离岗率曾一度高达22.3%,其中12%归咎于绩效缺失,而当时的行业平均离职率要低于10%。作为阿尔卡特朗讯集团在全球的旗舰公司,组织发展遭受的挫折可想而知。仅以雇用离职补偿为例,当时上海贝尔的补偿额就比业界同期均值多了5%。

"高素质的人才争夺战已成为每个组织成功的关键,而新的人才发展项目则是获得持续成功的重中之重。"上海贝尔国内营销平台人力资源总监王世军说。正是由于偏高的离岗率,以及新兴通信市场的快速发展与激烈的竞争,如何打造卓越的销售团队领导力、如何提升销售能力,也就成为上海贝尔必须面对的两大难题。

为此,上海贝尔斥资开发了为期18个月的ASMP(Advanced Sales Management Program,高级销售管理培训)项目,以加快从PCAT级到PSO级关键人才的开发步伐,提升销售团队的整体绩效,保持市场竞争中的份额。上海贝尔首先对产业规范、能力标准等开展了大量调研,并与区域主管及其以上管理者进行战略访谈,再设定出分层级能力模型。此外,ASMP项目还会匹配管理培训生职业发展通道,并通过教练辅导、候选人晋级提名来强化技能学习和每日的实践行动。期间,外部顾问会以上海贝尔的实际需求为依据,开发适宜的行为标准方案,并作为特别听众跟进ASMP项目。内部顾问则在教练辅导、内部上下沟通及跟进的过程中扮演关键角色。

除了要有全面的数据分析与标准的能力模型,如何让学习快速获得员工的支持也是项目开发者要考虑的重点内容之一。上海贝尔每年会拿出员工工资的1.5%~2%的费用作为培训经费,ASMP项目费用约占国内销售人员总培训预算的45%。其中,ASMP每期项目中,高管每月至少投入2小时,折合人工费用高达1.8万美元;直接上级每月至少投入8小时,折合人工费用1.75万美元。这样,高投入的能力测评与培训预算就为项目的顺利执行提供了保障。

上海贝尔还有四个值得借鉴的做法：

（1）公司副总裁被要求作为评审顾问，并与个人发展计划的参与者直接沟通。在整个项目中，他们还将充当教练的角色。

（2）为了实现必要目标，副总裁也会被要求进行每季度一次的商业反馈与交流，分享他们的卓越经验。

（3）通过培养跨职能团队来打造商业头脑，包括职后培训、分享期望、合作交流等。

（4）一线经理人会被要求完成每次小组研讨中的关键内容的培训与学习，并辅导相关项目参与者，跟进实际应用情况。他们还要推动其个人能力发展计划，像评估项目报告一样去管控实际践行中的销售规划进程。

这样，一方面，通过实施ASMP项目，销售经理既能作为教练辅导销售人员，又能在每天的实践中学以致用，并结合公司战略提升市场激烈竞争中的商务能力。另一方面，公司还会从继任者计划中挑选部分潜在销售人才提前去参与相应的实际工作以提升营业额。

在ASMP项目评估策略上，上海贝尔将晋升率、绩效达成率、离职率作为主要的评估要素。对于内部晋升率，主要是针对参加ASMP人才加速培养计划的PCAT、销售总监和其他PSO后备人才。对于绩效达成率，主要是以其学员个人销售业绩与公司同级人员的平均销售值的比值作为评估依据。离职率则是将参训者与公司其他员工作为比较对象。

总而言之，ASMP项目成功的主要因素可以归纳成以下几点：

（1）根据业务扩张需求定制能力测评工具。这些工具全部用来评估候选人的系列能力发展指标，包括商业洞察力、销售策略思考力、销售开发能力、影响力、教练辅导、顾客及内部组织构建合作关系的能力等。

（2）紧密结合人力资源的关键目标。比如对于职业发展路径图，公司会针对学员提出明晰的期望值和具体的反馈。

（3）组建多功能的高效团队。目的就是为了强化在与全球公司建立组织合作与战略协同关系过程中领导力的重要性。

（4）签订雇佣合同，并培养后备人才，使其融入高层管理团队。这需要有高度的价值认同与战略意识。

这样，就可以较好地鉴定并保留关键岗位的人才，加快未来业务领导者的潜力开发，保持市场领导者地位的本土销售能力。

资料来源：http：//www.ebusinessreview.cn,2014-03-07

讨论题

如何才能通过培训打造出一支高绩效销售人才队伍呢？请结合上海贝尔的高级管理培训项目的设计和实施，谈一谈你的看法。

案例点评

销售培训是针对销售人员的一项重要工作，要建设一支素质全面、战无不胜的高效销售团队,就必须高度重视销售人员的培训工作。从上海贝尔销售人员培训案例中可以看出,一个成功的销售人员培训工作,首先,前期需要进行科学广泛的调研,建立能力模型。在明确的能力模型指导下,设计出来的培训项目将更具针对性和操作性,才能培养出符合相关岗位要求的高素质、高绩效人才。

其次,将理论学习和实践操作相结合,把学习成果转化为生产力。在上海贝尔的培训项目里,受训者们不仅仅是被动的学习者,还是一线的实践者,能够在实践中检验学习成果,实现学以致用。这种培训方式能够很快实现培训成果转化为生产力,带来实际工作业绩的改善,对于培养高效能团队来说尤为重要。

最后,要完善后备人才管理体系,鉴别并保留企业关键人才。后备人才管理体系的搭建是完善企业人才梯队的重要举措,也是对有发展潜力的核心员工实行的具有战略眼光的中长期培养和使用的人才管理策略。企业要准确鉴定、选拔出核心人才,并制定科学的培养计划和激励机制,使他们逐渐融入高层团队,成为企业未来的中坚力量。

(扫一扫)

参考文献

1. 小约翰·F.坦纳、小厄尔·D.霍尼克特、罗伯特·C.厄夫迈耶著,《销售管理》,中国人民大学出版社,2010年
2. 威廉·斯坦顿、罗珊·斯潘茹著,江明华译,《销售队伍管理》,北京大学出版社,2004年
3. 彭剑锋编著,《人力资源管理概论》,复旦大学出版社,2005年
4. 赫伯·戈瑞伯格、哈罗德·威斯特等著,曹淮扬、刘轻舟等译,《销售人力资源管理:如何选育用留顶级销售人才(第三版)》,企业管理出版社,2009年
5. 加里·德思勒著,刘昕译,《人力资源管理》,中国人民大学出版社,1999年
6. 查尔斯·M·福特雷尔,《销售管理团队、领导与方法(第6版)》,机械工业出版社,2004年
7. 诺伊著,《人力资源管理:赢得竞争优势(第5版)》,人民大学出版社,2005年
8. 李旭旦、吴文艳主编,《员工招聘与甄选》,华东理工大学出版社,2009年
9. 龙平著,《如何选拔顶尖销售人才》,北京大学出版社,2006年
10. 乔布·兰开斯特编著,《推销与销售管理(第7版)》,中国人民大学出版社,2007年
11. 黄德华、张大亮编著,《销售队伍管理》,清华大学出版社,2014年
12. 何晓兵主编,《销售业务管理》,科学出版社,2011年
13. 李先国、杨晶编著,《销售管理(第四版)》中国人民大学出版社,2016年
14. 王海滋、赵霞主编,《销售管理(第2版)》,武汉理工大学出版社,2014年

第11章 销售人员的激励与薪酬

本章知识结构图

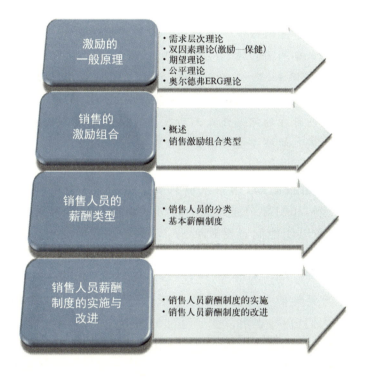

学习目标

本章学习要点：
1. 激励的定义及一般原理
2. 销售的激励组合及类型
3. 销售人员的薪酬类型
4. 销售人员的薪酬制度

销售管理

引导案例　　　　关于企业股权激励

（扫一扫观看视频）

视频案例名称：慧聪创始人郭凡生——共享制企业股权激励

网址：https://v.qq.com/x/page/z0357g0xrsv.html

在中国电子商务领域，慧聪网是当之无愧的"老人"，创始人郭凡生引领"慧聪商情——慧聪网"成为行业的领袖型企业。从1992年创办，慧聪网起起落落，曾遭遇赴纳斯达克上市、多元化战略和环球资源战略合作等一系列失利，历经风雨之后，慧聪网最终真正成熟起来。

新时代企业家需要深度思考以下问题：为什么苦心培养的人才总在流失，出去就成为竞争对手？为什么车间里的跑、冒、滴、漏比利润还要多，员工却视而不见？为什么开10个店赚钱，20个店保本，30个店就亏钱？为什么营销费用、管理费用越来越高，层层审批也无济于事？为什么代理商赚钱，直营店却在大面积亏损？为什么薪酬涨了又涨，绩效变了又变，企业存在的问题还是无所改善？观看视频并查阅相关资料，了解何为共享制企业股权激励？将给企业带来哪些变化？

所有的激励都是自我激励，销售人员只有想被激励时才能被激励。管理者的任务就是去识别、理解和引导销售人员的动机。销售经理作为激励的促进者，既要为销售人员提供刺激以使他们感受到激励，又要提供适当的报酬从而持续地激励他们。

为了更好地理解激励的行为概念，让我们首先问一个问题：人们为什么会有这样或那样的行为？答案是他们在有意识或无意识地寻找，以满足生理或心理上的需要。这些需要可以源于人们自身，也可以源于外部的刺激。例如，你可能会自然地感到饥饿，你也可能因观看了一则食品广告而感到饥饿。不管是哪一种情形，一旦需要被唤起，你就会被激励，你就会想要采取某些行动，努力满足某种需要的意愿就是我们所说的激励。本章将研究销售激励与薪酬的相关问题。

11.1　激励的一般原理

什么是激励？它具体理论包括哪些？

激励（Incentive）一词来源于拉丁文"Movere"，它的原意是"驱动"。按照莱曼·W·波特的解释与激励相关的含义包括以下几个：

（1）对行动方向、强度和持久性的共同（直接）影响（Atkinson,1964）。

（2）行为时怎样开始的、被加强的、被持续的、被指引的、被停止的，以及当所有这些进行时，生物会出现的什么主观反映（Jones,1995）。

（3）一个控制人类或低级有机体在备选的自愿活动中作出的选择过程（Vroom,1964）。

上述定义总体上包含着三个共同的特征、这就是，当我们讨论激励的时候，我们首先关注：（1）什么激励着人的行为；（2）行为的方向渠道是什么；（3）怎样保持或持续行为。

一般来讲，激励在管理学中的定义是"一种精神状态或者是力量，对组织和个人起加强、激发和推动的作用"（陈涛,2008）。激励通常包括三个方面：激励强度、激励保持与激励方向。激励强度指的是销售人员都让到销售工作中的脑力和体力的总量程度。激励保持则是销售人员随时间变化而选择的消耗力量的程度，特别是当面临不利环境时。激励方面指的是销售人员在其多样化的工作中所选择的努力方向。

激励是管理的核心问题，每个人都需要激励，需要自我激励与外界激励。而外界的激励尤为重要，在销售人员就更是如此。同事、团队、领导和组织方面的激励会激发销售人员的潜能，更好地为组织服务。激励就是激发潜能、鼓励意志。所谓激发就是指通过某些刺激使人发奋起来。主要是指激发人的动机，使人有一股内在的动力，朝向所期望的目标前进的心理过程。因此，激励也可以说是调动积极性的过程。

激励理论包含两个方面的理论：内容理论和过程理论；工作激励的内容理论是假设个体存在激发、指导和持续行为的因素。这些激励方法关心个体内重要元素的识别，并解释这些元素在个体内可能的优先顺序。而激励的过程理论试图描述行为怎么样被激发、指导和持续。通俗的讲，激励理论是属于企业或者单位如何满足人的各种需要、从而调动人的积极性的原则与方法的概括总结。而在此基础上形成了很多的激励理论，下面简要介绍比较主要的理论。

11.1.1 需求层次理论

需求层次理论（Maslow's Hierarchy of Needs）是由美国心理学家马斯洛提出，该理论试图展示健康个性怎样随时间成长和发展，在激励行为中行为时怎样被显示出来的。他把人的需要按照先后顺序归结为五类：

（1）生理需要。这是第一层次的需要，也是最基本的、最原始的需要。它指的是人类生存最基本的满足的条件，如：衣、食、住、行以及婚姻。

（2）安全需要。在第一层次得到满足后，就产生了第二层次的需要。主要是指包括生命安全、劳动安全、财产安全、职业安全以及生活稳定等。

（3）社会需要。又称为归属和相爱的需要。它包括社交的欲望，同事之间保持的关系，希望从别人那里得到信任和友爱。

(4) 尊重需要。包括自我尊重和受人尊重。指的是对本身而言,希望自己在各种不同环境中,能够独立自由,有所成就;对外而言希望有地位、荣誉,受到别人的尊重、信任和高度评价。

(5) 自我实现需要。这个是需求的最高层次。自我实现的需要是指实现了个人的理想、抱负以及充分发挥了个人的才能。

图 11-1　马斯洛的需求层次图

根据马斯洛的理论,个体表现为有层次需要,当低层次没有得到满足时,就不会产生高层次的需要。

11.1.2　双因素理论(激励-保健)

双因素理论,又称激励保健理论(Hygiene-Motivational Factors)是美国心理学家赫兹伯格提出的。他提出了造成职工不满意的原因是公司的政策、行政管理、监督与主管的关系、与下级的关系等因素处理不当。即使这些因素得到了改变,也只能消除职工的不满情绪,并不能激发职工的积极性,赫兹伯格称之为"保健因素"。

双因素理论中的另外一个因素是"激励因素"。是指使工人感到非常满意的因素,主要是指工作富有成就感,工作成绩能够得到社会认可,工作本身具有挑战性,在职业上能得到发展。双因素理论的结论是不能只依靠"保健因素",而应该依靠"激励因素"来调动工人的积极性。

11.1.3　期望理论

期望理论(Expectancy Theory)是美国心理学家弗詹姆于 1964 年在《工作于激励》一书中提出来的。它是通过考察人们的努力行为与其获得的最终奖酬之间的因果关系,来说明激励过程并以选择合适的行为达到最终奖酬目标理论。

该理论是以下列两个前提展开的:(1)人们会主观地决定各种行动所期望的结果的价值,所以,每个人对结果的期望各有偏好;(2)任何对行为激励的解释,不但要考虑人们所要完成的目标,也要考虑人们为得到偏好的结果所采取的行动。当一个人在结果难以预料的多个可行方案中进行选择时,他的行为不仅受其对期望效果的偏好影响,也受他认为这些结果可能实现的程度影响。

这种理论认为,当人有需要,又有达到目标的可能,其积极性才能高。激发力量＝期望×绩效。为此所构建的期望模式,见图11-2。

图11-2 期望模式图

在这个期望模式中的四个因素,需要兼顾几个方面的关系。

(1)努力和绩效的关系。这两者的关系取决于个体对目标的期望值。期望值又取决于目标是否合适个人的认识、态度、信仰等个性倾向,及个人的社会地位,别人对他的期望等社会因素。即由目标本身和个人的主客观条件决定。

(2)绩效与奖励关系。人们总是期望在达到预期成绩后,能够得到适当的合理奖励,如奖金、晋升、提级、表扬等。组织的目标,如果没有相应的有效的物质和精神奖励来强化,时间一长,积极性就会消失。

(3)奖励和个人需要关系。奖励什么要适合各种人的不同需要,要考虑效价。要采取多种形式的奖励,满足各种需要,最大限度地挖掘人的潜力,最有效的提高工作效率。

(4)需要的满足与新的行为动力之间的关系。当一个人的消买得到满足之后,他会产生新的需要和追求新的期望目标。需要得到满足的心理会促使他产生新的行为动力,并对实现新的期望目标产生更高的热情。

【案例小链接11-1】　　翰溪公司的销售激励

翰溪公司共有60位销售成员,为了实现既定的销售目标,公司决定制定特别激励政策——销售竞赛。竞赛规则有如下几种。

第一种,任何销售员只要在本年度完成销售指标的150%,就可以赢得一个供两人免费去美国与加拿大旅游两周的机会(实际上,每位销售员要完成年度的销售指标非常吃力,平均每周工作60小时)。第二种,第一位在本年度完成销售指标的130%的销售员,就可以赢得一个供两人免费去美国与加拿大旅游两周的机会。第三种,在本年度完成销售指标的130%的前15位销售员,就可以赢得一个供两人免费去美国与加拿大旅游两周的机会。第四种,在本年度将其销售额对比销售指标提高30%的前15位销售员,就可以赢得一个供两人免费去美国与加拿大旅游两周的机会。获奖销售员归属的销售经理也同时获得一起免费去美国与加拿大旅游两周的机会。第六种,在本年度完成销售指标的120%的任何销售员,就可以赢得一个供两人免费去新马泰旅游两周的机会。获奖销售员归属的销售经理也同时获得一起免费同游两周的机会。销售额提高40%以上的任何销售员,就可以赢得一个供两人免费去美国与加拿大旅游两周的机会。获奖销售员归属的销售经理也同时获得一起免费同游两周的机会。销售经理可以享受两次旅游机会,只要他管理的销售员达标的话。

资料来源:黄德华、张大亮,《销售队伍管理》,清华大学出版社,2014年

营销思考:请根据期望激励理论,分析一下哪个销售竞赛规则最有利于激励销售队伍提升销售生产力呢?

11.1.4 公平理论

公平理论(Equity Theory)又称社会比较理论,由美国心理学家约翰·斯塔希·亚当斯(John Stacey Adams)于1965年提出:员工的激励程度来源于对自己和参照对象(referents)的报酬和投入的比例的主观比较感觉。

该理论是研究人的动机和知觉关系的一种激励理论,该理论侧重于研究工资报酬的合理性、公平性,对于职工积极性的影响。公平理论认为,人能否受到激励,不但受到他们得到了什么而定,还要受到他们所得与别人所得是否公平而定。这种理论的心理学依据,就是人的知觉对于人的动机的影响关系很大。他们指出,一个人不仅关心自己所得所失本身,而且还关心与别人所得所失的关系。他们是以相对付出和相对报酬全面衡量自己的得失。如果得失比例和他人相比大致相当时,就会心理平静,认为公平合理心情舒畅。比别人高则令其兴奋,是最有效的激励,但有时过高会带来心虚,不安全感激增。低于别人时产生不安全感,心理不平静,甚至满腹怨气,工作不努力、消极怠工。因此分配合理性常是激发人在组织中工作动机的因素和动力。

公平理论的模式:$Q_p/I_p = Q_o/I_o$。

公式中,Q_p代表一个人对他所获报酬的感觉。I_p代表一个人对他所做投入的感觉。Q_o代表这个人对某比较对象所获报酬的感觉。I_o代表这个人对比较对象所做投入的感觉。当上式为不等式时,可能出现以下两种情况:

一是前者小于后者。他可能要求增加自己的收入或减少自己今后的努力程度,以便使左方增大,趋于相等;第二种办法是他可能要求组织减少比较对象的收入或让其今后增大努力程度以便使右方减少趋于相等。此外,他还可能另外找人作为比较对象以便达到心理上的平衡。

二是前者大于后者。他可能要求减少自己的报酬或在开始时自动多做些工作,久

而久之他会重新估计自己的技术和工作情况,终于觉得他确实应当得到那么高的待遇,于是产量便又会回到过去的水平了。

11.1.5 奥尔德弗 ERG 理论

对马斯洛需求理论的改进与拓展最流行的就是奥尔德弗的 ERG 理论。马斯洛理论不是为工作组织特别开发的,奥尔德弗的理论试图建立一个与组织情景有关的人类需要概念。奥尔德弗认为,人们共存在 3 种核心的需要,即生存(existence)的需要、相互关系(relatedness)的需要和成长发展(growth)的需要,因而这一理论被称为"ERG"理论。

(1) 生存:就是马斯洛的生理需求和某些安全需求。这些是与人类存在相对应的。

(2) 相互关系:就是相对应马斯洛的归属需要和某些安全与自我尊重、尊重需要,这些需要包括工作场所的人际关系。

(3) 成长发展:对应于马斯洛的自我实现和自我尊重需要。这些是和人类潜能的开发相对应的。

奥尔德弗与马斯洛的假设一致,认为当每一类需求得到满足时,个体需求向更高层级转移。但是,两种模型也有不同:首先,奥尔德弗认为,除了马斯洛描述的满足-进级需要外,还存在一个挫折-回归序列。例如,ERG 模型预言,如果一个人在试图满足成长需要过程中联系受挫,那么关系需要就会被激活,变成行为的基本动力。其次,特别重要的是,与马斯洛需求层次理论相比,ERG 模型不认为在激励行为的下一水平需要出现之前,某个水平的需求必须得到满足。相反,ERG 模型提出一个个体在任意时间点上可能存在一个以上的需要。

11.2 销售的激励组合

销售的激励组合是什么?其内容是什么?

大多数销售人员都需要一定的鼓励和特殊的激励才会努力工作。众多学者通过研究后得出了销售人员的激励模型,见图 11-3。

图 11-3 销售人员的激励模型

大多数营销管理者也都对此深信不疑,认为对销售人员的激励越大,他们做出的努力就会越大,更大的成绩将会带来更多的奖励,更多的奖励会产生更大的满足感,而更大的满足感将产生更大的激励作用。

11.2.1 概述

我们可以把全部激励要素划分为 7 个种类,在这 7 种要素的共同作用下,至少我们认为在一定程度下的共同作用,可以影响到对个人的行为的激发、强化、指导和维持,见表 11-1。

表 11-1 激励组合

1	销售文化:典礼和仪式、具有示范性的故事、象征、语言
2	基本薪酬计划:工资、佣金、福利
3	特殊物质刺激:红利、旅游、竞赛
4	非物质奖励:获得晋升的机会、获得挑战性的工作认为
5	销售培训:初始培训、继续培训、销售会议
6	领导:风格、个人接触方式
7	绩效考核:方法、绩效、活动、公开宣讲

在激励组合(incentive combination)的全部七种构成要素中,有三种是与回报相联系的。回报可以划分为两个主要类型。首先,个体可以从周围的环境中得到回报。我们把这种回报称为外来结果。外来结果包括基本的薪酬计划以及某些经济上的补偿。当销售人员完成本职工作的时候,他会从周围的环境中,即经理、同事、组织的回报体系以及其他环境中得到积极或者是消极的结果。其次,完全来自完成工作本身所得到的回报。我们称之为内在的结果。在某种意义上,我们可以认为这是个人给以自己认为是应该得到的回报。而环境则不能给他们提供这种回报或剥夺他们给予自身的这种回报;环境只是为这种回报的尝试和失去创造了一种可能性。

11.2.2 销售激励组合类型

为了增加动力,营销者需要把上述的激励组合在不同的场合与环境中加以改进。我国学者钱旭潮等将以上激励组合分为以下几个方面,主要包括:

(1)薪酬激励:尽管薪酬不是激励员工的唯一手段,也不是最后的方法,但却是一个非常重要、最易被运用的方法。因为金钱毕竟是一个人在现代社会中的生存基础,同时又是最重要的财富、地位象征。薪酬激励既有物质的含义,也有精神的意义,但在薪酬激励之外,还应该有更多的非薪酬的激励——精神激励。

(2)目标激励:对于销售人员来说,由于工作地域的分散性,直接管理的难度很大,组织可以将对其分解的指标作为目标,进而授权,充分发挥其主观能动性和创造性,达到激励的目的。

(3)发展激励:发展激励是指促进销售人员个人只有发展为目标的激励措施,包括职务提升、培训机会的提供、销售竞赛活动评比。

（4）情感激励：情感激励就是关注销售人员的感情需要，关心他们的家庭和感受，对销售人员的情感直接与他们的生理和心理有机地联合起来，使其情绪保持在稳定的愉悦中，促进销售成效的高水准，如表扬、尊重、成就感。

（5）民主激励：让销售人员参与影响目标、顾客策略、竞争方式、销售政策的讨论和制定；企业高层定期走下去，聆听一线销售人员的意见和建议，感受市场脉搏；向销售人员介绍公司发展战略、产品开发信息等，这都是民主激励的方法。

研究人员在比较了各种激励措施以后，发现最有价值的激励措施是薪酬激励，随后依次是职务提升和作为群体成员的成就感，而提供安抚和安全感的激励较弱。研究人员还发现，激励措施的价值大小会因销售人员的人文特征的不同而不同，如年龄较大、任期较长或是家庭人口较多的销售人员对薪酬激励措施最为重视；未婚或家庭人口较少的和通常受过较正式教育的年轻销售人员则认为发展和情感的激励措施。

【案例小链接11-2】　　针对不同类型销售人员的激励方式

销售人员的职业疲惫状况在企业中广泛存在，企业可能在投入了大量经济刺激后依然收效甚微。原因何在？根本原因在于我们还没有真正了解销售人员内心的激发点。销售经理应设法增进对销售人员的了解，洞悉他们的真实需求。那么，怎样才能真正了解销售人员的特点和内心需求呢？美国盖洛普管理顾问公司的研究结论很有指导意义。它将销售人员分成四种：竞争型、成就型、自我欣赏型、服务型。盖洛普公司认为，要提升销售人员的业绩，就要针对不同类型的销售人员采取不同的激励方式。下面是盖洛普公司对四种类型销售人员的研究结论。

1. 竞争型销售人员

这类销售人员在销售竞赛中会表现得特别活跃。对于此类竞争性很强的人，最简单的办法就是清楚地把成功的标准告诉他。他们需要各种各样的销售定额，也渴望通过成绩来证明自己，销售竞赛是激发其潜能的最有效方式。

精明的销售经理能巧妙地挑起这类销售人员之间的竞赛。美国某知名公司的一位销售高手说："刚开始做销售时，我在公司里连续5个月都是最佳销售人员，因此便自鸣得意，趾高气扬了起来。不久，公司新来了一位销售员，我们的销售区域很相似，他开始超过我并成了当月的最佳销售人员。这时，销售经理对我说，'嗨，大腕，新手就要打败你，你要赶不上来，你的地盘就归他了'。这些话大大鞭策了我，也激励了我的对手，于是，我便跟他暗自较起劲来。我俩争先恐后，月月都想打败对方，结果，我们两人的业绩都获得了大幅度的提升，简直难分高下。"

2. 成就型销售人员

许多销售经理认为，成就型销售人员是理想的销售人员，他会给自己定目标，而且会把目标定得比别人更高。只要整个团队能取得成绩,他不在乎功劳归谁,他是一名优秀的团队成员。销售经理该如何激励这类已经能自我激励的销售人员呢？正确的方法是：确保他们不断受到挑战。

比如,美国阿克里·沃斯公司总裁兰德尔·墨菲在其长期职业发展计划中指出："和成就型销售人员一起坐下来,弄清楚其工作中很关键的三个方面啊（擅长什么、哪些方面有待提高、哪些方面是不擅长而需要学习的）,接下来,一起为该销售人员制定改善目标。"

3. 自我欣赏型销售人员

自我欣赏型销售人员需要的远不止奖牌和旅行,他们希望感到自己重要。精明的销售经理应该设法让他们如愿以偿,这是对此类销售人员最有效的激励方式。比如,美国优利公司销售总监菲西特曼说："我们会让自我欣赏型的杰出销售人员带几个小徒弟,这类人喜欢被年轻人奉为大师。我们也乐意这样做,因为这样可以激励他们不断进取。如果新人能完成任务,就证明他指导有方。"

4. 服务型销售人员

服务型销售人员通常最不受重视,因为他们往往不能带来大客户,他们的个性往往比较保守,不喜欢张扬,甚至缺乏野心。美国优利公司销售总监菲西特曼说："我对这类人提不起兴趣,因为他们不出来争取新地盘。他们也许能在竞争中站稳脚跟并与客户维持很好的关系,却不能推动企业发展,他们更有点像默默无闻的英雄。"激励这类销售人员的最好办法是公开宣传其事迹。Inc公司销售副总裁说："我们在全公司通报表扬其优质服务,在公司大会上宣讲其事迹。"

资料来源：http://www.themanage.cn

营销思考：根据上述的研究结果,谈一谈作为一个销售经理,怎样才能找到有效的激励方法,去唤醒身心疲惫的销售人员？

11.3 销售人员的薪酬类型

销售人员的薪酬分别哪些类型？

11.3.1 销售人员的分类

对一个企业而言,销售人员在不同的场合与环境中有不同的称谓：企业代表、商务特派员、访谈者、商务业务员等等。但在如此众多的称呼背后,对于企业来说,销售人员主要有三种类型：专有销售人员、多雇主销售人员以及临时销售人员。

专有销售人员只推销一个企业的产品,大多数情况下是该企业的职工。尽管其工作的性质,工作的方式与报酬方式与其他职工不同,但是他们与其他职工一样,是企业里面的职工,是企业的人才,具有其他职工同等的地位。

多雇主销售人员是自立门户的职业销售人员。他们拥有自己发展建立起来的客户网,其主要的任务是向这些客户推销不同企业的非竞争性的产品。使用多雇主的销售人员,对企业来说是看中了其销售网络,并且能够在短时间内使产品在一个特定的区域占用一定的市场或者是具有一定的知名度。使用多雇主的销售人员是一种比较灵活的方式,以为其报酬方式是仅仅收取佣金,不会给企业带来过多的固定成本与开支。但是对企业来说,使用这种销售人员同时具有了不利的方面。那就是企业本身没有固定的销售渠道,而且企业不能指导与监督其工作。因此,使用这种销售方式的企业越来越少。

临时销售人员就是从专营销售业务的临时人事公司雇用的临时销售人员,这样,就可以在短时间内为企业提供一支推销冲锋队,以应付一些临时性的销售任务。

11.3.2 基本薪酬制度

为了吸引销售人员,公司必须具有吸引人才的工资待遇,也就是有不同的薪酬类型(wage types),比如:固定金额、可变金额、消费补助和小额奖励。固定金额,通常是指薪金,即固定给以销售人员的收入部分。可变金额为佣金和红利,根据销售业绩作为对销售人员工作的报酬。消费补助用来支付销售人员的工作消费,以便销售人员能担负必要的和想要的推销花费。小额奖励,如带薪休假、生病或意外费用。

一般来说,公司可以采用下述三种基本薪酬制度(payment systems)的一种或者是几种:纯薪金制、纯佣金制以及混合型,它们在实施时都有其各自的优点与缺点。

1. 纯薪金制

纯薪金制是指定期向销售人员支付一定数量的工资。在无加薪或者减薪的情况下,这笔工资数量是固定的。纯薪金制的优点是提高销售人员安全稳定的收入,这种激励方式让销售经理可以控制销售人员的工作,而销售人员原因花时间再最符合企业利益的活动上,但可能不是销售活动。其缺点主要是在于销售人员缺乏诱因去提供销售量。另外,固定薪金是企业的固定成本,与销售量和毛利无关,也因此增加了企业的成本。

纯薪金制采用的情形:(1)给新近销售人员或专案销售人员的报酬;(2)开发新的区域市场;(3)销售需要长期协商的技术性产品。

2. 纯佣金制

纯佣金制是指销售人员的薪酬完全取决于一定时期内的销售量。佣金可能是基于销售额的一定百分比或是包括多种销售水平和百分率的滑动等级而定。佣金制与薪金制的不同在于它依据销售特定产品给予的报酬。与纯薪金制相比,佣金制与薪金制有着相反的优点与缺点。佣金制优点是提供相当大的销售诱因,而且是销售人员的销售量或毛利相关的变动成本。而缺点是企业不易控制纯佣金制的销售人员,也很难要求他们做无佣金回报的销售工作,而且纯佣金制会引发销售人员忽略客户的重要性。

纯佣金制采用的情形:(1)需要强烈诱因创造销售量;(2)很少需要非销售性工作,比如在零售商场设立陈列架;(3)企业财力很弱,报酬需要直接依据销售量或毛利给付。

3. 混合型

激励销售人员的最好的方式是采用以上两者的优点,即混合型。而混合型薪酬计划是指销售人员的薪金包括一部分工资和一部分由销售量而定的佣金。一些结合型计划要求销售员达到一定销售水平才能得到佣金,而另外一些则不考虑销售水平。

混合型薪酬制度包括以下几种:

(1)基本薪酬加佣金制。

在这种制度下,销售人员每月领取一定数额的基本薪酬,然后根据销售业绩领取相应的佣金。一方面为销售人员提供基本的薪酬,保证了销售人员基本的生活问题,解决了纯佣金制下的不足,另一方面吸收了纯佣金制下的优点,保留了其激励的作用。

(2)基本薪酬加奖金制。

这种薪酬与上面的有些相似,但是也有区别。区别就在于销售人员的销售业绩。佣金是由销售绩效直接决定的,而奖金是由业绩间接决定的。虽然也是根据销售额、利润额、与销售目标来衡量销售人员的业绩,但是支付的却是奖金。这种情况下,只有销售人员完成一定的销售额,才能获得一笔数量可观的奖金,而且除却了现有的业绩,开发新市场、新客户等都可以影响到销售人员的奖金数量。

(3)基本薪酬加佣金加奖金制。

这种薪酬的特点是把佣金和奖金捆绑在一起,企业一方面鼓励销售人员实现更高的销售额,另外一方面还鼓励销售人员提高销售的毛利率。因为,企业会根据完成的情况,在原来的佣金的基础上奖励其业绩。

对于企业来说,究竟采用哪种薪酬方式,视企业的具体情况与企业的目标而定。举例来说,受行业因素的影响,保险业、营养品业、化妆品业大多是"提成+固定金"制度,或者是纯佣金制。而在技术含量高、专业性强的行业,往往采取"高固定+低提成/奖金"的薪酬模式。

【案例小链接11-3】　　销售人员自助式薪酬体系

自助式薪酬是一个以员工为中心的全新的薪酬概念。它是根据每个员工对薪酬的要求,为其量身定制适合他自己的薪酬方案。员工可以在一定范围内,按自己的需要对薪酬要素进行自由组合。传统的销售人员的薪酬体系中,主要依靠奖金或佣金作为主要的激励手段,随着员工需求的日益多样化和复杂化,原有薪酬体系的激励作用变得不尽如人意。自助式薪酬突出了薪酬方案的整体性和可选性,能更好地满足销售人员个性化需求。

自助式薪酬体系的具体设计思路是:从销售人员的薪酬要素构成中,分离出一些可变薪酬要素,这些可变薪酬要素是公司预先设计好的选项,就像一个盛满蔬菜的菜篮子,里面的不同薪酬要素就是各种不同的蔬菜。之所以称之为可变薪酬要素,不仅因为这些薪酬要素随销售额的变化而变化,更重要的原因是这部分薪酬的分配比例是可以由销售人员自己选择的,销售人员可以根据自己的需求对这些要素进行自由组合,制定出适合自己的薪酬方案。

假设 GT 公司红酒销售员每月的平均销售额为 10 万元,平均薪酬约为 2 500 元,其中基本工资 1 500 元,可变薪酬约为 1 000 元。由于基本工资是所有销售人员都可以得到的,是固定不变的,与销售额无关,因此在研究时,只将销售额转换成可变薪酬的薪点数。具体的转换比例可以由企业根据自身特点来制定。例如,销售额 10 万元以下,薪酬点数为(销售额×0.8%);销售额 10 万~20 万元,薪酬点数为(销售额×1.2%);销售额 15 万元以上,销售点数为(销售额×1.4%)。

通过上面的步骤把销售而转换成销售点数之后,就可以知道每位销售人员的薪酬水平了,但是他所得到的薪酬具体是以什么形式支付的还不能确定,这就需要把销售人员获得薪酬点数与具体的薪酬要素结合起来,即对各种薪酬要素明码标价,为下一步销售人员的选择打好基础。

在进行薪酬点数与薪酬要素的转换时,应该考虑该薪酬要素给销售人员带来了多少利益,或者对企业形成了多大的成本,具体转换方式根据企业的具体情况制定。例如,可以是 2 个薪酬点数换一股股票;300 个薪酬点数换一次在职培训等。

有了以上两个步骤,销售人员就可以根据本月的销售额,自由组合出适合自己需求的薪酬方案了。例如,A 销售人员销售额为 15 万元,则其薪酬点数为 2100 点。那么他的最终可变薪酬方案可以是"进修+免费午餐+员工宿舍+股权分享计划+现金薪酬",或者"旅游+休假一天+免费午餐+班车+现金薪酬",等等。他可以自由选择任意形式的薪酬组合。

采用这种薪酬体系,可以有效激励销售人员,提高他们的工作积极性,降低离职率,对企业的薪酬改革来说,是一个不错的方式。

资料来源:马绡绡,浅析销售人员的自助式薪酬体系的构建,时代经贸,2014(4)

营销思考:自助式薪酬体系和传统薪酬体系有什么不同?自助式薪酬有何优缺点?

第 11 章　销售人员的激励与薪酬

11.4 销售人员薪酬制度的实施与改进

 销售人员薪酬制度的制定、实施与改进

11.4.1 销售人员薪酬制度的实施

为了招聘并留住优秀的销售人员,企业应该推出一项有激励作用的、吸引人的薪酬计划。比较理想的情况是,销售人员得到他们所期望的报酬,因为个人的利益和所得也就是企业的利益所在。推出一项薪酬计划的同时,必须要做出两个决策:(1)薪酬的水平;(2)支付的方式。

1. 制定薪酬体系的考虑因素

(1)报酬随工作和需要的技能不同而改变。

为了吸引优秀的销售人员,公司或企业必须为不同种类的销售人员准备不同的薪酬标准。比如对专有销售人员、多雇主销售人员以及临时销售人员,应该区别开来。但是不管哪种类型的销售人员,都应该维持当前的市场工资水平。如果工作需要大量的出差,或者是开拓新市场或者是与不同的顾客接触,报酬应该更高,但是销售人员的薪酬标准应该与企业的其他人员的报酬是大致可比的。通常情况是管理人员与生产人员或办公人员之间。

(2)支付方法可变化。

考虑到薪酬的选择方法,薪金制型、佣金制型和混合型。支付方法也可以采取相应的方式。直接薪金制最能够为销售人员带来安全感,而直接佣金制最能够带来销售刺激。而目前的一种方法就是一种包括薪金和佣金在内的混合型方案。把奖金、利润分享、退休金持股计划、保险以及其他额外的利益也可以包括在内。

2. 薪酬设计的注意要点

(1)需要考虑销售人员的工作特点。

销售人员不同的工作特点,决定了绩效评估的方法和制度的选择。

① 工作时间自由。由于工作性质的缘故,销售人员既可以一天都在工作,也可能因为头一天晚上和客户洽谈、吃饭到很晚,第二天没有上班。也可能在节假日时,销售人员正在紧张工作。因此,他们的工作时间弹性很大,这就说明了不能用一般的考勤制度来约束他们。

② 工作效果可以定量体现。多数情况下,以完成的销售额度来对销售人员进行绩效考核与评估。

③工作业绩具有波动性。由于存在周期性、季节性、区域性等差异,销售人员的工作业绩也会随之波动。如果单纯与销售业绩或者是月销售额来作为评估依据,必然会造成对一部分人不公平,影响销售人员的士气。

(2) 销售人员业绩考核和激励必须一致。

在设计销售人员的绩效考核的过程中,要关注一些指标之间的关系和平衡,既要引导销售人员朝着企业的目标努力,还要与销售人员自身的利益相结合。主要有以下几个关系要关注:

① 销售量与销售利润之间的平衡;
② 不同销售区域之间销售人员的公平平衡;
③ 合同额与回款额之间的平衡;
④ 新老顾客指标之间的平衡;
⑤ 销售费用与销售收入之间的平衡;
⑥ 新老产品的差异之间的平衡;
⑦ 直销与分销模式之间的平衡。

以上七种关系,对于企业设计销售人员的绩效考核时,应该予以特别注意。处理得好,销售人员会士气大振,对于企业来说意味着销售量的上升,企业利润的上升。否则会引起反作用。

3. 销售人员薪酬制度的实施

(1) 销售人员的绩效考核。

影响销售人员销售绩效的因素主要有主观方面和客观方面,因此,销售人员绩效指标可以按照不同的影响因素分为主观绩效指标和客观绩效指标。

主观绩效指标是指如果销售人员做正确的事,他们的产出就会与组织的期望一致。一般包括工作技能、公司关系、个人特征等方面。常用的指标有:工作态度、销售技能、外表举止、产品知识、时间管理、客户信誉度等。

客观绩效指标反映了组织对销售人员的目标和期望值,它与工作的产出直接相关。常用的指标有三种:投入指标、产出指标和效率指标。投入指标有:销售人员的费用,客户(新、老、潜在)的访问次数与平均访问次数,销售人员访问客户的总数量等。产出指标有:销售量、销售额、销售毛利、销售利润、订单次数等。效率指标是以比率表示的指标,一般有以下几种组合:① 销售投入及产出方面的比率指标,包括销售毛利率,销售费用使用率,销售定额完成率等。② 客户方面的比率指标,包括流失客户比率,订单平均销售率,新客户转化比率等。

(2) 考核销售人员的数据。

考核的难点除了考核指标的设定外,最难做到的是缺少对考核数据的收集,无法评价指标完成情况。因此,应该建立对应的管理信息系统,定期对客户进行跟踪与服务,了解客户的需求与对销售人员的监督。以下有三种表对于信息的收集非常重要:

① 销售人员日报表：由销售人员填写的并交给管理人员的报表，是对每日销售情况所做的全面记录，是进行销售员销售绩效考核的重要资料。

② 销售人员月报表：由主管人员将销售人员日报表中的主要内容摘录到月报表中，并进行简单的统计汇总，便得到了销售人员每月的绩效。销售人员月报表时销售人员月绩效的主要记录，具体格式是由企业统一设计与集中管理。

③ 销售人员效率计算表：这是利用月报表的统计数据而计算绩效考核指标体系中的比例指标的过程。比例指标有助于抛开量值指标的局限，更易准确衡量销售人员的绩效水平，因此，在实际应用中应把两者结合使用。

（3）考核销售人员时应注意的问题。

在销售考核中应该特别关注以下几个问题：

首先，考核结果与过程并重。这主要包含两个方面。首先，企业对销售人员的考核应该分为定性与定量两个指标。定性考核指标主要是考核销售人员的销售行动与努力程度。定量考核指标是关注销售人员的销售结果。其次，要对结果和过程并重。即把销售总结与销售的指标体系相结合，通过实体会议（电话会议与办公室会议）和虚拟会议（电子邮件）进行总结。

其次，考核应该系统考虑。把绩效考核放在绩效管理的体系中进行考虑，既要做好公司的优胜劣汰的良好发展模式，又要做好销售人员考核期后的结果反馈工作。既要保证评估结果的公平、有效与沟通，也要体现评估的差异，并进行有效的奖励与惩罚。

最后，考核要与个人发展相结合。把考核与个人的职业规划结合，促进公司于个人的共同成长。

11.4.2 销售人员薪酬制度的改进

1. 销售人员薪酬制度设计的流程

设计一个有效的营销人员的薪酬方案，首先要成立一个专家小组，然后由专家小姐具体展开薪酬方案的评价、设计、执行、新评价四个步骤。

（1）组建新的薪酬方案设计团体。营销人员的薪酬方案的设计必须能够反映组织在销售、市场、财务、人力资源、信息系统等方面的目标，因此必须有一个来自不同领域的人员所组成的设计团队。

（2）评估原有的薪酬计划。通过对原有薪酬计划的评价，不仅可以使得设计团队对原有薪酬计划的了解，找到原有计划的不足，也可以吸收原有计划的优点，使得新的薪酬计划更有效率。一般要考虑以下三个方面：首先，是否与对经营战略相一致。其次，是否到达了支出目标。最后，是否提高了销售人员队伍的有效性。

（3）设计新的薪酬方案。在设计新的薪酬方案时，首先明确新计划的目标是什么。新的薪酬计划与公司战略是一致的。具体包括涉及客户服务、财务目标与绩效等。其次明确地对本公司的销售工作进行分析与界定。这既是因为行业性质的不同而造成的,也是因为销售本身的行业特点所决定的。最后还要考虑到非销售类的技能与责任。比如对销售团队与个人利益的分配,公司长远利益与团队当前利益取舍。

(4) 执行新的薪酬方案。在新的薪酬方案制定后,就要有效的执行,这主要涉及三个方面:计划的发布于沟通;对一线销售人员的培训与职业规划;对新的薪酬方案进行监控。

(5) 对新的薪酬方案的评价。

通常有以下五个方面对薪酬方案的评估:

① 增长目标。销售的增长主要体现在:销售额的增长,新市场的开发,新客户的获得。

② 利润指标。这是企业非常关注的一个指标,一般是指利润指标的定量比较,新的薪酬计划是否引导销售人员向客户提供恰当的产品与服务,从而产生新的利润。

③ 客户满意度和忠诚度。它对销售人员的激励是否使他们以更加有效方式去留住客户并对他们提供良好的服务。

④ 销售人才指标。一种有效的销售人员薪酬计划必须能够帮助企业吸引并留住优秀的销售人才。

⑤ 薪酬投资的收益指标。企业需要经常对自己在销售人员身上所进行的投资进行审查,看是否产生更好的效益,并且防止销售人员的"道德风险"。

2. 销售人员薪酬制度设计的原则

根据以下原则,对薪酬制度进行改进。

(1) 公平性原则。企业员工对薪酬的公平感,也就是对薪酬发放是否公正的认识和判断,是设计薪酬制度和进行薪酬管理的首要因素。

(2) 竞争性原则。它是指在社会上和人才市场中,企业的薪酬标准要有吸引力,才足以战胜竞争对手,招到企业所需的销售人员,同时也留住优秀的销售人员。

(3) 激励性原则。在企业内部,不同级别、职务、不同销售业绩的销售人员之新的间的薪酬水平应该有一定的差距,从而不断激励员工提高工作绩效。有效的激励差距,还可以吸引其他优秀的销售人员来本企业工作。

(4) 经济性原则:既要考虑到销售人员的佣金(或者奖金)部分,也要考虑到尽量节约,尽量做到销售最大化,成本最小化。

(5) 合法性原则。销售人员的薪酬标准必须符合国家的法律法规。

3. 销售人员薪酬制度设计的改进

销售人员薪酬制度的改进主要涉及三个方面:个人薪酬、团队薪酬、特殊的销售激励计划。

(1) 个人薪酬设计。

销售团队中个人的薪酬由四个部分构成,即基本工资、年资、佣金、奖金(包括个人与团队)。

$$员工薪酬 = 基本工资 + 年资 + 佣金 + 奖金$$

其比例一般为,工资占30%,年资占5%,佣金占50%,奖金15%。

销售个体奖金包括两个部分,个人奖金与个人团队奖金。个人团队奖金可以按照个人的奖金绩效评估系数进行分配。而个人奖金则是属于个人所有,与团队激励无关。个人团队奖与个人奖金的比例为1:2最佳。

(2) 团队薪酬设计。

基本工资,年资工资为固定薪酬部分,不参加销售团队总体薪酬分配。因此,销售团队的薪酬模型主要以佣金和奖金分配为主。

$$销售团队薪酬 = 销售团队佣金 + 销售团队奖金$$

销售团队的佣金必须与销售团队的总体绩效挂钩,通常情况下衡量销售团队佣金的评价指标有销售毛利、销售费用、回款率、客户关系等。

销售团队奖金要求:从奖金获得的范围来看,以团队奖金激励为主,个人奖金激励为辅。但从分配到团队成员手上的奖金数额来看,团队奖金占少数,个人奖金占多数,1:2的比例为最佳。既可以使得成员为团队目标共同努力,又可以使得"道德风险"降到最低。

(3) 特殊的营销激励计划。

① 临时性销售促进奖励。在一些特殊时期,组织会特别强调某些产品或者服务,并通过短期或临时销售方式来实现销售目标。例如,公司为了配合新产品上市,对在一定时期内以特定数量或比例增加老产品销售量的销售人员给以25%的奖励。值得必须注意的是,临时激励的价值应该足够大,对营销人员要有足够的吸引力,才能激发销售人员的积极性。并且这种方式不能影响正常的销售工作的前提下才可以,还要注意使用的次数不宜过多。

② 销售荣誉。在营销实践中,荣誉是很重要的因素,使用恰当,会有很大的正面效应。倘若得到周围销售人员的认可与尊敬,或者行业内销售荣誉,会使得销售人员有极大的成功感与满足感。《销售与营销管理》(Sale and Marketing Management)一项调查表明,正式的认可计划(荣誉)与销售成功高度相关。有人认为,成功的销售荣誉包括五个方面。第一,组织必须具备或发展一个长期的认可象征。第二,组织必须具备或发展一个长期的标志礼物,以流动的形式传达该项荣誉。第三,组织必须以一种正式的方式向个人表示奖励。第四,颁奖人的地位能够增强员工的荣誉感。第五,组织必须定期检查奖励计划,确保它所指向的行为适合当前的组织目标,且奖励本身是被员工所看重的。

③ 辅助人员的奖励。对于最终的客户满意度来说,辅助人员也很关键。比如,为了保留客户,在销售环节之后,公司必须提供出色的售后服务。

【案例小链接11-4】 某公司销售人员薪酬激励失败的原因分析

某公司为一家主要从事IT产品代理和系统集成的硬件供应商,成立8年来销售业绩一直节节攀升,人员规模也迅速扩大到了数百人。然而公司的销售队伍在去年出现了动荡,一股不满的情绪开始蔓延,销售人员消极怠工,优秀销售员的业绩开始下滑,这迫使公司高层下决心聘请外部顾问,制定销售人员的薪酬激励方案。

这家公司的销售部门按销售区域划分,同一个区域的业务员既可以卖大型设备,也可以卖小型设备。后来,公司对销售部进行组织结构调整,将一个销售团队按两类不同的产品线一分为二,建立了大型项目和小型设备两个销售团队,他们有各自的主攻方向和潜在客户群。但是,组织结构虽然调整了,两部门的工资奖金方案没有跟着调整,仍然沿用以前的销售返点模式,即将销售额按一定百分比作为提成返还给业务员。这种做法,看似是不偏不向,非常透明,但没能起到应有的激励作用,造成两部门之间的矛盾,于是出现了上面讲到的现象。

薪酬设计顾问首先分析了该公司组织结构调整后,两个销售团队之间产生矛盾的原因,主要有以下几个方面:(1)大型设备销售一般靠团队作战,而是团队共同的结果;小型设备销售一般靠单兵作战。(2)大型设备销售数量少,单笔金额大,回款周期长;小型设备销售数量多,单笔金额少,回款周期短。(3)大型设备销售一般是做品牌、做规模、占市场、利润低;小型设备销售客户较散,利润相对大型设备要高。(4)两种类型销售团队激励模式一样,导致大型设备销售业务员因为回款周期长,短时间内难以收到回款而导致激励很难及时到位;小型设备销售因为相对而言销售金额少,尽管提成及时但提成少,且大型设备销售往往是团队作战的结果,甚至高管出面完成的业绩,让他们感到不公平。

问题产生的原因找到了,顾问为该公司的两个销售团队重新设计了不同的薪酬方案:(1)大型设备销售以团队作为激励单元,激励周期可以为半年或一年一次,其提成建议与利润挂钩,确保产品以合理的价格;(2)小型设备销售仍然以个人作为激励单元,激励周期可以按月提成,因单笔销售金额少,客户资金周转相对而言较容易,促使其及时回款,保证公司资金周转,提成也与利润挂钩,防止其光看销售额,降低价格,扰乱市场;(3)新政策出台后,加强与销售人员进行沟通,并对其政策进行详细解读,在一定程度其收入与工作难易程度相匹配;(4)薪酬政策出台后,确保其有效周期内不调整,并及时兑现。

资料来源:http://www.wangxiao.cn/hr/56875687592.html

营销思考:该公司组织结构调整后,为什么销售人员的不满情绪开始蔓延?你认同顾问提出的解决方案吗?你还能提供其他的薪酬设计方案吗?

第11章 销售人员的激励与薪酬

4. 销售人员薪酬制度执行的艺术

（1）薪酬沟通的关键因素。

薪酬沟通主要指企业在薪酬战略体系中的设计、决策中就各种薪酬信息，主要指企业薪酬战略、薪酬制度、薪酬水平、薪酬结构、薪酬价值取向等内容以及员工满意度调查和员工合理性建议，与员工全面沟通，让员工充分参与，并对薪酬体系执行情况予以反馈，再进一步完善体系。一个良好的薪酬计划的沟通应该三个方面的任务：

① 说明薪酬方案和公司整体战略的联系

② 如何在公司的日常运行中应用这个方案

③ 对薪酬方案的细节进行沟通

（2）薪酬支付的形式。

尽管薪酬不是激励员工的唯一手段，也不是最后办法，但却是一个非常重要的、最易被人接受的一种方法。薪酬总额相同，支付方式不同，也会取得不同的效果。因此，要在总额一定的情况下达到效用最大化，是一门艺术。以下有一些窍门，可以供参考。

① 迎合员工喜好

② 配合员工达成的业绩。工作性质与工作的价值不同，要用不同的薪酬支付手段

③ 让员工参与薪酬方案的设计与推动

④ 保持薪酬支付方案公开而有弹性

⑤ 薪酬支付的方式要与公司的经营理念相符合

⑥ 合理的拉开薪酬支付水平的档次

⑦ 因人而异选择薪酬支付的频率与内容

将现金性薪酬和非现金性薪酬结合起来运用，可以取到意想不到的效果。前者包括基本工资、年资、佣金、奖金等，后者包括企业为员工提供的所有保险福利项目、实物、公司举行的旅游、文体娱乐等。

适当缩短常规奖励的时间间隔，保持激励的及时性，有助于取到最佳的激励效果。同样的薪酬体系，在不同的企业文化中配合不同的环境、差异性艺术，使薪酬在支付中产生无声语言，让员工唱出和谐的团队之歌。

本章小结

激励在现代的经营管理中具有重要作用，销售人员因其工作性质的特殊、行业的特点，尤其需要激励。良好的激励机制的构建不仅使得企业利润与销售业绩在短期内收益，而且使得企业在长期有了发展的动力。

激励理论指一种精神状态或者是力量，对组织和个人起加强、激发和推动的作用。

激励通常包括三个方面：激励强度、激励保持与激励方向。激励强度指的是销售人员都让到销售工作中的脑力和体力的总量程度。激励保持则是销售人员随时间变化而选择的消耗力量的程度，特别是当面临不利环境时。激励方向指的是销售人员在其多样化的工作中所选择的努力方向。

薪酬激励尽管薪酬不是激励员工的唯一手段，也不是最后的方法，但却是一个非常重要、最易被运用的方法。因为金钱毕竟是一个人在现代社会中的生存基础，同时又是最重要的财富、地位象征。纯薪金制是指定期向销售人员支付一定数量的工资。在无加薪或者减薪的情况下，这笔工资数量是固定的。纯佣金制是指销售人员的薪酬完全取决于一定时期内的销售量。佣金可能是基于销售额的一定百分比或是包括多种销售水平和百分率的滑动等级而定。而混合型薪酬计划是指销售人员的薪金包括一部分工资和一部分由销售量而定的佣金。

关键术语（中英对照）

激励（incentive）　　　　　　　　需求层次理论（Maslow's Hierarchy of Needs）
激励保健理论（Hygiene-Motivational Factors）
公平理论（Equity Theory）　　　　激励组合（incentive combination）
薪酬类型（wage types）　　　　　　薪酬制度（payment systems）

思考题与应用

1. 激励的定义是什么？
2. 需求层次理论与存在-关系-成长理论的异同比较。
3. 三种薪酬类型的优点与缺点比较。
4. 销售人员薪酬制度设计的流程是什么？
5. 举例说明下列各种因素将怎样影响公司选择销售队伍的薪酬计划。
   （1）销售人员的能力；
   （2）工作的性质；
   （3）公司的财务状况。
6. 除了拿直接佣金的销售人员，公司所有的雇员都有带薪假期。管理层是否应该制定政策使这些销售代表享受同等福利？如果是，管理层应该怎样确定他们在假期中的报酬？
7. 下列公司的销售人员在薪酬计划的哪些方面有所不同？
   （1）办公设备和用品批发商；
   （2）汽车经销商；
   （3）日化用品销售代表。

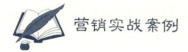

汽车行业销售人员的激励机制

一、日系品牌汽车销售人员的激励方案

一汽丰田激励制度主要包括积分奖励和竞赛评比两种形式，奖励对象主要是销售顾问和销售部长，奖励形式主要包括现金、购物卡和旅游等。积分由基础积分和岗位积分构成，根据目标达成情况设置了不同的积分系数，销售顾问和销售部长所采用的积分计算方法也完全不同。一汽丰田内部还设置了一个网络积分商城，商品品种繁多，销售人员可以根据自身积分情况任意兑换商品。

东风日产厂商组织开展的全国性销售精英大赛，在组织理念和举办形式上都开辟了不少别具一格的做法，值得其他汽车厂商借鉴。东风日产通过选拔出真正代表汽车行业最高销售服务水平的精英，期望为东风日产树立一个服务标杆，带动整个东风日产的销售服务水平的发展，让消费者体验真正的尊贵服务。大赛全面考核销售顾问的知识熟练程度、销售技能的运用程度以及个人综合素质，要求选手不仅要熟悉内容包括汽车基础知识、产品知识、NSSW、销售技巧、车辆使用等销售必需的常用知识技巧，甚至时事热点也需要了熟于胸。而个人反应能力和口才水平等也是考核的要点。一方面，服务搭台，客户唱戏。东风日产在海选中增加了尊贵体验月活动，让消费者参与评选，体验销售顾问在比赛中的努力。另一方面，东风日产还设置了网络虚拟小社会，销售精英官方网站也适时开通了。网站包括大赛选手形象展示，专家、媒体各界声音传达，网络票选等内容，是名副其实的交互式网站。

二、德系品牌汽车销售人员的激励方案

宝马厂商对一线销售人员的直接激励基本上是通过培训、竞赛等活动来实现的。销售人员每卖出一台车，宝马厂商都设置了单车提成奖励，对于一些促销款车型也将提供额外奖励。宝马还设立各种奖项，奖励杰出的销售人员或团队。宝马厂商每年都会举办全国性和区域性的销售冠军竞赛，对销售人员的销售绩效、销售技能和销售知识等方面进行综合性考核，以奖金或赴德国进修的形式来激励销售人员的工作积极性。除此之外，宝马厂商每年会组织一些新车上市的培训，安排在旅游城市，相当于旅游福利。而且宝马还为每位销售人员设计了一本宝马护照，并制定相应的福利政策，以此来提高销售人员的工作积极性和工作稳定性。只要销售人员参加厂商规定的培训通过考试后即可获得，持有护照的销售顾问可以在全国宝马经销商网内自由转岗。

奔驰中国2008年才成立市场部，其策划团队非常年轻，在市场运作方面的经验不足，因此其销售政策并没有太多亮点。奔驰厂商对销售人员的直接激励非常少，一般只采取现金奖励和物质奖励两种手段。而且所有的激励政策都是为了消化库存制定的，

均属临时性政策。但在培训和认证方面,奔驰采取的 C-sales 认证对销售人员起到了较大的作用。奔驰中国对其授权经销商的销售顾问开展全球统一标准的职业资格认证,只要通过认证的销售顾问都可以享受更高的薪酬和福利。

三、美系品牌汽车销售人员的激励方案

福特汽车的销售激励主要针对经销商,针对个人的激励通常仅限于某个车型,且持续时间较短。根据不同的汽车子品牌,经销商激励政策和个人激励政策都有所不同,例如:个人激励政策仅针对蒙迪欧品牌。具体奖励金额将随着车型、销量的不同而不同。目前,长安福特厂商对于销售顾问个人的奖励是直接打到个人账户的,并不经过经销商,这在一定程度上避免了经销商对于厂商激励的干预。

对于经销商的销售人员,别克厂家主要通过在线软件和网络平台来了解一线销售人员的销售情况,但并没有基于这一平台的积分机制或者长期激励体系。由于别克经销商在销售人员管理上有较大的自主权,各经销商可以制定自己一线销售人员的薪酬制度。基本工资也是随着销量而递增的,比如卖了 2 台,这个月的基本工资就是 1 000 元;卖出 3 台,基本工资就是 1 200 元。销售人员的奖金主要是单车奖,公司奉行的是多奖少罚的理念,比如公司规定,销售人员每个月必须卖出 1 台二手车,完成了就会奖励 500 元/台,如果没有完成则会扣 400 元/台。当销售团队销量达到一定程度,还会获得销售团队奖励。别克厂商较少地直接激励经销商一线销售人员,通常是为了消化库存而制定一种临时性奖励政策。奖励对象一般是团队,奖励方式是现金或实物奖励,奖励频次大约半年一次。别克厂商每季度会举行一次销售评比(如 MOT)。全年还有金牌销售员评比,且分全国性和区域性,得到的奖励程度将不同。别克厂商和经销商每年都会组织人员培训、人员评级等激励活动,但各自工作重点不同。别克厂商更多的关注中高层销售管理人员,而经销商在中低层销售人员管理上具有较多决定权。

资料来源:杨英,《汽车行业销售人员的激励机制》,改革与开放,2012 年 03 期

讨论题

1. 结合本章学习的相关知识,试分析日美德三国企业对销售人员分别采取了什么样的激励方式?各自的优点和缺点是什么?

2. 通过了解日美德的品牌汽车厂商的激励机制,我国本土汽车企业可以从中得到哪些启发?

案例点评

(扫一扫)

销售是汽车行业的命脉,所以激励销售人员是汽车厂商提高销量的重要手段之一。通过对欧美日等品牌汽车厂商的案例分析,我国本土汽车企业可以从中得到不少建议,从而帮助汽车厂商优化各自的销售人员激励方案。

比如,在激励方案设计方面,可以结合旗下品牌的市场特点设置更有针对性销售激励方案。在激励手段方面,除现金奖励外,还可以考虑实物奖励相结合的模式。一方面可以有效降低税收带来的成本,另一方面多元化的奖励机制可以有效

提高销售人员的满意度活便利的操作流程。在激励主体方面,可以考虑适当放权给经销商。在东风日产的案例中发现,激励方案不仅要对一线销售人员有效,还必须能吸引经销商的参与和支持,才能发挥其功效。在激励形式方面,可以适当考虑增加销售个体选择的权力。目前国内大多数汽车厂商的激励形式只采取了现金激励,销售人员缺少自主选择的权力,激励效果有限。一汽丰田在设置奖励时考虑了积分商城的形式,让销售人员自行选择兑换商品,能更有效地激励销售人员的积极性。

 参考文献

1. 龙平编著,《如何选拔顶尖销售人才》,北京大学出版社,2006 年
2. 胡旺盛主编,《销售管理》,合肥工业大学出版社,2007 年
3. 胡德华主编,《销售管理》,人民出版社,2005 年
4. 黄德华、张大亮编著,《销售队伍管理》,清华大学出版社,2014 年
5. 何晓兵主编,《销售业务管理》,科学出版社,2011 年
6. 小约翰·F.坦纳、小厄尔·D.霍尼克特、罗伯特·C.厄夫迈耶著,《销售管理》,中国人民大学出版社,2010 年
7. 威廉·斯坦顿、罗珊·斯潘茹著,江明华译,《销售队伍管理》,北京大学出版社,2004 年
8. 彭剑锋编著,《人力资源管理概论》,复旦大学出版社,2005 年
9. 赫伯·戈瑞伯格、哈罗德·威斯特等著,曹淮扬、刘轻舟等译,《销售人力资源管理:如何选育用留顶级销售人才(第三版)》,企业管理出版社,2009 年
10. 诺伊著,《人力资源管理:赢得竞争优势(第 5 版)》,人民大学出版社,2005 年
11. 龙平著,《如何选拔顶尖销售人才》,北京大学出版社,2006 年
12. 熊银解主编,《销售管理》,高等教育出版社,2002 年
13. 加里·德思勒著,刘昕译,《人力资源管理》,中国人民大学出版社,1999 年
14. 李先国、杨晶编著,《销售管理(第四版)》,中国人民大学出版社,2016 年
15. 乔布·兰开斯特编著,《推销与销售管理(第 7 版)》,中国人民大学出版社,2007 年

第Ⅲ篇 实训环节

实训名称

企业销售人员的管理与控制

实训目标

以真实企业为背景,站在销售队伍的管理者的角度,模拟销售人员管理与控制过程中的重要环节,切身感受其中所遇到的问题,最终达到综合运用"销售人员管理与控制"的关键知识点的教学目标。

背景描述

立足于大众点评网(http://www.dianping.com)的真实企业背景,以该公司"广告销售"这一职位的招聘、甄选及销售培训方案制订为主线,设计两个实训模块,以期学生能够由点及面、较好运用"销售人员管理与控制"的相关理论知识尝试解决实际问题。

实训任务

【实训模块一】校园招聘及甄选
实训目标:
① 使学生了解校园招聘的方式,能够熟练掌握校园招聘流程并了解校园招聘过程中的注意事项;
② 模拟进行"面试考场的布置"工作,并对销售人员候选人进行模拟化的"结构化面试",使学生通过体验这种典型的初级销售人员甄选方法,进一步掌握销售人员甄选的相关准备工作和实施流程。
实训内容:进行校园招聘及甄选方案设计
实训组织方法及步骤:

1. 进行调查研究

要求：学生上网查阅资料或深入企业实际，调查大众点评网的现有人力资源及其招聘需求情况。

2. 制作广告宣传稿

要求：学生根据其对大众点评网的了解，尝试制作一份用作大众点评网校园招聘的广告宣传稿。

3. 进行职位和专业的匹配选择

要求：根据大众点评网的招聘职位要求（也可让学生自由发挥，另行拟定该公司的待招聘职位），在所在地各高校中选择在专业、学生素质等方面与公司待填补职位有较高匹配的高校进行校园招聘。

4. 召开公司宣讲会

要求：以小组（3～5人）为单位，让学生模拟公司高层管理者，召开公司宣讲会，向目标高校的学生进行公司宣传，向学生说明公司的性质、产品、服务、制度、文化及薪酬福利等细节。

5. 对"广告销售"职位候选人进行甄选

要求：以小组（3～5人）为单位，让学生模拟公司人力资源部员工，收取目标高校应聘"广告销售"职位的学生简历（简历由实训教师模拟给出，数量以6份以上为宜），并选派6位（或6位以上，和模拟给出的简历份额一致）作为模拟候选人；模拟招聘方的小组同学进行"面试考场的布置"，并对候选人采取"结构化面试"方法进行甄选。

（1）面试考场的布置。

实训目标：了解面试前应做好哪些准备工作，掌握布置面试考场的方法，熟悉面试考场布置的原则。

实训内容：

① 压力式面试考场的合理布置与安排；② 宽松式面试考场的合理布置与安排。

实训步骤：

① 以小组（3～5人）为单位，分别选择压力式面试或宽松式面试方式，进行面试考场布置，并注意做记录；

② 模拟主考官或应聘者的不同角色，体验所布置的面试考场产生的心理效果；

③ 总结并撰写子模块实训报告（可整合到"模块一"的实训报告中）。

（2）"结构化面试"甄选。

实训目标：了解结构化面试的设计流程，熟悉结构化面试的提问技巧并掌握实施流程，为企业进行有效的人力资源甄选奠定基础。

实训内容：

① 结构化面试的问题拟定及其方法程序的应用；② 结构化面试的提问技巧训练。

实训步骤：

① 模拟招聘方的小组分别进行结构化面试各个阶段试题的拟定，并注意做好记录

(试题的拟定必须和大众点评网招聘"广告销售"的职位描述和任职资格要求高度关联);

② 在事先准备的面试场所对 6 位(或 6 位以上)模拟候选人进行面试并作记录;

③ 以小组为单位,提交模拟面试后的总结报告(可整合到"模块一"的实训报告中)。

6. 编制入职培训计划,准备相关说明材料

要求:对经过甄选录用的新员工,编制入职培训计划(见"实训模块二:制定销售人员培训方案"),并准备一份说明材料,向新员工讲解公司的薪酬副制度及销售绩效管理系统,以留住新员工。

7. 总结并撰写本模块的实训报告

【实训模块二】制订销售人员培训方案

实训目标:使学生了解销售培训方案包含的主要内容,掌握销售培训方案的制定方法,熟悉制定过程。

实训内容:调查研究大众点评网的广告销售业务特点及其销售业绩现状,制订"广告销售"职位的新入职员工销售培训方案。

实训组织方法及步骤:

1. 以小组(3~5 人)为单位,各小组确认培训需求,撰写分析报告

要求:学生上网查阅资料或深入企业实际,调查大众点评网的广告销售业务特点及业绩现状,针对"广告销售"的职位说明书所陈述的任职资格,确认该职位新员工的培训需求,并撰写需求分析报告。

2. 选择培训资源,制订培训计划

要求:学生依据该职位的培训需求报告,选择公司可以提供的培训资源,并就具体培训方法等细节问题制订详细的培训计划。

3. 进行教学设计,实施培训计划

4. 设计调查问卷,对培训效果进行评估

5. 撰写本模块的实训报告

实训评估标准

1. 本篇实训环节总成绩为 100 分;其中实训模块一(校园招聘及甄选)的最终成绩占 60%,实训模块二(制订销售人员培训方案)的最终成绩占 40%。

2. 两个模块的实训成绩分别由以下各项内容组成:

(1) 在实训作业前期准备阶段,各类大众点评网信息(包括公司情况、招聘需求、销售业务特点及业绩现状等)收集的完备程度;

(考查信息收集能力,占 15%)

(2) 招聘、甄选及销售培训方案制订的相关流程的完备和合理程度;

（考查学习并运用知识的能力，占 40%）

（3）实训报告的条理清晰度、逻辑关联性及结构完整性；

（考查总结概括及书面表达能力，占 30%）

（4）小组成员的团队合作意识及参与程度。

（考查团队能力及学习态度，占 15%）

第Ⅳ篇 销售控制

第12章 销售预测与预算

 本章知识结构图

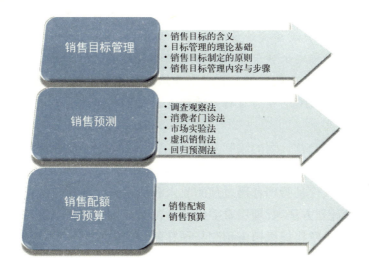

- 销售目标管理
  - 销售目标的含义
  - 目标管理的理论基础
  - 销售目标制定的原则
  - 销售目标管理内容与步骤
- 销售预测
  - 调查观察法
  - 消费者门诊法
  - 市场实验法
  - 虚拟销售法
  - 回归预测法
- 销售配额与预算
  - 销售配额
  - 销售预算

 学习目标

本章学习要点：

1. 理解销售目标管理的重要作用
2. 了解销售目标管理的基本步骤
3. 掌握销售目标预测的具体运用方法
4. 掌握销售配额确定的方法
5. 掌握销售预算的基本过程和方法

 引导案例　　　　网易考拉海购的销售目标

（扫一扫观看视频）
视频案例名称：网易考拉海购发布三大战略，定 100 亿销售目标
网址：http://www.iqiyi.com/v_19rrkzvrnw.html

　　网易考拉海购是网易旗下以跨境业务为主的综合型电商平台，以自营直采模式为主，由专业采购团队深入商品原产地，与全球数百个一线品牌和顶级供应商建立深度合作。通过自营模式，网易考拉海购能够有效把控供应链，从源头确保商品品质。借助供应链、资金和规模等优势不断压缩采购成本，同时，网易考拉海购高度自主的定价权，则可以持续提供给消费者持续优惠的价格。艾媒咨询的报告显示，网易考拉海购在销售份额、正品信赖度和用户满意度等多个维度均位居行业第一。

　　企业销售目标的确定依赖于准确的销售预测和预算，可以给销售人员提供努力的方向，合理的销售目标本身就有强大的激励作用。观看视频并查阅相关资料，了解网易考拉 CEO 张蕾确定 2016 年销售目标的依据是什么？具体计划如何实现？

　　销售预测是公司经营计划的编制基础，所有一切都要与预期销售活动相适应。预算也必须以销售预测为基础。如果预测错了，据此而得的预算就必须调整，以反映实际的销售成果。预算仅仅是管理者通过预测收入和费用来计划利润的一个工具和财务计划，通过使用多种计划方法，管理层希望指导经营活动去实现在一定经营水平基础上的特定的利润水平。本章将探讨销售预测与预算的相关内容。

12.1　销售目标管理

 什么是销售目标管理？它具体包括哪些步骤？

12.1.1　销售目标的含义

　　销售目标管理（sales management by objectives）就是通过较为准确的销售预测和预算制定合理的销售目标（sales target），并对其进行合理的任务分解，用有效的手段予以实施、监控和评估的管理过程。

　　1954 年，管理大师彼得·德鲁克（Peter Drucker）最先提出销售目标管理的概念，其"目标管理和自我控制"的思想开始普遍流行。德鲁克认为，企业的使命和任务，必须转化为目标,如果一个领域没有目标,这个领域的工作必然被忽视或没有效率,目标管理是最有效的管理方法。企业管理者通过销售预测和预算确定了销售目标后,经过合理的任务分解,转变成销售部门以及各销售员工的分目标,企业管理者根据分目标的完成情况对销售员工进行监控、考核、评价和奖惩。

目标管理模式提出后,迅速在美国流传。二战后,西方经济处于恢复发展时期,企业需要采用新的方法调动员工积极性以提高竞争能力。目标管理理念被广泛应用,日本、西欧国家的企业普遍仿效这一做法。

12.1.2 目标管理的理论基础

目标管理理念是以 Y 理论为基础的,即认为在目标明确的条件下,人们能够对自己负责。具体方法上是泰勒科学管理方法的进一步发展。与传统管理方式相比目标管理具有鲜明的特点。

1. 充分发挥人的主体作用

目标管理是一种人人都参与的、民主的、自我控制的管理制度,它实现了个人主体作用与组织目标的有机结合。在这一制度下,上下级处于平等、尊重、依赖、支持的关系体中,下级一旦承诺目标和被授权之后就会表现出自觉、自主和自治的精神面貌,有效降低了传统管理中的各种摩擦,提高了管理效率。

2. 包含了科学、系统化的管理思想

在目标管理过程中,目标的制定建立在准确的预测和预算基础之上,因而具有科学性。同时,组织的整体目标被逐级分解后,转换为各单位、各员工的分目标,在目标分解过程中,从组织目标到经营单位目标,再到部门目标,最后到个人目标,权、责、利十分明确,相互对称。这些目标方向一致,环环相扣,相互配合,形成协调统一的目标锁链与目标体系。只有在个人的分目标实现后,整个组织的总目标才能得以完成。

3. 注重绩效,轻视过程

目标管理以制定目标为起点,以目标完成情况的考核为终结。工作绩效是评定目标完成程度的标准,也是考核和奖评员工的依据,是评价管理工作绩效的唯一标志。至于完成目标的具体过程、途径和方法,不需要过多干预。在目标管理制度下,监督的成分很少,控制目标实现的能力强,大大节约了管理成本,提高了管理效率。

12.1.3 销售目标制定的原则

销售目标不仅仅只是确定了销售人员的工作任务,还是企业根据愿景制订的行动纲领。愿景是企业为销售人员描画的美丽蓝图,销售人员看到了前景机会,在挫折和挑战面前便会勇往直前。所以销售目标既源于愿景,又是实现愿景的手段。企业管理者要充分认识到销售目标作为销售人员行动纲领的重要性,因而在制定销售目标时需要遵循一些基本原则。

1. 明确性原则(specific)

明确性就是指销售人员能清楚地知道自己要达到怎样的目标。这一点包括两层含义：首先，企业要能用清晰具体的文字或语言来说明销售目标；其次，企业将销售目标有效地传达给销售部门以及销售人员。如果销售目标描述不明确，就很难对销售部门或销售人员的完成情况进行衡量和评判。

2. 可衡量性原则(measurable)

销售目标还应是可以衡量的，最好的衡量方式就是以数据的形式对销售目标进行量化。例如某企业年度内某品牌产品销售额要突破2个亿，销售增长率达5%，市场占有率达前3名，开设加盟店50家，等等；不能模糊泛泛地说今年销售额要比去年大幅提升，实现一定的市场占有率，尽可能多开加盟店等。可量化的销售目标可以使销售人员更加有数，对销售人员的绩效评估也更具有参照性和客观性。当然，在实际销售过程中，有些销售目标在企业某一时段无法进行衡量，如销售人员与客户关系的维持情况、对品牌形象和声誉的维护等，就很难用量化的指标进行衡量。对此企业可制定一个较为准确客观的评价体系，用以约束企业销售人员在这方面的工作向着企业所要求的目标前进。

3. 可接受性原则(accede)

可接受性是指企业所制订的销售目标是销售部门和销售人员所能接受的。企业的销售主管人员不能只依靠行政手段，或利用权力单方面地向销售人员施压，否则销售人员会在心理上和行为上产生抗拒。企业或销售经理在制订销售目标时，一定要与销售人员进行沟通、达成共识。一些传统"控制型"企业，其销售目标常常由老板或销售经理自己制订，然后分配下去压给销售人员去完成，不会太多地考虑销售人员的想法和反应，这样往往会挫伤销售人员的积极性，因而销售管理者必须根据可接受性原则来制定销售目标。

4. 合理性原则(rationality)

销售目标的可接受性很大程度上取决于企业所制订的销售目标是否可行、可操作、可实现，也就是指销售目标的合理性。一些企业的销售目标常常由老板或销售经理根据以往销售经验确定，缺乏一定的科学性。不合理体现在两个方面：一是销售目标定得太高，企业乐观地估计了当前形势，低估了实现目标所需要的条件，如销售队伍还不成熟、信息管理系统不健全、企业资金运转不畅等，不管是人力、财力还是物力都会影响销售目标的实现。过高的销售目标，令人高不可攀，无法实现，便失去了制定目标的意义。二是销售目标定得太低，企业对当前形势因缺乏正确评判和信心而放大了实现销售的难度，使目标定得过低，以致失去良好的销售时机，对销售人员也失去了激励意义。

另外，销售目标的合理性还体现在综合衡量上，也就是根据企业的不同发展阶段和战略目标来确定。例如，如果企业当前的主要战略目标是打败竞争对手，而采用低价策略或增加服务项目，这时销售目标应该提高，以弥补低价策略所造成的利润损失；如果企业处于成熟期,市场占有率已经很高,这时销售目标应根据实际情形来确定。

5. 实效性原则(timed)

销售目标具有时间限制。产品市场变化莫测,企业经营是动态过程,此时非彼时,销售目标也应根据某一时段的内外环境而提出。另外企业制订销售目标通常会有长期目标、中长期目标以及短期目标等,对不同时段的销售目标,销售人员对其轻重缓急的认识程度也不同,而且普通销售人员和管理层人员对其理解和重视程度也不一样。没有明确时间限定的销售目标是无法进行考核的,即使考核也会缺乏公平性,会影响工作关系及成员热情。

上述五原则又被称为制订销售目标的"黄金法则"或 SMART 原则。企业在制订销售目标时,可以将符合 SMART 原则的销售目标列出,最好采用表格的方式使之更加清晰明了。

12.1.4 销售目标管理内容与步骤

1. 销售额的预测与销售成本利润的预算

企业销售目标的制定需要建立在对企业产品销售额合理的预测基础之上。这就必须根据以往的经验和实际调查对产品市场进行准确的分析,估计出产品在各个市场上的销售份额。当然,企业销售目标管理的目的就是实现企业利润的最大化,考虑到销售成本,所预测出的销售额不一定是最优销售额,因而还需要进行销售成本利润预算,从而计算出最优销售额。本章后两小节会专门介绍销售额的预测方法和销售预算方法。

2. 确定销售目标

销售目标可根据企业产品的特点制定出年度目标和月度目标。各自又可具体分为:① 销售额目标,即企业向各个区域市场下达的销售额任务,以出货额度或出货数量计算;② 销售费用率目标,即企业规定每个区域的产品或总体市场拓展费用占该区域同期销售额的比重,如条码费、助销费、促销费、广告费等及其他零散的小额市场拓展费用;③ 销售利润目标;④ 其他目标。

3. 分解销售目标

分解目标就是在规定的时间内按照一定的程序将总销售目标逐级逐人分解到每一个部门和每一个销售员工的过程,实际上就是一个销售配额过程。例如,在规定的时间内,某快速消费品企业规定每月 5 日下午 5 时 30 分前,营销总经理、区域经理必须将下月月度销售目标和费用目标分解到下属的区域经理、业务主管、业务人员及经销商,营销总经理及区域经理对所辖区域的费用率进行统筹分配。分解目标时需要注意以下几点:第一,分解目标要高于下达的目标;第二,保证分解目标既有挑战性,又有可执行性;第三,目标分获应便于控制和管理;第四,尽量将目标分解到每一天;第五,对目标要进行日点检查与落实。

4. 签订销售目标责任书

销售目标分解并通过各部门和各销售员的审核认可后,为确保目标的实现,还需要签订销售目标责任书。其内容应当包括以下几个基本要素：① 具体的目标或任务，可以表格形式体现；② 目标完成的时间，根据实际情况来确定；③ 各部门各销售员审核后的签字，例如，某企业每季度第三个月末，由区域经理签署季度销售目标责任书，并经销售管理部经理确认，由营销总经理签字生效；④ 奖惩方法或措施，就是对完成或超额完成目标的如何奖励、对没有完成目标的如何处罚的条款。

5. 销售目标的跟踪与评估

作为管理员，在销售目标的实施过程中，主要任务是跟踪各部门和销售员的目标完成情况，及时了解销售动态，不断评估分析市场状况。其具体内容有：

（1）销售目标进度上报。

例如，某企业要求各区域经理必须于每周一下午 17:30 前填写本区域的上周《销售周报》，并上报至销售管理部。

（2）销售目标总结报告。

例如，某企业要求各区域经理必须于每月 7 日下午 17:30 前填写本区域上月度的《销售月度总结报告》《区域月度费用实际执行情况报告》和《本月新增零售终端报告》，并上报至销售管理部。

（3）达成率统计。

财务部于每月 5 日前 17:30 前，完成对各区域上月的销售额目标完成率和累计销售费用率数据的汇总统计。

（4）财务检核。

例如某企业要求财务部于次月 6 日下午 17:30 前确认上月销售额目标完成率未达标和累计销售费用额度超标的区域名单，标明其目标完成率和销售费用率，并传至销售管理部。

（5）销售目标评估。

例如某企业销售管理部根据财务提供的销售数据和区域经理上报的总结报告，对区域的上月目标完成情况进行评估，如果各区域上月所辖经销商某品项实际库存严重超出规定的库存限额，则库存超出部分不计入区域上月的销售额。

6. 考核销售目标

销售目标管理的最后一个环节就是根据目标责任书对在规定时间内的销售目标进行考核，考核结果作为实施奖罚的依据。具体内容包括：

（1）达成率考核。

例如，某企业规定，销售目标完成率未达成 70%，第一月，扣薪 10%，连续两个月，降薪一级，连续三个月，降薪二级，连续四个月，降职一级，连续五个月，则予以免职。

（2）费用率考核。

例如某企业规定：累计销售费用超过额度的 10%，第一个月，扣薪 10%，连续两个月，降薪一级，连续三个月，降薪二级，连续四个月，降薪三级，连续五个月，降职一级，如费用超标严重，则予以免职。

（3）销售目标完成率超标考核。

例如，某企业规定，如果连续两个季度累计销售目标达成率超过130%，则提薪一级，如果年度累计销售目标达成率超过130%，则提薪二级。

（4）落实考核结果。

首先，销售管理部根据对各区域的评估结果，应对目标完成率未达成一定程度和对累计销售费用额度超标的责任人做出扣薪、降薪、降职或辞退的处理决定，并报营销总经理批准；其次，销售管理部根据营销总经理的审批意见，以公司文件的形式公布对有关责任人的处理决定，并将决定传给被处罚责任人，并报营销总经理批准；最后，财务部根据销售管理部的文件，具体处理被处罚责任人的扣薪、降薪事宜，人力资源部根据销售管理部的文件，具体处理被处罚责任人的降职、辞退事宜。

12.2 销售预测

 销售人员如何进行销售预测？

销售预测是指企业管理者根据影响本企业产品需求的各种因素和以往的销售状况，对未来市场需求情况的一种估计，它是企业经营决策和销售目标制订的基础。根据市场经济学的一些理论，影响企业产品的主要因素有商品价格、消费者收入、相关商品的价格、消费者偏好以及其他特别力量。销售预测就是在分析研究这些影响企业产品需求因素基础上，使用一些特殊方法进行本企业产品未来市场需求量的估计，为销售目标管理提供依据。销售预测的主要方法有：调查观察法、消费者门诊法、市场实验法、虚拟预测法、时间序列回归法等。

12.2.1 调查观察法

调查观察法（questionnaire and observation）就是根据对消费者的调查和观察来预测企业产品市场需求量的一种方法。消费者调查就是向抽样消费者提问，寻求他们对商品价格、收入、相关商品价格、广告支出、信贷激励和其他需求决定因素的特定变化做出何种反应的信息。其步骤主要包括设计调查问卷、确定所调查消费者的样本、实施调查、统计调查结果和分析调查结果等几个方面。

理论上，消费者调查问卷能给企业提供大量有用信息。但事实上，调查结果常常会偏离实际情况，因为消费者一般不会提供精确答案。比如，如果5元一听或一瓶的啤酒价格上涨10%，你每月的啤酒消费将变化多少？如果苏打价格下降1元又如何呢？如果你的收入增加20%呢？如果啤酒生产商将广告支出翻一番呢？即使你试图尽可能精确地回答这些问题，如果你真的面对上述任何一种情况，你的反应可能完全不同。有时候，消费者提供的反应是他们认为社会更容易接受的，而不是暴露他们真实的偏好。比如，没有人愿意承认，他或她每个月喝 200 瓶啤酒。根据样本和分析精密程度的不同，消费者调查也可能十分昂贵。

因为消费者调查法的缺陷，许多企业用观察法作为调查法的补充或替代。它指的是通过观察消费者购买和使用的产品来搜集关于他们偏好的信息。比如，观察研究使某些汽车制造商断定，许多消费者把汽车作为艺术品，无论在什么时候驾驶都是一种展示；观察研究还显示，消费者喜欢吃几种感冒药，而不止一种。通过这些观察，使企业能在短时间内知道各种产品的销量、广告效果等。

当然，观察法并未使调查法变得无效。有时，消费者调查是获得可能的消费者反应信息的唯一途径。比如，如果一个企业正在考虑引进一种新产品或改变现有产品的质量，那么企业能够检验消费者反应的唯一途径就是直接询问他们，因为无法得到其他任何数据。通过调查，企业管理者就能试着决定最可能购买这个产品的消费者的人口统计图的典型特征(年龄、性别、教育程度、收入、家庭规模)。在发觉消费者口味和偏好的变化、确定消费者对未来价格和商业环境的预期方面也同样需要通过调查来实现。

12.2.2　消费者门诊法

另一个销售预测的方法就是消费者门诊。它是通过实验室试验的方法来预测产品需求量的一种方法。其做法是给予参与者一定量的金钱，并要求其在一个模拟的商店消费，看他们对商品价格、产品包装、陈列、同类竞争品价格和影响需求的其他因素的变化如何反应。试验的参与者经过挑选以接近代表市场兴趣的社会经济特征，参与者有购买他们最想要的商品的动机，因为通常允许他们拥有所购买的商品。所以，这一方法比消费者调查更为实际。通过控制环境，消费者门诊还能避免真实市场实验法的缺陷，即可能遭到外界事件的干扰。

但消费者门诊存在严重的缺点。首先，结果不一定可靠，因为参与者知道他们处于一个人造环境，并一直被观察，所以，他们不可能像他们在真实的市场环境中一样正常行动。比如，假设研究员可能对他们对价格变化的反应感兴趣，参与者可能就比他们在平时的日常购物中表现出对价格变化更敏感。其次，参与者一般样本较小，因为试验成本很高。从基于一个小样本试验结果推断一个市场行为同样具有不可靠性。尽管存在这些缺陷，但消费者门诊能够提供关于企业产品需求的有用信息，可将其与消费者调查法结合起来使用。

12.2.3　市场实验法

市场实验法(marketing experiments)不像消费者门诊那样在严格的实验室条件下进行，它是在真实的市场中进行。有许多进行市场实验法的方法，其中之一就是挑选几个具备相似社会经济特征的市场,在某些市场或商店改变商品价格,在其他市场或商店改变包装,在另一些市场或商场改变促销数量和种类,然后记录下不同市场的消费者的反应,即购买量。通过不同市场的调查统计数据,企业同样能够决定年龄、性别、教育水平、收入、家庭规模等对商品需求的影响。换一种方式,企业能够每次改变一个,在它的控制下,在某个特定的市场随时间改变影响的需求每个决定因素,并记录下消费者的反应。

市场实验法的优势在于,他们能够在一个很大的规模下进行,从而保证结果的有效性,并且消费者也没有意识到他们成为试验的一部分。但市场实验也有缺陷,其中之一就是实验成本很高。而为了降低成本,试验可能只能在一个有限的范围、有限的时间内进行,以此结果来推测整个市场和长期的销售状况也是不可靠的;其次,外界事件,如罢工或坏天气,可能严重偏离自由试验的结果;第三,竞争者会通过改变价格和其他需求决定因素而破坏试验;第四,他们还会监视试验,获得企业保密信息;最后,企业可能因为高价格而永久失去部分消费者。

12.2.4 虚拟销售法

随着互联网技术的发展,通过虚拟销售来预测企业产品市场需求量的方法开始出现。虚拟销售法(virtual selling)是指有代表性的消费者样本在电脑屏幕上模拟的虚拟商店购物,而不像消费者门诊那样在一个模拟的真实商店,这可以减少消费者门诊包含的时间和金钱方面的昂贵成本。

在虚拟的商店中,销售管理者重造了一个真实零售商店的气氛,消费者能看到货架上企业的产品和其他商品,他能通过在屏幕上点击产品图像,看到它的标签,检查它的内容和质量,并且通过点击购物车进行购买。样本消费者接着就被要求在这个模拟虚拟商店作一连串的旅行。价格、包装、陈列、促销在后来的旅行中依次变化,消费者的反应被记录下来。一些测试表明,虚拟购买追踪的信息与消费者在真实环境的行为十分接近。

比如,纽约市的梅西百货公司创造了一个精密的电脑虚拟销售模型,进行销售方面的各种预测,为经营决策提供依据。结果表明,这一系统不仅对公司销售预测起到了很好的作用,而且比其他预测方式更节约时间和费用。当然,虚拟销售需要进行精密的设计,否则会导致虚拟购物者在购物当中的随意性,使预测数据和信息偏离真实的情况,因而时期投入成本较高,这也是它的一个缺陷。

12.2.5 回归预测法

回归预测法(regression forecasting)就是根据历史数据或搜集到的相关数据通过建立回归计量模型来预测未来销售量的一种方法。最基本的是一元线性回归模型,预测中使用得较多的是用时间序列一元回归模型去预测,其中又包括年度预测模型和季节性预测模型。

时间序列分析模型是销售预测中一种常用的方法。它是根据按时间顺序排列的一组观测值,利用数理统计方法加以处理来预测未来的销售量。这种方法是建立在事物发展具有延续性的基础上,故又称为外推法。对于观测值的随机波动,可采用简单的算术平均或加权平均方式处理,故准确程度不高,一般只适于短期预测。由于产品需求因素的不同而决定的数据散布形式不同,预测的要求也不一样,因此时间序列分析模型种类很多,最基本的包括年度预测模型和季节性预测模型。下面分别以案例形式介绍这两种方法的使用步骤。

1. 年度回归模型

案例1:某品牌汽车公司要求预测2010年该品牌汽车在某一地区市场的销售总额。根据影响汽车消费的主要因素分析,汽车销售总额直接同本地区职工收入有关,同时预计2010年本地区职工收入总额比2009年增加10%。

一元线性回归模型是描述一个自变量(又称解释变量)与一个因变量(又称被解释变量)之间相关关系的模型,一般表达式可写为:$Y = a + bX$,其中,Y是因变量,X是自变量,a、b为回归系数。

利用一元线性回归模型预测的基本思路是先根据X、Y的历史数据,求出a和b的值,建立回归模型,再运用模型计算出不同的X所对应的不同的Y值。

回归预测的具体步骤如下:

(1) 收集或搜集历史数据。假设已知1999—2009年逐年的汽车产品销售总额和职工收入总额的数据如表12-1所示。这部分工作主要是通过手工来完成,收集或搜集数据时要保证数据的真实性和成双成对性;同时注意数据在时间、地点、收入、职业、年龄等方面具有广泛的代表性,以保证样本数据能代表总体的销售规律。

表12-1 1999—2009年汽车产品销售总额与职工收入总额数据　　　　(万元)

年份	汽车年销售总额(Y)	职工收入总额(X)
1999	39	122
2000	44.4	150
2001	49.8	188
2002	50.4	214
2003	58.2	292
2004	69	348
2005	82.2	422
2006	92.4	488

(续表)

年份	汽车年销售总额(Y)	职工收入总额(X)
2007	106.2	596
2008	123	698
2009	133.8	760

(2) 计算回归系数 a、b 的值，建立回归分析模型。根据最小二乘法原理：

$$\hat{b} = \frac{\sum(X-\overline{X})(Y-\overline{Y})}{\sum(X-\overline{X})^2}$$

$$\hat{a} = \overline{Y} - \hat{b}\overline{X}$$

虽然，根据这一公式进行计算较为复杂，但现代电脑技术已经开发了各种进行回归计算的软件，所以使用回归软件计算起来非常方便，如 Eview 和 Stata 等软件。通过电脑计算可得：

$$\hat{a} = 19.86, \hat{b} = 0.147$$

则一元线性模型为：$Y = 19.86 + 0.147X$

(3) 进行相关性检验。相关性检验就是通过计算相关系数 r 的值来判定 Y 和 X 的线性相关程度。相关系数 r 的值反映了 Y 与 X 的线性相关程度，其值的范围一般处于 -1 到 $+1$ 之间，即：$-1 < r < 1$。当 r 约等于 -1 或 1 时，Y 与 X 密切相关，数据点几乎全部落在直线上；当 r 约等于 0 时，数据点无规律地散布，说明 Y 与 X 无相关性即无线性关系；当 $-1 < r < 0$ 或 $0 < r < 1$ 时，Y 与 X 的线性关系介于上述两种情况之间。在该案例中可用电脑求出 r 的值约为 0.998，所以相关性检验通过。

(4) 确定置信区间。由于现实中的各种原因，预测值不可能是一个确定值，会存在误差，因而预测值应该是一个范围或区间，一般要求预测值落在这个区间范围内的概率达到 95% 以上，这个标准由人脑根据管理要求而定，这个区间可称为预测值的置信区间。置信区间说明线性回归模型的适用范围或精确程度，当数据点在回归直线附近大致接近于正态分布时，这个区间应为 $Y \pm 2S$，这里 S 为标准离差。在该案例中可用电脑求出 $S = 2.3$。

(5) 根据回归方程进行预测。已知 2010 年职工收入总额比 2009 年增加 10%，则 2010 年职工收入总额为：$760 \times 110\% = 836$（万元）。

将 2010 年职工收入总额代入预测回归方程，就可预测出 2010 年汽车销售总额：

上限：$Y_1 = 19.86 + 0.147 \times 836 + 2 \times 2.3 = 147.35$（万元）

下限：$Y_2 = 19.86 + 0.147 \times 836 - 2 \times 2.3 = 138.15$（万元）

故 2010 年的汽车产品销售预测总额值为 138.15 万元～147.35 万元。

当然,这里只考察了职工收入因素对汽车销售总额的影响。实际上汽车销售量还受商品价格、相关商品价格和心理等其他因素的影响。因此要得出汽车销售预测比较准确的数据还需要综合分析这些因素的作用。

2. 季节性预测模型

现实经济生活中存在着季节性生产和季节性消费的情况,搞好产品销售的季节性预测,认识和掌握种类产品和消费的季节性规模,对于加强销量的目标管理,促使产品适销对路,提高经济效益,具有十分重要的作用。季节性波动比较复杂,包括趋势性波动、随机波动等,因此对具有这类变化波动的产品的分析和预测,需要应用多种方法进行综合分析。

案例2:某服装企业生产的服装产品,2008年、2009年各月销售量数据如表12-2中的第(2)、(4)栏所示,现要求预测2010年5、6、7月的销售量。

表12-2 某服装企业2008—2009年各月销售量数据表

年份	月份	月份累计	销售量(万件)	趋势值	季节性系数
2008年	1	1	118.2	99	1.19
	2	2	110	100.2	1.1
	3	3	100.4	101.4	0.99
	4	4	93.8	102.6	0.91
	5	5	92.4	103.8	0.89
	6	6	92.2	105	0.88
	7	7	93	106.2	0.88
	8	8	94.4	107.4	0.88
	9	9	99	108.6	0.88
	10	10	116.2	109.8	0.91
	11	11	128.8	111	1.06
	12	12	132.4	112.2	1.16
2009年	1	13	131.2	113.4	1.18
	2	14	126.4	114.6	1.16
	3	15	118.4	115.8	1.1
	4	16	111.4	117	1.02
	5	17	108.6	118.2	0.95
	6	18	107.4	119.4	0.9

(续表)

年份	月份	月份累计	销售量(万件)	趋势值	季节性系数
	7	19	108	120.6	0.9
	8	20	109.6	121.8	0.9
	9	21	112.6	123	0.92
	10	22	125.2	124.2	1.01
	11	23	138.2	125.4	1.1
	12	24	143.8	126.6	1.14

季节性波动预测模型的建立步骤是：

(1) 绘出数据分布图，确定波动形式。将各个月份销售量数据在坐标图中标示出来，其中横轴为月份，纵轴为销售量。图 12-1 中包括两种变化：一是季节性波动，12 个月为一个变动周期，冬季为旺季，夏季为淡季；二是趋势波动，销售量逐月呈增长趋势。

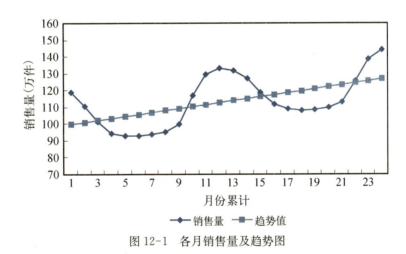

图 12-1 各月销售量及趋势图

(2) 确定长期变化趋势。将表 12-2 中的月份累计作为解释变量，销售量作为被解释变量建立一元线性回归模型可得到销售量的长期变化趋势：

$$Y = 97.71 + 1.22X$$

经 t 检验，常数项和 X 的系数项均呈现出 1% 的显著性，回归结果有效，表明长期趋势存在。

(3) 计算各月份的趋势销售量。将各个月份累计值代入上面所求出的趋势回归方程，得到各个月份的趋势值，结果为表 12-2 中的趋势值数据。如

2008 年 1 月份的趋势值为：

$$Y_1 = 97.71 + 1.22 \times 1 = 99$$

第 12 章 销售预测与预算

2009年1月份的趋势值为:

$$Y_2 = 97.71 + 1.22 \times 13 = 113.4$$

（4）计算季节性系数。季节性系数 S 的计算公式为：

$$S_t = 销售量的实际值 / 趋势值$$

各月的季节性系数计算结果见表12-2，如

2008年1月份的季节性系数 $= 118.2/99 = 1.19$

2009年1月份的季节性系数 $= 131.2/113.4 = 1.16$

因为从实际数据观察可知，这是两个完整的循环周期，因此每月相同月份的季节性系数可取他们的平均值，如每年1月份的季节性系数：

$$S_1 = (1.19 + 1.16)/2 = 1.18$$

根据这一方法可得一年中各个月份的平均季节性系数，见表12-3。

表12-3 各月份的平均季节性系数值

月 份	1	2	3	4	5	6	7	8	9	10	11	12
2008年系数	1.19	1.1	0.99	0.91	0.89	0.88	0.88	0.91	1.06	1.06	1.16	1.18
2009年系数	1.16	1.1	1.02	0.95	0.92	0.9	0.9	0.9	0.92	1.01	1.18	1.14
平均系数	1.18	1.1	1.01	0.93	0.91	0.89	0.89	0.91	0.99	1.04	1.17	1.16

（5）建立季节预测模型进行预测。季节性预测模型的一般形式为：

$$Y_t = (a + bX_t) \cdot S_t$$

其中，S_t 为第 t 月的季节性系数，X_t 为累计月份，如2010年1月份的取值应为25，而不是1。

把要预测月份的 X_t 和 S_t 的值代入季节性预测模型可得到所要预测月份的销售量。

$$Y_t = (97.71 + 1.22X) \cdot S_t$$

则2010年5、6、7月份的服装销售量分别是：

$$Y_{(29)} = (97.71 + 1.22 \times 29) \times 0.91 = 121.1（万件）$$

$$Y_{(30)} = (97.71 + 1.22 \times 30) \times 0.89 = 119.5（万件）$$

$$Y_{(31)} = (97.71 + 1.22 \times 31) \times 0.89 = 120.6（万件）$$

【案例小链接12-1】　怡乐公司的困惑

短短4个月，怡乐的员工经历了一场大喜大悲的闹剧。就在6月份，酷V饮料刚

刚推出2个月，月出货量就达到了40万箱，这让怡乐上下无不欢欣鼓舞。可是到了8月底，产品库存量已达到77.3万箱，瓶子成品6万箱，累计达到83.3万箱。而库存的饮料专用瓶胚数量达到22.51万支(500 ML)，折算为成品大约150万箱，折算金额则约为1 210万元，如果做成产品的话，那么金额高达4 650万元。

酷V饮料是怡乐公司面对现在茶饮料,果汁饮料横行市场的情况下，精心策划推出的一款运动型饮料。酷V饮料一亮相就以其独特而前卫的定位、包装、广告语和大手笔的广告活动在市场上独领风骚。这从公共汽车上青少年的手中、批发商门前堆砌杂乱装酷V饮料的箱子、零售店的货价上就能看出酷V饮料的风靡程度。

销售的火爆令怡乐公司始料未及。市场的需求大大超出了怡乐当出的产能规划，导致在一些区域市场，那些青春气氛浓郁的时尚消费地带和一部分大专院校的终端出现过断货。在怡乐这边，为了满足市场需求，紧急采购和运输，加班生产，调整生产过程，结果产品口味出现偏酸偏苦等问题，影响到消费者的忠诚度和口碑。而在看到市场异常火爆之后，包括马克在内的怡乐的管理者自信心又有些膨胀，准备在下一年度大干一场，采购部门甚至采购了可以用一个季度的酷V饮料原材料。而与此形成强烈反差的是，酷V饮料在一些社区终端由于走货慢、出货少，货满为患，竟遭到店主们的清退。

这一缺一退，使怡乐在很短的时间内遭到了消费者无情地抛弃。

资料来源：http：//www.88088.com/manager/glkm/2006/0811/35888.shtml

销售思考：怡乐公司酷V饮料面临的根本性问题是什么？

12.3 销售配额与预算

什么是销售配额？怎样进行销售预算？

12.3.1 销售配额

1. 销售配额的含义

销售配额(sales quota)就是企业对根据产品需求预测所确定的销售目标进行有效分解，分配下达给各个销售部门及每个销售人员，并在一定时期内对其必须完成的销售任务进行规定和明确。销售配额的制订是销售管理中非常关键的环节，不论对销售部门的管理人员还是销售人员都具有重要的意义。对销售主管人员而言，销售配额的设置是管理销售工作最强有力的措施之一，有助于其规划每个计划时段的销售量和利润,以及安排销售人员的工作。对销售人员而言,销售配额作为销售目标起了工作指引的作用,同时作为一把尺子可以对销售人员的工作进行衡量,公平合理的销售配额还可以有效地激励销售人员更好地完成销售任务。总之,为了完成整个企业的销售目标,销售配额的设置有利于销售负责人和销售人员对销售活动进行有效的控制和执行。

2. 销售配额的分类

一般来说,销售配额指标可分为以下几类:

(1) 销售量或销售额配额。

销售量配额是销售人员在一定时间内完成的产品销售数量。对于一些单品生产型企业,如服装企业,只生产销售羽绒服、毛衫、大衣等某类服装,销售量配额是最常用的配额,企业总是希望卖掉尽可能多的产品,这不仅可以增加市场占有率,还可以保证生产线的连续和提升生产能力。销售额配额是销售人员在一定时段内实现的销售金额。销售数量多并意味着销售金额大,产品的销售,最终还是要看获得了多少收入。所以,不管是单品生产型还是品牌销售型的企业都非常重视销售额的分配,这是十分重要的配额指标。

(2) 销售利润配额。

产品销售的数量多、金额大并不等于企业获得的利润高,销售费用的多少直接关系企业利润的高低。所以,许多企业为了控制销售费用,往往会设置销售利润配额,以激励销售人员对费用进行控制。利润配额分毛利配额和净利配额两种。毛利是指销售收入减去产品成本。如服装企业的产品,其销售收入往往并不与其成本成正比,如两款服装,一款服装的面料、人工等成本较低,但款式舒适大方、新颖时尚,备受消费者喜欢;而另一款服装虽采用了较高档的面料,但由于款式不很受欢迎,企业为了促进销售,在定价上可能会低于前一款。所以,有些服装企业会用毛利配额来代替销售额配额,以强调利润。为了提高毛利,有些企业会让销售人员了解服装的生产费用,以此来调节控制自己的销售费用。净利润配额等于毛利减去各种成本费用,虽说是体现销售目标的最好形式,但净利润所涉及的各类费用是销售人员无法控制的,所以,以利润为依据来评价销售人员工作在一定程度上不是很合理。

(3) 销售活动配额。

销售活动配额是用于指导销售人员从事非直接产品销售性的销售活动的指标。典型的销售活动包括客户拜访、潜在客户的挖掘、企业品牌及产品的宣传、产品的介绍和其他促销工作、为客户或消费者提供服务和建议、进行市场调研、书写销售报告等。如果对这些销售活动不设配额指标,销售人员可能会忽视企业将来的发展,而仅仅只关心当前利益。例如,只乐于将精力花在熟悉的客户身上,而忽略了潜在客户的挖掘;或只注重当前销售收入,而不重视客户调研等。所以,企业有必要设置销售活动配额来考评销售人员业绩。但是,这类指标的考核,在一定程度上带有主观性,因而最好设置一些量化指标,如销售人员拜访客户的时间、次数等量化指标。

（4）综合配额。

综合配额是对销售量配额、利润配额、活动配额进行综合而得出的配额。设定综合配额时，要根据各配额的重要性赋予不同的权重，然后相加得出一个总数。如果销售人员所得分数高于这个总数，就说明完成了销售目标。综合配额以多项指标为基础，因而更为合理。所以，注重科学管理的企业都很重视这个指标，并对各指标的权重进行研究，以求获得较为合理的综合指标。

3. 销售配额的分派步骤

销售配额由企业销售部门的主管人员制订。销售主管或销售经理对销售配额进行分派时，一般要遵循以下三个步骤。

第一步，在销售预测的基础上，结合企业对销售目标的各项要求，制订出总的销售指标，并上报获得销售总经理或上级主管的批准。

第二步，将获得审批的销售总指标进行分解，确定每一个销售人员的配额。为了使销售指标既切合实际，又能激励销售人员为更高目标奋斗，销售经理应和销售人员进行协商和讨论。销售人员应列出各自客户或市场的增长点，并提出需解决的问题。对于无法完成的销售指标说明困难和理由。销售经理应因地制宜、因人而异地给予各销售团队及个人以帮助，并对销售配额进行调整修正。

第三步，将与销售人员达成共识的销售配额以书面的形式落实到文件，并在新的一季或新的一年下达。有的服装企业不主张公开大家的销售配额，怕引起矛盾和不满情绪。其实，销售配额的透明公开，只要是合理的，会起到更加积极的作用。另外，配额下达的时间不要影响现有指标的完成。

4. 销售任务的分配方法

企业销售部门制订销售配额，其目的就是将企业的销售目标分配落实到具体的区域、每个销售团队及销售人员或经销商代理商。在对销售配额进行具体分配时，一般可根据以下方法进行。

（1）时间分配法。

时间分配法就是将销售目标额按一年的月份或季度进行分配。如服装企业的销售目标额一般根据季节性而分为春夏季和秋冬季，然后再按月份进行分配。

（2）区域分配法。

区域分配法是指根据销售人员所在地区的大小、经济状况与消费购买力进行销售配额的分配。如某服装公司在上海或消费购买力强的台州的销售配额就高，而在贵州、云南等地区销售配额就相对低。

（3）品牌或产品线分配法。

有些企业，有多个品牌或多个产品线，这就需要根据销售人员所负责的品牌和产品特性进行销售配额的分配。如有些服装代理公司，代理了很多品牌，就将品牌分组，分设几个品牌经理或销售经理对各组品牌的推广销售进行负责。又如上海英模特制衣有限公司的艾格品牌就有 Etam 成衣、休闲系列 weekend 和内衣系列三个产品线，公司就分设不同的品牌经理进行产品的销售。

（4）客户分配法。

客户分配法是指根据销售人员面对的客户数量和特性进行销售配额的分配。尤其对于销售渠道主要以中间商渠道为主的企业，产品由加盟商、代理商、经销商销售，对中间商的管理至关重要。所以，为了更好地管理中间商，企业应根据中间商的性质进行分组，设置销售人员进行分管。

（5）销售员特征分配法。

销售员特征分配法是指根据销售人员资质、能力等个人特征来进行销售额的分配。销售员的能力和水平是不一样的，如果按一样的标准分配，要么会打压销售人员士气，要么会缺乏对销售人员潜力的挖掘。

以上方法，在实际工作中并不是孤立运用的，应根据企业特性、销售人员所在区域的市场状况进行综合运用，才能获得更好的效果。

5. 销售配额实施方案

销售配额确定后，就要确定具体的销售配额实施方案。让销售人员明确采取怎样的行动以达到销售指标，完成销售任务。对销售人员而言，具体的销售配额实施方案需包括以下内容。

（1）明确所负责的销售区域和客户。

销售人员所负责的销售区域和客户要以文件的形式明确。这既可使销售人员在工作中不会出现混乱和重复，也使销售人员能够对所负责的销售区域精耕细作。如某服装品牌在上海、浙江地区均有销售网点，如果在上海和浙江地区分别明确由谁负责，那么在潜在客户的处理中，就不会出现重复拜访；而且各地区的客户及其他工作事务，无论难易，均由各自处理。

（2）明确销售增长点。

销售人员根据上一年度销售情况，结合公司政策，对本年度销售进行分析和预期，确定本年度销售增长点。例如，公司在该地区招募了新的服装加盟商或增设了新的店铺和专柜；品牌广告宣传力度增大，邀请名人做的广告已在各大媒体投放；由于公司聘请了有实力的服装设计师，对本季服装的款式、质量较有信心等。销售人员明确了自己所负责区域和品牌的销售增长点，就会明确工作重点，并采取相应措施以实现这些增长点。

（3）明确主要工作任务及内容事项。

为了实现某地区的销售增长，销售人员就要围绕销售增长点制定出本年度的工作重点、列出主要的工作事项。例如，某季度的工作重点是选择合适商场增设该公司品牌专柜，并在城市周边地区开发合适的加盟商，准备重点推广企业新开发的产品。明确了工作重点，就要围绕工作重点采取相应的措施，即制定出具体的工作内容。例如，如何与商场接触，使公司品牌顺利进驻；如何开发加盟商；如何推广新产品。

（4）制订短期目标和阶段计划。

短期目标的完成是实现长期目标的基础。对工作内容和任务要在时间上进行安排。工作事项落实在具体的时间上，可以使销售人员的工作有条不紊地进行，在每个阶段，集中完成某个目标。同时，这也有利于销售经理或上级主管进行检查和控制。

（5）预算销售费用。

销售费用的预算实际是一种为实现销售目标而做的资源分配或所需成本的财务计划。销售费用的预算对于企业的销售经营很重要，不仅有利于销售团队及销售人员合理地使用费用和进行资源分配；还作为衡量销售人员业绩的一项指标，起到监控作用。

当然，由于销售配额确定的基础是以历史经验数据与主管人员的主观判断能力为依据，其不可避免地存在不合理性，有时会极大地损害销售人员的工作积极性。因而销售管理员应尽可能避免这种情况的发生。

12.3.2 销售预算

1. 销售预算含义及其作用

销售预算（sales budget）一般是企业生产经营全面预算的编制起点，生产、材料采购、存货费用等方面的预算，都要以销售预算为基础，它将费用与销售目标的实现联系了起来。销售预算是一个财务计划，它包括完成销售计划的每一个目标所需要的费用，以保证公司销售利润的实现。销售预算是在销售预测完成之后才进行的，销售目标被分解为多个层次的子目标，一旦这些子目标确定后，其相应的销售费用也被确定下来。

销售预算一方面为其他预算提供基础，另一方面，销售预算本身就可以起到对企业销售活动进行约束和控制的功能。销售预算的编制有利于公司目标及销售任务的实现；销售预算是为公司战略目标的实现而设置，公司的战略目标会根据环境变化而调整，所以，预算不是一成不变的，应随市场而变化。

具体来说，预算主要有以下几方面的作用：

（1）预算使销售机会、销售目标、销售定额清晰化和集中化；

（2）预算计划出了为达到目标的合理费用投入；

（3）预算有助于促使各职能部门协调合作；

（4）预算有助于保持销售额、销售成本与计划结果之间的平衡；

（5）预算提供了一个评估结果的工具；

（6）预算通过集中于有利可图的产品、市场区域、顾客和潜在顾客而使收益最大化。

2. 销售预算的步骤

（1）确定公司销售目标和利润目标。通常，公司的销售目标和利润目标由最高管理层决定。公司的营销总监和销售经理的责任就是创造能达到公司最高层目标的销售额。

（2）销售预测。销售预测包括地区销售预测、产品销售预测和销售人员销售预测三部分。公司销售和利润目标一旦确定，预测者就必须确定在公司目标市场上，能否实现这个目标。如果总体销售目标与预测不一致，就需要重新调整公司销售和利润目标。

（3）预算固定成本与变动成本。固定成本是在一定销售额范围内不随销售额增减而变化的成本，它主要包括销售经理和销售人员的工资，销售办公费用，培训师的工资，被增训销售人员的工资，例行的销展示费用，保险，一些固定税收，固定交通费用，固定娱乐费用，折旧等。变动成本是随销售产品数量增减而同步变化的成本。它通常包括提成和奖金，邮寄费，运输费，部分税收（增值税），交通费，广告和销售促进费等。

（4）预算盈亏平衡点。盈亏平衡点是指使收入能够弥补成本（包括固定成本和变动成本）的最低销售量。其计算公式如下：

$$BEP = FC/(P - VC)$$

其中 BEP 为盈亏平衡点的销售量；FC 为总固定成本；P 为单位产品售价；VC 为单位产品的变动成本。盈亏平衡点是销售配额分解的一个重要参考指标。

例如，某服装企业生产了一批秋季上市的风衣，固定成本投入 30 万元，每件服装的成本为 100 元，零售价定为 400 元/件，则：

$$损益平衡点的销售数量(BEP) = 300\,000 \div (400 - 100) = 1\,000(件)$$
$$损益平衡点的销售收入 = 1\,000 \times 400 = 40(万元)$$

由此可知，该服装企业至少要卖掉该价格的产品 1 000 件，获销售收入 40 万元，才能不亏损。许多企业对于新产品，或新开辟的产品市场常采用这种方法。

（5）预算销售成本和利润。根据销售预测和盈亏平衡点所确定的销售配额预算销售成本和利润，为销售成本和利润的约束和控制提供依据。基本的计算公式有：预计销售收入＝预计销售量×预计销售单价；总预计利润＝预计销售收入－（固定成本＋变动成本）。

（6）用销售预算来控制销售工作。销售预算只是对各项销售配额预计的总成本和总利润的一个测算，在实际销售中，产品价格和各种成本费用都有可能发生变化，销售管理人员必须根据实际不断对预算的成本和利润进行调整，及时对销售工作进行指导和控制。

3. 编制预算的方法

销售经理在确定销售预算水平时，采用何种方法应根据公司的历史、产品的特点、营销组合的方式和市场开发程度等多方面因素加以确定。各企业采用的预算方法各种各样，这里介绍几种常用的方法。

(1) 最大费用法。

这种方法是用公司总费用中减去其他部门的费用,余下的全部作为销售预算。这个方法的缺点在于费用偏差太大,在不同的计划年度里,销售预算也不同,不利于销售经理稳步的开展工作。

(2) 销售百分比法。

用这种方法确定销售预算时,最常用的作法是根据上年的销售费用占公司总费用的百分比,结合预算年度的预测销售量来确定销售预算。另外一种作法是把最近几年销售费用的百分比进行加权平均,其结果作为预算年度的销售预算。这种方法,往往忽视了公司的长期目标,不利于开拓新的市场,比较适合于销售市场比较成熟的公司。同时,这种方法不利于公司吸纳新的销售人才,因为从长远来看,吸引有发展潜力的销售人员对公司长期发展是必不可少的,但这种方法促使销售经理只注重短期目标,而忽视对公司具有长期意义的人才培养。

(3) 同业竞争法。

同业竞争法是在行业内,主要以竞争对手的销售费用为基础来制订销售预算。用这种方法必须对行业及竞争对手有充分的了解,这就需要及时得到大量的行业及竞争对手的资料,但通常情况下,得到的资料是反映以往年度的市场及竞争状况。用这种方法,分配销售预算,有时不能达到同业竞争的目的。

(4) 边际收益法。

这里的边际收益指每增加一名销售人员所获得的效益。由于销售潜力是有限的,随着销售人员的增加,其收益会越来越少,而每个销售人员的费用是大致不变的,因此,存在一个点,再增加一个销售人员,其收益和费用接近,再增加销售人员,费用反而比收益要大。边际收益法要求销售人员的边际收益大于零。边际收益法的缺陷在于:在销售水平、竞争状况和市场其他因素变化的情况下,确定销售人员的边际收益很困难。

(5) 零基预算法。

在一个预算期内一项活动都从零开始。销售经理提出销售活动必需的费用,并且对这次活动进行投入产出分析,优先选择那些对企业目标贡献大的活动。这样反复分析,直到把所有的活动贡献大小排序,然后将费用按照这个序列进行分配。其缺陷是贡献小的项目可能得不到费用。另外,使用这种方法需经过反复论证才能确定所需的预算。

(6) 贡献率法。

贡献率法是一个非常有用的方法。它可以有效地分配达成目标的任务。以下举例说明这种方法。

如果公司计划实现销售额 1.4 亿元时,用于销售售人员的费用为 500 万元。其中,销售人员对总任务的贡献水平若为 64%,那么,由于销售人员努力获得的销售收入为:$1.4 \times 64\% = 0.896$ 亿元,因此,销售人员费用/销售额 $= 5.6\%$。

假设广告费用为 200 万元,广告对总任务的贡献水平为 25.6%,由于广告实现销售收入:$1.4 \times 25.6\% = 0.3584$ 亿元,那么广告费用/销售额 $= 5.6\%$。

这种情况下,两种活动对任务的贡献是一致的,因而其销售预算也要根据它们的贡献程度来进行。当然,如果广告的收入低,公司可以考虑减少广告费,增加人员销售费用。

这种方法要求数据充分,因而管理工作量较大,但由于它直观易懂,所以很多公司使用这种方法。

 本章小结

销售目标管理在现代企业管理中具有十分重要的独特作用。销售目标的制定需要遵循明确性、可衡量性、可接受性、合理性和实效性等原则。销售目标管理的内容主要有销售额的预测、销售成本利润的预算、销售目标的制定与分解、销售目标责任书的签订、销售目标的跟踪与评估、销售目标的考核等。销售预测的方法主要有调查观察法、消费者门诊法、市场实验法、虚拟销售法、回归预测法等。销售配额包括销售量或销售额配额、销售利润配额、销售活动配额、综合配额等类别。销售任务的分配主要有时间分配法、区域分配法、品牌或生产线分配法、客户分配法和销售员特征分配法等。编制预算的方法主要有最大费用法、销售百分比法、同业竞争法、边际收益法、零基预算法、贡献率法等。

 关键术语(中英对照)

销售目标(sales target)
销售目标管理(sales management by objectives)
明确性原则(specific)　　　　　可衡量性原则(measurable)
可接受性原则(accede)　　　　　合理性原则(rationality)
实效性原则(timed)　　　　　　调查观察法(questionnaire and observation)
市场实验法(marketing experiments)　　虚拟销售法(virtual selling)
回归预测法(regression forecasting)　　销售配额(sales quota)
销售预算(sales budget)

 思考题与应用

1. 什么是销售目标管理,应遵循什么原则?
2. 什么是销售预测,主要有哪些方法,各自的优缺点是什么?
3. 什么是销售配额,什么是销售预算,各自的方法有哪些?
4. 下表给出了2006年第一季度到最后一个季度某企业的汽油销量(桶),请根据所学的时间序列预测知识估计该企业2010年每个季度的汽油销量。

某企业汽油销售量：2006.1—2009.4

2006.1	22 434	2007.1	22 662	2008.1	22 776	2009.1	23 302
2006.2	23 766	2007.2	24 032	2008.2	24 491	2009.2	24 045
2006.3	23 860	2007.3	24 171	2008.3	24 751	2009.3	25 437
2006.4	23 391	2007.4	23 803	2008.4	24 170	2009.4	25 272

营销实战案例

橘子需求试验

1962 年，佛罗里达大学的研究员在密歇根州的 Grand Rapids 进行了一次市场实验，测定三种巴伦西亚橘子需求的价格弹性和交叉弹性：一部分来源于佛罗里达地区的印第安里弗，一部分来源于佛罗里达的内地，还有一部分来源于加利福尼亚。Grand Rapids 被选为市场实验法的场所是因为它的规模、人口统计特征以及经济基础代表了橘子的其他中西部市场。

一共九家超市参与了试验，包括连续 31 天每天改变这三种橘子的价格，并记录每次变化的销量。价格变化在 16 美分以内，一天增加 4 美分，围绕试验当时流行的橘子都有足够的供给，所以供给影响可以忽略。试验的时间也足够短，从而确保口味、收入、人口、通胀率，以及价格之外的其他需求决定因素保持不变。

结果总结在表 12-1 中，它表明对所有的这三种橘子需求的价格弹性非常高（表中主对角线的黑体数字）。如，印第安里弗的橘子需求的价格弹性是—3.07，表明它们的价格上涨 1% 就导致它们的销量下降 3.07%，更有趣的是，表中非对角线项目表明，当两种佛罗里达橘子需求的交叉弹性价格大于 1 时，他们关于加利福尼亚橘子的交叉弹性接近于零。换言之，当消费者认为两种佛罗里达橘子可以近似认为是替代品时，他们并不这么看待加利福尼亚橘子。所以，在给这些橘子定价时，每个佛罗里达橘子的生产商都必须小心地考虑另一个的定价，但不需要过多关注加利福尼亚橘子的价格。

表 12-4　佛罗里达印第安里弗、佛罗里达内地和加利福尼亚橘子需求的价格弹性和交叉弹性

橘子类型	佛罗里达印第安里弗	佛罗里达内地	加利福尼亚
罗里达印第安里弗	−3.07	+1.56	+0.01
佛罗里达内地	+1.16	−3.01	+0.14
加利福尼亚	+0.18	+0.09	−2.76

资料来源：多米尼克·萨尔瓦多，《管理经济学》，清华大学出版社，2009 年

讨论题

1. 市场实验的作用是什么？请结合该案例和本章知识分析企业如何确定最合适的销售预测方法？
2. 比较回归时间序列预测和市场实验预测的优缺点。

案例点评

市场实验法能够在市场现象的发展变化过程中，直接掌握大量的第一手实际资料，能够揭示或确立市场现象之间的相关关系。因为市场实验不是等待某种现象发生再去调查，而是积极主动地改变某种条件，促进市场现象的发展，以达到实验目的。所以市场实验不但能够说明某市场是什么样，而且能够说明它为什么是这样。市场实验还具有可重复性，这使得实验调查的结论具有较高的准确性，具有较大的说服力。市场实验调查还特别有利于探索解决市场问题的具体途径和方法。

（扫一扫）

参考文献

1. 欧阳小珍主编,《销售管理》,武汉大学出版社,2003 年
2. [美] 多米尼克·萨尔瓦多著,冷德荣、王伟等译,《管理经济学》,清华大学出版社,2009 年
3. 李宝山主编,《管理系统工程》,中国人民大学出版社,2005 年
4. 查尔斯·M·弗特勒著,殷戬弘等译,《销售 ABC（第 6 版）》,企业管理出版社,2005 年
5. 熊银解主编,《销售管理》,高等教育出版社,2002 年
6. 陈新武、龚士林主编,《推销实训教程》,华中科技大学出版社,2006 年
7. 威廉·斯坦顿、罗珊·斯潘茹著,江明华译,《销售队伍管理》,北京大学出版社,2004 年
8. 李先国、杨晶编著,《销售管理（第四版）》,中国人民大学出版社,2016 年
9. 黄德华、张大亮编著,《销售队伍管理》,清华大学出版社,2014 年
10. 王海滋、赵霞主编,《销售管理（第 2 版）》,武汉理工大学出版社,2014 年

第13章 销售人员的绩效考核

本章知识结构图

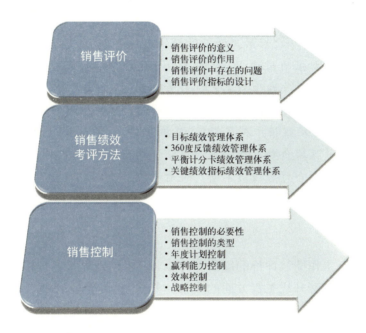

销售评价
- 销售评价的意义
- 销售评价的作用
- 销售评价中存在的问题
- 销售评价指标的设计

销售绩效考评方法
- 目标绩效管理体系
- 360度反馈绩效管理体系
- 平衡计分卡绩效管理体系
- 关键绩效指标绩效管理体系

销售控制
- 销售控制的必要性
- 销售控制的类型
- 年度计划控制
- 赢利能力控制
- 效率控制
- 战略控制

学习目标

本章学习要点：
1. 了解销售评价过程的基本步骤
2. 理解销售评价的意义和作用
3. 掌握销售评价指标的设计
4. 掌握销售绩效考评的方法
5. 掌握销售控制的方法

 引导案例　　《波士堂》饿了么 CEO 张旭豪

（扫一扫观看视频）

视频案例名称：饿了么 CEO——张旭豪

网址：http：//my.tv.sohu.com/pl/9120227/83524134.shtml

"饿了么"是中国专业的餐饮 O2O 平台，由拉扎斯网络科技（上海）有限公司开发运营。创始人张旭豪于 2008 年开始在上海交通大学宿舍创业，到 2015 年，获得 E 轮融资，拥有几千员工，服务范围也从上海交大周边快速扩展到全国 250 个城市。2016 年 6 月 7 日，在饿了么媒体开放日上，饿了么正式对外宣布当天的订单量正式突破 500 万，成为继淘宝之后、滴滴打车之后第三的互联网的交易平台。

在"饿了么"迅速扩张的同时，2016 年"3·15 晚会"却敲响了第一声警钟，晚会上曝光了"饿了么"等外卖订餐平台上商家无证经营等问题，全国多地食药监展开立案调查和行政处罚。事实上，无证经营黑作坊等老大难问题，反映出以饿了么为代表的订餐平台野蛮扩张中的失控：一线推广人员背负"日推 3 店"等高压 KPI 考核任务，默认甚至纵容无证商家入驻。区域负责人后期则为了销售额和订单量，不与商家协商，单方强行打折、免除配送费，导致合作方投诉不断。观看视频并查阅相关资料，了解"饿了么"的发展历程，并思考该企业在绩效考核方面存在哪些问题？这些问题将给企业运营带来怎样的风险？

销售人员进行工作绩效评价的原因有许多，首先，绩效评价所提供的信息有助于企业判断应当做出何种晋升或工资方面的决策。其次，它为企业管理者及其下属人员提供了一个机会，使大家能够坐下来对下属人员的工作行为进行一番考量与审核。绩效考核本质上是一种过程管理，而不是仅仅对结果的考核。它是将中长期的目标分解成年度、季度、月度指标，不断督促员工实现、完成的过程，有效的绩效考核能帮助企业达成目标。本章将着重探讨销售人员的绩效考核。

13.1　销售评价

 什么是绩效评价？它具体包括哪些步骤？

绩效评价（performance appraisal）是指组织依照预先确定的标准和一定的评价程序，运用科学的评价方法、按照评价的内容和标准对评价对象的工作能力、工作业绩进行定期和不定期的考核和评价。进行绩效评价的原因有许多，首先，绩效评价本身是一种绩效控制的手段。其次,它所提供的信息有助于企业判断应当做出何种晋升或工资方面的决策。再次,它为企业管理者及其下属人员提供了一个机会,使大家能够坐下来对下属人员的工作行为进行一番审查。

一个有效的绩效考评系统一般由三个部分组成,即定义绩效、考评绩效和反馈绩效。具体实施过程如右:

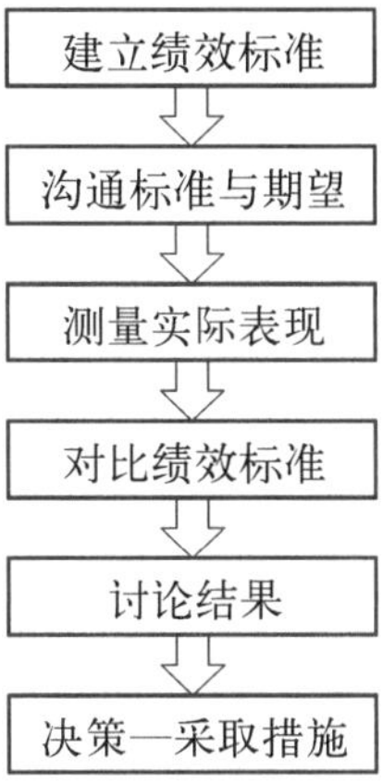

13.1.1 销售评价的意义

随着全球知识经济带来的革命性冲击,国内市场开始趋向成熟,竞争环境发生变化,企业要想在全球经济一体化,产品极为丰富的大背景下,一步一步地获得成功,不能仅靠技术领先和生产优质产品,企业还必须把握好从产品到货币转化的这一重要环节。销售人员在此环节中起着至关重要的作用。但很多人却简单地认为销售的目的是将产品卖出去,钱收回来,只重视结果,其他都是不重要的;没有制度的规范,没有过程的管理,企业无法掌控到整个营销过程。这种管理的失控,势必会增大企业的经营风险,极大地影响了企业管理目标的实现。因此,企业必须建立一套完善、有效的绩效评价体系,加强对销售人员监督和控制,保证企业目标的实现。

图 13-1　绩效评价过程

销售工作是由销售人员来完成的,销售人员绩效的高低决定了销售工作的好坏。而销售评价的一个重要作用就是有助于销售人员绩效的提高,所以在销售工作中对销售人员的绩效评价就显得非常重要。

13.1.2 销售评价的作用

销售评价本身不是目的,而应当是管理结果的运用。评价结果可以为我们管理工作提供大量有价值的材料。

销售评价的每项作用都重要,但是其重要程度如何,还要取决于分析问题的角度。销售经理对销售人员进行管理的基本内容之一就是对销售人员进行销售评价。销售评价是对管理计划的有效性及执行的质量进行评价,以便管理者能及时采取必要的行动,使管理更富有效率。保证企业销售目标的完成。销售评价在销售管理过程中的作用,具体来说表现在以下几个方面:

1. 销售评价是完成销售目标的有力保障

销售目标是销售管理过程的起点,它对销售组织、销售区域设计及销售定额的制定起着指导作用。

2. 销售评价是给予公平报酬的依据

通过科学考核,给予公平的报酬,对激励销售人员有着重要的影响。有效的销售评

价方案通过对销售人员的业绩进行恰如其分的评价,并在评价的基础上给予销售人员相应的报酬或待遇,避免产生不公平,激励销售人员继续努力。

3. 销售评价是发现销售人才的有效手段

通过销售评价能够准确判断销售人员的实际销售能力及运用效果。如果发现他们缺乏某一方面的能力,可以对其进行培训,补充和加强这方面的能力;如果发现他们在某一方面的能力没有得以充分发挥,可以给予其更具有挑战性的任务,为他们提供施展才华的机会。

4. 销售评价有利于加强对销售活动的管理

在销售管理过程中,销售经理一般每月对销售人员进行一次考核。有了每月的考核,各销售区域的业务活动量会自动增加。因为销售业务员都希望获得较好的考核成绩。同时销售活动的效率也会提高。考核能让销售经理监控销售人员的行动计划,及时发现问题,从而有足够的时间做调整。

5. 销售评价是有效激励的手段

在销售评价的过程中,销售人员可以看到成绩,坚定信心。同时,也可以看到自己的优点和不足,明确努力的方向,以便将来可以做得更好。

13.1.3 销售评价中存在的问题

随着市场经济的日渐深入,企业销售人员管理问题日渐完善,但还存在以下一些问题:

1. 过分关注结果性指标

过分关注销售额、回款等结果性指标会导致销售人员容易发生以下一些不恰当行为:一是以销量为中心使销售人员对不能直接或在当期产生业绩的市场培育的基础工作(如终端建立、营销网络规划维护及开发、渠道管理、客户关系管理等)缺乏投入,而这些工作往往对企业的长远发展很重要,因此,尽管销售人员在一定时间和区域内会有一定的成果,但是长久性较差;二是单纯以销量、回款来考核销售人员,会促使销售人员采取各种威逼利诱的办法,对于不满足要求的经销商予以更换,或是许诺各种不一定能够兑现的优惠政策,把产品强行摊派给经销商,表面上销售形势很好,实际上产品并未流通至消费者的手中,只是库存的转移,并且考核日期的临近更会促使销售人员来一次考核前的突击发货,造成大量的库存积压;三是只看销量的思路,可能会促使销售人员为了完成目标销量而过多投入销售费用或将一部分企业用作销售费用的资金私吞,造成企业销售量上升而利润却不见涨的现象。销售额、回款这样的结果指标虽然反映了销售人员的终端工作业绩,但无法显示他们的工作过程,企业无法了解业绩不好的销售人员在工作中的不足之处,不利于销售人员自身的提升和企业的长远发展目标的实现。

2. 对于那些属于正在进行时的销售机会缺乏有效的评估

以往对销售人员的评估多半只能使用某个时间点上(如年中、年底)的销售业绩,而对于那些属于正在进行时的销售机会缺乏有效的评估依据。销售人员对销售机会的反馈往往具有主观倾向，使销售经理难以把握员工的实际工作情况和业绩表现的真实原因。当然，销售人员的业绩并不完全取决于自身的努力程度，还需要销售团队的齐心协力，并且还要受到众多外部因素的影响。然而，销售人员往往倾向于将成功归于自身主观的努力，而将失败归结于"××部门不配合""市场整体不景气""竞争对手大幅降价""本公司的促销力度不够"等外部客观的因素。由于对销售人员的销售行为不清楚，对机会的把握不准确，于是销售例会往往成为"务虚会"，工作目标往往成为"拍脑袋、拍桌子"式的指标任务发布，很少能就具体不同的销售机会，真正形成具有行动意义的方案。

3. 销售人员对市场的培育以及客户的发展关注不够

在销售过程中，销售人员在客户关系管理方面做得不够好，比较着眼于吸引客户，而更进一步地留住客户却做得不够好。他们在产品投放市场初期很重视吸引客户，千方百计地让客户对自己的产品感兴趣，购买自己的产品。但是在售后服务方面却关注不够。客户的不满及抱怨往往是在销售后期出现的，对于销售人员来说，他认为自己的主要工作已经完成，对客户的态度和责任出现了极大地削弱，在倾听客户的反馈，注重客户的感受，对客户的投诉和抱怨处理得不够及时，也不能令客户满意，而往往销售后的服务却决定了销售的深层次发展。

4. 销售绩效评价制度不完善

企业仅有绩效考核，而没有绩效计划、绩效实施与管理、绩效反馈等环节，绩效目标的制定仅仅是由管理者根据上一考核期内的销售量、回款额确定，没有和销售人员进行沟通，征求销售人员的意见，销售人员对下达的目标、任务存在不满情绪，直接影响销售人员的工作积极性。具体而言，销售人员的工作成果不完全取决于自己的努力程度，还受市场成熟程度、区域市场潜力等因素影响。由于消费者对产品的接受程度不同，一些市场不需要销售人员的努力就能有很好的销量，另一些竞争激烈的市场，销售人员即使全力以赴，销量也难以有显著的上升，投入与获得形成反差，付出多的得到的少，付出少的得到的多，这种收入的不平衡严重挫伤了销售人员的积极性。

【案例小链接 13-1】　　对销售人员进行公平的绩效考核

A公司是一家网络运营商，共有8个分公司，年初公司总部为了激励分公司实现公司制定的年度销售目标，制定了统一的针对各分公司及销售人员的销售考核及激励政策，主要是以提成加补充考核的形式来实现考核和激励作用。半年考核下来，发现销售的业绩并不十分理想：有些产品的销售业绩非常好，半年达到全年目标的80%以上，有些产品的销售完成不到全年的10%；有的分公司完成的销售业绩非常好，而有的分公司半年完成不到全年的30%。那么根据公司统一的销售考核及激励政策，各分公司及分公司的销售人员得到的激励结果差别非常大,造成部分分公司及销售人员的意见比较多,纷纷要求总部调整考核和激励政策。那么,公司的销售考核和激励政策问题到底出在哪里?

原来,A公司建立在统一基础上的看似公平合理的销售考核及激励制度实际上存在严重的不公平性。首先,他没有考虑产品的差别,不同产品受到市场、客户、政策和发展环境的不同而销售情况大不相同;另外,他没有考虑部门(或地区)及人员差别,不同的部门(或分支机构)或销售人员由于受地域、职责、人员能力、环境等的影响,其要求的销售业绩和激励方式也应该有所区别。

销售业绩考核及激励的公平性主要体现在如下三个方面:制度(政策)的公平性、执行的公平性和结果的公平性。其中考核制度(政策)造成的不公平现象是销售考核及激励结果中最常见的问题,也是造成销售人员的考核及激励效果差的最主要的原因。

资料来源：http：//www.360doc.com/content/09/1106/15/430929_8503189.shtml

营销思考：针对案例中A公司的问题,请给出提高销售业绩考核公平性的建议。

13.1.4 销售评价指标的设计

1. 销售人员绩效指标的主要形式与内容

对销售人员的绩效指标,应该从两个方面来考虑,对结果的关注和对过程行为的关注。

结果指标能更好地把个人和组织的目标有机结合起来,依据每个人所作的贡献来评价其绩效,但有时很难确定有关产出方面的量化衡量指标。不仅如此,结果目标的达成有时会受到外在环境的影响。譬如对销售人员考评最常用的方法就是对销售额的评定,但这种方法有时体现不出销售员所付出的努力程度和真正的销售技巧。因为会有很多外在的客观因素影响了目标的达成。更为严重的是,如果一个员工通过一种不道德的或非法手段达到了他的目标,这对组织来说是非常有害的。为此,公司销售人员的绩效指标应由两部分组成,一是衡量工作结果的关键绩效指标(key performance indicator);二是衡量行为、表现与素质的岗位绩效标准指标。这样就使得绩效指标形成了一套完整的体系,更全面地对销售人员做出评价。

(1) 结果性绩效指标。

这里所说的结果性绩效指标是用来衡量被考核人员工作绩效表现的具体量化指标,是对工作完成效果的最直接衡量方式。结果性绩效指标来自对企业总体战略目标的分解,反映最能有效影响企业价值创造的因素。

(2) 过程性绩效指标。

过程性绩效标准,来源于工作标准,是衡量被考核人员那些工作范围内的一些相对长期性、过程性、辅助性、难以量化的关键任务的考核方法,是对结果性绩效指标的一种重要补充和完善。

表13-1例举了一些企业常用的销售人员绩效指标:

表13-1　企业常用销售人员绩效评价指标

销售人员绩效综合评价	结果指标	销售收入
		贷款回收率
		销售费用率
		市场占有率
	过程指标	销售稳定性
		交货准时率
		客户拜访次数
		客户投诉次数
		客户故障处理及时性
		拜访成功率
		市场信息提供

2. 结果性绩效指标的指标要素及目标值的设计

(1) 结果性绩效指标的要素。

结果性绩效指标有两个主要的来源,其一来源于"公司战略目标或部门目标",体现出对公司或部门绩效的支撑。只有这样,才能保证每个员工都按照公司要求的方向去努力,公司的战略目标才能真正得以落实。

其二来源于岗位职责。岗位职责是描述一个岗位在组织中所扮演的角色,即此岗位对组织有什么样的贡献、产出。一般说来,岗位说明书通常并不会明确说明希望下属如何开展工作。这是因为大多数岗位说明书通常都不是为某一特定工作而编写的,其适用对象往往是一个工作群体。如某个企业所有代表处的销售代表可能都有一份同样的说明书,但作为企业的老总,你希望他们每个人去做的事情很可能千差万别。上海代表处的销售代表今年重点做的是客户关系的开拓以及新产品的销售;而辽宁代表处的销售代表则可能是销售额、回款率、市场份额。

(2) 确定结果性绩效指标的目标值。

一般来说,确定目标值时首先可参考过去相类似指标在相同市场环境下完成的水平,并根据情况的变化予以调整;其次可参照一些行业指标、技术指标、监管指标、国际指标,从而确定合理的水平;其次应参考为上级职位相关指标所设定的目标值,保证下级单位对上级单位目标值的分解。目标值应该既富有挑战性,又有实现的可能性,也就是在正常情况下多数人员经过努力可以达到的水平。13-2表是为北纺公司吉林地区销售代表设定的结果性绩效指标及其目标值。

表 13-2　某公司为销售代表设定的结果性绩效指标及其目标值

公司业务重点	营销部关键绩效指标	销售人员岗位职责	销售代表关键绩效指标	目标值
利润保证	销售总额、新产品销售额占销售总额比例	正确地把握销售方针，制定销售计划，合理调动资源，努力完成销售定额任务	销售总额	1 200 万
新产品开发			新产品销售额占销售总额比例	2%
客户开拓	服务投诉率 新产品认知度	不断提高业务水平，为客户提供满意服务	客户投诉次数	0 次
成本费用控制	货款回收率 销售费用降低率 销售预测准确率	为了降低风险，定期检查库存、欠款、租赁情况并及时进行处理，降低销售费用	货款回收率	90%
管理改进与建设	营销部员工满意度 营销部人均培训时间	销售人员经常学习，不断提高自己的业务和思想素质	参加培训时间	10 小时

3. 设定过程性绩效指标的指标要素

（1）需注意的问题。

① 侧重不易量化的领域。过程性绩效指标作为结果性绩效指标的补充，不能和结果性绩效指标内容重复，且由于结果性绩效指标相对于过程性绩效指标，其客观性更强，对绩效的衡量也更精确，可以用结果性绩效指标衡量的工作领域应首先考虑使用结果性绩效指标，在无法科学量化的领域，引入过程性绩效标准指标进行评价。

② 只选择对公司价值有贡献的关键工作领域，而非所有工作内容。过程性绩效标准指标不宜过多，一般不超过 5 个，否则就会分散员工的注意力，影响其将精力集中在最关键的工作目标的实现上。

③ 不同工作目标应针对不同工作方面，不应重复。而每个工作目标，应只针对单一的工作方面。

（2）具体的指标要素。

过程性绩效标准指标用于衡量被考核人员那些工作范围内的一些相对长期性、过程性、辅助性、难以量化的关键任务，结合公司发展战略、业务发展计划，针对被评估者的职位职责描述和工作性质来确定，通常包括的要素有工作是否规范、创新能力、指导能力、努力程度、工作责任心等。

13.2 销售绩效考评方法

 行之有效的绩效考评制度是怎样的？

目前国内很多企业虽然实行了绩效考核，但大多数企业的员工根本不知道自己的考核标准是怎么来的。有的企业实行绩效考核的初衷是好的，但实施方案不久后，不是员工之间或员工和主管之间关系紧张，就是部门之间协作效率越来越低，整个紧张氛围导致考核最终只能不了了之，没有起到应有的作用。

一套行之有效的系统化绩效考核制度以市场为导向，并且简明、清晰、易懂。避免制度的繁杂，使销售人员能够易于理解和接受，最终提高自我管理能力。

就目前国内外各组织或企业所采用的绩效考核方法而言，应用较多的有目标绩效管理，360度反馈绩效管理，平衡计分卡绩效管理和关键绩效指标绩效管理四种。

13.2.1 目标绩效管理体系

1. 概述

目标管理的概念是由管理大师彼得·德鲁克1954年在其名著《管理实践》中最早提出来的，其后德鲁克又提出了既要重视理性管理又要重视人性管理的目标管理理论。其核心思想是：运用客观目标的考核替代管理者主观评价和严格的过程管理和控制，其重点就在于科学、理性、人性地制定目标。

目标管理法作为一种程序和过程，包括目标设定、目标达成、成果评价三个主要阶段。它以目标设置为中心，用系统方法结合各关键管理活动，期望以目标来促进员工的自我管理、自我控制，调动员工积极性，以最终形成员工与企业同呼吸、共命运的共同体，实现组织和个人目标。

2. 实施方法

目标绩效管理的实施步骤如图13-2所示：

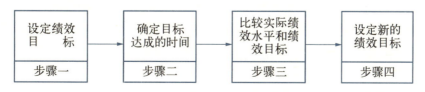

图13-2 目标管理的实施步骤

在步骤1中，要明确组织战略，根据组织战略，由上而下逐级分解组织目标，上下级共同确定各层级绩效目标，并就如何制定并测定绩效标准达成共识；

在步骤2中，确定各项绩效目标（achievement imitates a target）和绩效指标的重要程度，上下级就绩效目标完成的时间期限进行沟通并确认；

在步骤3中，执行计划，并对流程进行检查，及时发现异常的绩效水平并分析产生的原因，上下级就绩效改进计划达成共识，讨论解决办法，制定矫正方案，为目标修正提供反馈信息；

在步骤4中，根据组织战略及考核结果，调整绩效目标，为新一轮绩效循环设立绩效标准，上下级共同确定各层级绩效目标并就如何测量达成共识。如此循环进行。

3. 优缺点

从目标绩效管理体系在企业中的实施效果看，目标绩效管理体系存在优点与不足，具体表现如表13-3所示：

表13-3　目标管理体系的优缺点

优　　点	缺　　点
有利于提高易于分解和度量的目标的绩效	许多目标难以制定
有利于工作行为与组织整体目标一致	绩效标准因员工的不同而不同
为控制提供明确的标准，提供更好的目标评判准则	短期行为
更准确地判别什么是需要解决的问题	增加管理成本
减少工作中的冲突和紊乱	经常不被使用者接纳
有利于沟通	不可控制因素
实用且费用低	运气
有利于更好地开发人力资源，促进人才的发展和提高	
使工作任务和人员安排一致	

13.2.2　360度反馈绩效管理体系

1. 概述

360度反馈（360° Feedback）也称全视角反馈或多源评价，是一个组织或企业中各个级别的、了解和熟悉被评价对象的人员，如被考核者的上级、同事、下级、服务的内部客户和外部客户以及被考核者本人等对其绩效、重要工作能力和特定的工作行为和技巧进行评价，通过评价获知各方面的意见，清楚自己的长处和短处，来达到提高自己和组织绩效的目的。

2. 实施方法

360度反馈绩效管理体系的实施步骤如图13-3所示：

在步骤1中，对于评价者的选择，无论是由被考核者自己选择还是由上级指定，都应该得到被考核者的同意，这样才能保证被考核者对结果的认同和接受；

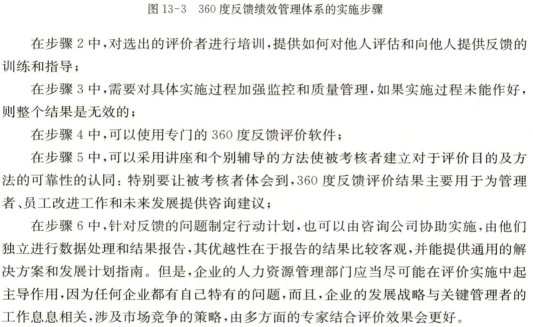

图 13-3　360 度反馈绩效管理体系的实施步骤

在步骤 2 中,对选出的评价者进行培训,提供如何对他人评估和向他人提供反馈的训练和指导;

在步骤 3 中,需要对具体实施过程加强监控和质量管理,如果实施过程未能作好,则整个结果是无效的;

在步骤 4 中,可以使用专门的 360 度反馈评价软件;

在步骤 5 中,可以采用讲座和个别辅导的方法使被考核者建立对于评价目的及方法的可靠性的认同;特别要让被考核者体会到,360 度反馈评价结果主要用于为管理者、员工改进工作和未来发展提供咨询建议;

在步骤 6 中,针对反馈的问题制定行动计划,也可以由咨询公司协助实施,由他们独立进行数据处理和结果报告,其优越性在于报告的结果比较客观,并能提供通用的解决方案和发展计划指南。但是,企业的人力资源管理部门应当尽可能在评价实施中起主导作用,因为任何企业都有自己特有的问题,而且,企业的发展战略与关键管理者的工作息息相关,涉及市场竞争的策略,由多方面的专家结合评价效果会更好。

3. 优缺点

从 360 度反馈绩效管理体系在企业中的实施效果看,360 度反馈绩效管理体系存在优点与不足,具体表现如表 13-4 所示:

表 13-4　360 度反馈绩效管理体系的优缺点

优　　点	缺　　点
比较公平公正	信息的收集处理量大,运行成本高
所获得的绩效管理信息较全面	培训工作量大且要求高
能使企业的全面质量管理得到改进	对员工素质要求高
有利于部门之间沟通	由于立场不同,易产生相互冲突的考核结果
有利于人力资源部门根据考核结果开展工作	
有利于体现企业对员工的考核重视	

13.2.3 平衡计分卡绩效管理体系

1. 概述

平衡计分卡(balanced score card, BSC)作为一种战略绩效管理及评价工具,主要从四个重要方面来衡量企业的绩效:(1)财务角度:企业经营的直接目的和结果是为股东创造价值。尽管由于企业战略的不同,在长期或短期内对于利润的要求会有所差异,但毫无疑问,从长远角度来看,利润始终是企业所追求的最终目标。(2)客户角度:如何向客户提供所需的产品和服务,从而满足客户需要,提高企业竞争力。客户角度正是从质量、性能、服务等方面,考验企业的表现。(3)内部流程角度:企业是否建立合适的组织、流程、管理机制,在这些方面存在哪些优势和不足。内部角度从以上方面着手,制定考核指标。(4)学习与创新角度:企业的成长与员工能力素质的提高息息相关,企业惟有不断学习与创新,才能实现长远的发展。

2. 实施方法

平衡计分卡绩效管理体系的实施步骤如图13-4所示:

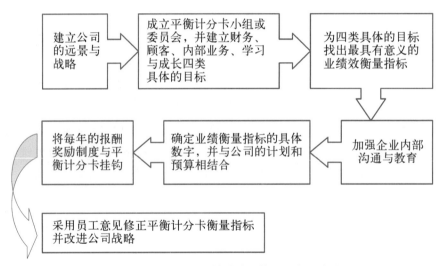

图13-4 平衡计分卡绩效管理体系的实施步骤

在步骤1中,所制定的公司的远景与战略要简单明了,并对每一部门均具有意义,使每一部门可以采用一些业绩衡量指标去完成公司的远景与战略;

在步骤2中,成立的平衡计分卡小组或委员会要负责解释公司的远景和战略,并建立财务、顾客、内部业务、学习与成长四类具体的目标;

在步骤3中,找出的绩效衡量指标必须有意义;

在步骤4中,可以利用各种不同沟通渠道,例如定期或不定期的刊物、信件、公告栏、标语、会议等让各层管理人员知道公司的远景、战略、目标与业绩衡量指标;

在步骤5中,确定每年、每季、每月的业绩衡量指标的具体数字,并与公司的计划和

预算相结合。注意各类指标间的因果关系、驱动关系与连接关系;

在步骤6中,每年的报酬奖励制度必须与平衡记分卡挂钩;

在步骤7中,要注意广泛收集员工意见。

3. 优缺点

表 13-5 平衡计分卡绩效管理体系的优缺点

优　　点	缺　　点
消除了单一考核指标的局限性	战略目标分解费时费力
实现了内部与外部衡量之间的平衡	工作量大,执行困难
克服了传统考核体系片面性、主观性	对员工的素质要求高
实现了考核体系与控制体系的协调统一	管理程序复杂,员工易产生抵触情绪
有利于人力资源部门根据考核结果开展工作	不适用于个人
有利于体现企业对员工考核的重视	

【案例小链接 13-2】　　　平衡计分卡应用

可口可乐瑞典饮料公司(CCBS)推广平衡计分卡,CCBS 采纳了专家们的建议,从财务层面、客户和消费者层面、内部业务层面以及创新学习层面四个方面来测量其战略行动。

第一步,为了推广平衡计分卡,CCBS 的高层管理人员开了两天的会议。把公司的综合业务计划作为讨论的基础。在此期间每一位管理人员都要履行下面的内容:定义远景、设定长期目标(大致的时间范围:三年)、描述当前的形势、描述将要采取的战略计划。为不同的体系和测量程序定义参数。由于公司处于发展时期,管理层决定形成一种文化和一种连续的体系,在此范围内所有主要的参数都要进行测量。在不同的水平上,将把关注的焦点放在与战略行动有关的关键测量上。

在构造公司的平衡计分卡时,高层管理人员强调了保持各方面平衡的重要性。为了达到该目的,CCBS 使用的是一种循序渐进的过程。首先阐明与战略计划相关的财务措施,然后以这些措施为基础,设定财务目标并且确定为实现这些目标而应当采取的适当行动。

第二步,在客户和消费者方面也重复上述过程,在此阶段,首要的问题是:如果我们打算完成我们的财务目标,我们的客户必须怎样看待我们?

第三步,CCBS 明确了向客户和消费者转移价值所必需的内部过程。然后 CCBS 的管理层想自己提出问题:自己是否具备足够的创新精神、自己是否愿意为了让公司以一种合适的方式发展而变革。经过这些过程,CCBS 能够确保各个方面达到平衡,并且所有的参数和行动都会导致向同一个方向的变化。但是,各方面达到完全平衡之前

有必要把步骤再重复几次。

资料来源：何晓兵，《销售业务管理》，科学出版社，2011年

营销思考：CCBS把平衡计分卡的概念分解到个人层面上，只依靠那些个人能够影响到的计量因素来评估个人业绩，想一想这样做的目的是什么？

13.2.4 关键绩效指标绩效管理体系

1. 概述

关键绩效指标（key performance indicator）简称KPI，是企业宏观战略目标决策经过层层分解产生的可操作的战术目标。关键绩效指标是用于衡量员工工作绩效表现的量化指标，是绩效计划的重要组成部分。关键绩效指标法的精髓，或者说是对绩效考核的最大贡献，是指出企业绩效指标的设计必须与企业的战略挂钩，将企业的战略转化为内部活动和过程，建立一种不断增强企业核心竞争力和持续取得高效益的机制。

其主要特点：关键绩效指标是用于考核和管理被考核者绩效的定量化或行为化的标准体系。也就是说，关键绩效指标是一个标准体系，它必须是定量化的，如果难以定量化，那么也必须是行为化的。如果定量化和行为化这两个特征都不具备，那么就不是符合要求的关键绩效指标。另外，关键绩效指标体现对组织目标有增值作用的绩效指标。这就是说，关键绩效指标是连接个体绩效与组织目标的一个桥梁。关键绩效指标是针对组织目标起增值作用的工作产出而设定的指标，基于关键绩效指标对绩效进行管理，就可以保证真正对组织有贡献的行为受到鼓励。通过在关键绩效指标上达成的承诺，员工与管理者就可以进行工作期望、工作表现和未来发展等方面的沟通。关键绩效指标是进行绩效沟通的基石，是组织中关于绩效沟通的共同辞典。有了这样一本辞典，管理者和员工在沟通时就可以有共同语言。

KPI它强调了战略的成功实施必须有一套与战略实施紧密相关的关键绩效指标来保证，同时进一步将绩效指标分解到企业的基层管理及操作人员。其符合"二八原理"即在企业的价值创造过程中，由20%的骨干人员创造企业80%的价值；对于个人80%的工作任务也由20%的关键行为完成。关键绩效指标法强调抓住企业运营中能够有效量化的指标，提高了绩效考核的可操作性与客观性。

2. 实施方法

关键绩效指标绩效管理体系的实施步骤如图13-5所示：

在步骤1中，明确组织目标，由上至下逐级确认增值产品，绘制客户关系图，为各项工作划分权重；

在步骤2中，针对不同的工作产出确定使用的指标类型，利用SMATR原则设计考核指标，为各项考核指标划分权重；

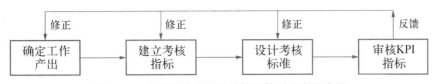

图 13-5 关键绩效指标绩效管理体系的实施步骤

在步骤 3 中,设定基本标准与卓越标准,确定由谁来进行考核,明确如何对各项标准进行考核;

在步骤 4 中,要注意指标与标准的客观性、全面性、可操作性,提供反馈及修正信息。

3. 优缺点

表 13-6 关键绩效指标绩效管理体系的优缺点

优 点	缺 点
避免因战略性目标本身的整体性和沟通风险造成传递困难	必须有一套与战略实施紧密相关的关键绩效指标保证实施
有助于各级管理者制定基于战略、支持战略的各级目标	确定 KPI 指标是一项非常复杂和专业的工作,耗时耗力,运行成本高
有助于各级管理者意识到自身、本部门在组织战略实现中的位置和职责	KPI 绩效管理对人员素质要求较高
有助于员工明确工作目的,了解努力方向,提高自身绩效水平	没有提供一套完整的对操作具有具体指导意义的指标框架体系

13.3 销 售 控 制

 销售控制的方法有哪些?

由于在销售执行过程中经常会出现许多意料之外的事情,所以必须不断地监督和控制销售活动。尽管这种监督和控制是非常必要的,不少公司还是达不到足够适当的控制程度。所谓销售控制(sales control)是指衡量和评估营销策略与计划的成果,以及采取纠正措施以确定营销目标的完成。

13.3.1 销售控制的必要性

1. 环境变化的需要

控制总是针对动态过程而言的。从营销管理者制定目标到目标的实现通常需要一段时间,在这段时间里,企业内外部的情况可能会发生变化,尤其是面对复杂而动荡的市场环境,每个企业都面临着严峻的挑战,各种变化都可能会影响到企业已定的目标,甚至有可能需要重新修改或变动以符合新情况。高效的营销控制系统,能帮助营销管理者根据环境变化情况,及时对自己的目标和计划作出必要的修正。一般来说,目标的时间跨度越大,控制也越重要。

控制系统的作用在于:帮助管理者看到形势的变化,并在必要时对原来的计划作出响应的修正。

2. 需要及时纠正执行过程中的偏差

在计划执行过程中,难免会出现一些小偏差,而且随着时间的推移,小错误如果没有得到及时的纠正,就可能逐渐积累成严重的问题。

销售控制不仅是对企业营销过程的结果进行的控制,还必须对企业营销过程本身进行控制,而对过程本身的控制更是对结果控制的重要保证。因此,营销管理者必须依靠控制系统及时发现并纠正小的偏差,以免给企业造成不可挽回的损失。

控制与计划既有不同之处,又有密切的联系。一般来说,营销管理程序中的第一步是制订计划,然后是组织实施和控制。而从另一个角度看,控制与计划又是紧密联系。控制不仅要按原计划目标对执行情况进行监控,纠正偏差,在必要时,还将对原计划目标进行检查,判断其是否合理,也就是说,要考虑及时修正战略计划,从而产生新的计划。

13.3.2 销售控制的类型

最常见的营销控制有四种类型:年度计划控制、盈利能力控制、效率控制、战略控制。

表 13-7 销售控制的基本类型

控制类型	负责人	控制目的	研究方法
年度计划控制	高层管理者 中层管理者	检查规定的计划效益是否达到	销售分析 市场份额分析 销售费用—销售额分析
盈利能力控制	市场营销控制主管	检查企业的盈亏状况	盈利分析 产品地区顾客群体 贸易渠道 订货规模
效率控制	直线与参谋管理部门 市场营销控制主管	评估提高市场营销费用的效果和效率	销售人员 广告效率 促销与分销
战略控制	高层管理部门 市场营销审计员	检查公司是否正在寻求市场、产品、渠道的最佳机会	市场营销效果 市场营销审计

13.3.3 年度计划控制

年度计划控制的中心是目标管理,即保证企业年度营销计划中规定的各项目标能够顺利实现。

1. 实施步骤

(1) 营销管理者应将年度营销计划的指标分解为每季或每月的指标;

(2) 随时跟踪掌握指标的完成情况;

(3) 及时发现实际的营销状况与营销计划的差距并分析其原因;

(4) 采取补救措施,调整实施步骤或修正计划。

2. 销售分析

销售分析是根据销售目标衡量和评价实际销售情况构成。

(1) 销售差额分析。

测量不同因素对销售实绩差额的相对作用。例如,某公司年度计划要求在第一季度销售 4 000 件产品,售价为 1 元,售额为 4 000 元。季度末却只销了 3 000 个产品,而且售价仅为 0.8 元,销售额为 2 400 元。实际比计划销售额少 40%,差异为 1 600 元。造成这一差异的因素是销售额下降和价格降低,问题是这两个因素对造成销售额差异的影响程度如何? 从计算结果可知,造成销售额差距主要是由于没有实现销售量目标。公司应该对其预定的销售量目标为何没有实现进行深入分析。

(2) 微观销售分析。

这种方法通过对产品,销售地区以及其他方面考察来分析未完成销售目标的原因。如对公司在各个地区市场进行考察,假设该公司在 3 个地区市场销售,销售目标分别为 1 500 件,500 件和 2 000 件,总数为 4 000 件,而实际销售量分别是 1 400 件,525 件和 1 075 件。这样 A 地区只完成了 93%,B 地区完成了 105%,C 地区只完成了 54%。由此可见,C 地区是造成困境的主要原因。

3. 市场份额分析。

企业自身的销售额并不能反映企业相对于竞争对手的优劣。因此,需要考察企业所占市场份额。如果市场份额增加,则意味着企业领先于竞争者;反之,则说明企业落后于竞争者。

(1) 确定市场份额的标准。

确定市场份额的标准有:

总体市场份额:以公司的销售额占总体市场销售额的百分比来表示。

服务市场份额:指公司销售额占其所服务市场的总体销售额的百分比。其中,公司所服务市场是指所有能够并愿意购买公司产品的购买者,一般为企业营销努力触及的市场。

相对市场份额(与最强的三个竞争对手相比):以公司的销售额占三个最强大的竞

争者综合销售额百分比表示。例如,假设某公司市场份额为30%,而两个最大竞争者的市场份额分别为20%和10%,那么,该公司的相对市场份额就是50%。一般,该相对市场份额超过33.33%就被认为是实力较强的企业。

相对市场份额(与领先竞争者相比):以本企业销售份额占领先竞争者销售份额的百分比来表示。相对份额超过100%,就表明企业是市场领先者。

(2) 分析市场份额的变动。

一种有效的方法是通过四个成分来分析市场份额的变动:

$$总体市场份额 = 顾客渗透率 \times 顾客忠诚性 \times 顾客选择性 \times 价格选择性$$

其中:

顾客渗透率:指所有向该企业购买的顾客占所有顾客的比例。

顾客忠诚性:指顾客从该企业所购买的商品量占该顾客购买的全部同类商品的比例。

顾客选择性:指该企业的顾客平均购买量与某一个一般企业的顾客平均购买量之比。

价格选择性:指该企业的平均价格与所有企业的平均价格之比。

因此,假设某公司市场份额下降,则可能的解释有:公司失去了一些顾客(顾客渗透率下降);或现有顾客向该公司购买的商品在全部购买量中比例下降(顾客忠诚度下降);或公司保留的顾客规模较小(顾客选择性较低);或公司价格竞争力减弱(价格选择性较低)。

4. 销售费用——销售额分析

年度计划控制要求确保企业在实现销售目标时,费用不能超支。这就要考虑销售费用与销售额之比。它包括五个部分:销售队伍对销售额之比;广告对销售额之比;促销对销售额之比;市场调研对销售额之比;销售管理费用对销售额之比。管理部门必须监控这些费用比例,使其在某一合理范围内波动。

13.3.4 赢利能力控制

赢利能力控制是对企业营销组合中各类因素的获利能力进行分析,以帮助营销管理者决策需要发展或缩减或淘汰的产品及市场。盈利能力的考察指标主要有:

1. 销售利润率

销售利润率(rate of return on sale)是企业利润总额与企业销售收入净额的比率。它反映企业销售收入中,职工为社会劳动新创价值所占的份额。其计算公式为:

$$销售利润率 = 利润总额/销售收入净额 \times 100\%$$

该项比率越高,表明企业为社会新创价值越多,贡献越大,也反映企业在增产的同时,为企业多创造了利润,实现了增产增收。

2. 资产收益率

资产收益率是指企业所创造的总利润与企业全部资产的比率,其计算公式是:资产收益率＝(本期利润÷资产平均总额)×100%。其分母之所以用资产平均总额,是因为年初和年末余额相差很大,如果仅用年末余额作为总额显然不合理。

3. 净资产收益率

净资产收益率是指税后利润与净资产所得的比率。净资产是指总资产减去负债总额后的净值。其计算公式是:净资产收益率＝(税后利润÷净资产平均余额)×100%。

4. 资产管理效率

可通过以下比率来分析:

(1) 资产周转率。资产周转率是指一个企业以资产平均总额去除产品销售收入净额而得出的比率,其计算公式是:资产周转率＝产品销售收入净额÷资产平均占用额。

资产周转率可以衡量企业全部投资的利用效率,资产周转率高说明投资的利用效率高。

(2) 存货周转率。存货周转率是指产品销售成本与产品存货平均余额之比,其计算公式是:存货周转率＝产品销售成本÷产品存货平均余额。

存货周转率是说明某一时期内存货周转的次数,从而考核存货的流动性。存货平均余额一般取年初和年末余额的平均数。一般来说,存货周转率次数越高越好,说明存货水准较低,周转快,资金使用效率较高。

资产管理效率与获利能力密切相关。资产管理效率高,获利能力相应也较高。这可以从资产收益率与资产周转率及销售利润率的关系上表现出来。资产收益率实际上是资产周转率和销售利润率的乘积:资产收益率＝(产品销售收入净额÷资产平均占用额)×(税后息前利润÷产品销售收入净额)＝资产周转率×销售利润率。

13.3.5 效率控制

效率控制的目的是监督和检查企业多项营销活动的进度与效果。它主要包括四个方面活动效率的控制:销售人员效率控制、广告效率控制、促销效率控制和分销效率控制。

1. 销售人员效率控制

销售人员效率控制,即各地区的销售经理需要记录本地区销售人员效率的几项重要指标,如果销售员平均每天进行销售访问的次数、每次销售人员访问平均所需要的时间、平均收入、平均成本和平均招待费、每100次销售人员销售访问的订货单百分比、每一期新的顾客数目和丧失的顾客数目、销售队伍成本占总成本的百分比等,企业可以从以上分析中发现一些重要问题。

2. 广告效率控制

广告效率控制,即企业高层领导者可以采取若干步骤来改进广告效率,包括进行更

有效的产品定位,确定广告目标,利用计算机来指导等。

广告效率的控制至少要掌握以下资料:每一种媒体类型、每一个媒体工具触及千人的广告成本;注意、看到或联想和阅读印刷广告的人在其受众中所占的百分比;消费者对于广告内容和有效性的意见;对于产品态度的事前事后衡量;由广告激发的询问次数;每次广告成本。

3. 促销效率控制

促销效率控制是管理层应该对每一次销售促进的成本和销售影响做记录,并注意做好一系列统计工作。

销售促进效率的控制应注意以下资料:优惠销售所占的百分比;每一美元的销售额中所包含的商品陈列成本;赠券的回收率;一次演示所引起的询问次数。

4. 分销效率控制

分销效率控制是指企业主管应该调查研究分销经济性,主要是对企业存货水准、仓库位置及运输方式进行分析和改进,以达到最佳配置并寻找最佳运输方式。

13.3.6 战略控制

由于市场影响因素的多样性,导致营销领域中各种目标、政策、战略和计划随时都有被调整的可能。所以每个公司应该定期对营销方案进行重新评价和调整,并为今后的市场行为做铺垫。与年度计划控制和盈利能力控制相比,市场营销战略控制显得更重要,因为企业战略的成功是总体性的和全局性的。而且,战略控制更关注未来,战略控制要不断地根据最新的情况重新估价计划和进展,因此,战略控制也更难把握。

在实际工作中经常被采用的有两个方法:营销效益评价和营销审计。通过对这两个方法的科学运用,不仅可以使公司及时、正确地调整公司的战略,而且可以对市场的未来走向有一个大体的预测。

1. 营销效率评价

对于营销效益的评价不能是简单和孤立的,应该是综合而又有前瞻性的。因为我们通常将营销效益等同于营销业绩,但是科学地讲这二者是有区别的。营销业绩并不能完全反映出营销效益的真实情况,良好的营销业绩并不都是有效的营销管理的结果;而出色的营销管理有时也不能带来良好的营销业绩。那什么才是真正的营销效益呢?是通过顾客哲学、整体营销组织、足够的营销信息、战略导向和工作效率等五个指标,从不同角度综合反映了营销效益的质量。

(1)顾客哲学:实质上就是通过在细分市场的基础上选择目标市场,并围绕这个目标市场所展开的营销工作。公司通过对市场进行科学、缜密的细分,慎重地分析市场长期增长率和公司的潜在利润之后确定下一个目标市场以及公司的产品层次,制定为不同的细分市场的不同产品的营销计划,以及强烈的为所选市场的需要提供同等效率的服务的愿望。

（2）整体营销组织：在整个营销体系中具有良好的内部运行机制是非常重要的。有效的沟通，系统的组织将市场研究、制造、采购、实体分配及财务等部门联系在一起，形成一个有效的循环，共同服务于目标市场，提高营销质量。

（3）足够的营销信息：掌握目标市场中包括产品、服务、渠道、顾客反馈以及竞争对手的情况，始终是公司指定正确战略的保证。定期或经常性地组织对顾客、采购、渠道和竞争者的营销调研，以及对本公司的成本效益了如指掌，为公司及时准确地修正公司的营销方案提供尽可能翔实的依据。

（4）战略导向：就是对公司营销计划任务的执行情况和执行质量有客观的了解，以及对意外是否发生有正确的判断。

（5）工作效率：尽可能地减少公司内部的执行环节，将公司制定的政策措施以最佳的途径，最快的时间传递到第一线，高效地利用各种营销资源，彻底地贯彻公司营销政策，并迅速正确地处理突发事件。

2. 市场营销审计

市场营销审计是对一个企业或一个业务单位的营销环境、目标、战略和活动所作的全面的、系统的、独立的和定期的检查，其目的在于决定问题的范围和机会，提出行动计划，以提高企业的营销业绩。

（1）营销审计的特征。

全面性：企业内所有执行营销功能的部门都应包含在营销审计内，甚至一些非营销机构，因为其行为会影响到顾客满意的部门，例如财务部门、物流部门等，也应该包括在营销审计内。

系统性：营销审计必须遵循一种系统的、合乎逻辑的秩序来展开。它必须与企业的发展相适应。

客观性：营销审计必须对企业的营销状况作出严肃而客观的评价。除了自我审计之外，必须请外部的专家审计，这些专家除了对相关行业十分熟悉，并具有丰富的审计经验外，最为重要的是，这些专家要具有必要的客观性和独立性。

定期性：许多公司都在出现销售量下降之后才进行营销审计，这种态度不可取。营销审计可以帮助企业预见和避免问题的出现，所以必须进行定期的检查，与时俱进，而不管企业目前的形势和现状如何。

（2）营销审计的步骤。

首先，应由公司人员和外部审计人员会面，介绍情况，拟定协议；确定审计目标、范围、资料来源、报告形式及所需时间。

第二步，检查企业各项目标的实现情况，如检查各项目标的实施进度以及各种营销资源的配置是否合理。

第三步，确定执行计划时是否付出了足够的努力，如营销战略的执行是否受到足够重视、营销人员是否全力以赴、市场营销活动能否得到全力支持等。

第四步，检查企业营销组织状况，如内部信息沟通如何、责权分配是否合理。

最后，对审计结果进行汇总，提出改进意见，写成书面报告，提交主管人员。

(3) 营销审计的内容。

① 营销环境审计。市场营销必须审时度势，必须对市场营销环境进行分析，并在分析人口、经济、生态、技术、政治、文化等环境因素的基础上，制定企业的市场营销战略。

主要包括宏观环境分析如人口统计、经济、生态、技术、政治、文化分析；任务环境分析如从市场、顾客、竞争者、经销商、公众等几个方面的分析。

这种分析是否正确，需要经过市场营销审计的检验。由于市场营销环境的不断变化，原来制定的市场营销战略也必须相应地改变，也需要经过市场营销审计来进行修订。

② 营销战略审计。包括企业使命、营销目标和目的、战略等。

企业是否能按照市场导向确定自己的任务、目标并设计企业形象，是否能选择与企业任务、目标相一致的竞争地位，是否能制定与产品生命周期、竞争者战略相适应的市场营销战略，是否能进行科学的市场细分并选择最佳的目标市场，是否能合理地配置市场营销资源并确定合适的市场营销组合，企业在市场定位、企业形象、公共关系等方面的战略是否卓有成效，所有这些都需要经过市场营销战略审计的检验。

③ 营销组织审计。包括组织结构、功能效率、部门间联系效率等。

市场营销组织审计，主要是评价企业的市场营销组织在执行市场营销战略方面的组织保证程度和对市场营销环境的应变能力，包括：企业是否有坚强有力的市场营销主管人员及其明确的职责与权利，是否能按产品、用户、地区等有效地组织各项市场营销活动，是否有一支训练有素的销售队伍，对销售人员是否有健全的激励、监督机制和评价体系，市场营销部门与采购部门、生产部门、研究开发部门、财务部门以及其他部门的沟通情况以及是否有密切的合作关系等。

④ 营销系统审计。包括营销信息系统、营销计划系统、营销控制系统、新产品开发系统。

企业市场营销系统包括市场营销信息系统、市场营销计划系统、市场营销控制系统和新产品开发系统。对市场营销信息系统的审计，主要是审计企业是否有足够的有关市场发展变化的信息来源，是否有畅通的信息渠道，是否进行了充分的市场营销研究，是否恰当地运用市场营销信息进行科学的市场预测等。对市场营销计划系统的审计，主要是审计企业是否有周密的市场营销计划，计划的可行性、有效性以及执行情况如何，是否进行了销售潜量和市场潜量的科学预测，是否有长期的市场占有率增长计划，是否有适当的销售定额及其完成情况如何等。对市场营销控制系统的审计，主要是审计企业对年度计划目标、赢利能力、市场营销成本等是否有准确的考核有效的控制。对新产品开发系统的审计，主要是审计企业开发新产品的系统是否健全，是否组织了新产品创意的收集与筛选，新产品开发的成功率如何，新产品开发的程序是否健全，包括开发前的充分的调查研究、开发过程中的测试以及投放市场的准备及效果等。

⑤ 营销效率审计。包括盈利率分析、成本效率分析等。

盈利能力分析：公司的不同产品，市场，地区及分销渠道的盈利能力如何？公司是否应该进入、扩展、收缩或退出某些细分业务？

成本效益分析：某些市场营销活动是否费用超支？能否采取削减成本的措施？等。

⑥ 营销职能审计。对营销的各个因素如产品、定价、渠道和促销策略的检查评价。

主要是审计企业的产品质量、特色、式样、品牌的顾客欢迎程度，企业定价目标和战略的有效性，市场覆盖率，企业分销商、经销商、代理商、供应商等渠道成员的效率，广告预算、媒体选择及广告效果，销售队伍的规模、素质以及能动性等。

本章小结

销售工作是由销售人员来完成的，销售人员绩效的高低决定了销售工作的好坏。而绩效评价的一个重要作用就是帮助员工了解绩效差距，提高绩效水平，所以在销售工作中对销售人员的绩效进行评价就显得非常重要。

绩效评价(performance appraisal)是指组织依照预先确定的标准和一定的评价程序，运用科学的评价方法、按照评价的内容和标准对评价对象的工作能力、工作业绩进行定期和不定期的考核和评价。公司销售人员的绩效指标应由两部分组成：一是衡量工作结果的关键绩效指标；二是衡量行为、表现与素质的过程性绩效标准指标。就目前国内外各组织或企业所采用的绩效考核方法而言，应用较多的有目标绩效管理，360度反馈绩效管理，平衡计分卡(BSC)绩效管理和关键绩效指标(KPI)绩效管理四种。

由于在销售执行过程中经常会出现许多意料之外的事情，所以必须不断地监督和控制销售活动。最常见的营销控制有四种类型：年度计划控制、盈利能力控制、效率控制、战略控制。

关键术语(中英对照)

绩效评价(performance appraisal)　　　　平衡计分卡(balanced scorecard)
绩效目标(achievement imitates a target)　360度反馈(360°feedback)
销售控制(sales control)　　　　　　　　关键绩效指标(key performance indicator)
销售利润率(rate of return on sale)

思考题与应用

1. 请简述绩效评价的步骤？进行销售评价的意义和作用？
2. 在对销售人员的绩效评价指标进行设计时应注意哪些问题？

3. 请对四种绩效考核方法的优缺点进行说明和讨论。
4. 请讨论在利用不同潜在评价者对同一个人的绩效进行评价时的优点和缺点。
5. 确定和衡量市场份额的标准有哪些？
6. 如何分析总市场份额的变动？
7. 市场盈利能力的考核指标有哪些？
8. 市场营销审计的内容有哪些？

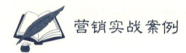

营销实战案例

销售人员绩效考核误区

很多销售经理经常牢骚满腹抱怨人力资源部不懂"管理"，要不绩效考核体系为什么这样糟糕：不容易执行，甚至还导致销售人员的工作质量降低？对于销售员绩效考核，作用本应是积极的，更有利于促进销售工作顺利开展，但事实上并非如此，出现了很多预期之外的恶性结果，诸如绩效考核成为个别主管领导公报私仇"整人"的工具；绩效考核考"坏"了销售部门与平行部门（如人力资源部）之间的关系……严重者导致销售体系的紊乱，甚至崩溃。追根溯源，这是由于销售绩效考核体系不科学的原因或者操作不当造成的，下面列举四个企业的案例，看一看这些案例中各企业的绩效考核在哪里出了问题。

一、把绩效考核"看"走了"眼"

案例：A公司是一家生产、销售乳制品的大型食品饮料企业，该公司产品主要销往市内各大商场、超市等零售网点。销售员每天都要深入销区，除了新品谈判、贷款结算业务外，更重要的是网络维护、卖场销售情况反馈、终端促销员管理等工作。由于公司近几个月已经没有新产品推出，并且贷款结算大都为月结，规律性较强，公司陈老板便认为员工无所事事，甚至没有作为。于是找到了主管营销的副总经理，让其拿出一套绩效考核体系，以加强对销售人员管理，防止他们在市场上"浪费"时间，多做工作。营销副总接受任务后，绞尽脑汁最后设计出了一套表格，要求销售人员逐日填写每天访问客户、时间、接洽人、工作内容、接洽人电话等内容。刚开始，销售人员还如实填写，但后来销售人员便产生了抵触情绪，认为这是公司对员工的严重不信任，于是就开始在表格上信手"涂鸦"。虽然营销副总也曾通过打电话给客户以监督、检查表格内填写内容是否真实，可是执行起来并不容易，经常找不到人，并且客户也没有义务配合你，而营销副总又不能到实地去核查，实际上这种考核"流产"了，根本反映不了销售人员的实际工作量。

二、只重定量指标而忽略定性指标

案例：B公司是一家经营酒品的商贸公司，公司经营的白酒产品主要销往宾馆、餐炊、酒吧等场所。这类营销网络具有几个令供应商头痛的问题,诸如产品要进店费、开瓶费,并且产品加价率高、货款回收周期长等特点,导致呆死账现象时有发生。于是,公司主管营销的李副总便会同人力资源部、财务部共同制定了一套销售人员绩效考核体系,但这套所谓的绩效考核体系就是几个关键性的财务指标:销售额、回款额、呆死账额度等几个指标。并且,采取月度考核的办法,完不成任务直接从工资中扣罚,并且呆死账要销售员个人负责。如果连续三个月没有完成目标或者超过设定目标,销售人员就得"走人"。执行后,确实使销售员十分谨慎,害怕自己"赔了"。结果,更加意想不到的事情发生了,销售网点开发力度大大降低了。更为糟糕的是,有一位销售员所负责的酒店在一夜之间倒闭了,尚欠公司2万元货款,这位销售员无力承担,只好"潜逃"了,还带走了公司的一些未结算的财务票据。B企业害怕损失,结果蒙受了更大的损失,都是绩效考核惹的祸?

三、把人力资源部作为"主考官"

案例:C公司是一家集碳酸、果汁饮品生产、销售于一体的中型企业,公司王老板最近很苦恼,原来公司销售部、市场部和公司人力资源部经理因为营销人员绩效考核问题较上了劲,并且还在部门经理例会上吵了起来,影响很不好。事情的起因是这样的,原来销售部所属的一名送货业务员由于早晨交通拥挤的原因导致送货迟了一些,进而导致商场断货,商场于是打来了投诉电话。结果人力资源部经理知道了这件事,坚持要从重处罚这名送货员,而销售部经理则认为这是客观原因造成的,不应处罚送货员。在C公司,这类事情已经发生过很多次,按照公司的考核标准这会影响到整个销售部的业绩,销售经理自然不服气。由于销售部和市场部作为营销系统的两大部门,两位经理的关系很好,并且市场部也不满于人力资源部制定的所谓绩效考核模式。于是,导致他们"联手"抵制人力资源部。更严重的是,销售部、市场部经理还找到了王老板,扬言如果人力资源部经理不"走人",那他们就走。面对这些曾经在商场上和自己"出生入死"的兄弟们,王老板没了辙。人力资源部倡导绩效考核,自然没错,不能打消他的积极性;可是销售部经理所言也有道理,市场更不能乱。如此"内耗"下去企业怎么办?王老板百思不得其解,陷入极度困惑之中。

四、只注重个人考核而忽略团队考核

案例:D企业是一家刚刚成立的OTC(非处方药品)生产、销售企业,产品销往全国各地。为便于市场管理,该公司把全国市场划分为几个大区:东北区、华北区、西北区、西南区、华中区等大区,并且每个大区都设有大区经理。同时,根据不同区域市场的特点和潜力,公司制定了不同区域的营销目标,目标考核期为一年,并与各大区经理签订了《目标责任书》,而企业认为任务与责任已经落实下去了,就未与销售部经理签订《目标责任书》。由于完成目标后的激励,各大区经理工作都非常努力,为快速把营销网络建起来并提升销售量,都想尽了办法。在完成产品市场战略布局和产品铺货后,D公司决定采取广告终端拉动的办法,改变仅有推力的市场状况。但是根据公司能力可用于广告促销费用相当有限,如果拿到中央电视台可能大家都受益,但这有限的广告费用在

第13章 销售人员的绩效考核

中央电视台播出可谓杯水车薪。可是，这几个大区经理都纷纷向总部提出广告和促销支援，有限的广告费用该怎样分配？无奈之下，D公司来了个"大锅饭"，把广告平均分摊到各大区。尽管如此，一些区域经理还是不满意，因为这些区域销售情况相对好一些，这些区域经理认为自己的区域市场企业应重点投入，于是对公司产生了不满情绪。同时，这些区域经理还扬言如果完不成绩效指标，将不承担相应责任，甚至消极对抗公司总部的管理。这把公司销售部经理、营销副总搞得无可奈何，没有更好的解决办法，不知如何是好。

资料来源：http://www.docin.com/p-1086090528.html

讨论题

1. 上述四个企业的绩效考核存在哪些问题？请分别进行诊断，并具体分析问题产生的原因。

2. 如果你是上述企业的销售人员绩效考核负责人，你将对各企业销售人员的绩效考核方案作出哪些调整？

案例点评

A公司的绩效考核者存在认知误区：一是错把日常监督作为绩效考核；二是绩效考核的出发点不对，绩效考核的主要作用是激励员工向预期目标努力，因此对销售员绩效考核频率不是越高越好。

B公司的问题在于企业只重定量指标，不重定性指标。绩效考核的内容应该包括工作态度、工作能力和工作业绩，除了可以量化的指标以外，还必然包含其他不可量化的考核要素，绝对不仅仅是单纯依靠指标就能解决问题的。

C公司的主要问题是没有分清绩效考核的主体，究竟是本部门主管考核还是人力资源部考核。在本案例中人力资源部经理有"越位"之嫌，位置有些没摆正；另外，不要因为严格的绩效考核就忽略了企业文化，绩效考核和企业文化建设有一个共同点，那就是价值体系。

（扫一扫）

D公司只重视个人绩效考核，而忽略团队考核。只注重考核区域经理个人而忽略销售部这个营销团队，使团队负责人——销售部经理脱于干系，这样的结果将导致营销副总、销售经理在决策时可能做"老好人"，而不能切合实际地开展工作，以及调动企业及社会资源。

 参考文献

1. 威廉·J·斯坦顿 罗珊·斯潘茹著，《销售队伍管理》，北京大学出版社，2002年
2. 郝伯·戈瑞伯格等著，《销售人力资源管理：如何选留育用顶级销售人才》，企业管理出版社，2002年
3. 付遥编著，《业绩腾飞——销售团队绩效管理全攻略》，北京大学出版社，2005年

4. 孙玉英,《销售人员绩效管理研究——客户关系视角》,西南财经大学,2007 年
5. 王世梅,《RP 公司销售人员绩效管理研究》,吉林大学,2008 年
6. 赫伯·戈瑞伯格、哈罗德·威斯特编著,《销售人力资源管理:如何选育用留顶级销售人才(第三版)》,企业管理出版社,2009 年
7. 乔布·兰开斯特编著,《推销与销售管理(第 7 版)》,中国人民大学出版社,2007 年
8. 黄德华、张大亮编著,《销售队伍管理》,清华大学出版社,2014 年
9. 何晓兵主编,《销售业务管理》,科学出版社,2011 年
10. 李先国、杨晶编著,《销售管理(第四版)》,中国人民大学出版社,2016 年
11. 黄德华、张大亮编著,《销售队伍管理》,清华大学出版社,2014 年
12. 王海滋、赵霞主编,《销售管理(第 2 版)》,武汉理工大学出版社,2014 年

第Ⅳ篇 实训环节

实训名称

"促销计划方案"设计

实训目标

1. 要求学生把促销策略理论运用于营销实践,联系有关项目或资料,为某一店铺的开业,设计约 2 000 字的"促销计划方案"。

2. 要求学生根据促销策划要求,从满足消费者需求出发,对店铺开业促销的"目标""主题""活动""宣传""预算""进度"进行最佳设计。

3. 要求学生通过"促销计划方案设计"课业实践训练,更好地理解促销策略的重要作用,掌握促销计划方案设计的基本技能。

背景描述

通过本课业训练,帮助学生认识在营销实践中运用促销策略的重要性。促销方案设计是企业营销管理的一项重要的技能,无论在企业市场部、销售部,还是广告部工作都需要掌握促销技能,尤其作为营销部门的经理,需要运用促销策略,制定促销计划。促销对企业有效开展营销活动具有重要作用。促销能够吸引消费者购买;促销能够调动中间商推销积极性。提高促销展示企业良好形象。因此促销策略是现代营销的重点。

通过本课业训练,使学生掌握促销计划方案设计的基本方法。能够对促销策划所需的市场信息资料进行收集和分析。依据市场、消费者和竞争者状况,对促销进行规划与方案设计。使促销活动更有计划性、系统性、有效性,并能降低促销费用,节省开支。

通过本课业训练,使学生掌握促销计划方案设计的基本技能。能够研究市场,研究消费,以促销策略为指导,根据消费者购买心理,对促销目标、促销主题、促销活动、促销宣传、促销预算、促销进度等具体方案进行设计。重点能够对促销活动设计有效方案,来吸引顾客的注意力,引发顾客的兴奋点,诱导顾客的购买欲望,促成顾客的购买。能够独立进行促销计划方案设计,对学生将来能胜任营销工作来说是很重要的。

实训任务

(一) 促销时间确定

促销时间的安排一般 10 天为宜,跨 2 个双休日。从星期五周末开始至下周日为止。如果是大的节庆活动,促销时间可以安排长些,但一般不要超过一个月。

(二) 促销目标设计

促销目标的确定要交代背景,说明原因。即对与此促销目标有关的情况作个描述。如当前市场、消费者和竞争者状况、企业目前情况及本次促销动机等。

(三) 促销主题设计

1. 主题是方案设计的核心

促销主题是方案设计的核心、中心思想,是贯穿整个营销策划的一根红线。任何一项策划总有一个主题。主题明确,方案设计才会有清晰而明确的定位,使组成促销的各种因素能有机地组合在一个完整的计划方案之中。

2. 主题确立要求

促销主题确立需要考虑的:(1) 主题必须服从和服务于企业的营销目标;(2) 主题必须针对特定的促销及其目标;(3) 主题要迎合消费者心理需求,能引起消费者的强烈共鸣。

3. 主题语表现

促销主题语表现:(1) 明确的利益、情感诉求点;(2) 突出鲜明的个性;(3) 具有生动的活力;(4) 简明易懂。

4. 主题确立要创意

促销主题确立是一项创意性很强的活动,又是有一定难度的操作,是本课业训练的重点,通过这样的训练来强化学生的创意能力。

(四) 促销活动方案设计

1. 紧扣促销目标,体现促销主题

促销方案的设计要求围绕着促销主题而展开,方案要尽可能具体,要把行动方案按不同的时段进行分解,当然还要突出重点。设计要点是以市场分析为依据,充分发挥设计者的创新精神,力争创出与众不同的新方案。

2. 选择促销商品,确定促销范围

以节日商场促销来说,一切促销活动最终目的是为了扩大销售。在设计具体方案前首先要确定选择哪些商品、多少数量作为这次促销的主力商品,一般来讲作为节日商品的有休闲食品、大副商品、礼品、保健品及日用百货等。当然,作为促销商品还必须具备:(1) 有一定品牌知名度;(2) 有明显的价格优势;(3) 节日消费需求量较大。

3. 选择促销方式，进行合理组合

根据确定的促销商品范围，来设计具体的促销活动方案。在商场促销中，促销组合的几种方式都要考虑运用，但当前运用较多的，消费者最受欢迎的有"特价促销""赠送促销""公关促销""有奖促销""服务促销"等。在方案策划中，可以采用多种形式，但要注意促销方式的"有效性"。

4. 促销活动设计要求"具体""可操作"

强调设计促销活动不仅明确有几种？是什么？更要明确实际的操作。如课业范例中设计的"50种商品的特价促销"，具体到每一种商品特价的确定，每一种特价商品如何陈列。有些方案更强调活动程序的安排，如范例提到的"情感促销活动安排计划"。

5. 促销活动设计追求"创意"

方案设计成功与否主要看有多大"创意"，只有具有新意、具有较强个性、具有生动活力的促销活动，才能引起消费者的强烈共鸣，才是设计的价值所在。当然，这些"创意"要考虑现行的客观性，更要考虑消费者的认可和接受程度，否则再好的"创意"也是束之高阁的东西。

（五）促销宣传方案设计

1. 广告宣传

当前用得较多的促销广告有"媒体广告""DM 广告""POP 广告"，在促销广告策划中要根据具体促销主题、要求及其费用预算，来确定促销采用的广告形式，要最大限度地发挥其作用。

（1）媒体广告。在激烈的市场竞争中，媒体广告所起的促销作用无意是巨大的，通过媒体广告能将产品促销信息传递出去。

（2）POP 广告。在商场促销中，POP 广告形式用得更多，促销的实际效果更好。在课业训练中，要注重 POP 广告的运用。POP 广告是指售货点和购物场所广告，又称售点广告。这种广告的运用范围很广泛，主要有：宣传标语、商品海报、招贴画、商场吊旗、特价赠送指示卡、门面横幅招旗、气球花束装饰等。

2. 商品展示

把促销商品用最佳的形式来进行展示，这是一种有效的促销宣传，使顾客一进门就能看到吸引人的商品展示，从而激发消费者的购买欲望。商品展示可以采用"特别展示区""展台""端头展示""堆头展示"的方式，并运用照明、色彩、形状及装置或一些装饰品、小道具，制造出一个能够吸引顾客视线集中的商品展示，营造出促销气氛，顾客的需求及购买欲自然会增大。

3. 商场广播

促销广播，可以传递促销信息，还可以使店内的气氛更加活跃，带动销售业绩的成长。促销广播可以考虑每隔一段固定时间就广播一次。广播词力求通畅，广播音量要适中，音质要柔美，语速不急不缓。注重背景音乐播放，可以播放一些慢节奏的、轻松柔和的乐曲来鼓励消费者静下心来仔细选购商品。

（六）促销费用预算

预算费用是促销方案设计必不可少的部分，对方案设计的促销活动必须进行费用预算。

1. 费用预算设计列在两处

费用估算设计部分不能只有一个笼统的总金额，它应该列在两个地方，一是在促销活动方案中凡涉及费用的都要估算列出，二是以各方案预算为基础再设计独立的"促销总费用预算"，这样能使人看了一目了然。

2. 费用预算内容

促销费用预算一般要考虑的费用有："广告费用""营业推广费用""公关活动费用""人员推销费用"等。

3. 费用预算与促销方案须平衡

促销活动需要费用支持，促销费用估算与各促销方案设计是密不可分的，任何促销方案都要考虑到它的费用支出。不顾成本费用，无限制地拔高促销方案或加强方案力度实际上是纸上谈兵，根本无操作性可谈。促销方案和费用预算匹配，费用要能够支持促销活动开展。促销方案和费用预算的平衡也是衡量方案设计水平的一个标准。

4. 费用预算要求

在方案设计中费用预算要注意：(1) 了解促销费用；(2) 尽可能细化；(3) 尽可能准确；(4) 求得最优效果。

（七）促销实施进度安排

为了保证促销计划得以顺利实施，必须对整个计划实施过程予以控制。在促销方案的最后部分，要求设计促销实施进度安排。

实训评估标准

单元课业评价分值	评价项目评价分值	方案设计评价标准	方案分析评价标准	考评成绩（总分25分）
促销计划方案设计	1. 促销时间确定(1分) 2. 促销目标设计(2分) 3. 促销主题设计(4分) 4. 促销活动方案设计(9分) 5. 促销宣传方案设计(5分) 6. 促销费用预算设计(2分) 7. 促销工作进度安排(2分)	1. 从满足消费者需要出发，根据竞争状况、企业自身条件，设计足有吸引力的促销方案。 2. 方案设计要有创意、内容要具体、要有可操作性。	1. 紧扣主题 2. 全面 3. 正确 4. 条理清楚	

图书在版编目(CIP)数据

销售管理——理论与实训/于洁主编. —2版. —上海:复旦大学出版社,2017.12
(复旦卓越·21世纪管理学系列)
ISBN 978-7-309-13294-6

Ⅰ.销… Ⅱ.于… Ⅲ.销售管理 Ⅳ.F713.3

中国版本图书馆 CIP 数据核字(2017)第 243641 号

销售管理——理论与实训(第二版)
于 洁 主编
责任编辑/谢同君

复旦大学出版社有限公司出版发行
上海市国权路 579 号　邮编:200433
网址:fupnet@fudanpress.com　http://www.fudanpress.com
门市零售:86-21-65642857　团体订购:86-21-65118853
外埠邮购:86-21-65109143　出版部电话:86-21-65642845
上海市崇明县裕安印刷厂

开本 787×1092　1/16　印张 22.5　字数 455 千
2017 年 12 月第 2 版第 1 次印刷

ISBN 978-7-309-13294-6/F·2409
定价:48.00 元

如有印装质量问题,请向复旦大学出版社有限公司出版部调换。
版权所有　侵权必究